商务秘书技能评价考试培训教材

商务秘书理论与实务

（第三版）

主　编　张同钦

副主编　陈祖芬　郑周明　郝晓辑

中国水利水电出版社
www.waterpub.com.cn
·北京·

内容提要

本书是全国商务秘书技能评价考试培训教材。

本书由十章组成，包括商务秘书概述、商务秘书工作实务、商务文书、档案管理、商务礼仪、企业管理基础、市场营销战略、国际贸易基础、商务沟通、常用商务法规等。本书在整体编写思路上，以商务秘书基本理论为基础，注重对商务秘书知识与能力结构的整体把握，注重理论与实务的结合，注重选材的新颖性与扩充性。

本书可作为从事对外商务活动的在职人员和有志于从事商务秘书活动的职场新人自学与提高的用书，也可作为大专院校商务秘书专业或经济管理类专业的教学用书。

图书在版编目（CIP）数据

商务秘书理论与实务 / 张同钦主编. -- 3版. -- 北京：中国水利水电出版社，2023.10
商务秘书技能评价考试培训教材
ISBN 978-7-5226-1837-1

Ⅰ. ①商… Ⅱ. ①张… Ⅲ. ①商务－秘书－职业技能－鉴定－教材 Ⅳ. ①F715

中国国家版本馆CIP数据核字(2023)第190409号

策划编辑：陈艳蕊　责任编辑：邓建梅　加工编辑：刘瑜　封面设计：苏敏

书　名	商务秘书技能评价考试培训教材 商务秘书理论与实务（第三版） SHANGWU MISHU LILUN YU SHIWU
作　者	主　编　张同钦 副主编　陈祖芬　郑周明　郝晓辑
出版发行	中国水利水电出版社 （北京市海淀区玉渊潭南路1号D座　100038） 网址：www.waterpub.com.cn E-mail：mchannel@263.net（答疑） sales@mwr.gov.cn 电话：（010）68545888（营销中心）、82562819（组稿）
经　售	北京科水图书销售有限公司 电话：（010）68545874、63202643 全国各地新华书店和相关出版物销售网点
排　版	北京万水电子信息有限公司
印　刷	三河市鑫金马印装有限公司
规　格	184mm×260mm　16开本　22.25印张　555千字
版　次	2006年1月第1版　2006年1月第1次印刷 2023年10月第3版　2023年10月第1次印刷
印　数	0001—2000册
定　价	58.00元

出 版 说 明

随着我国工商业的蓬勃发展，新兴企业层出不穷，对商务秘书人才的需求也日益旺盛。当今，商务秘书已成为市场经济条件下快速发展的社会职业群体、商务活动中的重要辅助力量。商务秘书在工商企业中为管理者提供综合性、基础性服务工作，承担着为领导和管理层辅助决策的重要职责，这也使得商务秘书工作部门成为工商企业的中枢机构。专业的商务秘书和商务秘书机构，是体现工商企业良好的人员素质、标准的现代化企业管理以及优秀的企业文化的重要窗口。

基于各级各类工商企业提高组织管理效能的迫切需要，世界众多国家都在不断推进商务秘书职业化进程，开展商务秘书技能评价考试，打造职业化的商务秘书人才队伍。由于我国高等秘书专业教育起步相对较晚，秘书专业教育细分还严重不足，秘书教育教学内容的行政色彩还比较浓厚，当前能够熟悉并运用经济规律和国际准则，能够卓有成效地将其专业素质、工作经验、综合能力等整合运用在商业运作中的商务秘书人才相对匮乏。

为推动我国商务秘书职业化快速而规范地发展，满足市场经济快速发展对商务秘书人才的迫切需求，全国商务秘书专业人才认证项目考试办公室组织编写了《商务秘书理论与实务》《商务电脑实务》《商务英语》等商务秘书技能评价考试系列教材。其中，《商务秘书理论与实务》作为商务秘书技能评价考试培训教材，在商务秘书考试培训实践中发挥了积极作用，为社会培养了一大批高素质的商务秘书人才。鉴于该书已出版两版，历时达 17 年，当前国家的经济体制、市场环境以及企业的经营理念、管理架构、管理实践等都有了较大变化，全国商务秘书专业人才认证项目考试办公室组织专家对该书进行了修订。

《商务秘书理论与实务》（第三版）既可作为商务秘书技能评价考试辅导教材，也可作为大专院校的教学用书，还可作为从事商务秘书活动的职场新人的自学用书。希望通过商务秘书技能评价培训与考核，为社会培养出大批符合时代需要的职业化、现代化、国际化的高素质商务秘书人才。

在本书出版之际，谨向支持全国商务秘书专业人才认证项目工作的中国人民大学、北京第二外国语学院、河南财经政法大学、内蒙古财经大学、山东财政学院、福建师范大学、广州大学、洛阳市社会科学院等单位致以衷心的感谢。

全国商务秘书专业人才认证项目考试办公室

2023 年 6 月

前言

进入新世纪，特别是进入中国特色社会主义新时代以来，国际国内经济形势日益发生着迅速而深刻的变化。随着我国经济领域改革的不断深入，转变经济增长方式的需要日益迫切，各级各类工商企业普遍面临着新的机遇与挑战，他们的管理理念和管理方式也必须而且正在不断地更新，以提质增效实现高质量发展。

商务秘书及商务秘书部门是工商企业管理决策者的综合辅助人员及机构。专业的商务秘书和商务秘书部门，是体现工商企业良好的人员素质、标准的现代化企业管理以及优秀的企业文化的重要窗口，也是确保企业在激烈竞争中制胜的战略资源之一。在此背景下，商务秘书的角色职能必须尽快实现由事务型向智能型、单一型向综合型转变，他们应当是集现代商务秘书专业理论、商务信息管理、项目活动管理、计算机应用操作、商务英语应用与传统文秘工作于一身，适应新经济时代商务领域秘书工作发展要求的复合型人才。打造这样一支庞大的专业化、现代化的商务秘书队伍，是推进我国秘书职业化快速发展的重要目标之一。

开展科学规范的商务秘书技能评价，是实现我国秘书职业化快速发展目标的重要手段。作为商务秘书技能评价考试培训教材，《商务秘书理论与实务》的修订更新也势在必行。

在全国商务秘书专业人才认证项目考试办公室主导下，经编写组成员认真研究，修订后的《商务秘书理论与实务》（第三版）得以出版。此次修订工作主要做了以下几个方面工作：一是调整优化了编写团队；二是注重吸纳相关学科研究的最新成果，使该书的知识与能力模块体系更符合商务秘书专业资格考试的目标要求；三是注重相关学科理论阐述与商务秘书工作实践的结合，更新优化了部分“知识链接”和案例，进一步增强了该书的可读性；四是更新了与商务秘书工作密切关联的、相关部门出台的一系列新制度和新要求，更新了有关工商企业管理最新的法律法规。

《商务秘书理论与实务》（第三版）各章编写分工如下。

张同钦（河南财经政法大学）：第一、二章。

郝晓辑（内蒙古财经大学）：第三章。

陈祖芬（福建师范大学），楚一泽、葛博强、刘佳美、范黎（莆田学院）：第四章。

李雅霄（洛阳市社会科学院）：第五章。

龚文海（河南财经政法大学）：第六章。

董　宣（河南财经政法大学）：第七、八章。

高　莉（内蒙古财经大学）：第九章。

郑周明（广州大学）：第十章。

希望通过我们的努力，本书能够给广大读者以切实有效的帮助。但由于商务秘书理论与实务体系庞大、内容繁复，加之我们水平所限，书中难免存在疏漏或欠妥之处，恳请广大读者批评指正。

编　者

2023 年 6 月

目　录

第一章 商务秘书概述

第一节 商务秘书与商务秘书工作

进入中国特色社会主义新时代，特别是党的二十大以来，国际国内形势日益发生着迅速而深刻的变化。要坚持新发展理念，全方位推进中国式现代化，社会各领域管理现代化是核心动力要素之一。在此背景下，我国各级各类社会组织的管理理念和管理方式也在不断改进和发展；相应地，商务秘书工作在工商企业经营管理中的辅助管理、综合服务地位日益突出。

一、商务秘书及其分类

（一）商务秘书界定

商务秘书（Business Secretary）一般是指在工商企业担任秘书职务的人员和这种人员的职务名称。在广义上，商务秘书就是在工商企业中为管理集体乃至某些个人服务的，或辅助上司决策，或从事文字工作，或从事行政和日常事务工作，或集多项工作于一身的人员。在狭义上，商务秘书就是一种职务名称。

商务秘书工作就是在工商企业中协助各级管理机构或管理者个人，为实施管理活动、实现管理目的而进行的日常执行和交办工作，以及其他秘书性质的工作。

（二）商务秘书的分类

商务秘书分类的方法很多，这里仅从两个角度加以介绍。

1. 按影响力和辅助作用划分

按商务秘书工作对上司工作辅助作用的大小和影响程度，可把商务秘书划分为深层、中层、浅层三个层次，并依此又把他们划分为高级、中级、初级三个等级。高级商务秘书，时常参与上层活动，有的本来就是管理集团成员。这类秘书已深入上司管理决策全过程，深入管理工作的核心，与上司工作和管理活动发生了极其密切的深层关系；中级商务秘书的工作与上司工作和管理活动有相当密切的关系，对上司决策和其他管理活动，都有或大或小、或深或浅的影响，并具有直接作用；初级商务秘书是一般事务性工作者，其工作虽是秘书工作的相当重要的部分，但同上司管理工作的关系是较为表面和浅层次的。

2. 按智能特长划分

在大中型工商企业，商务秘书往往是一个群体，即按预定目标组织起来的秘书班子。依据商务秘书个体的智能特征分类，对优化组合秘书群体并最大限度地发挥其整体效能，具有重要的指导意义，对促进商务秘书的专业化、技能化也发挥着举足轻重的作用。

（1）参谋型秘书。参谋型秘书指富有谋略，善于为上司出谋划策的秘书。他们既有较强的逻辑思维和分析判断能力，又有较强的处理、解决问题的能力，在纷繁复杂的事务面前，他们能迅速发现并抓住事务的主要矛盾，做出准确的判断，为领导决策提供切实可行的方案，适时地辅助上司进行正确的决策。

（2）办事型秘书。办事型秘书指富有精明的头脑和丰富的办事经验，能够出色地完成上司交办的各种事项的秘书。他们头脑清晰，办事牢靠，管理有方，不管是面对头绪繁多的事项还是难以解决的问题，都能有条不紊地处理。他们灵活机动的办事能力有效地维持着工商企业日常工作的高效运转。

（3）公关型秘书。公关型秘书指具备公共关系基本理论和技能，并善于运用这些公关知识和技巧处理各种公众关系，与各种各样的人打交道的秘书。这些人通常负责办公室的对外联络工作，有良好的口才和交际能力，也有娴熟的办事技巧。在单位对外交往中，这些秘书起着重要的桥梁和纽带作用。

（4）技术型秘书。技术型秘书指在某一专业领域内具有一技之长的秘书，如熟练操作电脑与相关办公软件，具备速记能力的秘书。他们在单位一般从事专业性比较强的技术工作，如编写、制作、保管各种技术资料，处理各种数据和文字信息，负责会议记录等。

（5）秀才型秘书。秀才型秘书指具有良好的语言文字修养，擅长写作各种文稿的文字秘书。他们主要负责办公室各种文字稿件的撰写工作，是单位的"笔杆子"。这些人不仅承担办公室的文稿写作任务，有时还要帮助上司起草、润色讲话稿，而且，他们大多写得一手好字。

（6）综合型秘书。综合型秘书指没有特别突出的专长，但能应对各项工作的秘书，即俗称的"万金油"式的秘书。他们虽然没有上述秘书的专长，但对单位一般的秘书工作却能应对自如，对上司交办的事项也能较好地完成。秘书工作内容繁杂，不仅需要有专长的秘书，也需要综合型秘书来维持秘书工作的正常运转。

【知识链接】

商务秘书类别细分

文员秘书：提供档案整理、收集信息、文件归档、整理资料、协助打印、接听电话、来访接待等服务。

翻译秘书：提供所需语种的随同翻译、文字翻译、会议同声翻译等翻译服务。

礼仪秘书：提供庆典、发布会、洽谈会、交流会、研讨会、会展等活动的礼仪、迎宾服务。

公关秘书：提供参与谈判、促成合作签约、客户接待、宴请安排等公关服务。

接待秘书：提供商务宴请、休闲旅游的安排和应酬等接待服务。

商旅秘书：提供旅游或商务活动的咨询、带路、讲解、酒店机票预订和安排等商旅服务。

促销秘书：提供产品和形象的专业广告促销、宣传、咨询、市场调查、业务推广等促销服务。

文案秘书：提供公文拟写、商务活动策划等文案服务。

财务秘书：提供代理记账、申报纳税、财税咨询、常年税务顾问等财务服务。

信息秘书：提供商务活动的咨询、联络、安排、陪同等协理服务。

政务秘书：提供涉及工商税务、党政机关、军警政法等事务的公关和疏通服务。

安全秘书：提供人身、财产等安全保护服务。

二、商务秘书部门

（一）商务秘书部门的设置

商务秘书机构是工商企业中的一个综合性辅助管理部门。是否需要设置专门秘书机构，它的组织形式和人员配备如何，主要取决于工商企业经济活动的实际需要。

商务秘书机构有常设商务秘书机构和临时性秘书机构两种。临时性秘书机构是为一些大型活动（如大型商贸洽谈会、商品展销会等）的需要而组建的，待其所承担的特定使命完成后，即予撤销。下面讨论的是常设商务秘书机构。

1. 综合性秘书部门

综合性秘书部门大多由国有大中型企业和其他大型公司设置，对管理中枢集体负责，全面掌管企业内部的行政管理事务，同时负责对外宣传和联络，开展公关事务，兼有辅助上司的业务工作。其名称多为“集团办公室”“公司办公室”。

此类秘书部门也普遍存在于规模较小的公司企业，通常部门人员较少，工作综合性强。其名称多为“办公室”“文秘室”“值班室”。

2. 职能性秘书部门

职能性秘书部门大多由公司企业作为行政办公室来设置，与其他专门性业务办公室相并立，其工作面相对集中。这类秘书部门主要负责公司企业内部行政及相关事务，处理临时性工作任务；必要时参与职能部门间关系的协调，或配合其他部门合作开展工作。其名称多为“经理办公室”“厂长办公室”。

3. 秘书办公席位

秘书办公席位较多存在于小型公司企业，实际是不设置严格意义上的秘书部门，只设置一个值班秘书办公席位，工作的综合性也很强。其名称多为“经理秘书”，也有的称为“前台”。

4. 总经理助理和股份制企业董事会秘书

以上机构框架难以涵盖的还有一种商务秘书，即总经理助理和股份制企业董事会秘书。这是现代企业制度下的产物，属于高级管理人员。

董事会秘书作为专业人士，在公司治理中发挥着重要作用。在董事会秘书现有的职责中，很多实质上是保障公司治理准则的实施，比如帮助上市公司董事、监事、高级管理人员了解法律法规、公司章程、股票上市规则及股票上市协议对其设定的责任；根据董事会要求，参加组织董事会决策事项的咨询、分析，提出相应的意见和建议；受托承办董事会及其有关委员会的日常工作；为强化公司董事会的战略决策和导向功能，确保公司董事会决策的重大事项严格按规定的程序进行。

（二）商务秘书部门的运转

商务秘书及其部门围绕上司管理工作的运转而运转。其职能具有高度的综合性，与其他职能部门之间有时互有交叉，因而，既不要随意超越自己的职责范围，又要与职能部门间做好协调与配合。

对商务秘书部门能否正常运转产生影响和制约的因素很多。从秘书部门自身的角度来说，要优化其运转机制，需要特别注意以下几点：

1. 优化组织结构，增强整体功能

优化组织结构，就是要将秘书部门的人员构成调配到科学、合理、适用的状态。这里需认真考虑年龄、性别、专业特长、个性特征等重要因素，使秘书部门拥有熟悉政务的通才、善办事务的杂家、长于思考的参谋、快笔成文的秀才，以及能使用和维护现代办公机具的能手，从而实现整体大于部分之和的整合功效。

2. 优化工作目标，明确辅助重点

这里包含两层意思：一是要在明确服务对象工作重点的前提下，确定秘书部门阶段内的辅助重点；二是依照岗位分工和个人特点，明确个人的阶段辅助重点。

3. 优化工作环境，力争主动服务

秘书部门的工作环境有内部与外部之分。前述组织结构即属内部环境的重点，此外还包括办公设备等内部硬环境因素。外部环境包括所在工商企业的领导班子、职能部门和广大员工，以及本企业所处的外部大环境。秘书部门务必通过主动服务、优质服务，摆正位置、谨慎协调，搞好各种关系，创造出良好的内外工作环境。

三、商务秘书工作

（一）商务秘书的基本职能

商务秘书及其部门的基本职能，指的是根据工商企业的管理目标和工作需要，明确赋予它的职责与权限，其具有一定的规范性、明晰性和相对稳定性。不同领域、不同层次秘书部门的职能，可能侧重点有所不同。综合而言，其基本职能可概括如下：

1. 办理文书职能

办理文书是工商企业的一项经常性与基础性的工作，也是秘书部门的传统职能。办理文书的职能主要可分解为：依上司意图撰制各类公务文书；文书处理工作，包括收文与发文两大系列；档案管理工作；与办文相关的信息工作。

2. 信息管理职能

现代企业经营与管理，可视为一个系统的动态管理过程，这个过程包含两种性质的运动，即“物质流”和“信息流”的运动。信息系统是现代企业经营管理的神经系统。对信息进行科学地收集、加工、传递、存储、利用，有效地利用反馈信息进行自我审视并促进自我调整，是企业经营管理的关键。信息是现代管理决策的依据和基础，因此，商务秘书工作的信息收集、加工、传递与信息反馈作用，直接影响着领导层管理决策的效率。

3. 督促检查职能

督促检查，是上司赋予秘书及其部门的一项重要职能。督促检查工作，是实施管理，特别是决策管理过程中极其关键的环节。开展有效的督查，是贯彻落实有关政策指令，实现管理目标的必要保证。

4. 综合协调职能

秘书部门的综合协调职能，是由上司授权、自身工作性质及部门所处位置决定的。秘书部门在管理框架中所处的位置，通常是各种利害矛盾和政策矛盾关系的交会点，贴近领导，业务综合，它所代表的往往是整体利益而不是某个局部利益，也就自然成为最适合协助上司做好综合协调工作的部门。

5. 后勤保障职能

后勤保障职能，是秘书部门保证管理中枢正常、高效运转的一项重要职能。其工作范围很宽泛，主要有部门财务管理、物资设备管理、房产管理、基本建设管理、医疗保健管理、环境管理、车辆管理、资产与产权管理、职工生活管理、安全管理、职工福利与文化生活管理等。

6. “不管部”职能

商务秘书及其部门为上司管理工作拾遗补缺，是“不管部”职能的集中体现。秘书部门工作的全面性、综合性和相对超脱性，决定了它可以成为处理“不管”事务的最佳部门。

需要拾遗补缺的事务是“有限无穷”的。所谓有限，就是指它不得超越本级领导的职责范围，不得代替其他职能部门行使职权；说它无穷，是指具体的事务可大可小，可能很多，秘书部门应将其视为分内之事。

【知识链接】

某集团公司总经理秘书岗位职责

1. 负责总经理的办公服务工作。
2. 负责组织撰写或校对以公司名义上报、外发的综合性的文字材料；负责组织起草总经理会议材料。
3. 负责公司文秘业务指导。
4. 负责公司办公会的有关事宜，并办理会议议定事项。
5. 负责督促、检查、催办上级批件，公司领导批件及总经理办公会议议定事项的办理工作。
6. 负责人大代表建议、批评、意见或政协代表提案的办复。
7. 协助办公室主任做好年度工作会议的文字材料起草和会务工作，参与组织接待工作，以及综合会议的会务工作。
8. 负责记录、整理总经理办公会议纪要。
9. 记好大事记。
10. 负责文书收发、运转，检查、指导有文档工作的业务管理；负责保密工作。
11. 负责群众来信、来访的接待、办复工作。
12. 完成领导交办的其他工作。

（二）商务秘书的深层职能

商务秘书的深层职能，主要指的是其对上司工作的参谋辅助职能。

秘书参谋是秘书人员近身围绕领导者为其进行有效决策管理而直接、综合、及时提供智能辅助的一种秘书职能活动。它和独立于参谋对象的参谋组织以及社会组织内部专设参谋机构相比，在职能内涵及运作特征方面都有显著的不同：它是一种近身、综合的参谋辅助，也是贯穿于领导管理活动全程的参谋辅助。

1. 秘书参谋是现代企业领导的现实需要

领导者最为实质的管理职能以决策管理为基本内涵。

在现代社会，领导的决策行为日益发生着显著的变化：决策活动由仅靠个人依据个人有限的知识、智慧与积累来拍板定案的传统经验决策，迅速地向现代科学决策转变；由个人决策向群体决策转变；由单纯定性决策向定性和定量决策相结合转变；由单目标决策向多目标综合决策转变。由此而带来的另一个必然的变化，就是决策功能由领导者绝对的决策主导，向相对强化的参谋辅助延伸。也就是说，现代领导者要真正进行科学决策，必然要更多、更普遍地借助包括秘书在内的参谋智囊人员的参谋咨询作用。

2. 参谋是秘书的深层职能

秘书参谋，属于秘书部门及秘书人员更为重要的秘书工作和深层的职能活动。秘书参谋的价值，在于针对领导者以决策为核心的高层次管理，补充延伸和放大完善领导指挥全局的智力及能力。其实际作用渗透潜隐在领导者的核心管理工作之中，并通过领导者显性的管理施加于整个系统。显然，作为秘书深层辅助基本形态的秘书参谋，比诸事务辅助，对领导者和整个系统的影响，要显得更深刻，也更重要。

秘书参谋辅助与事务辅助构成秘书的两大基本职能，二者相互交叉、渗透。秘书参谋多以事务辅助为基础，要通过事务辅助形式才能有效完成；而有效的参谋辅助，会带动和促进事务辅助，推动整体秘书工作的开展。

3. 秘书参谋的原则

（1）明确角色定位，不失职不越权。在定位上，秘书是在领导近身发挥综合性参谋助手作用的工作人员；在组织管理中，秘书是领导者的下级执行者和实际服务者，是上司与员工之间和各部门之间的沟通协调者。秘书从事参谋辅助和事务辅助就是从这一角色定位出发的。准确把握自身的角色定位，是秘书人员做到尽职不越位的前提。

不失职不越权是对秘书参谋行为的客观要求，也是准确把握秘书角色定位的体现。不失职不越位，既包含着守职、尽职、守纪、守规的规范要求，又意味着必须根据领导工作需要，主动在参谋方面辅助和补益领导工作。

（2）明确参谋定位，谋而不断。秘书参谋活动的定位，是秘书在其参谋活动领域里的定位，它实际上包含在秘书角色定位之中。准确把握秘书参谋定位，有利于秘书在参谋这一活动领域里较为准确地把握参谋尺度和参谋方法，并在有一定难度的工作中有效地发挥参谋作用。智能辅助是秘书参谋活动中的功能定位。秘书当好参谋助手，进行智能辅助，必须遵循谋而不断的原则。

谋而不断，是说无论是针对决策的献计献策还是具体工作中的拾遗补缺，秘书只能提出供领导者参考的意见、建议或供选择的方案，不能干扰领导者的决断，也无权作出决断，更不能背着领导者或以领导者的名义作出决定，不能在信息沟通、调查研究等活动中擅自作出决定。谋而不断应体现在秘书参谋活动的所有领域中。

（3）立足规劝层面，谏而有度。秘书在参谋活动中，对领导在管理活动中出现的缺失、不足或偏差，必须适时提醒劝谏，充分发挥参谋作用。但规劝除了要遵循谋而不断原则外，还必须立足于从属和辅助地位，定位于下级对上级、助手对主管的适当范围内。

（三）商务秘书工作的性质

1. 商务性

这是商务秘书与其他领域秘书工作最突出的区别。商务秘书的职业定位的核心就是协助上司处理各类商业性事务，比如负责起草合同，联络客户，收发函电，参与商务考察、商务洽谈、商业谈判，辅助商业决策等。

2. 辅助管理性

商务秘书工作，首先是为领导班子集体或个人当参谋做助手而产生并存在的，始终处于辅助从属地位。而秘书工作发挥参谋助手作用的根本目的，是辅助领导实施管理。归根结底，商务秘书工作的本质属性就是辅助管理性。

3. 政策性

在商务工作中，商务秘书工作的内容大都关系政策问题。在办文办会和办事中，秘书人员既涉及党和国家的方针政策、主管部门相关政策的贯彻落实，又涉及组织内部有关政策规定的讨论、拟制。

4. 综合性

秘书部门素有“不管部”之称，它的职责范围的广泛性与专业职能部门职责范围的相对单一性有着明显的分别。商务秘书工作对决策层的辅助与服务是全方位的。

5. 事务性

商务秘书部门和秘书人员，日常管理着大量平凡事务，其工作总是与“细、繁、杂、忙”连在一起。

6. 机要性

商务秘书工作之所以具有机要性，是因为秘书部门本身就是信息的集散地，秘书人员都不同程度地接触到本组织的各种秘密，有的秘书所从事的工作直接就是机要工作。与机要性相联系，商务秘书工作同时具有较严格的纪律性。

（四）商务秘书工作的原则

商务秘书工作必须遵循的基本原则，应当能够科学地概括出商务秘书工作规律的主要内容与要求，并能有效地指导商务秘书工作。

一是保密。保密是商业竞争的需要，也是内部科学管理的需要。商务秘书既接触秘密，又保管秘密，很容易成为窃密的焦点，因而要采取有效的保密措施，守口如瓶，并有一定的保密制度作保证。商务秘书工作的保密事项主要包括：文件保密、会议保密、各种信息资料保密、新闻报道和出版保密、领导活动保密、涉外工作保密、档案保密、电子计算机保密、电信设备和通信保密等。

二是准确。商务秘书工作能否做到准确无误，直接影响着领导管理工作的质量高低领导管理工作能否正常运转。秘书工作的准确性原则，要求办文要准，办事要稳，情况要实，主意要慎。而要做到这些，就必须工作态度认真仔细，对事对人严防敷衍塞责、马马虎虎、不负责任等官僚主义作风发生。

三是迅速。迅速原则，就是要求工作及时、高效。目前，有些商务秘书工作存在着工作效率低下，不适应现代工商业经营管理要求的问题。出现这种情况的原因，主要是作风拖拉，制度不科学，办文办事所经环节太多等。商务秘书部门应注意作风建设、制度建设，改进管理体制，充分利用现代办公机具与网络，不断提高工作效率，优化工作效果。

第二节　商务秘书的职能环境

一、商务秘书职能环境的层次

职能环境是职能活动的基础。正确认识商务秘书职能环境要素，增强环境意识，有效地调适和改善环境，排除环境障碍，对提高秘书工作效率和效益不可或缺。

商务秘书职能环境分三个层次，即商务秘书机构内部环境、商务秘书所在组织内部环境、商务秘书所在组织外部环境。三个层次的环境相互联系，对秘书工作有着重要的影响。

（一）商务秘书机构内部环境

商务秘书机构的人员构成、管理制度、分工协作状况、人际关系，秘书部门负责人的影响力，秘书部门内部的精神和凝聚力，以及秘书的办公设备和办公条件等要素，构成了商务秘书机构内部环境。

商务秘书机构是所在组织领导决策层的辅助机构，内部形成良好的环境氛围，对其工作质量和效率具有重要影响。形成和保持商务秘书机构内部良好的环境应具备以下条件：

（1）要有一位作风正派、知识能力全面、经验丰富、具有良好的指挥和协调能力的秘书部门负责人。

（2）要有健全的秘书工作制度。

（3）要建立科学合理的分工配合体系，形成高效的工作流程。

（4）要形成灵敏的信息综合机制，提高信息综合度。

（5）要形成和谐的人际关系，不断增强向心力和凝聚力。

（6）要改善物质环境，具有必要的办公设备，创建并完善办公自动化系统。

（二）商务秘书所在组织内部环境

商务秘书所在组织内部环境，是指秘书所在工商企业内部一切影响秘书、秘书群体工作的各种条件和因素的总和。

商务秘书所在组织内部环境是秘书、秘书机构工作职能的重要基础，是组织生存、发展的需要。组织规模、性质、业务范围，组织的结构、功能、运行的方式，组织的领导体制、管理制度等，对秘书及秘书群体的工作，均有直接的影响。

（三）商务秘书所在组织外部环境

商务秘书所在组织外部环境，是一个开放的具有层次性的庞大的系统，既包括宏观的国际国内政治、经济、科技、文化等大环境，又包括各组织的行业系统环境、地区环境、市场环境、协作与竞争环境、社区环境等。

商务秘书部门是所在工商企业与外部环境沟通、交往的枢纽。因此，秘书不仅要注重外部环境因素，而且要通过自身的职能活动，协助领导管理和调整，使组织的结构和功能、组织的运转状况，与不断发展的外部环境态势相契合，促进组织有效开发利用环境资源，不断开拓发展。

二、商务秘书职能环境要素关系

商务秘书职能环境要素关系，主要指秘书职能活动中与各有关方面的关系。要素关系，对秘书职能环境及秘书职能活动都有不同程度的影响。

（一）商务秘书与上司的关系

这在众多要素关系中是最主要最本质的、对秘书工作起关键性作用的关系。

1. 商务秘书工作对上司工作的价值体现

上司工作对商务秘书工作的总体要求，是要当好近身综合辅助和服务的参谋助手。商务秘书工作对上司工作的价值主要表现为：

（1）为上司工作作铺垫。这是指为上司开展具体工作所做的前期准备工作。比如会前的筹备工作、决策前的信息收集和处理工作、文件呈送上司前的拟办工作等。秘书的铺垫性工作方法，是以上司的工作目标为指向，按上司工作进程和将要采取措施的要求操作，并与上司密切沟通，以保证铺垫工作的有效性。

（2）为上司工作代劳。这是指在上司授权的前提下，承担某些本该上司亲自办理的事务。为上司代劳，务必忠实地反映上司意图，严格遵守授权范围，扮演好上司与秘书的双重角色；注意与工作对象和上司之间的及时沟通，在授权范围内注意工作方法的灵活性，以求工作效果最大化。

（3）对上司工作拓展延伸。商务秘书对上司工作的拓展和延伸，是上司管理工作取得良好效果的重要保证。比如在上司作出决策之后，秘书要草拟决策文件以及执行预案，要收集决策执行过程中的反馈信息，协助上司把握实际执行动态，及时做好必要的催办和督促查办工作等。这种工作方法，要求秘书准确地把握每项上司工作的预期效果，把握上司工作后续事务的具体要求，注意工作的整体性和连续性。

（4）为上司工作拾遗补缺。商务秘书为上司工作拾遗补缺，就是要求能及时发现并采取适当手段，弥补上司工作中出现的疏漏和空白点。

此外，从辅助上司工作的角度，商务秘书工作的价值还有其他方面，在此不逐一详述。

2. 商务秘书处理与上司关系的指导思想

（1）摆正位置，自觉服务。商务秘书要处理好与上司的关系，必须增强角色意识，树立服务观念，要尊重上司，服从管理。

（2）正确领会，贯彻意图。商务秘书要围绕上司意图进行工作。正确领会、贯彻、执行上司意图，是商务秘书处理好同上司关系的一个基本出发点。

（3）加强与上司的思想情感沟通。思想感情沟通是密切商务秘书与上司关系的重要基础。秘书与上司的特定角色关系，要求秘书在与上司实施思想感情沟通时做到适时、适地、适人、适言。

（4）正确处理与多位上司的关系。对上司的专职秘书来说，服务对象是十分明确的。对一般秘书人员来说，服务对象不止一位，更需处理好与多位上司的关系，促进上司间关系的协调。为此，要处理好多头指示，避免矛盾；对口请示，避免交叉请示；逐级请示，避免越级请示；加强沟通，避免产生误会；筛选信息，避免说是道非。

（二）商务秘书部门与职能部门的关系

职能部门是工商企业领导层下属的专项职能部门。商务秘书部门是领导的综合辅助层。基于商务秘书职能，商务秘书部门同职能部门之间的联系主要表现为两种形态：

（1）辅助形态，即商务秘书及其部门以综合辅助领导为中心任务，同职能部门所发生的职能关系形态。秘书要履行其综合辅助领导活动的职能，就会在管理中枢隶属的部门范围内，针对辅助任务之需，同有关部门进行交往，在领导与部门之间架起桥梁，往返输送、反馈管理信息。这时，职能部门是秘书作用的一端，秘书的作用是通过一条与领导直接指挥部门的主线相平行的辅线。

（2）协调形态，即商务秘书就某一综合、交叉事项，与相关职能部门之间进行沟通而直接同部门所发生的职能关系。此种关系形态，出于秘书综合职能，秘书机构及其负责人均有此种协调任务。此时，职能部门则是秘书职能作用的对象。部门之间是以秘书为交点，通过平行主线并联一起，同步协调完成综合、交叉任务。不过，尽管此种关系表现为秘书同部门的直接交往，而实质上，秘书是在领导意图及授权之下进行活动，还是属于辅助领导活动的范围。

（三）商务秘书与员工的关系

广大员工是工商企业开展活动的基础。商务秘书与上司主辅配合，近身综合辅助上司工作，也必须以广大员工为开展职能活动的基础。商务秘书工作实践中，密切联系基层员工，处理好与基层员工的关系，必须注重以下方面：一是要在指导思想上，密切关注企业基层员工的根本利益；二是要在工作行动上，将贴近上司工作与深入基层、联系员工有机地结合起来；三是要在工作作风上，尊重基层员工，反映员工的意愿和要求。

第三节 商务秘书工作方法

一、商务秘书工作方法与组织管理

商务秘书工作方法，指的是秘书发挥职能作用，完成工作任务的途径、程序和手段。科学合理的工作方法有利于提高工作效率，优化效果。由于秘书处于管理组织体系中的枢纽位置，属于管理决策层的辅助层次，因此，秘书的工作方法必须与组织管理运行机制协调一致，与上司工作方法相契合，与秘书工作职能相匹配。

（一）商务秘书选用工作方法要以组织目标为指向

组织目标为全体组织成员的行动指明方向，也引导着秘书的工作行为。秘书选用工作方法，必须为实现组织目标服务。秘书选用工作方法，必须坚持组织功利目标，从组织功利出发。秘书选用工作方法，必须与组织发展目标相一致。例如，秘书在处理信息中要选用比较分析方法，与同行业中的先进单位进行横向比较，这样有利于找差距，分析原因，挖掘潜力，激励组织成员迎头赶上；若与后进单位比较，与落后地区比较，就可能滋长自满情绪，失去进取活力。

（二）商务秘书选用工作方法要以组织规范为依据

组织规范是统一和制约组织成员行为的准则，组织以此维系自身的有序运转。秘书选用工作方法，必须以组织规范为重要依据。

（1）要遵从组织的权责分配规范。例如，上司在其职权范围内，在适当的情况下，可以运用其职权，采用强制方法推进特定工作；而秘书在选用工作方法时，在上司没有授权的情况下，就不能用强制的方法。

（2）要遵从国家法律规范。国家管理要依法行政，企业管理也要依法管理，秘书选用工作方法，实施工作行为，也必须要加强法制观念，自觉地遵从法律依据，不允许有任何违反国家法律之处。

（3）要遵从组织纪律规范。组织纪律是为维护组织成员集体利益、保证工作正常进行而制定的组织成员必须遵守的规章和条例。

（4）要遵从组织运行规范。组织纵向和横向的结构和联系方式，决定了组织的整体功能和运行机制，也决定了各部分成员之间命令与服从、请示与指示、决策与执行等运行规范。

（5）要遵从组织内岗位职能规范。秘书必须从自身的职能规范出发，选择工作方法。

（三）商务秘书选择工作方法要以组织需要为基础

在实际工作中，商务秘书选择工作方法，必须符合组织管理的需要。只有符合组织管理需要的工作方法，采用后才能取得有价值的成效；反之，则很难产生积极的实际价值，甚至可能产生负面影响。例如，组织需要了解决定全局的关键部位或举足轻重的重点单位的情况时，秘书采用重点调查方法就可有效地满足组织的需要；若选择普遍调查的方法，既没有必要，又会造成人力、物力、财力和时间上的浪费。

（四）组织管理方法适用于商务秘书工作

虽然秘书工作有着自身的特殊性，但组织管理的方法同样适用于秘书工作。

（1）组织管理的方法同样要用于对秘书工作的管理。例如，组织、指挥、协调、控制、监督、奖惩的一般方法，都适用于对秘书工作的管理。

（2）秘书工作实务中要运用组织管理方法。例如，抓主要矛盾的方法，原则性与灵活性相结合的方法，因时因地制宜的方法，“解剖麻雀”的方法等，在秘书工作中也同样适用。

（3）秘书要适应和配合有关组织管理方法的实施，服务于组织管理。例如，“把握全局与善抓典型相结合”的方法，是管理者经常采用且效果较佳的方法；对秘书而言，必须适应和予以配合，既要处理全局工作的信息动态，又要深入调查、了解、发现和分析研究各类典型。在工作方法上与组织管理相配合，有利于充分发挥秘书工作的职能作用，也有利于组织管理。

商务秘书工作属于工商企业组织管理系统不可分割的一部分，秘书工作方法必须与组织目标、组织规范、组织需要相契合，必须与组织管理方法有机地融合在一起。秘书要提高工作效率、优化工作效果，就要认真学习组织管理理论，研究管理实践中常用的方法，使秘书本职工作更符合组织管理实践的需要。

二、商务秘书专项业务与工作方法

商务秘书工作的综合职能和专项业务，是相互融合、有机联系的。例如，秘书的参谋作用，可以体现在办事、办文、办会等专项业务中；而在办文、办会等专项业务中，也需要发挥参谋、协调、信息及督促检查等综合职能作用。在实践中，必须根据实际需要灵活选择，综合使用。

（一）商务秘书协调方法

从本质上讲，协调就是解决矛盾。通过协调，淡化矛盾，调和矛盾，最终解决矛盾。协调方法一般是指为达到协调目标所采取的有条理、可因循的措施和办法。在管理过程中，常用的协调方法有沟通协调法、融合协调法、政策法规协调法、计划协调法、节奏程序协调法、会稿协调法和会商协调法等。

（二）商务秘书督促检查方法

督促检查是发挥指挥、监督、控制等职能的重要管理活动，是保证决策顺利实施的重要管理措施，主要包括决策执行督查和专门事项督查。商务秘书及其部门开展督促检查工作，一般是代表或受上司之托进行的。

（三）商务秘书信息沟通方法（见第二章）

（四）商务秘书公文撰拟方法（见第三章）

（五）商务秘书工作进程调度方法

商务秘书在为上司工作服务中，总体上处于辅助和被动地位，而且工作范围广泛，事务繁杂。如果调度无方，穷于应付，就会陷入忙乱状态，忙中出错，影响工作质量和效率；若调度有方，合理安排，就能在被动地位中取得主动，确保工作忙而不乱，忙而有序，促进工作质量和效率的提高。以下介绍秘书工作中常用的处理方法。

1. ABC 分类处理方法

对于繁杂的工作任务，可以按照重要性和急缓程度分类排列办理顺序，将要事急事列为 A 类，优先办理；将重要但不急办的事列为 B 类；将一般性事务和可暂缓办理的事项列为 C 类，放在时间比较充裕时办理。这样，就可主动安排事务办理顺序，在被动接受任务后，发挥完成任务的主动性，避免贻误要事急事，确保各项工作按质按量在规定的时限内完成。

2. 集中办理与分段相结合的方法

在商务秘书工作实践中，由于事务繁杂，往往是一件事尚未处理完毕，后面的事情又接踵而至，若处置不当，就会将有些事务半途搁置甚至前功尽弃，或者使工作环节脱节，影响工作的连续性和继承性。为避免此类现象的发生，可采取集中办理与分段相结合的方法。

采用此种方法，秘书应先尽可能将手头的工作在保证质量的前提下一鼓作气、一气呵成地集中精力迅速办理完，避免中途间断或搁置，这样，既可保证质量又可提高效率。若遇有工作量大、进展程序又较长的任务在办理中出现暂停，必须处理其他问题，应将未完成的事项先记下工作要点，待临时出现的事务处理后，迅速按工作重点完成这件事，以确保工作的连续性和完整性。

3. 统筹计划法

对于筹备大中型重要会议、组织大课题调研活动、筹备重大庆典等规模大、内容复杂、参与人员多、整体协调配合要求很高的秘书工作任务，可采用统筹计划法。

采用统筹计划法的步骤如下：

（1）确定任务目标，做好编制计划的准备。

（2）确定完成各项事务的时间和顺序。

（3）确定完成各项事务的责任人和督导人。

（4）确定各项事务的质量要求。

（5）制成统筹计划表或绘出网络图。

（6）进行审定，检查有无疏漏，待补充完善后，报领导审批。

（7）及时总结，评比奖惩。

统筹计划法类似目标管理方法，运用时应注意三点：一是要注重任务控制，要将所有的具体的事项一一列出，全面安排，责任到人，落到实处，不能有遗漏；二是要注重质量控制，每项具体事务都提出明确的具体要求，并由相关负责人督导，确保工作质量；三是要注重时间控制，要求每项事务、每个环节都必须按预定时间完成，严格控制完成任务的进度和时限。

（六）商务秘书工作时间调度方法

在现代社会中，时间就是效率和效益。在工作实践中，商务秘书必须科学合理地调度工作时间，并协助上司安排好时间。

1. 计划使用时间方法

所谓计划使用时间，就是要在时间资源的使用上，做到有计划、定标准、定量使用。一是要对利用时间做出计划，并按计划合理地运用时间，以消除使用时间的盲目性和随意性。秘书使用时间的计划，应与上司工作的时间安排相契合。二是要根据工作任务的复杂程度和重要程度，制定耗费时间的标准，预测每项工作所需的时间，并预先进行大体的分配。三是在从事每一项工作中，按预定使用时间的标准进行有效的控制，在预定的时限内完成，并保证工作的质量。

2. 弹性管理工作时间方法

由于秘书工作中涉及的相关因素较多，变化较大，因此，在时间管理上要注意留有余地，保持一定的弹性，各项工作不要安排得太满，要留有机动时间。采用这种弹性管理的方法，有利于秘书在时间运用上更具有机动性和灵活性，以主动应对随时出现的工作任务。

3. 反馈控制工作时间方法

商务秘书在工作时间管理中，根据工作目标制定使用时间的计划和措施，实施后及时对结果反馈情况进行分析，再根据客观情况对原定的使用时间和计划措施进行修改、调整，从而达到控制时间，有效使用时间的目的。再者，在多次反馈、多次修改中，控制时间和使用时间的计划更符合实际，更有利于提高时间运用的效益。

4. 合理使用零碎时间方法

零碎时间是指不构成连续时段的某项工作与另一项工作衔接之间的空余时间。这种空余时间，一种是不可预计的零碎时间，事前没有思想准备；另一种是可以预计的零碎时间，事前知道大致有多长的空余时间，如公务出差的候机候车时间、等待会谈代表来到的时间等。在工作实践中，秘书要充分利用零碎时间去处理一些琐碎事务，而在整块的工作时间，就集中精力去处理较紧急重要的事务，以提高工作效率。

（七）商务秘书工作手段现代化

商务秘书工作手段现代化，在根本上就是实现办公自动化。商务秘书要充分利用现代化的技术、设备、网络和科学的管理方法，更好地处理各种日常事务，更有效地收集、整理、加工、传输和使用信息，为工商企业的科学管理与决策提供服务。

第四节 商务秘书的职业素养

由于管理科学的迅速发展和新技术革命的不断渗透，现代企业经营管理模式的日渐建立，以及企业人力资源标准的更新与升级，商务秘书的职能与作用、商务秘书部门的组织模式及二者相关的工作方法都在产生着新的变化。在这种变化过程中，商务秘书必须以全球化、现代化的视野，重新认定自身角色。

在我国社会主义市场经济发展日趋深入，市场竞争不断加剧的条件下，商务秘书职业的性质和特点，秘书工作在管理活动中的地位和任务，以及秘书职业的现代化趋势，都决定了商务秘书在诸如职业道德、知识能力、心理品质等方面必须有高标准的职业素养。

【知识链接】

某集团有限公司总经理秘书任职资格

1. 教育背景：秘书专业背景，本科以上学历。

2. 培训经历：受过管理学、管理技能开发、公共关系、财务管理、文书写作、档案管理等方面的培训。

3. 经验：两年以上高级秘书工作经验。

4. 技能技巧：熟悉公司文档管理；有良好的中英文写作、口语表达和阅读能力；有良好的组织沟通协调能力；能熟练使用办公软件及办公自动化设备。

5. 态度：工作细致认真，谨慎细心，条理性强；责任心强，勇于承担具有挑战性的工作；具有开拓精神和团队精神。

一、商务秘书的职业道德与作风修养

职业道德是人们在一定的职业活动范围内应当遵守的行为规范的总和。作风修养是指一个人在工作和生活中一贯表现的态度行为，与职业道德密切相关。商务秘书的职业道德与作风

修养主要指他们的职业责任、职业纪律和职业行为特征。道德与作风对人的行为方式和行为效果的影响是极为深刻的，因而，作为上司参谋与助手的商务秘书的职业道德与作风修养状况，必然通过其自身行为深刻地影响决策层的形象与威信，影响决策层工作的质量与效果。良好的职业道德与作风修养是商务秘书人员从事快节奏、高效率工作的内在基础，也是商务秘书人员自我完善的必要条件。

具体而言，商务秘书的职业道德与作风修养主要包括以下几个方面：

（1）忠于职守，服从领导，自觉履行各项职责。

（2）埋头苦干，任劳任怨。

（3）谦虚谨慎，办事公道，热情服务。

（4）遵纪守法，廉洁奉公，正直无私。

（5）恪守信用，严守机密。

（6）实事求是，勇于创新。

二、商务秘书的知识结构

知识结构是指一个人所学的知识在其头脑中的构成情况和组合方式，包括各种知识的相互比例、相互协调与相互作用，以及由此形成的知识的整体功能。从商务秘书工作的需求来看，商务秘书人员必须根据职业的需要建立起适应秘书工作的合理的知识结构，并根据时代的发展和社会的进步，不断地更新和优化自己的知识结构。

（一）构建商务秘书知识结构的原则

商务秘书人员以适应实际工作需要为标准，而要构建自己合理的知识结构，需要坚持以下几个原则：

1. 适应性原则

适应性原则指的商务秘书的知识结构应该符合秘书职业活动的需要。其一，商务秘书的知识结构应当与秘书的岗位职责相适应；其二，商务秘书的知识结构应该与所在单位的业务特点相适应；其三，商务秘书的知识结构应该与所处的社会环境相适应。

2. 比例性原则

商务秘书的知识结构必须建立在比例科学合理的基础之上，要注意在确定实际工作需要的前提下，将对实现工作目标有决定性影响的知识放在中心的、主导的位置上，同时将一切与秘书工作相关的知识安排在整体结构中相应的、恰当的位置上。既要注意知识积累的广度，又要注意知识储备的深度；既要懂得“取”的重要性，也要明白“舍”的必要性。

3. 层次性原则

商务秘书的知识结构也有层次性的特点，如果按照从低到高的排列顺序，可以分为基础知识、专业知识和相关知识三个层次；如果按照由内而外的排列顺序，可以分为核心知识、中间层知识和外围知识。其中，核心知识是指与秘书工作目标直接相关、在实际工作中经常用到的知识；中间层知识是指与秘书工作目标有关系，但在实际工作中使用频率较低的知识；外围知识是指与秘书工作目标无直接联系，但在实际工作中偶尔涉及的知识。

4. 个性原则

个性原则是指一个人的知识结构从内容组合到结构比例都应该有与众不同的、鲜明的个性特点。个性原则要求商务秘书人员在构建自己的知识结构时，首先要对自己有一个准确的定位，要在正确认识自我的前提下，找准社会需要与个人特长的最佳结合点；其次，在构建自己的知识结构时，要具有创新意识和超前意识，能够及早发现社会的发展趋势和工作的需求变化，做到“人无我有，人有我新”。

5. 动态性原则

合理的知识结构，必须是一个不断进行自我更新和调节的动态结构，商务秘书的知识结构也不例外。社会的发展、时代的进步以及商务秘书工作的不断发展变化，对秘书的知识结构也不断提出新的要求，这就要求秘书人员必须对自己的知识结构时时进行调整，使其保持动态的平衡，以适应秘书工作的需要。

（二）商务秘书知识结构的分层

商务秘书工作的综合性，要求秘书人员在横向上具有较宽的知识面；秘书工作又有自己的专业特点，这又要求秘书人员在纵向上具有较深厚的专业知识。这样，秘书的知识结构大致可以用大写的英文字母“T”来表示。如前文所言，秘书的知识结构可以分成三层，即基础知识、专业知识和相关知识。

1. 基础知识

秘书的基础知识是指在秘书知识结构中起基础性作用的那部分知识。基础知识越扎实、丰厚，秘书发挥创造的潜力就越大。现代秘书的基础知识主要包括科学文化基础知识、政治经济理论基础知识、法律法规基础知识。

2. 专业知识

秘书的专业知识是指从事秘书工作所必需具备的专门知识，它包含两个方面的意思：一是指秘书的职业知识；二是指秘书所在部门的业务知识。这两类知识是秘书知识结构中的核心和主干部分，是各级各类秘书人员都必须具备的知识。

（1）秘书的职业知识。秘书的职业知识泛指从事秘书职业所必需的学科专业知识，是秘书区别于其他专业的重要标志。这些知识是秘书人员明确自身的社会角色，主动适应并做好秘书工作的至关重要的条件。这些知识具体包括秘书学、文书学、公文写作学、档案管理学、信访学、会议学、调查研究、机要保密、信息处理、公关协调以及现代通信和办公自动化知识等。

（2）秘书所在部门的业务知识。秘书所在部门的业务知识即秘书所在行业的行业知识。比如，在工业企业工作的秘书就要了解产品设计、技术引进、工艺流程、质量检验等方面的知识，在商业系统工作的秘书就要熟悉市场营销、商品流通、经济贸易等方面的知识。

3. 相关知识

秘书的相关知识是指与秘书职业、岗位要求有一定关联的知识。这些知识虽非秘书知识结构的重心，但对秘书开展工作可以起到重要的辅助作用，因而掌握这些知识对秘书人员来说也是必要的。

秘书要有广博的知识素养。与秘书工作相关的知识主要包括管理学知识、心理学知识、公共关系学知识、经济学知识，此外，还包括决策学、咨询学、统计学、社会学、伦理学、新闻学、传播学、文学、美学等方面的知识。

三、商务秘书的能力结构

商务秘书的能力结构就是指秘书人员能够顺利完成本职工作所应具备的各种能力的组合方式。秘书工作具有全面性和复杂性的特点，要求秘书人员具有多种能力。概括地说，秘书的能力结构可以分为两部分，即基础能力和专业能力。

1. 基础能力

基础能力，是指从事秘书工作所应具备的最起码的能力，是从事秘书工作的基本条件。基础能力主要包括观察能力、注意能力、记忆能力、思维能力、想象能力。

2. 专业能力

专业能力，是指商务秘书人员从事秘书工作所应具备的职业能力，是商务秘书能力结构的核心部分。专业能力是完成工作的重要保证，也是秘书区别于其他职业人员的重要方面。

商务秘书的专业能力包括以下几个方面：

（1）表达能力。所谓表达能力，就是指通过语言、文字、图形、表情和动作等形式沟通信息、相互交往、合作共事的本领。表达能力在商务秘书的能力结构中占有重要的地位，商务秘书人员在开展工作的过程中时时处处都离不开表达能力的运用。

商务秘书的表达能力主要包括口头表达能力、书面表达能力和身势表达能力三种形式。

对商务秘书人员口头表达能力的要求是：首先要发音准确，字正腔圆；其次要中心突出，目的明确；最后要说话得体，符合身份。

书面表达能力，就是运用书面文字表达思想、交流信息的能力，即写作能力。

身势表达，又叫身体语言或肢体语言，就是运用表情、动作、姿势、声音、服饰和距离等非语言手段来表达思想和情感；身势表达能力就是运用上述非语言手段表情达意的本领。在人际交往中，身势表达能力是对口头表达能力的重要补充，能起到强化口头表达的作用。

（2）办事能力。所谓办事能力，就是快速、有效地处理各种日常事务和工作的本领。商务秘书人员的许多工作实际上是办理各种各样的事务，如办文办会、信访接待、日常值班、生活管理等。社会组织管理工作十分讲究效率，较强的办事能力是对商务秘书人员的基本要求。

秘书的事务性工作具有烦琐性、重复性、智能性和程序化的特点，这些特点要求秘书人员在锻炼培养自己的办事能力时要从以下几个方面入手：明确职责范围；通晓办事程序；区分轻重缓急；善于社会交往。

（3）协调能力。协调是管理职能之一，也是商务秘书必备的能力。对商务秘书协调能力的要求是：掌握协调的依据；掌握协调的原则；讲究协调的方法。

（4）管理能力。商务秘书作为辅助上司实施管理的人员，自身也要具备一定的管理能力。商务秘书的管理能力主要体现在辅助决策、计划、沟通、协调和控制等几个方面。

（5）应变能力。应变能力就是面对变化的环境能够沉着应对，妥善处理问题的能力。它是商务秘书其他能力和素质在特殊情况下的综合反映，是对秘书才智、经验的全面检验。

秘书应变能力的锻炼和培养可以从以下几个方面入手：要善于观察；要反应敏捷；要从容镇定；要随机应变。

（6）社交能力。社交能力就是与他人进行社会交往的能力。秘书在日常工作中，每天都要和人打交道，秘书的工作性质和工作范围决定了秘书要面对各种各样的人际关系，这就要求秘书人员必须善于和人打交道，有良好的人际交往能力。

商务秘书社交能力的培养，需要特别注意：知己知彼，准确定位；文明礼貌，讲究方法；充实知识，加强修养。

四、商务秘书的业务技能

（一）文字语言技能

对文字语言的运用是秘书人员的基本功，具备文字语言技能是对秘书人员最起码的技能要求。秘书的文字语言技能包括文字书写技能和语言记录技能两部分。

1. 文字书写技能

文书工作是商务秘书人员的重要工作内容，文字功夫是商务秘书的看家本领之一。文字功夫，除了指文书撰拟写作以外，也包括文字的书写。虽然现在大部分的文字处理是通过计算机来实现的，但有些方面的工作，还是需要秘书人员用笔来完成。这就要求秘书人员必须具备文字书写技能，能够掌握常用字体特点，能熟练运用各种软笔、硬笔进行书写，能够写一手漂亮的毛笔字、钢笔字及美术字等。

2. 语言记录技能

商务秘书有一项很重要的工作内容，那就是对各种会议进行记录。当今社会，虽然先进的录音设备已经很普及，但由于许多客观条件的限制，为各种会议作记录这项秘书的基本工作还是不能被取代。除此以外，上司经常会向秘书人员交代、布置工作，如果内容较多的话，秘书也必须将其记录下来，这种情况也要求秘书人员具备一定的记录技能，即速记技能。

（二）文件处理技能

这里的文件处理，并非指文件的撰拟、立卷和归档，而是指对已成文的文件进行校对、誊写和印刷、复制等。这种文件处理技能在商务秘书的工作中也是一种很重要的技能。

1. 文件的校对

校对就是在文件正式印发之前，根据原稿或定本进行核对校样，以保证文件内容和形式上的绝对准确，从而维护文件的严肃性和权威性的一项工作。校对工作烦琐、枯燥而又责任重大，要求秘书人员首先要具有高度的责任感；其次要细心、耐心，在校对过程中要认真严谨，一丝不苟；再次要掌握校对的技巧和方法。常用的校对方法有对校法、折校法、读校法等。

2. 文件的印制

文件在经过精心的校对以后，就进入了下一个环节——印制。正式文件在打印或复印出来以后，还要盖章。盖章时用力要均匀，位置要在署名和日期之间，不能出现章印残缺不全或模糊不清的情况。

（三）现代办公设备操作技能

商务秘书人员的主要工作场所是在办公室，办公室的设备是秘书经常使用的工具，因此秘书应学习和掌握打印机、复印机、速印机、传真机、扫描仪、数码相机、刻录机、移动办公设备和其他辅助办公设备的操作技能。秘书要能够掌握不断更新换代的办公设备的操作技能。

（四）常用办公软件及网络办公应用技能

秘书在掌握计算机操作系统的一般知识和技能基础上，更要熟练使用如 Word、Excel、PowerPoint 等必要的办公软件。

商务秘书网络办公是指秘书应用互联网络技术和资源并基于网络处理各种办公事务。秘书要能够适时、适地、适人地提供、利用网络信息，并利用网络即时通信的优势和网络视频会议系统组织网络视频会议等。

五、商务秘书的文化艺术修养

商务秘书工作全面性的特点，要求商务秘书人员具备多方面的修养，其中，文化艺术修养是基础。秘书的文化艺术修养包含的内容很多，其中占主要地位的有史学修养和艺术修养等。

【知识链接】

高级商务秘书的七大“高”人之处

第一高：综合素质要求更高

每天下来挺忙碌的，但想起来可能都是一些平凡的小事。在一些重大会议和活动举办之前，秘书通常更忙。平时还会起草一些财务或者人事方面的报告，帮助老板做一些决定。高级秘书是工作在老板身边最近的人，老板出差不方便看邮件时，他们要处理一些文件，有些需要马上替他去批复。所以和一般秘书相比，高级秘书除了能够讲一口流利的英语，熟练地使用计算机和拟写各种文件等硬件之外，他更应该具备良好的沟通、组织、协调、一定的决策能力以及解决问题的能力。

第二高：责权更重

高级秘书和助理的界限很难划分，助理给予老板业务方面的建议会更多，而高级秘书与一般的秘书的不同之处在于：高级秘书与领导层的沟通和联络会更多。向老板汇报工作的一些管理层人员以及部门秘书都会通过高级秘书找到老板，高级秘书承担着他们之间沟通的责任。

责任大，犯错误的机会也多，一旦犯了就不会是小错误。当高级秘书发现别的部门秘书有一些错误时，有责任和权利去指出，避免错误的发生，而指出的时候要注意方式。

第三高：薪水更高

在IT行业里，与其他部门的管理人员相比，高级秘书的薪水可能不是很高，但与普通秘书相比，高级秘书的薪水还是相当可观的。

第四高：说服能力更强

有自己的想法很重要。老板也是可以被说服的，只是这需要一个过程。普通秘书根本和老板说不上话，因而也就不具备去说服老板的基本条件；而高级秘书的地位比较特殊，老板交给的任务，在觉得应该建议或者提示他的地方，就会指出来。其实这点是很不容易做到，主要是要讲究方式，大多数的时候需要采取一种委婉的语气，建议他“这样是不是会更好”，这样让他有一个从考虑到最后接纳的过程。不论如何，在工作中老板和高级秘书毕竟是上下属的关系。

第五高：发展愿望更高

做到高级秘书这个位置一般要在30岁左右，因为这需要经验的累积。在国外有很多高层的秘书都是妈妈级的，就像一个长辈一样把所有的事情搞定；而在国内，这种情况是很少见的，在大部分人心中做秘书还是年轻的好一些，秘书们心中也会认为30多岁有经验也年轻的秘书会比40多岁的更有竞争力。在国内做了5年、10年或者更长时间的高级秘书，大多会考虑这种来自社会的压力，希望换一个行业，通常会选择从事行政、人力资源以及市场方面的工作。

正规的公司都有个人的发展计划。高级秘书或者通过老板实现愿望，或者被猎头猎到其他公司去做其他行业。相对来说，后一种机会比较少。更多的秘书会选择一种稳妥的方式，先在公司的内部协调一个位置，熟悉一段时间，在公司有一个稳定的发展或者是再被猎头公司挖到其他的地方，绝大多数人应该是这种状态。

第六高：道德水平要求更高

高级秘书会接触到公司的一些财务等方面的重要的文件，因而保密是对老板的承诺和责任。和老板保持在一条战线上，做好手头老板交给的每一件小事，经常沟通，长久如此，老板就会觉得你比较认真，是可靠的。当你给老板留下一种你随时可能会离开公司，以这个为跳板去找另外一家更好的公司的印象时，他是不会信任你的。

第七高：成就感更高

把握在大老板和部门老板之间的态度和分寸是高级秘书工作中最困难的事情。这需要一点技巧，譬如在传达大老板的要求，发邮件或谈话时，高级秘书不会以一种命令的口气去和部门经理讲话，因为高级秘书是他们之间的一个桥梁，首先是摆正自己的位置，想清楚了，问题也就迎刃而解。

工作中会时而出现突发事件，高级秘书会把解决某个有难度的问题视为一种挑战，一旦问题在苦思冥想之后有了答案，会喜出望外，特别有成就感。

第二章　商务秘书工作实务

商务秘书的职业定位的核心就是协助上司处理各类商业性事务，比如负责起草合同，联络客户，收发函电，参与商务考察、商务洽谈、商业谈判，辅助商业决策等。但从商务秘书的工作实际来看，其工作实务又有一般秘书高度综合的共性。本章择要介绍商务秘书工作实务的几个模块。

第一节　商务秘书与信息工作

商务秘书及其部门在辅助上司有效地实施各项领导与管理活动的过程中，既掌管事务又辅助决策，沟通上下，联络各方，因此，信息与信息处理渗透在秘书工作的各个方面。事实表明，利用信息的能力低下，已经成为商务秘书提高工作效率的极大障碍。因此，商务秘书人员应自觉培养科学的信息意识，并在具体工作中逐步完善信息收集、处理及服务的科学标准、程序和方法。

一、信息的收集与分类

（一）利用适当方法收集信息

收集信息的最终目的和归宿是支持决策和行动。为了确保所获信息的使用价值，收集工作必须慎重，讲究策略。比较简单的收集工作，事先应当统筹考虑，做到心中有数；比较复杂的收集工作，则需要制订整个活动计划或详细提纲。无论哪一种情况，都要求工作人员在认真分析活动目的，明确服务对象，确定收集工作的对象、项目、地点、时间等基础上，合理选择有效的收集方法。

1. 观察法

观察法，就是通过现场的观察来搜集信息的方法。观察按不同的分类标准，可分为多种类型。

（1）根据观察者是否参与被观察者的活动，可分为参与观察和非参与观察。

（2）根据观察内容是否有统一设计的有一定结构的观察项目和要求，可分为有结构的观察和无结构的观察等。

（3）根据观察对象所处的环境状态特征，可分为自然状态中的观察和人为情景中的观察等。

这些方法有各自的适用范围，在一般情况下，往往综合地加以运用，以达到快速、准确地搜集信息的目的。观察法大多是在被观察者没有任何觉察的情况下进行的，因此较为客观。但它只能了解被观察者的行为活动，而不能看出被观察者的内心世界和了解被观察者的动机、态度、打算等，因而显得不够深入。观察法不仅适用于对人的观察，而且适用于对物的观察。

2. 询访法

询访法是指信息搜集者通过提问请对方作答来获取信息的方法。

询访法按信息搜集者所采用的方式与手段，可分为面谈询访、电话询访、书面询访等。一般来说，搜集简单的、时间性强的信息，以电话询访为好；搜集涉及面广、深度要求高的信息，则以面谈询访为佳；涉及不便当面交谈的内容和信息，则以书面询访为宜。

按有无固定格式与意图的显隐性情况，询访法可分为四种形式：

（1）有固定的询访格式，意图公开。

（2）有固定的询访格式，意图不公开。

（3）无固定的询访格式，意图公开。

（4）无固定的询访格式，意图不公开。

此外，询访法还可以根据访谈人数多寡区为个体询访和集体询访法。

3. 问卷法

书面问卷又称调查表，由调研人员制定，发给调查对象填写，然后收回综合、研究。

书面问卷一般有开放式问卷和封闭式问卷。开放式问卷便于调查对象详述己见，获取材料丰富，既有共性也有个性，但篇幅冗长，不利于统计和归纳；封闭式问卷问题简明，答案标准化，易于统计和综合，并利于输入计算机处理，但由于答案事先设计，不利于调查特殊情况或进一步深入。书面问卷，适宜于调查范围广、问题较集中的调查活动。

在使用问卷法时，应注意两方面问题：一是问卷要力求简明，避免含糊其词和模棱两可；二是要正确看待问卷结果，作出科学分析。

4. 量表法

量表法是指运用测量量表来搜集信息的一种方法。量表适用于较精确地调查人们的主观态度、观念或某一方面所具有的潜在特征。我们知道，人的态度、观念和某些潜在特征都具有隐匿性和模糊性，有时连自己也难以发现或进行精确描述，因而需要采用间接的方式，如量表法等。

量表也具有多种类型：

（1）按测量内容分类，主要有态度量表、能力量表、智力量表、人格量表、意愿量表等。

（2）按其作用分类，主要有调查量表和测验量表。

（3）按其设计方式和形式分类，有总加量表、累积量表、共通量表和语义差度量表等。

调查者可以根据不同的目的、要求，结合实际情况择用。

5. 购买法

购买法是指花一定的代价，通过购买有关信息载体而搜集信息的方法。它是组织获得外部信息的常用方法之一。

按其购买的信息载体的类型不同，购买法可分为文献信息载体购买和实物信息载体购买两种类型。文献信息载体购买的方式一般包括现购、托购、有偿征集等。图书、期刊、报纸，主要可到出版社、杂志社、报社、书店或邮局现购或订购；缩微型文献可通过特定的缩微中心购买；视听型文献可以到音像出版社、音像书店及文献信息机构购买；机读型文献一般是在市场上销售的记录在软硬磁盘、光盘上的应用软件或应用软件包，这主要可通过计算机技术检索利用，组织无须购买；而样本、专利、图纸、内部资料等则可以向研究开发机构或有关信息中心购买。实物信息载体主要是指样品或具体的产品等。购买实物搜集信息主要为组织的技术部门和科技信息部门所重视。

6. 检索法

检索法就是利用信息资料检索工具，从现成的信息资料文档中查检有关信息资料的方法。

检索法根据检索工具的不同，可分为手工检索和计算机检索两种类型。手工检索工具是一种广泛搜集相关信息资料，按一定体制系统编排，以供人们迅速查找到特定信息资料的信息资料文档，主要有目录、索引、文摘等二次文献和年鉴、手册、百科全书等三次文献。手工检索法在现阶段仍然是我们进行信息检索的主要方式之一。计算机信息检索是通过计算机终端从计算机信息库中查找已有信息资料的方法。计算机信息检索与手工检索一样，既可以用于查找符合特定需求的具体信息，也可以用于查找信息的线索。计算机信息检索的基本原理与手工检索的基本原理是一致的，所不同的在于存储与检索手段上的区别。计算机信息检索在我国现阶段已发展到开发阶段，目前大量的统计数据库系统、企业数据库系统、产品数据库系统、市场行情数据库系统以及金融数据库系统正处于开发和完善之中。我们已能通过计算机信息网络检索到全国各地甚至世界范围内主要信息存储的各种数据和信息。

7. 交换法

交换法是指组织信息部门以自己拥有的资料、样品等与有关对口单位进行相应的交换，从交换得来的资料、样品等信息中获得所需信息的一种方法。

交换法是组织获得自身所需的信息的重要方法之一，也是各兄弟单位之间进行信息交流的一种重要手段。它不仅能使组织获取许多难得的信息，而且能比通过其他各种有关途径节省许多搜集时间，在国际交换方面，一般可提前半年或一年得到最新资料。由于信息交换通常是对口交换，因此，所得到的信息大部分都是及时的和适用的。信息交换可分为两大类型，即国内交换和国际交换。无论哪种类型，都应以对口、互利、合乎国家法律和有关政策规定为原则。在正式建立交换关系后，应印制交换卡，及时排检，并经常检查交换的情况和效果，对交换单位进行筛选，稳妥地终止不对口的交换关系，及时与新的对口单位建立交换关系，不断改进信息交换工作，以提高信息交换的效益。

（二）信息的分类

1. 信息表现形态的分类

（1）文字形态的信息。文字形态的信息即以书面文字为载体的信息资料，一般分为 10 种类型：

1）报纸、期刊中与本企业经营活动相关的国内外信息，包括社会动态、时尚习俗、市价涨落、顾客情绪、自然灾害等。

2）供工作用的参考图书、专著、百科全书和专门词典。

3）有关政府出版物、法律法规汇编。

4）政治宣传品。

5）与本企业相关的国内外经济技术统计资料。

6）各类专业文献年鉴、国内外科技信息资料。

7）图谱、图录、样图、地图。

8）档案：本企业、本行业历史资料，包括史志、大事记等。

9）内部文献：业务信息资料、本企业或本行业的现实情况。一是静态资料，即各类基础材料、统计数据；二是动态信息，即时常发生的新情况、新问题、新经验。

10）与本企业有关的人名录、名片、企业名录、电话号码簿、通讯簿。

（2）声像形态的信息。声像形态的信息即脱离文字形式，以直接记录声音和图像为载体的信息资料。这类信息资料的数量正随着其制作和传播手段的不断现代化而逐年增加。

（3）记忆形态的信息。记忆形态的信息即在人际交往中形成的消息、情报，就是指在人际交流的过程中产生、传播和被接收而只在人脑中存储的不具有确定的记录载体的信息。

（4）互联网上的各种门类、各种形态的信息。

2. 信息分类的方法

（1）按对象分类。此种方法适合于对书信等来往文件的分类。

（2）按主题分类。这是根据信息资料所反映的主题进行分类的方法。

（3）按形式分类。将单据、合同、广告稿、新闻稿、报告书、建议书、文件、调查记录、报刊文章等按形式区分，相同形式的信息资料再按时间细分，从而形成一种按形式汇集的文档。这种分类有利于及时查找同种形式的多件信息资料，但往往内容主题不能集中。

（4）按来源分类。将信息资料根据其来源做出分类，把相同来源的信息资料归在一起。如来自上级主管部门的信息、来自某一信息中心的信息、来自咨询机构的信息、来自组织内某一部门的信息、来自消费者方面的信息等。这种方法有利于对信息资料内容的权威性、可靠性、真实性做出判断，但综合性能较差。

（5）按内容分类。根据信息资料所反映的内容进行分类。与按主题分类相比，此种分类方法是按大块分类，而前者问题更集中单一。

（6）按“图书资料分类法”或“档案分类法”进行分类。

二、信息的处理

（一）信息处理的基本原则

为保证收集到的信息能有效地发挥作用，信息处理必须及时、准确、系统、适用、经济。

信息的时效性决定了信息处理必须及时；准确，是信息处理和利用及时高效的根本保证；系统，表现在两方面，一是信息处理过程的系统性，二是信息处理结果的系统性；适用，即信息处理要符合实际需要；经济，即指在符合高效的前提下，尽可能降低信息处理的成本。

（二）信息加工

信息加工就是遵循信息处理的有关原则，通过科学的程序和方法，对收集到的信息进行分类、审查、选择，并加以分析研究，编写材料的工作。

信息加工可分为初级加工和高级加工。

1. 初级加工

初级加工是对原始信息进行去粗取精、去伪存真、聚同分异的工作。它一般不产生新的高级信息，是高级加工的必要前提。初级加工一般有如下步骤：

（1）分类排序。分类就是按一定的标准把信息加以分门别类。信息处理过程中的分类，要比前面讲的一般意义的分类详尽些。比如，可以从内容上分为工业、农业、交通、教育、科技等；按信息的存在形式可分为公文、内部资料、调查材料、期刊、报纸等。分类还往往若干标准同时采用。比如，以公文形式存在的信息，既要分来源，又要分问题或年度时间。分类后的信息不再是分散的、零星的，但并没有消除每一类内部的混乱状态，还需要排序。排序也要有一定标准，比如一年中收到的简报，可以根据签收时间来排序。

经过分类、排序，零散的信息材料被整理成条理有序的信息体系。

（2）选择。选择就是对各类原始信息进行细致的筛选，确保其真实、准确、适用。选择是一个综合的十分复杂的过程，它不是简单化的无原则的取舍，而是包含着大量的比较、鉴别、审查等系列工作。对信息的选择，一般用以下标准衡量。

1）目的需求。尽管收集信息具有明确的目的性，但由于收集者主观认识或客观条件的局限，获取的信息经常存在与目的需要并不相关或关系不大的那部分。因此，在信息加工过程中，应围绕使用者的要求，根据信息材料与所要了解或所要解决的问题是否相关而决定取舍。信息的使用价值与使用者目的需求的统一性，要求对信息材料的效用大小做出初步评价，对使用价值或有或无、大小不等的原始信息进行取舍。

2）完整情况。对原始信息分类之后，就每一类来说，要审查该类信息是否齐全，能否反映一起事件的全貌，能否体现问题的基本实质。要重点考察是否有重复或遗漏之处。查重复要有比较的观点，对重复信息进行效用评价，然后决定取舍。信息材料的遗漏现象必然破坏其完整性，影响对事物的整体把握，所以，在弄清缺少什么之后，应及时组织信息的再收集，做好补遗工作。

3）准确程度。这是影响信息使用价值的重要因素。对粗糙的原始信息要仔细加以审核鉴别，使其准确无误。譬如，对某些数据材料，应经过再计算加以验证。对那些含义不清、模棱两可或表述混乱的信息，若与同类其他信息相重复，就干脆剔除；在非重复而又必须保留的情况下，要针对性地组织二次信息收集。

4）时效间隔。信息产生后，往往只有一定的有效时间，因此，从时间角度对收集到的信息进行审查、鉴别和效用评价，加以合理筛选是很有必要的。从目的需求出发，已经老化并失去价值的信息就予以淘汰；对于同一事物在不同时间内的信息，一般取近舍远，以新为重。当然，如果有纵向比较分析的必要，还应视具体情形酌加处理。

经过上面分类、排序以及复杂的选择整理，原始信息成为比较科学的可以信赖的二次信息材料。

2. 高级加工

处于原始状态的信息材料，往往是零乱的、分散的，有的还是真与假、主流与支流、本质与现象混杂的。初级加工仅仅是对信息的初步整理，如果没有严密、科学、实事求是的分析研究工作，就只能是就事论事，无法找出事物的本质规律，也无法指导工作，解决问题。马克思在《资本论》（第二版）“跋”中说：“研究必须充分地占有材料，分析它的各种发展形式，探寻这些形式的内在联系。只有等工作完成之后，现实的运动才能适当地叙述出来。”

概而言之，高级加工就是对信息的分析研究，它是对初级加工后的二次性信息材料进行分析、综合与推断，并产生反映事物本质规律的高级信息的过程。这一过程，可以充分展示秘书人员的智慧才能，尽可能地发挥秘书部门对领导机构的参谋作用。从信息加工角度来看，秘书部门的参谋作用具体可分为以下三个方面：

（1）协助领导者通过现象来把握本质，抓住工作中的主要矛盾，分辨主流和支流，权衡利弊得失，提出中肯意见。

（2）通过收集、研究信息，判断出事物的因果关系，协助领导者预测事物发展的趋势。

（3）将丰富的第一手资料提供给领导者，协助领导者在现实可行的基础上，形成新目标、新方案，使领导者的“风险性决策”有更可靠的现实基础。

信息的高级加工大体有如下三个步骤：

（1）综合分析。综合是总体把握客观事物的一种思维方法，就是把经过初步加工整理的信息材料汇总、归纳、比较、推论，使错综复杂的信息材料系统化、条理化、科学化，从中揭示事物之间相互联系，发现其特点和规律。

（2）预测分析。预测分析是综合分析的延伸，就是根据对事物的过去或现状的综合把握，对它的发展趋势或未来状况做出估计与推测。一个自行车生产厂家的年度生产计划，既是目标，也是预测。这种预测建立在对本厂的原料来源、资金状况、生产设备、技术能力及工人数量等基本情况的综合研究基础之上，其中还包括根据目前市场状况对今后一段时期内车型、花色及销售情况的估计。预测分析要着重把握事物变化发展的规律，要特别注意捕捉反映事物变化发展方向的消息、信号等趋势性信息，以及数量与质量的关系等。因为预测分析是一种创造性思维活动，想象、直觉、灵感等因素在其中的重要作用不能忽视。

（3）对策研究。对策研究就是针对某一问题，在对有关信息进行综合研究和预测分析的基础上，提出可能采取的对策方案。秘书部门虽不直接参与领导决策，但从强化秘书职能的要求出发，秘书部门还应成为"思想库""智囊团"，成为领导决策的咨询机构，提供高级信息服务。就是说信息加工的成果，应根据需要形成可供领导参考、选择的建议或方案。譬如围绕某一存在问题展开调查研究，就不能是只有材料没有观点，且这个观点既包括对问题的理性认识，也应包括解决问题的具体建议。对策研究要求秘书人员一要大量占有信息材料，二要有较高的政策水平和较强的研究能力，三要对对策方案善于进行可行性评价和效果预测。秘书部门的对策研究要想科学、优化，必须提倡秘书人员敢于决断、创新。思想僵化、因循守旧、优柔寡断，是秘书人员发挥参谋作用、辅助决策的大忌。

需要注意的是，在分析研究信息的过程中，以上三个步骤并不呈现为机械的因果关系，作为创造性思维过程，三者经常是彼此交叉、渗透的。形式逻辑与辩证逻辑，理性与直觉，意识与无意识，在这个过程中相互诱发，融为一体。

三、信息的传递、存储与检索

1. 信息的传递

信息传递是以信息源为起点，通过传播渠道传递给信息接收者的过程。不同性质和内容的信息有不同的传递要求，而迅速、适用、准确、保密是各种信息共同的传递要求。信息传递的主要方法有：

（1）口头传递。

（2）书面传递。

（3）影像传递。

（4）电子计算机系统（网络）传递。

（5）机要交换。

（6）专人传送。

2. 信息的存储

秘书部门收集到的信息经过加工之后，凡不是立即使用的，或在使用后仍有备查利用价值的，都要采用一定的方法加以存储。信息存储就是对信息材料的科学积累。归根结底，信息存储就是"存在"与"组织"两个方面。

信息的存在要借助一定的物理介质，才便于保护、存放和利用。

信息的组织，就是依照信息的内在逻辑联系，把它们组成一个便于存储利用的体系。组织主要是对信息进行科学地分类与排序。秘书部门的信息资料分类应与档案部门、情报部门的信息资料分类方法一致，以便建立整个管理单位统一的信息管理系统，便于相互查阅利用。

无论怎样存储信息，均应符合以下要求：

（1）便于查找、提取和利用。

（2）利于机要信息的保密。

（3）设专人负责信息材料的管理。

3. 信息的检索

信息的检索就是从存储的大量信息材料中，查找所需信息的过程。检索过程的实质，主要是对检索工具的利用，因而，要做好存储信息的编目与索引工作。

编目，就是在根据信息的某一特征（问题、时间、来源等）科学分类的基础上编制目录。为了使信息材料在某一类中有固定的位置，还要给它们编号排序。秘书部门给信息编目，与档案部门的案卷编目基本一致。

索引，就是把信息材料的某些项目摘记下来，各条下面标注存储页码，按一定次序排列，从而作为查阅信息材料的工具。传统的索引有两种：一是篇目索引，摘记项目包括题目、作者、来源等；二是内容索引，摘记项目包括简要的事件、人物、地点等。

信息检索要符合以下三个方面的要求：

（1）尽量缩短完成检索过程的时间。

（2）查找需要的信息要全面，避免漏检。

（3）查出的信息要合乎目的要求，尽量避免不相关信息。

现代社会信息总量的急剧增加，使得信息的存储与检索成为一个相当复杂而困难的问题，而电子计算机的应用，为解决这个问题提供了新的途径。

第二节　商务秘书与会务工作

一、会议及其作用

会议，一般指聚众议事或商讨问题的行为和过程。会议是管理工作和领导活动的一种经常性的方式、方法，也是古今中外社会生活中的一种常见的社会活动形式。《书·周官》云："议事以制，政乃不迷。"可见开会商议事情，古已有之，古人把会议看得还很重要。在现代，会议更是社会生活中用以议事、决策和解决问题的普遍活动形式。

（一）企业会议的类型

会议种类繁多，但从根本上说，会议有两种：一种是临时性集会，即为了商讨和处理特别事宜而临时召集的会议；另一种是经常性的集会，即集合结成团体，这是指为了一定的目的而设立的经常商讨和处理重要事宜的组织。我们在这里重点介绍和阐述的是前一种性质的会议，就是企业在自己的经济活动和政治活动过程中，为商议和处理某种事宜而组织举行的会议。

企业会议的种类很多，下面从两个角度去划分其类型。

1. 按照会议内容性质划分

（1）工作性例会。工作性例会是指企业决策机构为研究处理各种日常工作所召开的会议，如办公会议、党委会议、班组长会议、工会小组会议等。

（2）法定性会议。法定性会议是指企业依照有关法律法规定期召开的会议，如职工代表会议、党员代表会议、共青团代表会议等。

（3）专业性会议。专业性会议是指企业为研究和解决某一专项工作而专门召开的会议，如计划工作会议、劳资工作会议、宣传工作会议、新技术应用会议、安全生产会议等。

（4）单项性会议。此类会议的特点是会而不议，就是会议主体单方面活动，不需客体发表意见或提出要求，主体活动结束，会议随之结束。单项性会议如报告会、动员会、表彰会等。

2. 按照组织机构构成系统划分

（1）政务会议。政务会议就是为商讨和处理企业行政事务及日常业务而举行的各种会议。这类会议名目较多，如计划财务会议、经营性会议、人事劳动会议、物资供应会议等。在信息经济逐步取代产品经济的时代，各类经营性会议日益增多而且有战略意义，如产品销售情况分析会、商业销售预测会、市场预测与分析会、各种商品展销会等。

（2）党务会议。党务会议就是为商讨和处理企业党务系统的各项事宜而组织召开的会议，如党委组织工作会议、宣传工作会议、纪检工作会议等。

（3）群工性会议。群工性会议就是为商讨和处理企业群众工作事宜而举行的会议，如工会工作会议、妇女工作会议等。

以上介绍的都是企业内部会议，此外，还有一种对外的更为特殊的会议，即会谈，也称谈判，在此不作赘述。

（二）会议的作用

会议对于发扬民主，交流思想，通达情况，协调意见、行为，促进团结，进行决策，贯彻政策，加快工作节奏，加速问题的解决，实现集中统一领导，具有重要作用。

上述会议的作用，当然只是针对某些类型的会议而言。事实上，会议的具体作用会因会议类型的不同而不同，社会组织的领导者或管理者应该了解和利用不同类型会议的不同作用，来推动领导活动和管理活动的开展。

但是应该指出，在认识和利用会议的作用时，要注意避免片面性。应该看到，会议绝非解决问题的唯一途径，不是工作的目的，也不能代表工作的全过程。会议只是研究和解决问题，推动工作的一种手段，是整个工作的一个环节。工作的重点应放在实践上，放在深入实际调查研究上，放在深入群众之中，抓议定事项的贯彻落实上。会议不可不开，也不可多开。领导者绝不能整天泡在会海里，而必须看到过多的或质量低劣的会议的消极作用。

二、会议活动中商务秘书的职责与任务

（一）指导会务工作的原则

秘书部门和秘书人员担负着会务工作中的许多重要任务，这是由秘书部门的地位和作用决定的。因为许多会议事关全局，其中的组织安排，领导者关于会议的指导思想和设想的落实，是其他职能部门所不能代替的；有些会议，如常务会议、办公会议，事关决策，也不是其他业务部门能涉足的。会议既涉及政务又涉及事务，既要掌管事务又要辅助决策的秘书自然应该并且便于承担会议工作。

当然，秘书人员辅佐召开会议的领导者，参与会议讨论事项的决策，处理事务工作，要始终围绕领导者确定的会议目的进行，并必须及时向领导者请示汇报，在召开会议的领导人领导下进行。

为了圆满完成会议活动中秘书的工作任务，有必要建立机关会议活动的责任体系。对于

重要的、大型的会议的召开，领导班子的成员自然要全力以赴，为组织会议而设立的秘书工作班子也担负着繁重的任务，需要严密组织和分工协作。

从实际情况来看，会议的类型和规模不同，在会议活动中，秘书工作的任务也存在一定差异，对会务工作的要求也自然不同。总体而言，指导会务工作的原则主要包括：

（1）要充分细致地准备。

（2）要严密地组织。

（3）要周到地服务。

（4）要确保安全。

（5）要加强保密工作。

（6）要注意端正会风。

（二）会议程序

会议程序，是指为实现会议目的而确定的、按一定顺序组成的、互相联系的会议活动的组织工作环节系列，是会议的纵向活动系统。会议程序亦即对会议进程做出的具体安排，体现着进程各阶段、各环节的活动内容。会议的一般进程可分三个阶段、八个环节。

1. 会议的准备阶段

会议的准备阶段有三个环节：同期各项管理活动、各项工作与会议的综合分析、统筹安排；与会议议题相关的材料的准备；会议通知和事务准备。

2. 会议的进行阶段

会议的进行阶段也有三个环节：主持人说明会议意图、议题相关情况要点、开会方法及注意事项；掌握议题；会议总结。

3. 会议形成意见的传达、催办阶段

这一阶段有两个环节：会议形成意见的完善处理（如形成相关公文等）；会议形成意见的传达与催办。

上述三个阶段、八个环节是一个互相联系、互相制约的会议组织工作系统整体，它们共同构成会议活动的过程，其功能在于实现会议的目的。其实只要能达到会议的目的，会议程序可简可删可并，但三个阶段的基本内容是不能变的。

（三）会务工作及其具体内容

会务工作是指有关会议的各项工作。要开会，就有许多工作要做。会务工作的任务是：会前要认真负责地做好准备工作；会中要严密正确地组织好各项活动，热情周到地搞好服务工作；会后要妥善地处理一切有关事宜。

会务工作内容繁多，且因会议议题不同，性质和规模不同而有差别。

与上述会议的一般程序相应，会务工作包括如下具体内容：

1. 会议预案制定

凡要举行会议，都必须在会前周密地制定会议预案，即会议的筹备方案。制定好会议预案是提高会议效能的前提。

会议预案的内容一般涉及如下方面：

（1）会名。会议预案中首先要确定能够体现会议内容、性质和规模的会议名称。

（2）会期。会议预案应根据会议内容确定会期。

（3）会场。会议预案中应结合参加会议的人数和预期效果选定开会的地点和设置会场。

会场过大或过小都不可取。代表需集中住宿时，会场安排还应与宾馆或招待所一起考虑。

1）会场布置。会场通常为方形、长方形，也有马蹄形、圆形、八角形、山字形、回字形的，可视会议需要而定。会场布置，要讲究“气氛”。会场“气氛”要与会议中心内容相一致。比如，庆祝会要有热烈欢腾的气氛，履行法定程序的会议要有庄严的气氛。会场布置还包括场地的划分和进场退场的路线，还要考虑音响效果、照明设备、通风设备、录音录像设备、场地卫生设施、会场保安措施和茶水杯盘事宜。

2）主席台。主席台是会场最显眼的处所、会议参加者注目的地方，应布置得当。是否需悬挂会标、国徽、纪念人画像，是否需要排列主席台座次名单等，都要认真考虑。

（4）出席范围。会议出席、列席人员人数，事先应有精确的计算。会议的级别、会议参加者的范围、人数和名单分配，都应明确。

（5）会议票证。要根据会议规模大小、性质、重要程度，并按照需要，确定和制发各种不同的会议票证。会议票证的制发应兼顾会场安全和工作方便两方面。

（6）会议筹备班子的职责分工。会议筹备班子中的有关方面或有关人员的职责，一定要在会议预案中划分清楚，以便预案中规定的各部门、各单位依据其职责要求，去完成会议筹备和会议其他工作任务。在预案中特别要明确临时组织起来的大会指挥部、秘书处、会场工作人员各方的任务和协作要求，以便他们密切配合，协调一致地组织会议，开展会议活动。有些较大的会议的预案中，还应分别写明会议筹备处、宣传组、组织组、资料组、后勤服务组、保卫组的职责，促其分工协作开展工作。

（7）会议议程。会议预案中必须明确会议所要解决、处理问题的大体安排，即会议议程。会议议程必须体现在妥善安排的具体日程中，而日程则表明会议内容的先后顺序。会务人员在会议期间应根据会议议程或日程安排，事先做好有关准备工作。

上述各项是一般会议预案的主要内容。有些会议还有选举、发奖、摄影等活动以及其他特殊活动，也应列入预案之中，事先做好恰当安排和准备。

2. 会议文件准备

提交会议审议的文件材料，应事先准备好，在会前数日分送与会人员审阅、研究和准备意见。

为了准备好会议的文件，领导人员、秘书人员或有关人员应根据会议的指导思想、目的、性质、内容，有的放矢地进行调查研究，拟制好各类文件，如提出解决有关问题的方案、提交会议讨论通过的文件初稿或专题汇报材料等。会前做好有关文件准备工作，能够使会议议题比较集中，保证会议基本目标的实现。

3. 印发会议通知

与会人员提名确定之后，要及早发出召开会议的通知，以便与会人员加紧准备。

重要会议的通知发出后，还要跟踪落实，用电话与参与会议人员联系，检查通知是否收到，了解对方是否如期出席会议。

会议通知可将会议有关票证如入场券、汽车通行证等附上。

对重要的会议在通知发出时，还应准备好代表座次、住宿房间、就餐安排、乘车号码、小会地点、编组名单和其他事项。这些事项可随通知一起发出，不能发出者，最迟要在会议参加者报到时通知。

4. 会前检查

会前检查是落实预案、保证会议顺利进行的重要一步。会前检查一般分为由领导人听大会筹备处各组汇报和现场检查两种形式。其中以现场检查为主。检查的重点是会议文件材料的准备、会场布置和安全保卫等。

大中型会议和重要会议会前检查还包括票证检查、人员的定岗定位、交通指挥及主席台服务人员的就位等。

5. 会间会务工作

会议进行中有一系列工作需要会议工作人员担负，诸如会场签到、候会人员安排、安排发言、会议特殊情况应急处理、会议记录、会议简报、大型会议的现场指挥、选举、统计人数等。

（1）会场签到。签到是与会人员到会时的第一件事。坚持签到制度可以及时了解与会人员是否到会，准确地统计到会人数，对于党代会、职代会来说，这是关系是否达到法定人数，选举结果和通过的决议是否有效的大问题。签到后，统计到会人数是一项急促而又细微的工作，需要会议工作人员加快速度，准确无误地进行。

（2）候会人员安排。有些会议，议题繁多，并非一切与会人员都参加所有议题的讨论与汇报。因此，与某项议题无关的人员，会议工作人员要另行安排地方候会，并通知他们届时参加有关议题的讨论。

（3）安排发言。安排大会发言的决定权属于大会主席团的有关领导，但会议工作人员可能被委托先提出安排意见，供领导者审定。

安排大会发言应注意地区平衡，各级领导、主要领导与一般领导的平衡，以及主题平衡。安排发言既要有广泛的代表性，又必须服从大会的总目的。

（4）会议特殊情况应急处理。会议进行中可能会发生临时变动，如调整议题、临时动议、增加与会人员及其他特殊情况，会议工作人员要根据情况采取应急措施，做好临时调度工作。

（5）会议记录、会议简报。不论会议大小，只要有重要会议，都应有记录。会议记录是核心机密，是重要的文书档案、会议内容、情况与进程的真实凭证，是形成会议简报、纪要的原始依据，是最重要的材料。秘书人员要按照要求以妥当方式做好记录，做到主要观点不遗漏，重要决策不错漏，必要时会后还应加以整理。

会议简报是用以交流会议情况、指导会议进行的重要工具。简报要求实、求新、求短、求快，能迅速地、简明地反映值得注意的动向问题。

（6）大型会议的现场指挥。大型会议要有现场指导，其任务是利用现代化联络手段，如有线广播、无线电话机和其他联系信号调动队伍，处理突发事件，保证会议顺利进行。

（7）选举。选举是一项严肃的政治活动，是人们行使神圣的政治权力的具体体现方式。选举按规定必须采取无记名投票方式。有关选举的工作是会务工作的一项重要内容。

（8）统计人数。精确统计人数，是大会即将开始时、会中和会后都要做的工作。与会总人数的统计，应弄清下列各款，不得相互混淆：原定到会人数；通知人数；报名人数；报到人数；参加大会人数；未参加大会，只参加小组会人数；投票人数（有的未参加会议，用流动票箱投了票，有的已参加会议，但未投票）；分发文件人数（有的没有参加会议也必须发给文件）。上述统计总人数的八款内容中，最常用的归结为三项，即应到人数、请假人数、实到人数。

6. 会后工作

会后工作泛指两种情况：一是会议进行期间每一单元时间（如上午、下午）内开会后的工作，例如整理会议记录、印发会议简报等；二是整个会议结束后的工作，如精确统计人数、总结会议内容、撰写印发会议纪要、与会人员离会工作、会议的新闻报道、总结会务经验、传达、催办会议决定事项等。

（1）整理记录，印发简报。这是会议进行期间每一单元时间内开会后的重要工作。由于现场记录十分紧张，字迹不可能很清楚工整，且常用符号代表常用术语，如不及时整理，不久就会不知所记何意，所以要在会后及时把简化的语句加以完善，在不更改原意的前提下，尽量使语言文字规范化。

在整理会议记录之后，撰拟会议简报，以及时交流情况，反映问题，推动会议向纵深发展。

（2）总结会议内容。有些会议只需在会议结束时，作一简短的“闭幕词”；而有的会议，如计划会议、科技会议等，大都需要在会议结束时作总结，因为此类会议涉及事业发展规划以及各有关方面需要承担的责任。因此，对于会议中提出的各种方案、意见，经过讨论之后，应由负责人在会议结束时作总结，以便各有关方面明确任务、措施和行动的准则。

（3）印发会议纪要和决办通知。如果会议讨论、决定的事项涉及几个部门、几个单位，应撰拟印发会议纪要或决办事项通知（指从会议纪要上摘录有关内容，要有关方面办理的通知），以便分工负责，协同行动，贯彻执行会议决定，同时，也便于日后查找会议材料，研究会议情况。有正式文件的会议，一般不再印发会议纪要和决办事项通知之类的文件。

（4）会议代表离会工作。会议代表离会工作是指会务工作人员对外地来的与会人员离会的安排工作，包括事先了解他们的返回日程，代为购买车票、船票、飞机票等。

（5）会议的新闻报道。需要发布新闻报道的会议，秘书人员要及时同新闻单位联系配合，共同编写新闻稿件，送有关单位领导人审定后，或发布综合信息，或发布典型报道，必要时还要发表“评论”与“社论”，以推动会议精神的贯彻落实。

（6）总结会务经验。重要的会议或大型会议结束后，应该总结经验，以便积累经验，作为日后同类会议的借鉴。有的会议，还应写出会务工作小结，连同会议预案、会议纪要、会议简报和其他会议文件一并存档。

会议结束后，还要做好财务结算、归还借用物品等工作。

（7）传达、催办会议决定事项。

三、会议文书工作

（一）会议文书的分类

1. 会议的指导文书

会议的指导文书包括上级会议文书、上级指示文书、本级开会起因文书等。

2. 会议主题文书

会议主题文书包括开幕式讲话、主题报告、专题报告、专门报告、大会发言、选举结果、正式决议、闭幕讲话等。

3. 会议程序文书

会议程序文书包括议程文书、日程安排、选举程序、表决程序。

4. 会议简报和会议记录文书

会议简报和会议记录文书包括会议简报、情况反映以及各种记录等。

5. 会议参考文书

会议参考文书包括代表提案、公务书信、群众来信、与会代表来信和各类来访的书面材料。

6. 公告及传达文书

公告及传达文书包括会议公告、新闻报道、接受采访、宣传文章、传达提纲、执行计划等。

7. 会议管理文书

会议管理文书包括开会须知、议事规则、出示证件、保密制度、作息时间、生活管理等。

（二）会议文书的拟写

1. 对拟写者的要求

会议文书种类多样，作用各异，其中主要文件是会议的各种工作报告、领导讲话、中心发言、总结报告、开幕词、闭幕词、决议等，这类文件集中体现了会议主题或其指导思想。秘书人员在拟写这些文件时应特别注意：

（1）认真理解和吃透会议领导机构所确定的会议主题，把握领导意图，特别是党和国家的有关政策、精神。

（2）做好深入细致的调查研究，掌握和提供详尽确切的第一手材料。为此，秘书人员应向有关部门或个人搜集材料，访问有关的人员，查阅有关的档案资料等。

（3）注意虚心听取各方面的意见。在拟写文件的过程中，秘书部门或人员要多听听各方的意见，尤其是领导的意见。起草者个人可以提出自己的意见，但这种意见应当是领导意见的补充，绝不能与之相悖。

2. 会议文书的拟写要求

会议文书是一种比较特殊的文书，在形式、内容和分类、撰写上有自己的特点和要求。它的最突出特点是时间紧、内容多、要求高。因此，必须配备一个强有力的写作班子来撰写会议文书。任务确定后，就要立即投入工作。

在写作过程中，要善于集思广益，认真组织。必要时要“连续作战”，实行“流水作业”。要严格层层把关，责任明确，随时送请有关领导审核。会议文书的撰写是一件十分严肃而又细致的工作，它包括素材、数据及典型材料的搜集、整理、文件的起草与修改等环节，各个环节都必须按照领导意图，严肃认真对待。会议的主题文书，特别是会议报告、主要文件、正式决议、会议纪要等，要下大力气撰写。对其他种类的会议文书，也决不可有丝毫疏忽。开会通知的撰写，要体现会议主题，甚至要体现会议的指导思想，必须精心写作。程序文书，虽然都比较简短，但关系到整个会议的进行，拟定时应该简明、准确。议事规则、选举办法和表决方法，都涉及民主集中制的法律程序，必须以十分严肃的态度，制定正式文书。会议的其他文书，诸如会议名称、主席团名单、各委员会名单、与会人员名单、选票、出席证、列席证和必要的标语、口号等，也都是会议的重要文书，不应忽视。

（三）会议文书印制与分发的要求

（1）会议文件的印制要求规范，尤其是文件格式的设计要坚持标准化的原则。

（2）会议文件的分发需要注意适时适量分发，遵守保密文件的分发规则。

（3）印制文件前的审定工作，文件样式的设计工作，应由秘书协助领导完成。

（4）分发文件注意适时、适量、保密，这是分发的基本要求。

第三节 商务秘书与会展服务

会展业是会议业和展览业的总称。随着经济全球化程度的日益加深，会展业已发展成新兴的现代服务贸易型产业，它影响面广，关联度高。会展业涉及工业、农业、商贸等诸多产业，对产业结构调整、开拓市场、促进消费、加强合作交流、扩大产品出口、推动经济快速持续健康发展等发挥着重要作用；在城市建设、精神文明建设、和谐社会构建中显示出其特殊的地位和作用。从20世纪80年代以来，我国会展业从无到有，从小到大，迅速递增，行业经济效益逐年攀升，场馆建设日臻完善，已成为国民经济的助推器和新亮点。

伴随着会展经济的全球扩张，许多国际会展业巨头争夺亚洲、非洲、拉丁美洲的发展中国家市场，国际会展业呈现出重心转移之势。在中国加入世界贸易组织的背景下，中国市场的广大以及中国成为世界制造业中心的发展前景，使得来自国外的专业会展市场需求空间较大。

近年来，国际会展项目更加注重展与会的结合，会展内容趋于专业化、信息化和品牌化。越来越多的展览公司和会议公司涌现，且呈现集团化发展趋势。作为现代服务贸易型产业，会展业的服务性十分突出，由于会展机构设置的特殊性，其秘书工作显得尤为重要。

一、会展的秘书机构

（一）会展秘书机构的领导

会展秘书机构的领导是秘书长。

秘书长的设置分为两种情况：一种是会展组织的常设性秘书长，他既负责会展活动的组织、筹备工作，又要管理闭会、闭展期间的日常工作，如博鳌亚洲论坛属于一种国际会议组织，其秘书长一职就是常设性的；另一种是临时性、单一性会展活动秘书长，他仅负责领导会展筹备阶段的会务和实施阶段的展务，每次会展活动一结束，其使命即告完成。

秘书长既是会展管理决策机构中负责日常工作的领导成员，又是会务和展务工作系统的最高负责人。其职责有：

（1）在筹备阶段，协助会展筹备工作领导机构负责人（组委会或筹委会主任、理事长等）开展工作，执行筹备机构的各项决定和决议。

（2）根据会展筹备工作领导机构的授权，审查批准会展活动的各项具体预案，并组织落实、检查指导和统筹协调。

（3）向会展筹备工作领导机构及时汇报筹备工作的进展情况，指出存在的问题，并提出改进意见和具体措施。

（4）法定性大会的秘书长，在预备会议之后，主持召开第一次主席团会议，选举或协商产生主席团常务主席和执行主席。

（5）领导秘书处处理会展活动举办期间的日常工作，签发各种文件。

（6）负责领导会展的善后工作。

（二）会展秘书机构

会展秘书机构一般是秘书处。秘书处是在秘书长领导下具体实施会务和展务的工作机构。

1. 秘书处的类型

（1）常设性秘书处。具有系列化、组织化、定期化的会展活动往往把秘书处作为常设性管理机构来设置。这类秘书处既要负责会展活动的组织、筹备工作，又要管理闭会、闭展期间的日常工作。其名称也可叫作办公室。

（2）临时性秘书处。单一性的会展活动在组委会或筹委会之下设临时秘书处，会展活动结束，其使命即告完成。

（3）广义秘书处。广义秘书处的工作职能广泛，实际上是会展活动组委会或筹委会直接下辖的执行机构和处理日常事务的工作机构。如果组委会之下设有执行委员会，可在执委会之下设秘书处（或称办公室）。

（4）狭义秘书处。狭义秘书处即为会展活动领导决策层提供综合服务的部门，也就是传统意义上的秘书部门。其基本职责是为会展活动的领导层处理信息和办理事务。

2. 秘书处内部分工

会展秘书处的内部分工主要体现在组织架构上。

（1）秘书组。它主要负责各种会展文件的准备、起草、印发、清退、立卷及归档工作，并负责会展通知和组织工作，负责报到，编排会展议程、日程及分组等事项。

（2）提案组。它主要负责受理会展期间与会者提出的各种提案和议案。

（3）宣传组。它主要负责会展的对外宣传工作，包括：制订会展的宣传与公关工作计划并组织实施；统一向媒体提供会展的宣传与公关工作计划并组织实施；负责组织、安排、协调记者的采访活动；统一向媒体提供会展的新闻稿，承办新闻发布会或记者招待会；负责会展音像资料的录制和管理工作等。

（4）总务组。它又称后勤接待组，主要负责会展的接站、报到、签到、票务、食宿、参观游览、文娱活动、车辆调度、会场安排与布置、设备保障、用品发放与管理、经费预算与筹措、财务管理、现场急救等方面的工作。

（5）联络组。它主要负责组委会与各代表团之间的信息传达、反馈等联络工作。

（6）组织组。它主要承办代表资格审查工作和选举方面的工作。起草代表资格审查报告和选举办法，编制代表名册、选举程序，设计和印制选票，印发候选人情况介绍或简历等。

（7）简报信息组。它负责小组讨论时委员发言的记录，简报、快报的编写、印发；受理委员反映的意见、建议；受理委员和人民群众来信。

（8）保卫组。它主要负责会展期间的安全保卫工作。

在实际工作中，秘书处下设工作机构的名称及功能可依需要而调整，比如可设立策划部、营销部、财务部、外事部、储运部等。

二、会展秘书工作及服务要点

会展秘书的基础工作，大体可参照前述秘书及秘书机构会议工作及服务的相关内容。此外，结合会展的特点及需要，会展秘书有其比较突出的工作及服务要点。

1. 策划主题和项目

秘书要协助领导对会展（如博览会、洽谈会、交易会等）的主题和项目策划找准市场热点，掌握消费需求，了解厂商要求，分析投资者心理，并做到三个有利于：一是有利于企业与企业、企业与消费者之间的对接，以吸引更多的参展者、客商和消费者；二是有利于改善投资环境，带动当地相关产业的发展；三是有利于树立会展品牌形象，促进本项活动的可持续发展。

2. 确定规模和名称

秘书要熟悉会展（如博览会、洽谈会、交易会等）的有关法律法规、标准和国际惯例。

3. 设计活动板块和形式

会展（如博览会、洽谈会、交易会等）的活动板块和形式设计应服从于会展主题和内容的需要。秘书除配合领导安排好主要的活动板块和形式外，还要设计好配套活动。

【知识链接】

中国贸易投资洽谈会主要活动的三大板块及配套活动

（1）展览板块：面积33000平方米，包括成员单位馆、境外馆、企业展示馆和投资服务馆。

（2）论坛板块：举办"国际投资论坛""资本论坛""国际友城投资合作论坛"。

（3）洽谈板块：以"一对一"面对面洽谈及餐叙会自由洽谈的形式举行外商对华投资项目行业对接会。

（4）配套活动：包括组委会新闻发布会，开幕晚宴，文艺晚会，开馆仪式，重大项目签约仪式，各成员单位新闻发布会、成果发布等。

4. 寻求支持单位和合作单位

（1）支持单位。支持单位有三类：一是行业的政府主管部门；二是行业的权威协会；三是具有广泛影响力的行业媒体。支持单位可以提高会展的档次、规格和权威性，扩大会展的影响力，有利于组织目标客户参展和目标客商的参加，有效地形成会展项目的品牌效应，实现可持续发展。

（2）合作单位。合作单位有五类：一是具有专业性、大众性和权威性的媒体单位；二是当地的行业单位；三是行业权威机构；四是会展公司；五是国际展览的代理机构。合作单位可以加快信息的有效快速传递，提高会展的影响力，整合会展资源，实现优势互补，最大可能地挖掘新客户，壮大参展队伍，最大限度地降低招展成本。

5. 广告宣传

通过媒体广告、户外广告、新闻发布会、行业研讨会等宣传手段进行立体的广告攻势，有利于营造会展的气氛和声势。

6. 招展组团

广告宣传攻势是招展组团的前奏，而做好招展组团工作是会展（如博览会、洽谈会、交易会等）成功的关键。招展组团着眼于参展商和参观商（客商）两个方面。

（1）与合作单位建立会展的营销网络。

（2）做好各个具体项目的预算，制作报价表。

（3）收集可能参加会展的参展商、参观商的名录，建立信息库。

（4）印发邀请函、征询函、调查表、参展手册、会刊、会展简报和门票。

（5）上门拜访主要的牵头参展企业。

（6）采取让利的办法合作招展。

（7）签订参展协议。

【知识链接】

品牌展览与知识产权

所谓"品牌展览"，通俗地讲就是知名度高与形象好的展览。人们在给品牌展会下定义时往往在意它的市场定位、展会理念、规模大小、服务意识、社会效益、经济效益等因素，却很少用是否尊重知识产权这把尺子去衡量。

展览业归属于服务贸易领域，是信息产业的生力军。在新经济时代，展览业更加凸现出其知识资源的特色，我国已加入世界贸易组织，在展览业中日趋反映出的尊重知识产权的问题已成为行业中不可回避的现实。在展览业的诸多因素中，知识产权的保护最易被人忽视。它频繁地表现在如下几个方面。

展会雷同

定位、内容、市场、题目完全一致的展会全国泛滥。只要一个展览会办得好，不进行经济基础、区域性市场和购买力的分析，不进行办好展览投入的人力物力的分析而盲目跟进，造成同类展会过多、过滥，好的展会被分流，差的展会被投诉，导致无序竞争。价格竞争让参展商和观众无所适从，造成所谓的“会展泡沫”……

展品侵权

无论在国内的来华展还是在国外的各类展会上都存在参展商侵权、损害他人产品专利的行为。作为主办单位，总结经验、制定措施、坚持原则、依法办事对维护品牌展会至关重要。主办单位的策展通知书上都印有一份醒目的“保证书”，让参展商保证所有参展展品、产品样本和说明书及现场演示所使用的软硬件不存在侵犯他人产品专利权和涉嫌侵权的问题，如有违反，将自愿承担一切法律责任和相应的经济损失。这份保证书须签字并加盖公司印章在规定日期寄回。此做法的目的一是加强参展商的法律意识，二是用来表明主办方的严肃立场，以配合执法人员在现场的执法工作……

7. 做好接待

会展（如博览会、洽谈会、交易会等）的客人来自五湖四海，作为主办方和东道主的秘书要安排好他们的食宿、交通、娱乐等，让他们以饱满的热情参加会展的各项活动。这也是主办方和东道方塑造良好组织形象所必须做好的事项。

8. 提供相关业务服务

会展（如博览会、洽谈会、交易会等）都有各种展览、展示活动，要制定切实可行的方案和措施，从而为参展商提供通关、物流、设计、安装、拆卸、文印等方面的服务，保证会展的顺利进行。

9. 搞好开幕式和闭幕式

会展（如博览会、洽谈会、交易会等）的开幕式、闭幕式非常重要，要精心策划、组织和实施。

10. 加强现场管理

会展（如博览会、洽谈会、交易会等）参加人员集中，人流量大，容易带来安全隐患，要加强现场的证件管理、展位管理、安全管理，及时疏导周围交通，保证有人值班，及时应对突发事件和突发事故。

11. 展后跟踪

会展结束后，要及时做好展后跟踪工作，加深目标客户的印象，为下一届会展作铺垫。具体内容包括：以适当方式感谢所有的参展单位、重要的客商、支持单位、合作单位、媒体单位；通过媒体进行跟踪报道，发布下一届会展的信息；向参展商发放征询意见表和调查表，及时回收并加以统计、分析和评估。

第四节　商务秘书与公文处理

一、公文

公文是法定机关和组织在公务活动中按照规定的格式、经过一定的处理程序制成的书面文字材料，是各级各类法定组织处理各种工作的一种工具。

（一）公文的特点与作用

1. 公文的特点

公文是在公务活动中形成的，是各类组织行使法定职权、实施有效管理的重要工具，具有很强的现实效用性。它的特点主要表现在：公文有法定的作者，公文有法定的权威，公文有特定的效用，公文有规范的体式，公文有规定的处理程序。

2. 公文的作用

具体地说，公文的作用主要表现在以下几个方面：领导与指导作用，行为规范作用，传递信息作用，公务联系作用，凭据记载作用。

（二）公文的文种和公文的构成

1. 公文的文种

公文工作执行《党政机关公文处理工作条例》（中办发〔2012〕14 号）。本条例自 2012 年 7 月 1 日起施行。条例将党政机关公文文种调整为 15 种：决议、决定、命令（令）、公报、公告、通告、意见、通知、通报、报告、请示、批复、议案、函、纪要。

除了以上法定公文，在机关工作中使用频率很高的还有大量的常用事务文书。此外，部分的专业组织机构，还会使用一些专用公文，从大类来讲，诸如经济公文、科技公文、司法公文、外交外事公文等。常用事务文书和各类专用公文的文种繁多，在此不予赘述。

2. 公文的构成要素

《党政机关公文处理工作条例》第九条规定：公文一般由份号、密级和保密期限、紧急程度、发文机关标志、发文字号、签发人、标题、主送机关、正文、附件说明、发文机关署名、成文日期、印章、附注、附件、抄送机关、印发机关和印发日期、页码等组成。

原中华人民共和国国家质量监督检验检疫总局、中国国家标准化管理委员会于 2012 年 6 月 29 日发布了《党政机关公文格式》（GB/T 9704—2012），规定了党政机关公文通用的纸张要求、排版和印制装订要求、公文格式各要素的编排规则，并给出了公文的式样。

（三）公文的稿本

公文的稿本是指公文的文稿和文本。同一内容和形式的文件，在撰写印刷过程中，以及根据使用时的不同需要，又往往形成不同的文稿和文本。

1. 公文的文稿

公文的文稿是指公文起草过程中形成的一次又一次的稿子，包括草稿、定稿两种。

（1）草稿。公文的草稿是指内容和文字表述都还未成熟的原始稿件。

（2）定稿。公文的定稿是指草稿经过修改、审阅，并由领导签发或者会议讨论正式通过的最后完成的定性文稿。只有履行了法定生效程序的定稿才能形成正式文件。因此，定稿是制发文件的唯一可靠的标准稿本。

2. 公文的文本

同一份文件，根据它们的不同用途，可分为正本、副本、存本、修订本；一些法规性文件又有试行本、暂行本等形式；同一内容的文件使用不同的文字又成为不同文字文本。

（1）正本。根据已经签发的定稿制发的正式文件，称为“正本”。正本最突出的特点是盖有发文单位的印章或领导的亲笔签署，以证实文件的效力。

（2）副本。凡是根据公文正本复制、誊抄的其他稿本称为“副本”，又称“抄本”。它的作用是代替正本供传阅、参考和备查使用。

（3）存本。存本是指发文单位印制一份文件的正本后留在本单位的除草稿、定稿以外的印制本。它的特点是根据正本印制甚至同时印制出来，除印章或签署外，具有正本同样的文件格式和附加标记。

存本和副本都是从正本而来，它们的区别在于，存本是不外发的，一般不加盖印章或领导的亲笔签署，只是作为正本的样本留在本单位以备查考使用。存本应与定稿一起立卷归档。

（4）修订本。对于已经发布生效的文件，在实行一个时期以后，文件中的某些内容已不适合当前的情况，需要进行修改补充，这种重新予以修改补充再行发布的文本，称为修订本。

（5）试行本、暂行本。公文的试行本、暂行本一般都是以试行、暂行、试行草案等字样标在公文标题中的文种的后面或前面，其大多用于法规性文件，在制发单位认为文件内容还不十分成熟，还必须经过一定时期的实践检验再行修订时所使用的。

（6）各种文字文本。各种文字文本包含以下两种意思：一是指我国少数民族地区，为便于工作，发文往往是同一份文件同时使用汉文文本和少数民族文字文本；二是指在外交工作中所使用的文件，往往有中文文本和外文文本。

二、公文处理工作的组织与要求

围绕着公文的撰制、收发、办理与管理所做的工作，就是公文处理工作。

从广义上说，公文处理工作就是运用科学的原则、程序和方法对公文的拟制、办理、管理以及立卷归档所进行的一系列衔接有序的工作。对此，可以从以下几个方面来理解：

（1）从发文阶段来说，从思想观点的酝酿、材料的收集与整理、文字起草与讨论修改、审核把关与领导签发定稿以至印制发出，必须经历一系列环节。

（2）从收文阶段来说，从来文的签收、登记、分办、传阅、拟办、批办到承办、催办以及答复等，也必须经历一系列处理环节。

（3）从公文的管理来说，秘书部门应当切实做好公文的平时管理工作，既要充分发挥公文的效用，又要有利于公文的保密，还必须建立一系列管理环节。

（4）从公文的立卷归档环节来说，公文在处理完毕以后，人们还要将其中对今后单位的工作活动仍然具有一定查考利用价值的文件，进一步整理立卷，进行归档保存。这种立卷归档工作，也必须经历一系列的处理环节。

以上四个方面的一整套程序性的工作，都属于公文处理工作的范围。

至于狭义的公文处理工作的概念，主要是指社会组织内文书工作人员所承担的公文的收发、登记、催办、整理与保管等方面的具体工作。

（一）公文处理工作的组织

公文处理工作的组织，包括组织机构、组织领导和组织形式三个方面。

1. 公文处理工作的组织机构

公文处理工作的组织机构是指各社会组织的公文处理工作通常都纳入单位的综合办事机构，即办公室、秘书处、秘书科的工作范围之内。

2. 公文处理工作的组织领导

从全国来说，由中共中央办公厅、国务院办公厅分别负责领导和指导党和政府系统的文书工作；从一个机关来说，它的公文处理工作是由本机关的秘书长或办公厅（室）主任负责领导；从上下级机关的关系来说，上级机关的办公厅（室）有责任对其所属的机关、单位的公文处理工作进行业务指导；从机关主要业务职能部门来说，机关的业务职能部门可责成一名秘书分工负责本部门、本单位的公文处理工作；对机关档案部门来说，机关档案部门所开展的档案业务工作和公文处理工作具有密切的关系，它对机关的公文处理工作也负有一定的指导责任。

3. 公文处理工作的组织形式

公文处理工作的组织形式，可分为以下两种类型：

（1）集中形式。它是指在一个机关内，除了文件的承办外，公文处理的各个环节都集中在机关的中心机构，即办公室进行。

（2）分工形式。它是将一个机关的公文处理工作分别由机关的办公厅（室）以及各业务机构的公文处理部门或专职、兼职文书工作人员分工负责。其分工又大体有以下两种情况。

一是按文件内容和职责分工。将属于方针政策性的、全面性的、重大问题的文件，以及以机关名义发出的文件主要由机关的总的文书部门负责；将属于具体业务问题的文件，主要放在有关的业务机构文书部门，或专职、兼职的文书工作人员负责。

二是按公文处理的不同环节分工。一部分工作由办公厅（室）的总的文书部门负责，而另一部分由各业务机构文书部门或专职、兼职工作人员负责。

4. 公文处理工作组织形式的选择

一个机关究竟应当采用什么样的公文处理工作组织形式，通常要考虑以下几种情况：

（1）单位的工作性质、任务和职权范围。

（2）单位内部组织机构设置的层次、数量。

（3）单位收发文件的数量。

（4）单位办公驻地是集中还是分散，以及距离的远近。

（5）单位工作人员的数目和单位文书工作人员的配备。

一般地说，集中形式比较适合于小机关和基层单位。而中等机关，视具体情况可采用集中形式，也可采用分工形式。至于大的机关单位，一般采用分工形式。

（二）公文处理工作的原则与具体要求

1. 公文处理工作的基本原则

机关公文处理工作的基本原则是：公文处理必须准确、及时、安全、保密，集中统一管理，实事求是，严格遵循行文单位要求和公文处理规定。

2. 公文处理工作的具体要求

（1）公文处理必须准确而周密，确保质量。准确、周密是对公文处理工作提出的质量上的要求，如果在工作中做不到准确、周密，而是粗枝大叶，错漏紊乱，那不仅会使工作效率降低，而且会给工作带来许多麻烦和困难，甚至可能造成严重损失。

（2）公文处理必须迅速而及时，注重时效。公文处理工作讲究迅速、及时，反对拖拉、积压，也就是讲究效率。文书工作者必须有时间观念，注重时效，提高工作效率。

（3）公文处理必须做到安全可靠，切实保密。所谓安全，就是维护好文件，使文件不受损坏，延长寿命。同时要严格遵守有关制度，防止文件遗失。

（4）公文处理工作必须加强集中统一管理。公文处理工作关系到实现社会组织的职能和提高办事效率。为此，对公文处理工作就必须加强集中统一管理。具体地说，就是由单位的秘书部门负责人统一领导、组织和安排公文处理工作。

（5）公文处理工作必须实事求是，遵规守纪。公文处理坚持实事求是，按行文单位要求和公文处理规定进行的原则体现在公文处理的每一个阶段和每一个环节之中。

（6）精简文件，深入实际，反对官僚主义和文牍主义。官僚主义是领导部门的工作作风问题，而文牍主义又同官僚主义密切关联。各级党政机关的文书工作人员必须坚决反对主观唯心主义、瞎指挥，反对不问实际效果，为办文而办文的官僚主义和文牍主义。

三、公文处理程序

公文处理程序也称公文办理程序，就是指公文在社会组织内部从形成到运转处理所必须经过的一系列环节。

（一）收文处理程序

1. 签收

对收到的公文应当逐件清点，核对无误后签字或者盖章，并注明签收时间。

2. 登记

对公文的主要信息和办理情况应当详细记载。

3. 初审

对收到的公文应当进行初审。初审的重点是：是否应当由本机关办理，是否符合行文规则，文种、格式是否符合要求，涉及其他地区或者部门职权范围的事项是否已经协商、会签；是否符合公文起草的其他要求。经初审不符合规定的公文，应当及时退回来文单位并说明理由。

4. 承办

阅知性公文应当根据公文内容、要求和工作需要确定范围后分送。批办性公文应当提出拟办意见报本机关负责人批示或者转有关部门办理；需要两个以上部门办理的，应当明确主办部门。紧急公文应当明确办理时限。承办部门对交办的公文应当及时办理，有明确办理时限要求的应当在规定时限内办理完毕。

5. 传阅

根据领导批示和工作需要将公文及时送传阅对象阅知或者批示。办理公文传阅应当随时掌握公文去向，不得漏传、误传、延误。

6. 催办

及时了解公文的办理进展，督促承办部门按期办结。紧急公文或者重要公文应当由专人负责催办。

7. 答复

公文的办理结果应当及时答复来文单位，并根据需要告知相关单位。

（二）发文处理程序

1. 复核

已经发文机关负责人签批的公文，印发前应当对公文的审批手续、内容、文种、格式等进行复核；需进行实质性修改的，应当报原签批人复审。

2. 登记

对复核后的公文，应当确定发文字号、分送范围和印制份数并详细记载。

3. 印制

公文印制必须确保质量和时效。涉密公文应当在符合保密要求的场所印制。

4. 核发

公文印制完毕，应当对公文的文字、格式和印刷质量进行检查后分发。

四、公文的写作

（一）公文写作的特点及注意事项

公文写作，是指公文的起草与修改，是撰写者代单位立言，体现领导意图和愿望的写作活动。公文写作包括起草初稿、讨论修改形成送审稿的整个过程。

1. 公文写作的特点

被动写作，遵命性强；对象明确，针对性强；集思广益，群体性强；决策之作，政策性强；急迫之作，时效性强；讲究格式，规范性强。

2. 公文写作的基本要求

要保证公文内容在政治上的正确性；要实事求是，在业务上符合客观规律；要特别注意文字表达；要规范格式与程序。

（二）公文写作的基本规程

1. 领导交代发文意图

公文写作是一种命意写作，除领导亲自动手撰写的文件外，一般由领导先向负责拟稿的承办部门和承办人交代发文意图。

2. 确定发文的主旨和应当使用的文种

承办者在研究、领会领导交拟意图时，要注意以下三点：一是要全面、细致、准确、深入地领会交拟意图，把握领导交拟的实质、重点和要求；二是要对照党和国家的方针政策和有关规定，根据实际情况，帮领导把好关；三是要在领会和把握领导意图的基础上，给所要撰写的文稿拟定一个正确、鲜明、深刻的主旨，选定一个恰当的文种。

3. 收集和选择所需的材料

在收集和选择材料时，要根据所确立的主题和文种的要求，做到以下五点：准确，即材料和主题、文种的口径对得准，符合主题和文种的要求；真实，即材料要真实准确，不能违背事实，信口浮夸，随意缩小，张冠李戴，断章取义；新颖，即要尽量选用新情况、新经验、新成就、新问题；典型，即要尽量选用最能说明本质，体现特点，最有代表性的材料；全面，即既要收集现实材料，又要收集历史材料，既要收集正面材料，又要收集反面材料，既要收集事实材料、资料材料，又要收集理论材料，既要收集本单位、本地区的材料，又要收集外单位、外地区的材料。

4. 拟写提纲，安排结构

拟写提纲和安排结构，主要解决主观点与分观点、分观点与分观点、观点与材料、材料与材料的关系和安排顺序问题。在安排结构时，应注意做到以下四点：依据文稿所要表述的思想内容和所要采用的文种，确定适当的结构形式；依循文稿主旨的要求、材料的主次和思路的发展规律，确定层次段落；根据表现主旨的需要和受文单位的特点，确定行文的重点和详略安排；根据文种特点和文稿内容，确定适当的开头和结尾方法。此外，在谋篇布局中还应做到：层次分明，先后有序；主次清晰，详略得当；思路畅通，浑然一体。

5. 落笔起草，拟写正文

这是拟稿的中心环节、关键环节。在起草文稿时，应坚持以下几项原则：

（1）坚持观点与材料统一的原则。观点要能统帅材料、支配材料，材料要支持观点、体现观点、印证观点。

（2）坚持内容与形式统一的原则。要以特定的表现方式和语言形式去适应特定内容的要求。在表现方式上，拟写公文要以说明、叙述、议论为主，必要时可用白描，一般不用抒情方式。在语言运用上，要符合内容、文种、场合的需要和制发者的身份、地位，要围绕公文主旨，面向受文单位进行定向表述，要使用规范化的现代书面用语，努力做到准确、简明、朴实、庄重、严谨、得体。为适应和体现公文的文体特点，在运用语言上应特别注意称谓词、惯用语、专用名词、时间词和数词的正确使用。

（3）要符合书写规范。

6. 修改润色，确定初稿

原始稿拟出后，要反复检查，认真修改，到自己满意后再作为正式草稿。

公文的检查修改，要考虑如下方面：

（1）主题的修改。看主题思想是否正确，主题的论述是否集中，主题挖掘是否深刻。

（2）观点的修改。修改公文要考虑观点是否正确，表达有无问题。凡属思想不健康，看法不够全面，提法不够妥当，概念模糊，以及推理、论证不合逻辑的地方，都要进行修改。

（3）材料的修改。材料是公文的基础，有了正确的观点，还要通过恰当的材料表现出来，所以材料的修改也是极其重要的。

（4）结构的修改。包括公文总体结构的修正，起承转合的调整，层次位置的改变，以及详略的更动等。

（5）语言的修改。主要是修改不通顺的字句、不规范的字以及修改标点符号等，以达到语言准确、鲜明、精练、生动的要求。

（三）公文起草过程中应注意的问题

（1）公文拟稿要符合党和国家的方针、政策、法律、法规及有关规定的相关要求。

（2）拟写的文稿要达到如下要求：情况要确实，观点要明确，条理要清楚，文字要简练，书写要工整，标点要准确，篇幅力求简短。

（3）文稿中的人名、地名、数字、引文要准确，日期应写明具体年、月、日。

（4）文稿中，如引用某份公文，应当先引标题，后引发文字号。

（5）文稿中，涉及计量单位时，必须使用国家法定的标准计量单位。

（6）拟写文稿，用词要准确，用字要规范。

（7）公文中的数字，除成文时间、部分结构层次序数和词、词组、惯用语、缩略语、具有修辞色彩语句中作为词素的数字必须使用汉字外，其他应当使用阿拉伯数字。

第五节　商务秘书事务工作

一、办公用品管理

办公用品，是指在办公室工作中日常使用和消耗的物品。对办公用品的管理，是秘书部门的事务性职责之一。做好办公用品的管理工作，为提高办公效率、保证工作的完成，提供必要的物质保障；对合理调配和使用办公经费，也有十分重要的意义。

办公用品的种类很多。办公用品的管理主要有采购、保管和发放三个环节。

对办公用品的管理要注意以下几点：

（1）合理计划。要根据整个企业工作的性质和特点，以及以往的工作规律，计划所需办公用品的种类、规格、数量和质量；根据开支规定，统计现有库存，结合轻重缓急，逐项列出采购和使用计划。计划要具有预见性、可行性和合理性，并注意在实际工作中适时调整，以满足办公需要。另外，如果有大宗的办公用品采购计划，宜采用公开招标的采购制度，杜绝吃回扣、搞权钱交易等不正之风。

（2）保证重点。对工作性质相对重要的部门，在办公用品的分配上要适当倾斜。在条件允许的情况下，优先改善其工作环境和工作条件。对因客观原因致使办公用品实际消耗较大的部门，也应给以切实的支持。总之，在办公用品的调配和发放问题上，不可一味地搞平均主义。

（3）厉行节约。在满足实际工作需要的前提下，要严格掌握办公用品的发放范围和发放数量，防止办公用品流失或用于非办公项目。要对工作人员进行必要的节约教育，克服办公用品的浪费现象。要做好办公用品的记账和核算工作，根据领取时的手续和记录核算所属各部门的经费使用情况，对超支部门要限制使用。

（4）加强保管。办公用品的保管，一般要设专门的库房和专人进行管理。对购进和库存的办公用品，应分门别类进行登记，妥善存放；平时要做好保管账卡，定期清理库存，做到账物相符。对库房还要经常进行安全检查，切实做好防火、防潮、防蛀、防霉、防盗等工作。

（5）逐步改善。要根据工作的实际需要，结合办公经费的具体情况，有计划、有步骤地逐步改善办公设备和办公条件。使用现代办公机具和设施，对提高办公效率是十分必要的，但必须考虑经费的承受能力。

另外，办公用品的管理应与办公环境一并考虑。

二、通信事务

（一）电话事务

电话是传递信息的一种现代手段，具有灵活、方便、快捷的特点。电话工作是作为信息枢纽的秘书部门的一项普遍性的、经常性的事务性工作。有效地使用电话，是秘书人员应当掌握的一项基本技能。

1. 电话工作内容

秘书部门的电话事务通常涉及承办领导交办的属于领导工作的一部分电话，和秘书部门内部工作的电话。具体地说，秘书部门电话工作主要有以下几个方面：

（1）负责电话会议的文件管理和记录工作。

（2）负责通过电话授受的文件传抄和处理工作。

（3）负责领导交办的用电话传达的事务。

（4）负责承接上级单位的电话指示和通知、下级单位的电话请示和报告以及平级单位打来的属于协商工作的电话，并分别情况如实传达处理。

（5）负责处理秘书工作范畴的其他电话事务。

2. 接电话注意事项

（1）接电话要及时，应对用语要谦恭、得体。接电话时，要调整好情绪，绝不能因为自己心境不好而迁怒于人。绝不可在电话里有任何不礼貌的言辞。在通话时，除了要使用“微笑”语言外，还应注意语音、语调。

（2）礼貌地核实对方姓名、身份和电话内容，做好电话记录。秘书人员应随时在电话机旁预备好电话记录纸和笔，养成做电话记录的习惯。电话记录的项目要规范，一般包括：接电话的时间、由谁打来、打给谁、电话内容、接电话人姓名、处理结果（含替他人传达、让对方再来一个电话或者给对方回个电话），最后将对方的电话号码重复一遍，核实后记录下来。

（3）正确处理打给领导的电话。为了让领导能集中精力于主要工作，秘书要善于处理打给领导的电话，不要一听对方找领导就马上把领导叫来或把电话转过去。如果对方提出的问题自己有权处理，可自行处理；如果对方提出的问题事关重大，必须由领导决定，也不能越权，应尽快将电话转给领导处理。

1）请领导来听电话。把电话转给领导时，要先把来电话人的姓名、所在单位及来电话的目的汇报清楚。

2）处理领导不在时寻找领导的电话。对方要找某领导，正巧这位领导又不在，不能简单地挂断电话了事。应直接或委婉地说明领导不在的原因和回来的时间。询问对方是否可由别人代接；问对方是否愿委托自己代办；问对方是否愿留言或是否愿另定通话时间。

3）协助领导同时处理两个电话。领导正在通话，另有电话来找，秘书要请对方稍等。如果领导通话时间较长，秘书再次接电话时，应向对方表示歉意，并询问对方是否愿意再等一下，或者是等领导通完话后再回电话。如果对方打来的是一个很急又很重要的电话，不容拖延，领导正在通话，又不便汇报，秘书可把电话内容写在一张便条上，递给领导，让领导决定。

4）给领导写电话留言条。留言条内容应包括：何人从何处打来电话，所谈何事，需要回音与否，要回电话时打电话与谁联系、联系方法，是这边打电话过去还是那边打电话过来，对方的电话号码。

5）处理领导正在开会或会客时的电话事务。领导正在开会或会客时，不能当着客人或与会人员的面大声向领导汇报电话内容，也不能到领导身边贴着耳朵说话，因为那样做是不尊重领导、不尊重客人的表现，是不礼貌的行为。正确的做法是，将电话内容写在便条上，当面交给领导。为了保密起见，便条上的文字不要让客人看见。在向领导递纸条时，应向客人点头致意，并做有歉意的表示。

（4）电话事务中要注意保密。秘书人员在处理电话时要有保密意识。对方在电话中提出的问题，应区别对待。如属非保密性的问题，应有礼貌地予以回答；如对方的问题涉及人事、业务方面的机密，应该回避；如果对方的提问明显是别有用心的，就应态度鲜明地予以回绝。此外，还应当警惕假冒电话或威胁电话。

（5）正确处理打错的电话。接到别人打错的电话，应客气地报出自己的单位名称和电话号码，这样既不会使对方难堪，又会使本单位给人以良好的印象。

（6）礼貌地结束通话。结束通话时，首先是礼貌用语要跟上；其次是放电话的动作要慢，避免匆匆忙忙咔嚓一声把电话挂断。在一般情况下，秘书要等对方先放下电话；如果对方是长辈或上司，就更应如此。

3. 打电话注意事项

（1）准备要充分。打电话前，先要做好以下准备：确定对方的电话号码、单位名称、具体工作科室、对方姓名等；把必要的记录本、资料、笔、留言纸准备好，以便随时取用；把通话内容先在脑子里整理一下，要条理清楚、次序分明，如是复杂的问题应先写出通话要点或提纲。

（2）通话时要口齿清晰，内容简明，重点突出。通话的关键是声音，讲话速度要比面谈稍慢些，声调要愉快，吐字要清晰，重点要突出。句子要短，特别重要的内容和容易弄错的地方，应重复或请对方复述，以资核对。讲话要利索，不要吞吞吐吐，要有耐心，直至对方听明白。

（3）要考虑对方的说话环境。电话接通后，要主动询问对方此时通话是否方便。若对方不方便，应另约时间。如果不是特别紧急的情况，就不应该在对方休息的时候去打扰他。

（4）代领导打电话。有时候，领导让秘书打电话找对方单位的领导，等电话接通后再由己方领导和对方领导通话。这种情况下，一般不直接找对方领导，而应先找对方的秘书。向对方秘书简单说明通话目的后，再让对方的秘书去请他的领导来听电话。在对方的领导没有出来接电话之前，应把电话交给自己的领导，由领导亲自跟对方的领导通话。

（5）打国际电话。使用国际电话要注意它的不同种类和自己的实际需要，还要注意时差和相应的费用问题。

（二）处理电子邮件

电子邮件又称电子函件或电子信函，是利用互联网向交往对象发出的一种电子信件。用电子邮件不仅安全省时，还可以降低通信费用。目前，这种交往方式已在商界得到广泛应用。

商务秘书在使用电子邮件进行联络时，应注意以下事项：

1. 电子邮件的写作

在地址板块上撰写时，应准确无误地键入对方的邮箱地址，并简短地写上邮件主题，以使对方对所收到的信息先有所了解。电子邮件的写作要主题鲜明、语言流畅、内容简洁。

2. 及时接收与回复公务邮件

要定期打开电子邮箱，一般应在收件当天予以回复，以确保信息的及时交流和工作的顺利开展。若涉及较难处理的问题，则可先电告发件人业已收到邮件，再择时另发邮件予以具体回复。及时接收与回复，表达了对交往者的尊重与友善，并能确保及时地交流信息，加强彼此之间的联系。因种种原因而未能及时打开收件箱查阅并回复时，应迅速补办具体事宜，尽快回复，并向对方道歉。

3. 注意电子邮件的保存与删除

对需要保存的邮件，应当复制成其他形式，更为安全地保留下来。既可复制在硬盘上，也可打印成稿，与公文归为一类。已无实际价值的公务邮件要及时删除，以免影响后面邮件的接收。

三、机要保密工作

（一）机要保密

所谓机要就是关系国家的安全和利益，既机密又重要的事情。处理这类事务的工作，称为机要工作。保密工作，就是从国家的安全和利益出发，将国家秘密控制在一定的范围和时间内，防止被非法泄露和利用，使其自身价值得到充分有效的实现，而采取的一切必要的手段和措施。

保密工作的内容主要包括：保密立法，保密宣传教育，建立健全保密规章制度，研制开发和应用防泄密、防窃密的技术设备，依法进行保密监督检查，追查和处理泄密、窃密事件，开展保密工作的理论研究等。

（二）秘书工作中涉及的保密事项

秘书工作的性质和秘书部门在管理体系中的地位，决定了在秘书工作中会涉及许多有关秘密的事项，有一些还属于党、国家、企业的核心机密。因此，必须明确秘书工作中涉及的保密事项。其保密事项主要涉及如下内容：

1. 文件保密

文件保密包括秘密、机密、绝密三个等级的文件、资料、图表等的保密和电报密码、密码电报、传真的保密，以及上述文件、电报等的草稿的保密。

2. 会议保密

凡属召开的重要的、需要保密的会议制发的各项文件、领导讲话和会议记录、会议讨论情况均要保密。有些会议还要求对出席会议的人员、会议时间及地点在一定的时间内对外保密。

对于需要保密的会议，在会议开始前，应做好保密工作的布置，明确提出保密要求，规定和宣布必要的保密纪律。会议临近结束时，秘书人员对需要清退的会议文件，要办理退还手续。会后，秘书人员应在会场和与会者住地进行检查，防止与会人员将会议文件遗失。

3. 新闻报道和出版的保密

秘书工作人员为了推动工作，反映业务活动情况，常常撰写新闻报道稿件。有些报道的内容涉及本单位、本部门的工作情况，是否应该保密，应慎重处之。所以，对拟报道的内容，要请示本单位的领导审阅批准。

有些层次较高的大型的企业单位，往往举办内部发行的业务交流刊物。对于选入出版的内容，也应注意审查，防止发生失密或泄密的事故。

4. 涉外工作的保密

秘书部门大多要承担本单位的外宾接待工作。在工作中要切实遵照外事部门的有关规定，做好涉外活动的保密事宜。

5. 领导活动的保密

秘书人员是辅助并服务于其领导者的，对于领导者的活动比较了解。在领导者的活动中，有许多事项是应该于一定时期内保密的。如领导决策活动中，处于酝酿过程的领导意向，决策在确定之后尚未公布之前的时间内，亦须保密。又如领导者就某些公务或对下属人员相互交谈的意见，秘书人员听到后，也不能随意扩散。此外，对高层次领导人的行踪，也要注意在一定时间内保密。

6. 各种信息资料的保密

秘书部门是信息汇集的中心，通过各种渠道获得各个方面的重要情报、信息。这些信息资料，秘书人员一般会首先知晓，对此，秘书人员要守口如瓶，做保密工作的模范。

7. 文书档案的保密

文书档案是由秘书部门经管的。文书档案中有一部分机密文电或资料，尚未解密。对于尚未解密的档案资料，必须做好保密工作。

8. 计算机及互联网保密

在办公室管理工作中，计算机储存大量管理活动的情况和数据，同时又高度依赖互联网开展相关工作，都需要采取相应的保密措施。

9. 通信保密

现代电信和通信设备广泛地应用于各社会管理组织，秘书部门对于这些电信、通信设备，要按保密规定做好保密工作，防止发生监听、窃听事故。

（三）保密工作的特点与要求

1. 保密工作的特点

（1）保密工作的阶级性。从保密工作的出发点和落脚点可以清楚地看出，它是代表和维护党、国家、企业和广大人民群众的根本利益的，有着极强的阶级性。

（2）保密工作的时间性。凡属保密的事项，一般都是要求在一定的时间内保密。随着时间的推移、情况的变化，机密事项的秘密程度也逐渐削弱。

由于保密具有时间性的特点，所以对于保密和解密事项的划分，密级程度的确定，秘书部门都要按规定定期进行调整。恰当地划分文件资料的密级程度，正确地实施“解密”，正是这一特点的体现。

（3）保密工作的范围性。任何保密事项，都有一定的保密范围界限，即对一定范围内的人员不保密，对规定范围以外的人员保密。一般来说，保密的范围是随着工作的进程逐步缩小的。保密范围的界限是由文电材料制发单位的领导机关决定的。秘书人员必须严格遵守保密的范围界限，不能擅自扩大传播范围。

2. 保密工作的要求

（1）健全保密制度，加强思想教育。

（2）健全保密机构，加强队伍建设。

（3）加强组织领导，做到专人专管。

（4）发展保密技术，促进保密现代化。

（5）管理好商业秘密。

（6）要依法管理国家秘密。

3. 对秘书人员的保密要求

秘书人员在领导者身边工作，接触机密多，保密任务重，不仅要做好自身的保密工作，还要协助领导者制定本单位的保密措施，进行保密教育和保密工作的检查。所以，秘书人员有更为严格的保密要求，主要是：

（1）不该说的话，绝对不说。

（2）不该问的秘密，绝对不问。

（3）不该看的保密文件，绝对不看。

（4）不准记录的机密，绝对不记录。

（5）不在非保密本上记录秘密事项。

（6）不在私人通信，特别是亲友谈话、通信中涉及秘密事项。

（7）不在公共场合谈论秘密事项。

（8）不在公用电话、明码电报或普通邮件中办理机要保密事项。

（9）不在不利于保密的地方存放秘密文件资料。

（10）一般不将秘密材料携带出办公室。

四、印章管理

（一）商务活动中的印章

商务秘书部门管理的印章主要有两种：一是企业的公章；二是单位领导人因工作需要使用的个人名章。

单位的印章，是领导机构和领导人职权的象征，是本组织行使权力的重要工具，也是本组织职能作用在法律上的标志。一份文件加盖单位的印章之后，代表该单位的正式署名，表示此文件已得到盖章单位的认可，正式生效。

企业领导人的名章，一般属某项公务专用，如单位财务部门向银行领取职工工资时，除加盖单位公章外，还必须有领导人的名章。这些个人名章，代表了单位领导人的身份，所以它和单位公章一样具有处理公务的职能。

概括来讲，机关印章有以下作用：

（1）权威作用。权威性是企业公章最重要的特点和作用。

（2）代表作用。企业公章代表企业的正式署名，而且一般都表明企业的全称；领导人的名章，并非代表个人，而是代表某种职务权力。

（3）凭信作用。印章是凭证和信用的基本依据。

（二）印章的使用

1. 用印制度

印章管理要制度化、规范化。秘书部门必须建立用印登记簿，登记内容包括用印时间、用印单位及经手人姓名、盖印份数、批准人、经办人等，以备查考。

加盖单位印章，原则上是哪一级的印章，须经相应的哪一级负责人批准。如加盖单位公章，要由单位领导人审核批准；加盖部门的印章，要由部门领导人审核批准。监印员凭领导人批准用印的签名和核准的份数，加盖印章并履行用印登记手续。但对一些日常事务工作须加盖印章，如办理一般联系工作的介绍信，单位领导人可委托管理印章的秘书人员，具体掌握这方面的用章事宜。

加盖印章应视文件的具体内容而进行。原则上，对重大的事项，多使用企业的公章；如系某一方面的业务活动，多使用部门印章。一般来说，能使用部门的印章，就不要使用单位的印章。

2. 用印方法

加盖印章是使文件、材料生效的标志，所以印章要保持清洁，字迹清楚，印油均匀，使之清晰醒目。印章加盖要端正，不要倾斜，更不能颠倒。

印章加盖在文书的不同位置，其作用是不同的，常见的有以下几种：

（1）落款章：盖章文书作者落款处，表明法定作者及文书的有效性。凡文书应加盖落款章，无印机构可以借印，如派出机构可借用所驻机关单位印章；共体机构可借用实体机关印章等。加盖落款章的部位，按规定是在落款处的年、月之间。印章加盖之页，最好有正文记载。如正文在上页已叙述完毕，印章单独加盖一页，必须在该页 1～4 行处写明“此页无正文”字样，以防止有人利用空白页的印章从事非法活动。

（2）更正章：对文书书写中的讹（错字）、夺（脱字）、衍（多字）、倒（颠倒）进行改正后，加盖更正章，作为法定作者自行更正的凭信。

（3）证见章：对以他人名义出现的文书盖章作证。两个单位签订合同，请双方上级主管机关加印证见；摘抄档案内容要由档案保管部门证见；旁证材料由旁证人所在单位证见；个人邮政汇款，在需要时，亦须收款人所在单位盖章证见。

（4）骑缝章：介绍信与存根衔接处须骑缝加盖印章，以便必要时查核。

（5）骑边章：重要案件的调查、旁证、座谈记录等材料，很多是由调查人自作笔录，为完备手续，除由当事人盖落款章、所在机关盖证见章外，必须将同文多页沿边取齐后均匀错开，从首页到末页，骑各页边加盖一完整公章，以证文件各页确是同时形成，以杜绝日后改易之嫌、之弊。

（6）密封章：在公文封套的封口处加盖印章，以确保传递中无私拆之弊。

（7）封存章：在封条上加盖印章以封存账册、财物、文件橱、仓库等，常在节假日前夕或特殊情况下使用。

（三）印章的保管

管理印章，是秘书部门的重要职责。上述两种印章都具有处理公务的职能，又都是单位职权的合法代表，所以有些人常常利用印章管理的漏洞私刻印章，进行诈骗，给工作带来损失。因此，加强对印章的管理，对堵塞漏洞、防止事故、保证安全，都是非常重要的。

（1）企业的公章和领导人公务活动使用的个人名章，必须指定专人保管。

（2）保管公章和领导人名章，要有必要的防范设备，如配置保险柜等。

（3）监印员要认真做好印章的保管工作，每次用毕应将印章加锁存放，随印随锁，不得擅自放在办公桌上，也不得把钥匙任意交给他人代开代用印。

（4）印章必须存放在办公室，监印员不能把印章携出办公室。

（5）节假日期间，值班人员要加强对印章保管处的保卫工作，防止印章被盗事故的发生。

五、领导公务活动的安排

合理安排领导班子成员的公务活动，是秘书部门经常性的事务，是对领导工作发挥辅助作用的体现之一。领导的公务活动，有对外活动和内事活动两大类。对外活动又分为与其他单位的活动和与外宾的活动。与外宾相关的涉外项目，主要由外事部门负责具体安排和落实，秘书部门只发挥配合和协调的作用。与其他单位的活动和内事活动，是工作中大量出现的，这部分活动须由秘书部门安排和落实。

（一）安排领导活动的原则与方法

1. 安排领导活动的原则

（1）适当分担，各就其宜。

（2）需要为准，尽量压缩。

（3）社会活动，年长及德高望重者宜多安排。

（4）业务活动，第一线领导宜多安排。

（5）自愿为主，商谈为辅。

（6）原则性与灵活性相结合。

上述原则表明，秘书部门安排领导公务活动的工作着力点，集中在对领导活动步骤的安排与协调上。

2. 安排领导活动的方法

安排领导活动，又可分为先后有序的两个步骤：一是各项可预见活动的综合预安排，二是各专项活动的安排。

领导公务活动预安排，就是把各领导成员每月、每周、每日的主要活动（需保密的特殊情况除外）纳入计划，明文印发给有关部门或相关人员。搞好预安排有很多好处：一是便于领导班子内部工作的协调与沟通；二是使领导人在这个前提下灵活安排其他工作；三是为各部门请示或汇报工作提供时间上的便利；四是有利于秘书部门掌握领导活动的行踪，及时与领导保持联系。

安排领导活动的方法主要是：

（1）制订详细的活动计划。计划要包含活动的时间、地点、参加人员范围、人数等项目，以及活动前和活动中的具体安排。

（2）在有关部门间搞好协调。这主要是让有关方面明确各自的任务、要求以及承担的责任。必要时，要采取一定的协调方法，比如在活动开始前组织召开动员会、协调会等。

（3）需要时察看现场。凡重要活动，不能仅满足于电话落实，事前应认真察看现场，逐项落实，做到万无一失。

（二）专项领导活动的安排

专项领导活动，包括领导的检查工作、调查研究，领导的集体视察，领导的参观学习、参观游览，领导需出席的仪式活动、宴请活动、纪念活动、慰问活动、节庆活动、庆功祝捷活动、悼念活动等。下面择要介绍其中的几种。

1. 领导检查工作、调查研究活动的安排

安排这样的活动，秘书部门及随行人员应主要考虑两方面问题：

（1）出发前的工作。接受安排领导活动的任务后，要了解领导外出的目的、任务、时间、方向和地点，根据上述要点，进行必要的研究学习和准备，特别要明确完成任务的措施。

（2）外出期间的工作。在实际的检查工作或调查研究期间，一要对领导活动的日程进行周密细致的安排，这主要涉及听取汇报、调查研究、走访座谈、参观接见、具体行走路线等。在征得领导同意后，通知有关单位，并协助有关单位做好组织和准备工作。在活动过程中，要根据领导的习惯，及时提供所需资料。二是要根据领导意图，围绕外出的任务，通过一定的方式方法，协助领导搞好调查研究，掌握尽可能丰富的信息资料，为事后编写综合汇报材料或调查研究报告进行充分的准备。

2. 领导集体视察活动的安排

（1）准备工作。针对领导即将进行的集体视察活动，首先要明确视察的目的、项目和指导思想，视察的对象和重点，视察的程序和时间安排，人员组成，要求被视察的单位提供的资料和情况，视察前需查阅的文件资料，是否需要或要召开什么样的预备会议等。

在明确上述问题后，迅速形成活动方案。方案获准后，要拟订视察名单，通知开会；印发视察方案和日程安排；必要时依领导意见划分小组，明确各组负责人、记录人及其视察对象和范围、视察重点和基本程序；及时通知被视察单位；安排好膳食和交通。

（2）视察期间的工作。在视察期间，随行秘书人员要分别将视察程序和时间安排通知各被视察单位；检查落实被视察单位的准备工作；做好记录，收集有关信息资料；逐一掌握各视察小组的工作进度；按照领导的部署，组织各小组间的信息通报会。

（3）视察后的工作。视察活动结束后，组织视察工作总结会；汇集各视察小组的情况小结；及时整理有关材料，撰拟视察报告初稿，并提请有关领导审阅；向有关人员印发视察报告，并收集反馈信息；及时了解视察报告中所提出问题的解决落实情况，并如实向领导汇报。

3. 仪式活动的安排

某些影响较大的展览会开幕、工程项目动工、竣工和交接等，有时需要举行一定规模的仪式。秘书部门在协助领导安排这些仪式时应注意：

（1）由主办方主持，拟定出席人员名单。

（2）正式发出请柬，邀请有关客人出席。

（3）必要时向出席者印发仪式程序安排。

（4）仪式开始时要有简短的讲话和剪彩。

（5）安排参观介绍。

（6）最后可举行简单的招待酒会。

（7）本着突出象征意义、隆重而简约的原则进行。

4. 节庆活动的安排

节庆活动种类繁多，关键是不同的节庆要采取合适的方式。其方式大体有联欢会、文艺演出、电影晚会、游园活动、演讲会、报告会、茶话会、座谈会、舞会等。秘书部门在组织或参与组织这些活动时要注意：

（1）活动方式要灵活，注重细节创新。

（2）重在营造氛围，突出象征意义。

（3）户外活动要慎重选择场地，仔细查看现场。

（4）重大活动可请当地主要或有关领导人出席。

（5）讲话要简短精彩，防止连篇套话。

（6）精心组织，注意安全，防止意外。

（7）必要时请当地有关媒体，配合宣传。

（8）崇尚节俭。

5. 纪念活动的安排

纪念活动的类型、层次较多，规模也大小不一。此类活动的方式灵活多样，如举行座谈会、纪念会、茶话会、大型集会等。组织大型纪念活动，与组织大型会议相似，秘书部门必须做好以下工作：

（1）分清各有关单位或部门的任务和职责。

（2）在上面的基础上，制订完整的活动计划，并将经筹备组领导审定的活动安排印发给各领导和有关部门。

（3）活动工作人员分组开展工作。可仿照会议的做法，分会务组、秘书组、宣传组、接待组、保卫组等。

（4）及时检查督促，协调各方。在整个活动中，由于活动内容多、持续时间长、组织机构庞大，须经常检查各项工作的进展落实情况，协调有关各方的关系，及时发现问题，采取补救措施。

（5）及时向活动筹备组或指挥部及其负责人汇报工作进展，对于发现的问题提出初步的处理意见，请领导定夺。

（6）协助做好活动的总结工作。

（7）提供活动纪要或报告的草稿，供活动的领导机构审定。

6. 庆功祝捷活动的安排

庆功祝捷活动实际是大型或较大型会议的一种，其安排方法也和规模接近的会议相同。这种活动涉及的范围很广，方式以大型集会为主，主要项目有领导致开幕词、代表讲话、颁奖仪式、献花、拍照、领导讲话等。组织此类活动应注意：

（1）选择合适的会场，会场布置要能突出相应的气氛。

（2）代表要有广泛性，人员要尽可能坐满。

（3）主席台上人要多一些，相关各主要领导要尽量出席，要与受表彰者相间排列座次。

（4）发奖时要播放音乐，烘托热烈气氛。如果受表彰者人数较多，一定要安排好领奖顺序；如有必要，可预先模拟演习，以防临场发生混乱。

（5）视情况需要，可安排献花活动。

（6）必要时，请新闻媒体配合宣传。

第三章 商务文书

第一节 商务文书概述

在商务沟通中，商务文书能传递信息，记录事件，表明观点。企业的商务活动越频繁，商务文书发挥的作用就越大，参与度也越高。

一、什么是商务文书

在工商企业经营管理活动中，除了法定公文与通用文书外，还涉及大量经济文书。经济文书种类广泛，通常包括财税工商文书、企业经营文书、合同协议、招投标文书、商务文书、会计审计文书、经济法律文书等。

（一）财税工商文书

财税工商文书，是国家财政、税务、工商管理机关，为加强财税、工商管理，执行财政（财务）预算，贯彻税收政策，实施工商管理等经济活动所编制的书面报告文件。财政预决算报告、纳税检查报告、企业登记注册报告等，都属于财税工商文书。

其主要特点有：一是依附性，以法律为依据，贯彻执行财政政策，加强管理，严格财经纪律，维护社会利益；二是公开性，面向社会公开施政，接受公众监督，文书内容要经得起群众的监督和主管机关的审查；三是朴实性，文笔朴实不加修饰，采用平实的叙述文体，多用表格、数字表达，不使用渲染性描述的笔法。

（二）企业经营文书

企业经营文书，是指企业的经营管理文书，是实施经营管理活动的内部文告。任何企业都要制定一套科学、完整的规章管理制度，形成一套科学的运行机制，依此进行经营管理活动，企业投资人和全体员工都必须遵照执行。

企业内部的规章制度，要按经营要素和经营过程确定，包括企业产权制度、组织制度、领导制度、管理制度、经营制度以及行为规范等。企业的经营机制应符合市场经济的客观要求和生产经营管理的特点，抓好投资、商品营销和成本利润，因此，经营文书也有三种类型：企业筹资与投资管理文书、市场调研与经营决策文书，以及企业管理文书。

（三）合同协议、招投标文书

合同协议文书，是企事业单位、社会组织及个人在经济交往或社会生活中，对某种事项所确立的各自应负权利与义务的书面证明，或总称为协约文书。协约文书对签约各方均具有约束力，有的则具有较强的法律效力。

合同是协议文书的核心，是对签约人的各自权利与义务，经过协商、确认的最终结果。从广义上讲，其范畴应包括协议、意向书、招标书和投标书，是协约文书的总称。从狭义上讲，合同是协约各方当事人对某一事项意思相合、意愿一致后，所签订的协议；其他协约文书是当事人对合作事项提出或经过初步协商后提出的原则合作意向与要求的文书。

（四）商务文书

商务文书，一般是在商务活动和管理过程中形成的具有特定形式的各类书面文字材料的总称，如商务信函文书、商务电函文书、商务法律文书、商务事务文书、商务宣传文书、商务社交文书等。

（五）会计审计文书

会计审计文书，一般分为会计文书和审计文书，会计文书是指通过数据及文字说明反映企事业单位及其他社会组织财务状况和经营状况的书面报告文件，一般包括财务会计报告、财务分析报告、会计检查报告等。审计文书是指各级财政、审计机关对本级及下属企事业单位以及党政机关、社会团体的财政收支和经济活动进行审核后，对其合法性所做出的数字、文字报告文件，主要包括审计任务书、审计通知书、审计报告、审计意见书、审计决定等。此外，企业验资报告、资产评估报告等也属于此类文书范畴。

（六）经济法律文书

经济法律文书是国家设立的专门机构与经济纠纷当事人在解决经济纠纷活动中使用的各种文书的总称。按其内容和作用，分为经济仲裁文书和经济诉讼文书。

经济仲裁文书是经济纠纷当事人为维护自身的合法权益，向有管辖权的仲裁机构提出的解决经济纠纷权利争议的文书。经济诉讼文书是经济纠纷当事人为维护自身的合法权益，向人民法院提起解决经济纠纷诉讼请求的文书。

作为经济文书的一种，商务文书是商务企业在商务活动中形成和使用的，以服务现实商务活动为目的，以惯用格式为规范的应用文书，是一系列与商务活动有关的书面材料的泛称。基于商务秘书工作需要，本章只介绍部分文种。

二、商务文书的基本特征

作为商务活动的重要工具和凭证，商务文书可以沟通商务信息，反映商务活动状况，促进商务活动健康有序地运行和发展。虽然种类繁多，但从总体来看，商务文书有着鲜明的共同特征。

（一）目的的明确性

商务文书的产生都有着明确的目的，其最终目的与经济效益紧密相关。因此，写作商务文书要从经济利益的需求出发，为实现一定经济目的服务，这也是商务文书实用价值的体现。

（二）格式的规范性

在商务活动中使用的文书要求讲究格式的规范化，这既表明写作态度的严肃认真，也表明对其他相关人员的尊重，更利于各方的沟通与合作。

（三）表达的准确性

商务文书的作用在于沟通信息，而要让沟通对象能从文书中明白行文要旨，抓住重点，解决问题，达成商务目的，表达必须精准无误，界定清晰不模糊，逻辑清楚不矛盾，语言准确无歧义。

（四）撰写的专业性

商务文书的撰写者必须具备专业知识，以国家法律法规、经济政策和经济科学理论为指导，在贴合客观实际、贯彻商务政策、遵循商务活动规律的基础上，汇总市场需求，制定商业策略，提供市场信息。

（五）分析的科学性

商务文书为适应商务活动需要，强调理性思考、严谨表达、科学分析，尤其是涉及数理统计、定性与定量分析层面，更要求注重科学、客观。

（六）行文的时效性

商务文书要跟上瞬息万变的市场变化节奏，把握即时的市场讯息，对商务信息进行及时传播或反馈，才能有效解决现实问题，切实实现市场价值。

第二节 计　划

一、计划的含义

计划是企业对未来一定时期内的工作拟定出实现目标、内容、步骤、措施和完成期限的一种事务性文书。

计划是建立正常工作秩序、做好工作的前提，是指导、检查、监督工作的依据。计划可以使企业的各项工作有章可循，避免盲目性，提高工作效率，同时也可以使职员明确下一步工作、学习的目标，增强自觉性和主动性，充分发挥主观能动作用。

计划的实质是对理想、目标的具体化，它对整个工作有着重要的指导、推动和保证作用。有了计划，我们就知道工作该做什么、怎么做和达到什么目标、什么时间完成；有了计划，我们就能抓住工作要点，避免盲目性；有了计划，我们就能依据它及时指导、检查、总结工作，对目标实现过程进行有效控制。

计划是个统称，除了惯常见到的“××计划”之外，安排、打算、方案、设想、纲要、规划、要点、意见等都属于计划的范畴，主要差别体现在涉及范围的大小、时限的长短和内容的详略上。

规划，是对具有长远战略意义、涉及面广的工作所做的宏观性计划，如《河南省高速公路建设十年规划》。

设想，是对未来的某项工作进行轮廓性的创新性计划，如《商业企业公文撰写改革设想》。

安排，是对近期（一个月或半年之内）的工作或行动所做的针对性计划，如《××商场第三季度营销工作安排》。

要点，是对未来一个阶段的工作进行的框架性计划，如《××公司××年工作要点》。

方案，是管理部门为指导某项工作所制定的具体要求和措施的实施性计划，如《××大厦××年职员培训方案》。

二、计划的特点与种类

（一）计划的特点

1. 针对性

计划是根据国家有关法律、法规、方针、政策，针对本企业的实际情况制订的，目的明确，具有指导意义。

2. 预见性

计划是在行动之前制订的，它以实现今后的目标，完成下一步工作和学习任务为目的。

计划所提出的工作目标、步骤和措施等，都属于未来工作中的内容，所以必须具有预见性；否则，任何计划都不会具有可行性。可以说，计划的可行性和预见性这两个特点是相辅相成的。

3. 具体性

计划是业务性很强的文种，旨在对具体实际工作进行指导和安排，所以计划中涉及的目标、办法、措施以及完成的时间，都必须明确、具体，才便于计划的实施和检查。

4. 可行性

拟订计划时往往需要进行可行性论证，计划所确定的目标和实行的步骤都应当有科学的依据。计划制订后，如在落实的时候发现不符合实际之处，就必须随时修改，使其更为完善。所以，可行性是计划得以落实的保证。

5. 科学性

计划虽然是对未来准备要做的事情的打算和安排，但这些打算和安排绝非凭空乱想，而应该是科学地谋略和打算。计划的科学性体现在它应符合党和国家的有关方针政策和主管部门的指示精神，符合实施者的客观实际，要善于吸取前人的经验教训，要集思广益，反复论证。

（二）计划的种类

从不同的角度出发，可以将计划分为不同的种类。

（1）按内容分，有生产计划、工作计划、学习计划、科研计划、销售计划等。

（2）按性质分，有综合性计划、专项计划、专题计划等。

（3）按时间分，有远景计划、年度计划、季度计划、月度计划等。

（4）按范围分，有国际计划、国家计划、省市计划、地省计划、行业计划、系统计划、部门计划、单位计划、个人计划等。

（5）按形式分，有条文式计划、表格式计划、条文表格结合式计划。

三、计划的结构与写法

（一）写作结构

计划的结构如图 3-1 所示。

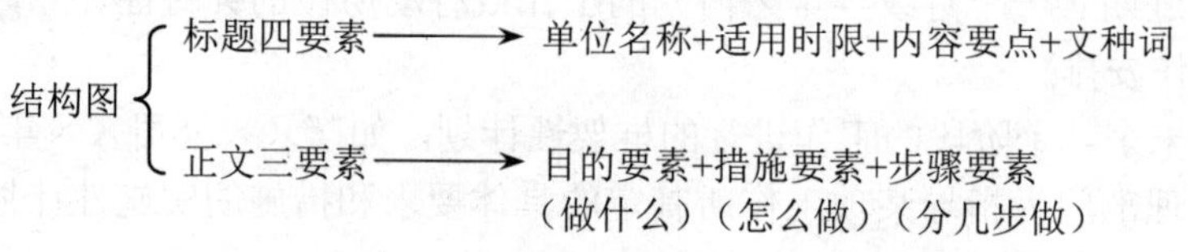

图 3-1　计划的结构

计划的内容是指正文的撰写内容，是计划写作的核心。计划的内容见表 3-1.

表 3-1　计划的内容

目标要素	今后一段时期工作的基本情况，主要分两个层次： 1. 政策目标：指导思想（目的、意义、政策、依据）。 2. 工作目标：定性目标、定量目标。 （1）定性目标：是指工作属于什么性质、需要解决哪些问题、要求达到什么标准等。 （2）定量目标：是指工作的具体量化指标

续表

措施要素	达到工作目标所采取的方法、手段、措施等，以及达到目标需要创造什么条件、排除哪些困难等问题
步骤要素	执行过程中具体时段的整体要求： 1．根据工作内容的特殊性和重要程度，将整体计划的工作进行阶段性的划分。 2．应写明监督、检查计划执行情况的部门及负责人

具体说起来，计划的结构大致有条文式、表格式、条文+表格式三种。

1．条文式

条文式即把计划按照指导思想、目标和任务、措施和步骤等分条列项地编写成文。这种形式有较强的说明性和概括性，经常用于全局性的工作计划。

【例文】

2021年商务口岸工作要点

2021年是“十四五”开局之年，是向第二个百年奋斗目标进军的第一年，做好商务口岸工作意义重大。总体要求是：以习近平新时代中国特色社会主义思想为指导，全面贯彻党的十九大和十九届二中、三中、四中、五中全会，中央经济工作会议、全国商务工作会议，自治区十届十三次全委会精神，坚持稳中求进工作总基调，立足新发展阶段，坚持新发展理念，融入新发展格局，以推动高质量发展为主题，以深化供给侧结构性改革为主线，以改革开放为根本动力，巩固拓展疫情防控和经济社会发展成果，更好统筹发展和安全，扎实做好“六稳”工作，全面落实“六保”任务，坚定实施扩大内需战略，主动应对国内外形势变化，着力扩大省内市场需求，稳住外贸外资基本盘，加强“一带一路”经贸合作，推动中蒙俄经济走廊建设，发展泛口岸经济，立足国内大循环，畅通国内国际双循环，努力构建祖国向北开放桥头堡，确保“十四五”开好局，以优异成绩庆祝建党100周年。

一、立足国内大循环，推动商贸流通创新发展

1．持续推动消费市场提质扩容。（略）

2．继续扩大城市消费。（略）

3．进一步促进农村消费。（略）

……

二、畅通国内国际双循环，构建对外开放新格局

（一）推动对外贸易提质增效

6．落实国家和省稳外贸政策措施。（略）

7．积极承接加工贸易产业转移。（略）

……

（二）切实提升双向投资水平

12．贯彻落实《中华人民共和国外商投资法》及相关配套文件。（略）

13．做好招商引资工作。（略）

……

（三）提升口岸综合服务能力

17．推动口岸运量稳步回升。（略）

18．提升口岸开放平台发展质量。（略）

……

（四）推动向北开放高质量发展

21．扩大多层次对外开放。（略）

22. 深入推动重点任务落实。（略）

……

三、努力营造市场化、法治化、国际化营商环境

25. 深化“放管服”改革，推动政务服务一体化，推进行政审批“三集中、三到位”。（略）

26. 全面落实外商投资准入前国民待遇加负面清单制度。（略）

……

四、巩固商务扶贫成效

30. 推动电商扶贫成为美丽乡村建设新动力，稳步推进外派劳务扶贫、定点帮扶，不断巩固扶贫成效。（流通处、外经处、机关党委）

五、编制好商务口岸“十四五”规划

31. 高质量编制商务口岸发展的“十四五”规划。

六、推进党的建设高质量发展

32. 要进一步提高政治站位，把中央、省巡视反馈意见整改工作作为当前的一项政治任务，建立健全各类规章制度，形成相互衔接、相互配套的长效机制。（机关党委）

33. 严格落实全面从严治党主体责任，坚持党建工作、意识形态工作、党风廉政建设工作与业务工作同谋划、同部署、同推进、同考核，推动党建和业务工作的深度融合发展。（机关党委）

34. 大力推进“五化协同”，创建“最强党支部”；巩固深化“不忘初心、牢记使命”主题教育成果，开展党史学习教育。（机关党委）

35. 开展廉政教育警示活动，狠抓作风整治，常态化运用监督执纪“四种形态”做好纪检工作。（机关纪委）

（资料来源：关于印发《2021 年商务口岸工作要点的通知》（2021-5-18）[2023-8-9]. https://swt.nmg.gov.cn/zwgk/zcxxgk/fdzdgknr/bmwj/202109/t20210907_1876474.html 有删减）

2. 表格式

表格式即整个计划以表格的形式表达，根据表格所设项目填写内容，计划内容简明、清楚，便于领会和实施。这种计划制作起来比较简便，适用于时间较短、内容较单一或量化指标较多的计划。

【例文】

以 20××年××公司工作安排为例，具体格式见表 3-2。

表 3-2 20××年××公司工作安排

序号	项目名称	工作内容	计划完成时间	工作进程安排	参与人员	责任科室

3. 条文+表格式

条文+表格式即整个计划总体框架通常以条文形式构建，其中某些内容如日程安排、人员分工、经费预算等以表格方式呈现出来。条文与表格二者结合，让计划内容更加清晰明了，相关人员更易理解和落实具体要求。

（二）写作方法

计划的基本要素有目的、任务、措施、步骤、时限等，其中，目标、措施、步骤常被称作“计划三要素”。其写作格式并没有严格的规定，具体采用条文式、表格式、条文加表格式，视实际需要而定。总体而言，所有的计划都应由标题和正文构成，正文包括前言、主体、结尾三部分。

1. 标题

完整的标题由“单位名称+适用时限+内容要点+文种词”四部分构成，如《××公司××年度工作计划》。在实际运用中，可视情况省略单位名称、使用时限，采用省略式标题：

（1）适用时限+内容要点+文种词，如《××年业务理论学习计划》。

（2）单位名称+内容要点+文种词，如《××公司员工培训工作安排》。

（3）内容要点+文种词，如《生产完成量考核计划》。

若是还未被有关部门批准的草案或初稿，应在标题下方或后面用括号注明“草案、送审稿”等；先行下发征求意见的注明“征求意见稿、讨论稿”。

2. 正文

正文的构成是“前言+主体+结尾”。

（1）前言。这是计划的开头部分，简明扼要地概述制订计划的指导思想、依据、意义，说明本单位情况及总体目标等，阐述计划的必要性、可能性，如客观形势（前期工作情况、现状、已有成绩）。这一部分主要回答“为什么做”“能不能做”的问题，写作时要有所侧重。

（2）主体。这是计划的核心部分，主要回答“做什么”“怎么做”的问题。

1）目的和任务。明确地写出要达到的目标、指标和数量、质量上的任务要求，即“做什么”。这一部分要重点突出、主次分明。

2）措施和步骤。说明完成任务的具体措施和行动步骤，时间分配，人力、物力、财力安排等，即“怎么做”。这一部分要写细，写实。

（3）结尾。计划的结尾有多种形式，视实际需要选择具体采用何种结尾方式。

1）表明决心、信心。

2）提出希望、号召（多用于下行计划）。

3）指明注意事项。

4）说明检查、修订的方法。

5）说明生效时间。

6）自然结尾。

3. 落款

落款包括制订计划的单位名称和成文日期两项。标题中已标明单位名称的，此处省略。成文日期以计划被通过或被批准的日期为准。

【例文】

××酒店客房部2017年工作计划

做完2016年工作总结，我们对2017年有了更多的期许，希望一年胜似一年。为此，我们将以前好的方面坚持做下去，对于存在的不足，我们有深刻的认识并加以改进。在2017年，我们将重点做好以下几个方面的工作：

一、成立房务中心，提高服务效率

服务效率是服务的一个重要环节，很多投诉都是由服务缺乏效率引起的。客人希望其提出的任何要求和服务都能尽快解决，而不是被推来推去，因此推行"一站式"服务势在必行。

客人入住酒店以后，对各种服务电话均不清楚，虽然配有电话说明，但大多数客人不会认真看，需要服务时都是拿起电话随便拨一个电话号码，而电话也总会被转来转去，如此很不方便客人，使客人对我们的服务满意度大打折扣。我部将从减少服务环节来提高服务效率。

目前，很多客人需要服务都是将电话打到总机或其他分机上，总机或其他分机接到服务后再转给服务中心，这样很容易造成服务延缓或服务信息丢失，因为其他岗位根本不了解客人的需求，若手头工作忙就会将服务指令延缓传达或忘记传达，给我们的服务带来极大的不便，导致很容易遭到客人的投诉。只有接听电话的人才了解客人焦虑的心情，清楚客人真正的需求，才更清楚哪个服务应最急于去办，合理地去通知服务。为了减少服务环节方便客人，将总机和服务中心合并成立房务中心，酒店所有的服务和查询只需拨电话号码"0"，一切均可解决。

1. 房务中心的职能

房务中心也是酒店的信息中心，收集酒店所有的信息和外部对酒店有关的信息，并进行分拣、传递；统一接收服务信息，并准确传递服务指令，确保服务能及时提供。

2. 房务中心的工作内容

①接听电话并提供服务。总机和服务中心合并以后，酒店所有的外线电话和服务均由房务中心接转，特殊情况时可亲自为客人提供服务，如此一来不仅提高了服务效率，保证了服务的准确性，还减轻了楼层服务员的工作量。

……

二、充分利用工资杠杆，调动员工积极性

目前部门工资分××元、××元、××元三个级别，员工工资是根据员工日常表现、业务技能等方面考核后提升，一般只升不降。一些员工工资得到提升后，工作不卖力、懒散，酒店暂无规定作工资调整，而其他员工工作表现好却没有指标提升工资，显得很不公平，容易打击员工的积极性。为打破传统做法，更好地利用工资杠杆，调动员工的积极性，部门建议工资不再一成不变，而是灵活调整，实行"能者上、庸者下"的政策。

（一）员工工资调整方法

1. 员工工资基数为××元，技能工资为××元和××元，根据员工的考核成绩进行工资调整，成绩好的技能工资就高，可达××元，往下就是××元，成绩差的只能领基本工资××元。

……

（二）领班工资调整方法

1. 领班工资基数为××元，岗位工资为××元和××元，根据领班的考核成绩，相应地进行岗位工资调整。

……

三、培养员工的观察能力，提供个性化服务，创服务品牌

随着行业发展，饭店业的经营理念与服务理念在不断更新，仅仅让顾客满意是不够的，还需使其难忘。这就要求在规范服务的基础上，提供个性化服务。酒店服务讲究"想客人之所想，急客人之所急"。服务人员要注意观察，揣摩客人的心理，在客人尚未说出要求时，即以最快的速度提供服务，就像我们常说的"刚想睡觉，就送来一个枕头"。部门将重点培训员工如何根据客人的生活习惯，来提供个性化服务。在日常工作中通过鼓励培养、搜集整理、系统规范和培训奖励等，使之成为员工的自觉行动，从整体上促进服务质量的提高。

1. 鼓励培养：对于工作中有优秀表现和受到客人表扬的服务员，部门会将他们列为骨干进行培养，使其服务意识和服务质量更上一层楼，立足本岗位，争创一流服务。

……

四、外围绿化环境整治，室内绿色植物品种更换

自 2016 年月 10 月底酒店与××绿化公司终止合同后，外围绿化一直是由员工自行管理，由于缺乏技术和经验，有些绿色植物养护得不太好，加上本地 2016 年缺雨水，有的已出现枯死的现象。2017 年将更换枯死的植物，尽量种植一些开花的植物，并在外围适当补栽一些南方果树，给酒店增添一些喜庆氛围。现在酒店存在室内植物品种单一、档次不高的问题。明年将联系一家合适的绿化公司，达成协议，彻底解决这一问题。

五、商务楼层客用品的更换

目前商务楼层的客房重新装修以后，给客人感觉档次较高，但房间的客用品一直未做更换，且档次一般，很不协调。酒店打算将商务楼层的客用品进行更换，如将袋泡茶更换成散装茶叶，将卫生间用品的包装盒更换成环保袋等，以此提高房间档次。

以上各项计划的实施，需要全体员工的共同努力，需要其他各兄弟部门的协助与配合，更需要店领导的鼎力支持，希望 2017 年我们回顾 2016 年的工作时，收获的不仅是满满信心，还有丰硕的成果。

（资料来源：刘伟. 酒店客房管理. 重庆：重庆大学出版社，2018.）

简评：这篇××酒店的商务工作计划，充实可行，目标明确，要求具体，标题采用了完整式的结构，是一篇典型的条文式工作计划。正文前言之后，分条列项提出工作目标、任务要求和办法措施，语言简洁，结构完整。

四、计划的写作要求

（一）方向正确，实事求是

（1）注意深入国家有关方针政策法规精神，以此作为制订计划的指导思想。

（2）注意深入调查研究，广泛听取群众意见，博采众长，反对主观主义。

（3）注意从本单位、本部门的实际情况出发，不把任务指标定得过高或过低，量力而行。

（二）目标明确，要求具体

计划的目的、任务、指标、步骤要具体明确，力争细化，务求实化，以便于落实和监督检查。

（三）措施可行，留有余地

（1）计划的方法、措施要切实可行，立足本单位客观实际。

（2）要有预见性，留出充分的调整空间，以保证计划的顺利实施。

（四）表述周严，兼顾四周

（1）计划的表达方式以说明为主，要力争准确，简洁明了。

（2）计划的制订要考虑与相关单位、相关部门之间的纵向及横向衔接，避免内容安排发生冲突。

第三节 总 结

一、总结的类型和特点

总结，是对实践本质的概括，是企业和个人对过去一定时期内的实践活动或某一方面的工作进行回顾、分析、研究、评价后，从中肯定成绩，发现问题，反思带规律性的经验教训而写的一种系统化、条理化的书面材料。常见的小结、体会、回顾、汇报等，均属于总结类文书。

总结可以使某一项工作的实践活动由感性认识上升到理性认识，以便发扬成绩，克服缺点，吸取经验教训，使今后的工作少走弯路，多出成果；可以为管理部门提供基层工作的情况和经验，以便加强科学管理和指导；可以用于表彰先进，树立典型，交流推广先进经验，指导和推动工作。

（一）总结的类型

总结按内容分，有学习总结、工作总结等；按范围划分，有单位总结、个人总结等；按时间分，有年度总结、季度总结等；按性质和作用划分，有综合性总结、专题性总结等。在这里，我们主要介绍综合性总结与专题性总结两种类型。

1. 综合性总结

综合性总结也叫全面工作总结，是企业对某一时期各方面工作进行的全面性的总结，如阶段工作总结、年终工作总结等。这种总结涉及面广、综合性强，写作时应全面地反映实际情况。写作者需要具有较高的分析问题和判断问题的能力，既突出重点，又照顾全局，有主有次，点面结合。

【例文】

××县商务局20××年商贸工作总结

根据局里年度工作安排，20××年商贸股按照“拉动内需、搞活流通、保民生、促消费、提品质”要求，紧紧围绕年初局里的各项目标管理任务锐意进取，狠抓重点工作突破，全县商贸经济呈现出持续、稳定、健康的发展态势。现将一年来的商贸工作情况总结如下：

一、一年来商贸股工作回顾

在全县范围内对食盐、成品油、酒类、宾馆客栈等商贸领域开展全面调查摸底，根据各项工作的具体现状确定了商贸股的工作目标和重点。

全股室开展为期1个月的业务知识学习，理顺理清办证程序，尽可能简化手续，为经营户提供优良环境。

对全县52户无证经营户下达了停业整改通知，耐心细致为经营户办证解释政策，针对成品油经营办证难的问题，专题与省、州主管业务科室联系，疏通渠道，解决了多年来因供销协议制约经营户难以办证这一瓶颈问题。20××年新发证4户，其中加油站3户，加油点1户。目前有11户正在申请办证之中。

加强宾馆客栈规范管理，发放宣传资料350份，下达整改通知220份。从9月份开始，商务与旅游局、应急管理局、公安局、卫生局、工商局、税务局、执法局八家单位开展的联合整治活动，进一步净化了商务环境，为游客营造良好的经营秩序。

加强盐业市场管理，规范食盐经营秩序。具体举措如下：

1. ××县商务局成立了以局长×××为组长，分管领导×××为副组长，×××、×××、×××、×××为成员的食盐专营检查整顿工作领导小组，下设办公室，设在商务局内，×××任办公室主任，负责该项工作的日常事务。

2. 制订××县商务局开展对大型集贸市场进行食盐专营检查活动整顿方案。

3. 4月28日至5月12日重点对××等集贸市场进行全面检查。5月13日至5月26日重点对县城内××等售盐和用盐户进行检查。

4. 5月15日是“全国碘缺乏病宣传日”，××县商务局和防疫站联合开展宣传活动。商务局和防疫站工作人员认真向群众宣传盐业法律法规、食盐真假识别方法、消除和预防碘缺乏病的方法。此次活动，共发放盐业法律法规资料300份、食盐真假识别方法资料450份、消除和预防碘缺乏病的方法资料510份。

5. 成功组织××县第二届××名店名厨名菜评选大赛，评选出6家名店，×××等11位名厨。组队参加州政府组织的首届××州民族特色餐饮大赛，××县选手通过竞技角逐，获得了2家名店、5位名厨（1个金奖、3个银奖、1个铜奖）、4道名菜的好成绩。

6. 通过对过去酒类管理工作的经验总结及全县现有酒类经营现状调研，20××年的酒类管理工作，采取集中办证，统一管理，澄清底子，多次上门宣传酒类知识，让经营户对酒类管理规范经营有了进一步全新的认识。全年发放宣传资料550份，下达办证通知120份。

我们加强酒类执法工作，10月份依法处理××超市经营的××酒无随附单一案；同时，还就××宾馆销售的××酒罐装数量不足一案作了依法处理。

为了规范酒吧经营秩序，针对酒吧管理混乱的局面和现状，采取行业自律的方式，组织酒吧成立协会，将县城区内现有22家酒吧有效组织起来，促使其酒类经营走上合法有序的轨道。目前，该协会正在办理注册登记手续，各项工作正在紧急筹备之中。

二、商贸工作完成情况

1. ××县共有成品油经营户62户，有证经营户14户，持证率为22.6%，其中加油站15户，有证经营11户，持证率为73.3%，无证经营4户；加油点47户，有证经营3户，持证率6.4%，无证经营44户。

2. ××县共有酒类经营户980户，其中批发23户，零售957户。

全县酒类批发户城区16户办证、乡镇7户办证，办证率100%。20××年批发户换新证情况：已换证17户，5户未换证，换证率达74%。

全县酒类零售经营户城区内390户，已办证359户，办证率92%；乡镇567户，已办证449户，办证率79%。

全县酒类经营户20××年新增137户，其中批发1户，零售136户，已办证114户，办证率83.2%。其中城区新增41户，新办证38户，备案登记率为93.6%；乡镇新增96户，新办证72户，备案登记率为75%。

××县食盐规划网点450户，其中城区规划42户，乡镇规划408户。20××年9月1日开始发证至12月9日止，全县新办证85户，办证率18.9%，其中城区新办证9户，办证率21%；乡镇新办证76户，办证率18.6%。

××县现有家庭宾馆384户，床位11324个。截至12月5日，全年共接待游客投诉356起，挽回经济损失18万元，受理率100%，游客满意率98%。

州分商务信息月任务数每月30条，8月开始州分商务天气月任务为每月10条。截至12月5日，全年完成商务信息为1326条，其中商务之窗496条、商务公众信息网635条、商务天气195条；商务之窗信息发布量1、5、7、8、9、10月进入省前10名；商务公众信息网信息发布量5、6、7、9月进入省前5名。

省政府采用信息1条，团结报采用信息1条，县政府采用信息22条。

三、存在的问题及建议

1. 酒类、成品油和盐业的管理都存在着工作经费不足的问题，没有相应的工作经费支持，难以完成工作任务，难以推动工作开展。因财政没有安排专项资金，难以保证正常运转，建议局里进一步争取专项资金。

2. 盐务管理局和酒类产销管理局没有成立机构，没有专职人员进行专管，商务局工作人员变动较快，正常业务工作难以连续开展，盐业管理执法工作也因无机构而不能执法，使我县盐业管理处于任其自然状态。建议上级尽快批准新机构成立，以确保酒类和食盐安全。

3. 相关职能部门之间协调配合不够。希望上级能进一步明确职能，责任到部门，责任到人，促使各部门间形成联动机制。

4. 历史遗留的成品油经营户较多，大多属无证经营，有些农村经营点设计不规范，安全系数低，人为地留下了严重的安全隐患。一次性全部取缔将影响农村正常生产生活。建议对现有的无证经营户区别对待，符合网点发展规划且有积极性的经营户要帮助和指导其办理申报手续，培育一批合法经营户。

5. 原规划的农村加油网点因多种原因，有些地方不适应经济发展要求。再加上××两大公司只在交通发达地省设置加油站，而我县大部分乡镇没有加油站，只有社会加油点，加油点不能卖汽油，给人民群众生产生活带来了极大的不便。建议县政府积极向省商务厅争取增加一批非主干道乡镇加油站规划网点，鼓励社会投资兴建，进一步放宽农村加油站点审批条件。同时，政府出台相关的扶持政策。

××县商务局

20××年××月××日

简评：这是一份××县商务局20××年度综合性工作总结。该总结对一年工作进行了回顾，肯定了工作成绩，也提出了存在问题及建议，结构完整，行文严谨，条理清晰，对今后工作具有指导意义。

2. 专题性总结

专题性总结也叫单项工作总结，是企业对某项工作所作的专门性的工作总结，如经济工作总结、思想教育工作总结等。常见用法是对所取得的成绩或经验进行专门总结，因此也称经验性总结。它涉及的问题单一，事项集中、具体，针对性强，分析深入，是有鲜明个性特色的经验概括。这类总结往往具有普遍的指导意义，因而比综合性总结更为常见。报刊上登载的总结性文章，一般是专题性总结。

【例文】

××省商务厅2021年人大建议办理工作总结

按照人大建议答复办理有关要求，现将××省商务厅答复办理××省十三届人大四次会议代表建议工作总结如下：

一、人大建议办理基本情况

2021年，××省商务厅共答复办理代表建议29件，其中：主办建议11件，办理答复情况被确定为A类2件，B类7件，C类2件；协办建议18件，办理答复情况被确定为A类13件，B类5件。

二、有关做法及成效

（一）强化部署安排，确保工作顺利推进。年初，在接到人大建议交办件后，厅办公室按照交办工作要求，认真梳理、仔细研究每件人大建议具体内容及代表的建议诉求，对不属于商务口岸的工作范畴或者建议诉求不明确的交办件，及时与人大常委会有关部门联系，说明原因并进行退办。对属于商务口岸职责范围内的建议交办件，结合厅内各相关职能处室分工，及时批转进行办理答复。同时，制定下发《关于做好2021年度人大建议、政协提案答复办理有关事宜的通知》，要求承办人员统一思想、提高重视，认真履行好答复办理人大代表建议的法定职责，将答复办理工作过程作为联系企业和基层、强化行政能力建设、实现商务为民实践的重要抓手，严格按照类别界定、办理时限、办理方法、沟通反馈和答复模式等办理要求，以高度负责的态度扎实办理答复好各类建议。

（二）加强组织领导，不断提升答复办理水平。结合商务口岸工作实际，按照厅机关人大建议、政协提案办理工作领导小组职能，实行由厅主要领导负责、各分管厅领导协同负责分管领域、各责任处室负责具体办理的工作机制，并指定专门人员担任厅机关承办工作联络员，负责对机关各承办处室办理进度的跟踪督促、协调指导等工作。同时，各职能处室答复办理意见均按照程序要求经处室负责人、分管领导审核把关，最终由厅主要领导同志负责签发，确保人大建议办理效率和办理质量始终保持较高水平。

（三）完善流程管理，保证答复办理规范高效。按照有关工作要求，继续对答复办理工作实行追溯式台账管理，将每一个建议办理流程具体到责任领导、责任处室和具体承办人，形成了任务明确、分工明确、职责明确的工作机制，确保每一个建议都“有人管、有人抓、有人办”。联络员定期梳理跟踪办理进程，指导督促承办人员及时规范地做好办理答复工作。对答复办理文书格式进行了统一规范要求，确保答复意见各要素齐备，便于后期梳理归档。同时，明确要求承办人员加强与人大代表的沟通交流，及时通过电话、信函等形式对代表详细说明办理过程和结果，既答复好有关建议，又做好相关解释工作，确保办理结果高质高效。

（四）加大公开力度，依法依规履行职权。××省商务厅在综合办理各类人大建议的过程中，坚持以法律法规和相关规章制度为准绳，对职责内事项高标准办理，对职责外事项协调办理，对不合职能要求，特别是由市场行为决定、政府不能干预的事项不越位办理，并及时向人大代表做好沟通解释工作。对于办理完成的书面答复意见，坚持“应公开、尽公开”的工作原则，按规定时限及时在人大代表履职平台、××省政府督查系统、商务厅官方网站、××省政府信息公开平台等进行了情况反馈和对外公开，有效保障广大人民群众的知情权，自觉接受媒体监督和群众监督，确保商务口岸人大建议答复办理过程依法依规、阳光履职。

三、存在的问题和建议

一是交办精准度还有待提升。个别人大建议与商务口岸具体职能的关联度不高，或者代表建议诉求不明确，承办处室在办理答复过程中难以切中要点，一定程度影响答复质量。建议交办部门进一步细化举措，并给予承办部门预留一定的甄别时间，对不在职责范围内的人大建议及时给予退办处理。

二是沟通协调的力度还需加大。人大建议办理答复历时相对较长，在此过程中可能会出现代表履职身份变化、政策措施调整等情况，交办部门和承办部门有时会因沟通不及时导致答复办理出现偏差，影响答复效果。建议交办部门和承办部门双方进一步加强沟通协调力度，及时协调解决办理答复过程中出现的各类问题，不断提高答复办理实效。

2021 年××月××日

（自治区商务厅 2021 年人大建议办理工作总结.(2021-10-25)[2023-8-9]. 资料来源: https://swt.nmg.gov.cn/zwgk/zcxxgk/fdzdgknr/bmwj_15843/bmwj/202201/t20220120_1997669. html）

简评：这是一份专题性总结，着重总结了工作成绩及存在的问题两个大方面的工作，既有成绩经验，也有缺点不足及下一步的工作建议，分析深入，重点突出，行文思路严谨，具有很强的指导意义。

（二）总结的特点

1. 内容的自我性

总结是自身活动实践的产物。它以客观评价自身工作活动的经验教训为目的，以回顾自身工作情况为基本内容，以自身工作实践的事实为材料，它所总结出来的理性认识也应该反映自身工作实践的规律，所以内容的自我性是总结的本质特点。

2. 回顾的理论性

总结应当忠实于自身工作实践活动，但是，总结不是工作实践活动的记录，不能完全照搬工作实践活动的全过程。它是对工作实践活动的本质概括，要在回顾工作实践活动全过程的基础上，进行分析研究，归纳出能够反映事物本质的规律，把感性认识上升到理性认识，这正是总结的价值所在。

二、总结的写法与基本要求

（一）总结的写法

总结的基本结构是“标题+正文+落款”。

1. 标题

（1）公文式标题。公文式标题主要由单位名称、时限、主要内容、文种组成，如《××市教育局 20××年工作总结》《××商场 20××年第一季度工作小结》。标题中的单位名称、时限可酌情省略，如《创先争优活动总结》等。公文式标题多用于综合性总结。

（2）文章式标题。文章式标题多用于专题性总结，它的制作比较灵活，或揭示总结的主旨，或突出主要成效及做法，或提出中心问题促人深思，如《坚持向财务管理要效益》《我们是怎样打开市场销路的》等。

（3）双标题。正标题点明文章的主旨或中心内容，副标题补充说明总结单位的名称、时限、内容（范围）、文种等，如《加强医德修养　树立医疗新风——××医院精神文明建设的经验总结》等。

2. 正文

正文是总结的核心部分。要做到总结写作的内容充实、主旨鲜明、层次清楚，必须了解正文的基本内容组成和结构形式。

（1）基本内容。虽然不同的总结内容各有侧重取舍，但概括地说，总结的基本内容主要包括情况概述、主要做法和结果、经验或教训、存在不足和努力方向等。

1）情况概述。情况概述主要是对总结对象的自身情况和形势背景做出简要概述。自身情况包括单位名称、时间、地点、人员数量、工作内容及进展情况、总的收获等；形势背景包括国内外环境、有关政策、指导思想等。情况概述通常作为总结的开头部分。

2）主要做法和结果。主要做法和结果是检查、回顾工作计划的具体执行情况。做法即“怎么做的”，如分为哪些工作阶段，采取了哪些办法和措施，取得了哪些帮助，克服了哪些困难等；结果即取得了什么样的成绩或存在有哪些缺点，分别表现在哪些方面等。这些是工作的主要内容，需要有较多的事实和数据，但事实材料的选取要注意全面性、典型性和生动性。主要做法和结果通常作为总结的主体部分。

3）经验或教训。经验或教训主要是通过对以上自身实践活动的回顾，概括出具有规律性的认识和体会，使感性认识上升为理性认识。工作中有成绩必有经验，有缺点必有教训，要以客观事实为依据，从现象中发掘本质，总结出规律性的认识。

4）存在不足和努力方向。有针对性地反思实践活动中哪些工作是应做到而未做完、未做好的，并设想下一步将怎样发扬成绩、纠正错误，针对不足应该树立什么样的工作目标，准备取得什么样的工作成绩等，使已经认识到的规律能指导今后的工作实践。这部分内容不是总结的重点，文字不宜过长，力求语句中肯、实事求是、言简意赅。存在不足和努力方向通常作为总结的结尾部分。

（2）结构形式。从内在的结构形态来看，总结正文的结构形式有以下三种：

1）纵式结构。纵式结构即按照事物或实践活动的发展过程层层递进地安排结构。写作时，把工作过程划分为几个阶段，按时间顺序分别叙述每个阶段的成绩、做法、经验、体会，每个部分写一个工作阶段。这种总结结构适用于周期较长，又有明显阶段性的工作。

2）横式结构。按逻辑关系将有关的工作内容分成并列的几个方面，分门别类地依次按“情况—成绩（经验）—问题（教训）”或“情况—做法—效果—体会”等展开内容，使各层之间呈现出相互并列的态势。这种写法的优点是各层次相互间既有相对的独立性，又有密切的联系，内容鲜明集中，容量较大，适用于大型总结、全面总结。

3）纵横式结构。这种安排材料的方法是，既考虑事物的发展过程，又注意内容的性质和逻辑关系，做到纵横交织，事理结合。一是纵中有横，即把工作过程、事物发展分为几个阶段，每个阶段又分成具有逻辑联系的几个并列部分叙述，并总结出各阶段的经验或教训；二是横中有纵，即从全局的角度反映需要总结的内容，按逻辑联系分成几个部分（或几个大的方面），在每一部分中又按照事物发展的客观顺序组织材料，使每个独立的部分既能反映出一个相对完整的过程，又能从不同角度反映总结的中心内容。纵横式结构适用于内容范围广、时间跨度大的综合性总结。

从外部表现形式来看，正文有以下几种较为常见的结构形式：

1）标题式。标题式即将总结的主要成绩、做法、经验、体会分成若干部分，并概括归纳出醒目的小标题列在每部分之前，然后分别按小标题的核心思想组织并阐述每层内容。

2）条文式。条文式即用“一、二、三……”等多级数字将总结分为条款形式，清楚地显示各部分内容的相对独立性和衔接关系。

3）贯通式。贯通式即紧紧地围绕主题和总结工作发展的全过程，或先写做法再写经验教训，或将做法、成绩、经验教训等融为一体夹叙夹议，全文之中不再用外部标志来显示层次。贯通式主要适用于篇幅短小、内容单纯的总结。

3. 落款

落款位于正文右下方，包括撰写总结的单位名称和日期。若标题中已出现单位名称，则此处省略。

【例文】

××企业月度工作总结

一、销售汇总

1. 当月销售额为________，任务完成率为________。

正常返单________，占________%。

本月新开发客户________个，拓店完成率________。

当月申请新店图纸设计________份，施工图无效的有________份，施工图纸未按时完成________份。

2. 销售明细（见表3-3）

表3-3　销售明细

省域	正常返单	新上店	合计	百分比	完成率
总计				100%	

3. 当月本部客户共________个，有效客户有________个，单店产出________，见表3-4。

表3-4　客户及提货额数据

店数 单系列 提货额	6000元以下	6000～12000元	12000～20000元	20000～40000元	40000元以上
一级市场					
二级市场					
三级市场					

（备注：三级市场6000元以下，二级市场12000元以下，一级市场20000元以下提货额的单店，为非正常返单）

二、日常工作

1. 返单异常的省域、VIP客户及原因分析。

2. 客户对公司的主要意见（针对质量、服务）。

3. 各系列产品在本部门的走势分析。

4. 竞品在市场销售较好的产品系列和款式（款式提供照片）。

5. 竞品动态（活动、大型宣传方式、价格变化等）。

三、日常管理工作

1. 团队工作素质存在的问题。

2. 本部门管理上存在的问题。

3. 本部门表现突出的销售人员。

四、部门间的协同配合与建议

……

五、直接上级批复意见

……

（资料来源：滕宝红. 销售经理 365 天管理笔记. 广州：广东经济出版社，2012：126.）

（二）总结的写作要求

1. 方向正确，实事求是

（1）必须以党的路线方针、政策为依据，正确反映实际工作情况，从中总结出能够指导现实的有价值的经验。

（2）内容真实可靠，如实反映客观实际，增强总结的科学性和可信性。对成绩不夸大，对问题不轻描淡写，总结出规律性的东西。

2. 熟悉情况，材料充实

充分利用单位里最能反映工作情况的资料，如计划、简报、会议记录、纪要、统计报表、文件、领导讲话等。在掌握翔实资料的基础上进行分析归纳，得出客观的、科学的结论。

3. 抓住实质，突出重点

写总结一定要注意分清主次、突出重点。所谓主次，就是指抓住主要矛盾或矛盾的主要方面，写带有普遍指导意义的人和事。所谓重点，就是指同类事物的主要或中心方面。抓住了重点，就抓住了事物矛盾的主要方面，这样的总结对工作才有指导意义。

4. 叙议结合，条理清晰

总结的写作要语言准确简明，叙议结合，有回顾，有分析。要条理清楚，思维严谨，以科学的规律性认识指导今后的工作。

第四节 简 报

一、简报的特点与作用

简报是企业为汇报工作、交流经验、反映情况、沟通信息、报道动态而编发的内部常用事务文书，也叫动态、简讯、摘报、工作通讯、情况反映、情况交流、内部参考等。可以说，简报就是简要的调查报告、简要的情况报告、简要的工作报告、简要的消息报道等。它具有简、精、快、新、实、活和连续性等特点。

简报不是一种文章的体裁。因为一份简报，可能只登一篇文章，也可能登几篇文章。这些文章，可能是报告、专题经验总结、讲话、消息等，故此，把简报说成一种独立的文体，或只说是报告，是不妥当的。

简报不是一种刊物。因为有些简报可装订成一本，像一般“刊物”，而更多的是只有一两张纸，几个版面，像一份报纸。更重要的是，简报具有一般报纸的新闻特点，特别是要求有很强的时效性；而刊物的时效性则远不及报纸。故此，简报不是“刊”，而是“报”，说它是刊物，不如说是“小报”更恰当些。

综观各种工作简报、会议简报、动态简报，再拿这些简报同一般的报纸、刊物相对照，可以得出这样的看法：简报不再单纯是下级向上级汇报工作的简要书面报告，不能看作是一种独立文体，也不是一种刊物，而是一种专业性强的简短的内部小报。

（一）简报的特点

1. 新闻性

作为一种承载工具，从某种意义上讲，简报的内容其实就是机关单位的内部新闻，它在很多方面都表现出新闻性。其新闻性特点主要体现在真、新、快、简四个方面。

“真”即内容真实。简报必须严格遵循真实性原则，它所反映的情况包括分析的问题、总结的经验，以及涉及的时间、地点、人物、细节、数字、引语都必须准确，不可想象虚构、夸大缩小。

“新”即内容新鲜。简报旨在反映新事物、新思想、新问题，避免反映司空见惯、老生常谈的内容。

“快”即反映及时迅速。从简报的制作到发送讲究时效，尽量让读者在第一时间了解到最新的现实情况，应快写、快编、快审、快印、快发、快报，会议简报尤其如此，常常是一日一报。

“简”即简洁明了。这是由简报的“简”字所确定的。简洁对简报来说是相当重要的。简报要求内容集中、形式短小、提纲挈领、简明扼要。

2. 定向性

简报的传播采用内部传播的形式，这一点又有别于大众传播形式的新闻传播。作为机关、单位内部及其相互之间沟通信息、交流情况的工具，简报一般有明确的发送范围、固定或指定的阅读对象，具有一定程度的封闭性。

3. 集束性

虽然一期简报中可以只有一篇报道，但更多情况下，一期简报将若干篇报道集结在一起制成，形成集束形式，使信息量加大，从而避免了一篇报道的单薄感。

（二）简报的作用

1. 汇报

简报可以把各部门的实际工作情况、经验、教训及时向上级领导反映，为上级领导机关及时了解下情，掌握动态，推广经验，指导工作，提供可靠的依据。

2. 指导

简报是上级单位指导下级工作的工具，也是下级单位领会上级领导工作导向的窗口。上级单位的简报，或树立好的典型，宣传好的经验来推动下级工作，以带动全局；或通过反面典型、严重教训来警诫下级；或传递新的情报信息，指出新生事物的价值启迪下级，警示不良倾向来警醒下级。

3. 交流

平级单位之间通过简报，相互联系沟通，交流经验，传递信息，增强合作，取长补短，共同发展。

简报虽然有重要的作用，但它毕竟不是法定的行政公文，不具有法定效力。所以，应该用法定公文行文的事项，还是要按有关规定行文，不能用简报代替法定公文。

二、简报的种类

简报的种类很多，按不同的标准，可以有不同的分类。如按时间划分，有定期简报、不定期简报和临时性简报；按形式分，有专题性简报和综合性简报；按简报的发送范围分，有供领导阅读的内部简报，也有发送较多、阅读面广的一般性简报；按简报的内容分，则可分为以下三种：

（一）工作简报

工作简报是最常见的一种简报，主要反映本部门、本单位工作中的情况、问题、经验、教训等，内容广泛灵活。常见的工作简报分为三种类型：工作通讯和消息性质的简报，主要反映工作的部署和进展情况；汇报工作、交流情况的简报，侧重介绍工作成绩、方法和经验，反映工作中遇到的新情况、新问题和典型事例；指导下级工作的简报，用以及时传达上级领导的指示和意见、领导人的讲话精神或转发一些材料，介绍外单位的工作经验、传达信息。

（二）会议简报

会议简报是为反映会议进展情况、会议发言中的意见和建议、会议议决事项等内容而编写的。会议简报分为会议综合简报和会议进程简报两种。会议综合简报是在会议结束时所写的概括会议情况的简报，综合反映会议进展情况，与会人员的重要发言、意见、建议，以及会议决定、领导人讲话等，起传达会议精神的作用。这种简报也可以称为会议纪要式简报，一般由主持单位编写。会议进程简报是随着会议进程而陆续编发的，以连续的内容比较全面地反映会议各个阶段的情况，包括预备会情况、开幕式情况、大会发言情况、小组讨论情况、典型发言摘要等。其期数视会议规模而定，有的十几期，有的几十期，由会议秘书处编写。

（三）动态简报

动态简报着重反映与本单位工作有关的正反两方面的新情况、新动向、新问题，为领导和有关部门研究工作提供鲜活的第一手资料，向群众报告工作、学习、生产、思想的最新动态。动态简报有思想动态简报和业务动态简报两种：思想动态简报，专门反映政治、思想、路线、作风等方面的动向和问题；业务动态简报，专门反映日常业务工作中的新情况和新问题。动态简报一般要控制发放范围，常以“内部参考”的形式发文，是一种严肃慎重而又具有一定保密性的简报形式。

三、简报的格式及写法

简报的格式，一般包括报头、报核、报尾三部分。

（一）报头

简报的报头类似公文的“文头”，在首页上方，约占全页三分之一的位置，其项目主要包括简报名称、期数、编发单位、印发日期等。

1. 简报名称

一个单位的简报一般有固定的名称，如《工作动态》《情况反映》等。有的冠以行业或单位的名称，如《财贸简报》《浙江商贸信息》等；有的还可标明专项工作的内容，如《××大学“三讲”教育简报》；会议简报的名称，还可标明会议名称，如《全国商品物资交易会简报》。

为了醒目、美观，报名多数套红印刷，位置在报头部分的正中。

2. 简报期数

简报的期数位于简报名称的正下方，有时加圆括号。如果是综合工作简报，多以年度为单位统编顺排；如果是专题简报，多按本专题统编顺排。

3. 编发单位

编发单位的名称一般是制发简报单位或中心工作领导小组的办公部门，或会议的秘书处（组），如“××办公室”“××秘书处”，用全称或规范化简称印于期数下方、间隔横线左上方。

4. 印发日期

用阿拉伯数字全称，其位置在报头右下方，与编发单位平行。

此外，根据实际需要，可增加简报编号、密级、使用范围等要素，在首页报头左上角标明密级或“内部刊物”字样。

（二）报核

报核在简报中间部分，即简报所刊的一篇或几篇文章。简报的写法是多种多样的，因此，报核的形式也较灵活。根据文体性质和文稿来源，常见体式有报道体、汇编体、总结体和转引体四类，其中以报道体居多，其结构是“（按语）+标题+导语+主体+结尾”。

1. 按语

按语并非必备，是对文章的简要说明，在标题下端加注。片言居要，以说明编发这份简报的目的，或对文中所列事项进行评价。

2. 标题

简报的标题写法不尽相同，常见的有新闻式和文章式两类，要揭示主题，简短醒目。

3. 导语

导语即简报的开头，要简明扼要地概括全文的主旨或主要内容，给读者一个总的印象。导语一般有四种写法：提问式、结论式、描写式和叙述式。导语一般要交代清楚谁（某人或某单位）、什么时间、什么事件等内容。

4. 主体

主体即简报主要内容，要用充实的、典型的材料，把导语的内容加以具体化。

5. 结尾

结尾部分或对主体进行归纳和概括，或提出希望及今后的打算。

（三）报尾

在简报的最后一页下部，用间隔线与报核隔开，横线下居左写明发送范围。

最后在间隔线下居右的括弧内注明共印多少份。

**【例文】**

××市经贸工作简报

第×期

××市经济贸易局　　　　　　　　　　　　　　　　20××年××月××日

市经贸局积极做好20××年春节市场物资供应工作

为了做好20××春节市场物资供应工作，让群众过一个安乐祥和的节日，确保节日市场商品供应丰富充足，价格稳定，市经贸局积极采取了一系列措施：

一、未雨绸缪，及早动员，及早部署

（一）召开了全市20××春节市场物资供应保障工作会议。12月25日，按市委、市政府统一部署和××副市长的指示，市经贸局召开了全市春节市场供应保障工作会议，市直工商、卫生、农业、质监和食品药品监管局相关部门负责人，各县（省）经贸局分管领导、市各大商场（超市）、各屠宰企业、市商业、肉类协会负责人共120人参加了会议。×××副秘书长、×××局长在会上就春节期间市场供应工作作了具体的部署和安排。

（二）成立20××年春节期间市场物资供应工作领导小组。由市政府×××副市长任组长，市政府×××副秘书长、市经贸局×××局长任副组长，市发改局、市经贸局、农业局、工商局、物价局、交通局和公安局等职能部门分管领导和市商业协会、市肉类协会、市养猪协会负责人为成员。领导小组下设办公室，由×××副局长兼任办公室主任，具体负责春节物资市场供应日常工作。

二、加强市场供应监测，完善应急机制，增强市场调控能力

（一）加强市场供应监测。做好春节市场需求情况的预测分析，准确掌握主要商品、生活必需品的消费趋势和价格走向，把握市场供应动态，主动应对市场变化。

（二）加强与主要流通企业和市场物资供应企业的联系。对群众生活必需品的生产、购进、销售、库存情况及时掌握。确保紧急情况下调得动，用得上，市场供应不断档，不脱销。

（三）健全完善应急机制。去年，市经贸局印发了《××市重要物资储备及生活必需品应急供应预案》、《××市经贸局猪肉市场供应应急预案》。建立企业供应采购投放机制，拓宽应急物资供应渠道，选择更多规模大、信誉好的企业建立快速反应、准确高效的投放网络，建立应急物资供应专项财政资金，提高市场应变调控能力。

三、精心组织货源，丰富节日市场供应

（一）各大商品流通企业做好市场需求商品储备和投放安排。积极组织力量加强对粮、油、肉、禽、蛋和蔬菜等商品的采购。针对假日市场消费特点，增加适销对路的商品品种，调整商品结构，我市××等各大商场都加大了节日市场货源供应储备，确保春节市场供应货源足、品种多、质量优、价格稳，满足不同层次消费需求。

（二）广泛拓展货源，确保猪肉市场供应充足平稳。目前，我市生猪货源主要有三个渠道：①本地养殖及农户（20××年全市生猪屠宰量163万头）；②外地，即湖南、江西、湖北、广西和福建等地；③××食品集团生猪批发市场（该市场日交易量约5000头）。本地与外地生猪供应各占50%。目前，我市生猪日屠宰量基本维持在3500头左右，春节期间最高日屠宰量7000头。主要保障措施：①加强与生猪货源地供应商的沟通联系，稳定货源，确保供应；②加强与我市32家万头养猪场联系，屠宰企业可以采取协议、合同等方式预定当地生猪货源，广田食品、东进农牧两家企业生猪存猪量约11.5万头，出猪量约18万头，必要时可以支持其他屠宰企业生猪货源。××食品集团生猪交易市场也可以起到生猪货源的补充调剂作用；③猪肉市场供应出现异常情况时，启动《××市经贸局猪肉市场供应应急预案》，及时向省经贸委建议动用省级以上冻肉或活体储备。

四、向政府提出设立××市应急物资供应保障专项财政资金的建议

为做好20××年春节期间市场物资供应保障工作，主动应对突发情况，保障市场供应充足稳定，让市民过上物资丰富、生活安乐祥和的节日。我局于12月8日向市政府专题请示建议设立××市应急物资供应保障专项财政资金，拟组织大型商贸流通企业、屠宰企业对重要生活必需品进行节日储备，主要用于：一是日常生活应急物资储备；二是生猪屠宰企业收购差价补贴；三是储备工作经费。

送：××××××××　　　　　　　　　　　　　　共印×份

第五节 规章制度

一、规章制度的含义与作用

（一）规章制度的含义

规章制度是一类具有特定约束力和法规性的应用文书的总称。它是国家党政机关、社会团体和企事业单位为加强管理，依据党和国家的有关政策、法令而制定出来的在一定范围内人们共同遵守的办事规程和行为准则。

（二）规章制度的作用

规章制度在现代管理中起着极为重要的作用，主要表现在以下几个方面：

1. 规范约束作用

为了统一人们的认识和行动，仅仅依靠党和国家制定出的一些原则性的法规、法令还不够，各部门各单位还必须结合各行各业的具体情况制定切实可行的规章制度。规章制度一经法定程序颁布，即具有法律的强制性或道德的约束力。有些规章制度本身即是行政法规，是党和国家方针政策的具体体现，一旦正式公布，就必须遵照执行，没有变通的可能，更没有商量的余地；另外一些规章制度，虽不具有强制性，但却具有约束力，有关的人员必须严格遵守，不得违反，否则，将会受到某种惩罚或公众舆论的谴责。

2. 宣传教育作用

从写作要求来看，规章制度在写作中必须阐明制定和执行的意义和作用；从贯彻执行过程来看，规章制度既然反映着特定范围内人们的共同利益，在这个特定的范围内，规章制度的内容必须公开宣传，为大家所了解，以便共同遵守或执行。因此，规章制度的这种需周知性的要求，使得它在写作和执行过程中，都鲜明地体现出对各种社会活动的职责、权利、义务、范围、限制等内容的规定很明确，它同时也是对广大干部群众的一种职业道德教育，促使干部群众忠于职守、廉洁自律，推动物质文明和精神文明的共同进步。

3. 科学管理作用

建立健全各种规章制度，是加强科学管理，按章办事，保证工作、学习、生产高效率进行的重要手段。制定和贯彻执行规章制度，可以使各行各业的人们行动有规，责任明确，从而使各项工作有条不紊、和谐一致地进行。

二、规章制度的种类与特点

（一）规章制度的种类

规章制度是章程、条例、规定、办法、细则、制度、守则、公约、须知等一类应用文书的总称。根据各种规章制度性质的不同，可将其分为两大类：法规类和规范类。

1. 法规类

这类规章制度具有明显的法令性与政策性，往往是国家法律、法令、政策的派生物，在实际执行中，与国家法律、法令、方针、政策联系紧密，权威性、强制性较强。

（1）条例。条例是国家最高行政机关和国家权力机关依据有关政策法令制定的有极强约束力的法规性文书，如《中华人民共和国人民币管理条例》《中国共产党纪律处分条例》《建设工程质量管理条例》等。条例是规章制度中的最高样式，其制发资格有严格的规定，只有国家及其最高行政机关和国家权力机关才有制发条例的资格。国务院的各个部门所制定的与自己职权有关的规章以“条例”命名时，必须经国务院批准并以国务院的名义发布，不能擅自制定发布。

（2）章程。章程是由政党、团体、学会和经济组织，为保证其组织活动的正常进行，系统地阐明其性质、宗旨、任务、组织机构、组织成员、活动规则等，要求全体成员共同遵守的一种规则性文书，如《中国共产党章程》《中国摄影家协会章程（草案）》《××公司章程》等。一个正规的政党、社会团体、学术组织、公司企业，都应该有自己的章程。章程的生效须经该组织的代表大会通过，一经生效，便是该组织的基本法。

（3）规定。规定是行政机关、企事业单位、组织团体针对特定范围内的工作和事务而制定的具有约束力的行为规范，如《中共中央纪律检查委员会　中华人民共和国监察部关于保护检举、控告人的规定》《普通高等学校学生管理规定》等。规定是法规性规章制度中使用范围最广、使用频率最高的文种。它不像章程、条例那样有制发权力的严格限制，内容上比章程广泛，比条例具体。各行业、各部门、各单位随时都可根据工作需要制定规定。因此，规定在社会管理中发挥着突出的作用。

（4）办法。办法是行政机关、企事业单位、组织团体对某项工作提出具体处理原则和实施方法的法规性文书，如《第×次全国人口普查办法》《全日制普通高等学校学生学籍管理办法》等。办法的制定单位没有条例那么严格，往往由分管某方面工作的职能部门作出，内容比规定更为局部化，方法、步骤、措施更为具体。

（5）细则。细则是有关机关单位为实施某一法律、法规、规章，根据具体的条例、规定、办法等法规性文书中的某一条或某几条原则，结合本地实际而制定的详细具体的法规性文书，如《公平竞争审查制度实施细则》《仓储保管合同实施细则》等。细则不能独立存在，必须以某一法律、法规为前提，是某一法律法规的具体化、地方化，是“上有所依，下有所系”的一种规章制度。

2. 规范类

这类规章制度一般是机关单位制定的工作规程、行为准则和道德规范。它的强制性比法规类规章制度弱，尽管也要与国家法规、政策保持一致，但并没有直接联系。

（1）制度。制度是党政机关、社会团体、企事业单位为加强对某项工作的管理而制定的要求有关人员共同遵守的规范性文书，如《考勤制度》《机关值班制度》等。通过规定出具体而合理的办事规范，有关人员能够按要求约束自我行为。制度除作为文件存在之外，还可以张贴和悬挂在某一岗位和某项工作的现场，以便随时提醒人们遵守，同时便于大家互相监督。

（2）规则。规则是机关、团体、企事业单位针对某类工作人员、某项工作或活动的某一具体方面而提出原则或要求的规范性文书，如《河南省人民代表大会议事规则》《城市公共交通车船乘坐规则》等。规则有很强的针对性，一般是针对某项活动或工作中存在的具体问题，或针对某一方面的实际情况所做出的规范。

（3）守则。守则是系统、行业、单位制定的要求有关人员自觉遵守的行为准则，如《税收财务物价大检查工作人员守则》《高等学校学生守则》等。

（4）公约。公约是一定范围内的群众就文明卫生、道德伦理等共同约定的供大家遵守的规范，如《首都人民公约》《××市市民卫生公约》等。

（二）规章制度的特点

1. 执行的严格性

规章制度是切实可行的法规性文件，一经正式公布、生效，有关人员必须严格执行，认真遵守，如有违反，要照章处理。

2. 表达的直接性

规章制度规定人们应该做什么，怎样做，不能做什么，如有违反将怎样处理，对这些内容都应当直接提出，不摆事实，不谈道理，更不能拐弯抹角，一切都照直说，至于对“为什么”则不必说明，这样才简易可行。

3. 语言的准确性

规章制度的所有规定都要不折不扣地实行，因此其所有的内容都要旗帜鲜明地与党和国家的方针政策保持一致，用语应仔细推敲，对所规定的条款含义不能含糊，务必做到准确严密，没有歧义和漏洞，实行起来毫无疑问。

4. 制定的严肃性

规章制度是具有法律效力的文件，凡法规涉及的，有关方面均应做出相应的规章制度。规章制度的起草应广泛调查，认真分析研究，多次修改讨论，慎重制定，防止偏颇疏漏，避免矛盾。同时要做到令行禁止，保证文件的相对稳定，保持文件的严肃性。必须既有针对性，又符合实际情况，做到合情、合理、合法。

5. 形式的条文化

多数规章制度采用条文形式撰写。简短的分条，较长的分章、分条，有的条下还分款。这种写法使人一目了然，便于贯彻执行。

三、规章制度的内容及格式

各种规章制度虽然具体内容和特点不同，但在内容写法和结构形式上却大致相同，一般由标题、正文和落款三部分组成。

（一）标题

规章制度的标题，一般由制定机关、内容和文种三部分构成，如《国务院关于鼓励投资开发海南岛的规定》《××纺织厂倒班宿舍管理规定》等。标题中的内容部分通常由规章制度的适用地省、范围或制定者组织名称加文书内容中心词组成，其中制定机关可酌情省略。

如果是不太成熟、尚需修改的规章制度，标题中还应标明“暂行”“试行”“草案”等文字，如《上海市股份有限公司暂行规定》《××长工资改革试行办法》等。也有一些规章制度标题中出现“几项”“若干”“补充”“有关”等字样，表明这类规章制度是对原有文件的补充规定或实施办法，要和原件一并使用。

规章制度的标题下面一般应标注发布日期和发布机关，用圆括号括注。经会议批准或通过的法规，则应在标题下注明批准或通过的日期及会议名称。

（二）正文

1. 基本内容

不管哪种类型，不论内容的繁简、篇幅的长短，总的来说，规章制度一般包括三方面的基本内容：

（1）总则。总则是规章制度的开头部分。它要说明制定本规章的目的、依据、基本原则、适用范围、主管部门等。

（2）分则。分则是规章制度的主体部分。它具体地阐述有关事项，必须遵循的行为规则，如必须做什么，可以做什么，禁止做什么等。凡属于规范的项目全在此部分表述，规章制度的质量主要取决于此部分。

（3）附则。附则是补充说明有关未尽事宜的部分。它包括法律责任、解释机关、施行时间及废止时间等有关内容。

2. 结构形式

规章制度各部分内容的结构形式一概采用条文表述，从表现形式来看，条文较多的规章制度，首先可以分章，章下还可以分节。最为繁复的规章制度可以分编、章、节、条、款、项、目，一共有七层。但其中最基本的是“条”这一层，常用的也不过“条”“款”两层和“章”“条”“款”三层。因此，根据规章制度内容层次的多少，可分为两种结构形式：

（1）多层次结构。多层次结构主要是“分章列条式”或称“章断条连”式，适用于内容比较复杂、规范程度较高、涉及面较广的规章制度。结构表现为多级排列，即章、节、条、款、项、目依次排列，特别庞大的内容还可加编，最多是七个层次。通常“章”“条”“款”三层已相当周全和严密。

（2）单层次结构。单层次结构又称“分条式”“条项式”，适用于一些内容单一、篇幅不长的规章制度。全文只有一个层次，如分条式，采用“条条排到底”。可以直接用汉字序数或阿拉伯数字标注，也可以用“第×条”标注。一般来说，它的第一条或前几条相当于分章式的“总则”，交代制定本规章的目的和依据；中间数条相当于分章式的“分则”，提出具体的规范项；最后几条是“附则”，写明解释权和施行日期等。

（三）落款

规章制度制定者的名称和制定时间一般写在全文的末尾。如果制定者的名称和通过时间或实施时间在标题下或条款中已交代，末尾可省略。

四、常用规章制度的写作要点

（一）章程

一个正规的政党、社会团体、学术组织、公司企业，都应该有自己的章程。章程通过对本组织性质、宗旨、指导思想、基本任务的规定，对组织内部管理机制以及其成员的权利与义务的明确，来确保本组织思想、行动的统一。章程的写作结构比较稳定，具体结构如下：

1. 标题

章程的标题由组织名称和文种构成，如《中国企业家协会章程》。

2. 题注

章程必须经过该组织最高权力的会议通过方能生效，所以题注必须标明日期和通过依据，即“××年×月×日××会议通过”。

3. 正文

章程正文多使用三则式格式，但在内容方面，政党、团体使用的章程和企业使用的章程有很大不同。

（1）政党、团体使用的章程。第一章为总则部分，分条说明组织的性质、宗旨、任务、组织名称、指导思想、活动准则及自身建设要求等；第二章至倒数第二章为分则部分，一般说明组织成员、组织构成、组织的活动及经费来源等；最后一章为附则部分，分条说明本章程的解释权属、修改权属及实施细则制定权属、章程生效时间等。

（2）企业使用的章程。第一章为总则部分，分条说明企业的名称、性质、宗旨、隶属关系等；第二章至倒数第二章为分则部分，一般说明注册资金、业务范围和规模、组织机构、法定代表人及经营管理等；最后一章为附则部分，分条说明本章程的解释权属、修改权属、实施细则制定权属、生效时间等。

不同组织的章程所包括的内容是不尽相同的，写作时必须考虑各类组织章程特殊的内容构成。

（二）规定

规定的内容有较为明显的局部性、行业性的特点。因涉及的内容及其性质的不同，有政策性规定和事务性规定两种类型。政策性规定是指规定的内容事关国家路线、大政方针、法规法令，如《出版物市场管理规定》。事务性规定指规定的内容事关日常事务方面，如《关于仓库保管的若干规定》。在写法上，两种规定则大同小异。

1. 标题

规定的标题有两种写法：一种是完全的公文式标题，由制发机关名称、适用对象或主要内容、文种三部分组成，具有较强的严肃性、权威性，如《中共中央关于加强党风廉政建设责任制的规定》；另一种是内容加文种形式，如《规范促销行为暂行规定》。

2. 题注

规定的题注一般应注明发布、生效日期。

3. 正文

根据内容的繁简及重大程度，规定正文的构成形式常见的有章条式、条款式或款项式三种。不管使用哪种格式，规定的内容都明显地分为三部分，即序言部分、规范要求部分和说明事项部分。

序言部分应首先写明此规定的意义、目的、原因、依据、适用范围、总体规范等。这部分内容常常写得简明扼要，甚至只用一句话。

规范要求部分是规定的主体内容、具体事项。在内容的表述上，本部分一般都是有规有定的写法。“规”是对应办事项提出的原则要求的条文；“定”是指体现原则要求的具体标准或措施的条文。例如，《×××开发总公司关于新进人员聘用的若干规定》（以下摘录两条）：

2. 初审合格的人员，由总经理办公室负责向总公司或所属单位推荐，由各用人单位负责人根据工作需要和应聘人员实际情况决定是否试用。

3. 各用人单位决定试用，须向总公司提出同意试用的报告，报请总经理审批。同意试用的报告，报请总经理审批。同意试用，由总经理办公室负责通知应聘人员。

其中第2条即是“规”，第3条即是“定”。“规”与“定”的顺序，一般是“规”前“定”后，以“定”为主。写法上既有纯“规”条文，也有“规”“定”难分难解的条文，还有“规”条文与“定”条文交替出现的情况。“规”与“定”的写法在其他规章制度中也有运用，但都没有规定运用得集中而突出，所以这种写法是规定写作的总要领。另外，这一部分的条款编排要注意其间的内在逻辑顺序，一般是先主后次，先原则后具体。在表达方式上以说明为主，不发或少发议论，要肯定、简明，具有明显的严肃性。

说明事项部分相当于附则，可由末一章或末几条构成，内容包括解释权属、修改权属、细则制定权属、生效日期等。

（三）办法

办法往往由分管某方面工作的职能部门制定，内容都是更强调贴近工作实践的方法、步骤和措施，带有很强的实践性特点。

1. 标题

办法的标题一般由主要内容和文种构成，主要内容包括基本事项、适用范围或阐释依据，如《统计上岗资格证书颁发实施办法》《第×次全国人口普查办法》。

2. 题注

办法的题注一般标明制定的日期，有时需要再标明修订的日期。

3. 正文

办法正文的格式、基本内容的组成都与规定类似，其不同于规定之处，主要是正文主体部分的内容要求及写作重心的差异。

与规定相比，办法的可操作性较强。其主体部分一般写出对某一事项的具体做法、程序和要求，有层次、有主次地逐条列出，规定得具体明确、切实可行。

（四）制度

制度不属于法规性规章制度，在写法上不如规定、办法规范要求高。标题一般由适用对象或发文单位加上文种构成，如《档案管理制度》《××市工业局廉政制度》。正文通常使用条款式，序言部分说明制定制度的根据、目的、意义、适用范围等；主体部分将有关规定一一分条列出；结尾说明制度的解释权属和生效日期。

（五）公约

作为广大人民群众共同约定的道德文明规范，公约的内容在多数情况下是一些基本道德准则和精神文明建设的原则要求，一般不涉及具体的行动方法和实施措施，因而公约大多短小精悍，事项概括，语言通俗流畅，便于记忆，便于操作。正文一般直接列条写具体规范事项，简明扼要，可行性强，有的公约，为了易懂易记，常常采用“顺口溜”形式。例如，《北京市建筑装饰协会行业公约》：“精心设计，精心施工，严格管理，优质服务，保质保量保安全，便民不扰民，重合同，守信誉，树立良好职业道德。”

【例文】

××省商务厅政府信息主动公开制度

第一条　为规范本机关政府信息公开工作，保障公民、法人和其他组织的知情权，推进依法行政，依据有关法律、法规和规章的规定，结合本机关实际，制定本制度。

第二条　本制度适用于商务厅在履行行政管理职能和提供公共服务过程中，依据法律、法规规定，向管理和服务对象以及社会公众公开相关政府信息的活动。

第三条　政府信息公开要坚持严格依法、真实准确、及时便民的原则。要严格按照法律、法规和政策规定，对各类行政管理和公共服务事项，除涉及国家秘密和依法受到保护的商业秘密、个人隐私的外，都要如实公开。要按照规定的程序和制度，对应该公开的事项，采用方便、快捷的方式及时公开。

第四条　对下列政府信息，本机关应当主动向社会公开：

（一）××省商务发展规划及有关重大决策的情况；

（二）本机关发布的与群众利益关系密切的规范性文件、政策及措施；

（三）本机关的机构设置、职责权限及办事指南；

（四）选任干部的条件、程序、结果等情况；

（五）行政许可的事项、依据、条件、数量、程序、期限以及需要提交的全部材料的目录和申请书示范文本等；

（六）行政、事业性收费项目、标准、方式、减免政策及其依据；

（七）法律、法规、规章规定需要公开的其他政府信息。

第五条　对属于主动公开的政府信息，要在信息生成之日起20个工作日内公开，尽量在第一时间内予以公开。

第六条　下列政府信息可以依法免予向社会公开：

（一）确定为国家秘密和涉及国家安全的信息；

（二）机关内部研究讨论、审议的工作信息；

（三）涉及商业秘密或者企业以不公开为条件所提供的信息；

（四）与行政执法有关、公开后可能会影响检查、调查、取证等执法活动的信息；

（五）法律、法规规定不得公开的信息；

（六）其他不宜公开的信息。

第七条　政府信息主动公开的程序：

（一）相关处室按本办法或者按有关领导的指示、决定，提出信息公开建议；

（二）相关处室对需要公开的信息进行核实；

（三）依照《中华人民共和国保守国家秘密法》和有关保密规定进行保密审查；

（四）采取厅政府网站等适当方式进行公开；

（五）通过各种渠道收集对所公开信息的反馈意见；

（六）做好所公开的信息载体的存档工作。

根据工作需要认为应当公开的信息，可以向信息拥有处室或政府信息公开工作组提出信息公开的建议；相关处室应当认真研究并尽快予以答复。

经常性工作中需要定期公开的信息，可以授权经办处室审核批准。

第八条　政府信息主动公开的途径：

××省商务厅主动公开的信息主要通过××省商务厅网站公开，还可根据信息的内容和特点，采用下列一种或几种方式予以公开：

（一）发言人新闻发布会；

（二）媒体（广播、电视、报刊等）；

（三）公告栏、公开栏等；

（四）政府公开指南、政府公开信息目录；

（五）其他方式。

第九条　本制度由商务厅政务公开工作领导小组负责解释。

（资料来源：自治区商务厅政府信息主动公开制度.（2019-5-10）[2023-8-9]. https://swt.nmg.gov.cn/zwgk/zcxxgk/zfxxgkzdnew/202106/t20210611_1610583.html）

第六节　市场调查报告

一、市场调查报告的含义和特点

（一）含义

市场调查报告是运用科学的方法，有目的、有计划地对市场情况进行调查搜集、分析研究，得出结论，提出合理建议的书面报告。

（二）特点

1. 针对性

市场调查报告是决策机关决策的重要依据之一，必须有的放矢。需要调查的问题很多，如产品的质量、价格、市场占有率、营销状况、消费心理、销售环节、竞争对手状况等。一篇市场调查报告不可能做到面面俱到，一般应围绕本企业某种产（商）品或服务所面临的问题开展调查，找到问题的症结所在，进而寻求解决办法。

2. 真实性

市场调查报告必须从实际出发，通过对真实材料的客观分析，得出正确结论。实事求是是市场调查报告最基本的原则。所有写入市场调查报告的材料，无论是历史资料还是现实材料，是正面材料还是侧面材料，统计数字还是典型事例，都应该翔实可靠，确凿无误。

3. 时效性

市场调查报告要及时、迅速和准确地反映、回答现实经济生活中出现的具有代表性的新情况、新问题。市场调查报告的价值有一定的期限，如果滞后就失去其存在的意义。

二、市场调查报告的种类

市场调查报告的适用范围非常广泛，按照不同的标准可以划分为多种类型。

（一）从内容范围上划分

1. 综合性调查报告

综合性调查报告是用来反映某一地省、单位的全面情况的调查报告。它涉及面广，资料丰富，在写作上要涉及宏观的各种情况，需要处理好各种材料的关系，认真仔细地核对、综合、归纳，选取具有代表性的事实依据和理论依据。

2. 专题性调查报告

专题性调查报告是相对于综合性调查报告而言的，指的是针对某一具体的问题或现象，通过对其相关事实的调查了解，揭示具体问题或现象后面的规律性的调查报告。

（二）从内容性质上划分

1. 反映情况的调查报告

反映情况的调查报告指用来及时将调查对象的基本情况、发展变化过程作较全面、具体反映的调查报告。它以叙述情况事实为主，揭示事物的真相，为上级提供客观资料，作为研究问题、制定政策的依据。

在写作上，这种调查报告以叙述情况为主，对调查得来的材料要进行深入细致的分析，将事实的发生、现状、原因、结果、影响等要素详细写明，便于读者全面客观地把握某一事实或现象。但在叙述这些情况的时候，不能不加选择地对所有的事实都加以采用，而应抓住事实的主要特征或者说关键点，围绕这些特征将调查报告写得既具有典型性，又富有细节，便于人们从宏观和微观两个角度去把握事实。

2. 介绍经验的调查报告

介绍经验的调查报告指以社会生活中值得和应该推广的先进经验、优秀典型为调查对象，通过对这些对象进行调查研究，提出若干值得人们借鉴和思考的问题的调查报告。工作中常借助这种调查报告来推广经验，指导全局性工作。

对事实的叙述可以比反映情况的调查报告的叙述稍微简单一些，但一定要突出具体的做法，只有在此基础之上，才能得出令人信服的经验，否则，经验就成了无源之水、无本之木，缺少说服力。

3. 揭露问题的调查报告

揭露问题的调查报告指用来揭示生活、工作中的某种不良现象（如各种违法犯纪现象，各种落后的思潮，各种不良习俗和生活习惯等）或调查分析某一突出矛盾的调查报告。这种调查报告的职能是揭露问题、剖析问题和提出解决问题的方法、意见，促使问题尽快解决。通过对各种不良现象的反映和揭示，引起人们的重视，进而纠正不良做法，改进生活方式和工作方法。

在写作上，要注意将问题写清楚，并针对该问题的各个方面分析其产生的原因，在此基础上提出解决该问题的方法、对策，或者引起有关人员、单位的警惕。

【例文】

××集团厨卫家电消费趋势报告

我集团通过对国内厨卫家电市场发展形态调查研究，发布20××年度《厨卫家电消费趋势报告》，力求通过对厨卫家电消费市场发展态势的分析，为市场研究及厨卫制造企业提供参考佐证，并传递厨卫家电市场本年度消费趋势。

一、厨卫家电市场现状

厨卫家电最能代表家庭生活品质。随着中国城市化进程的加速以及消费者生活品质的提升，厨卫类产品占整个家电市场的份额逐年提高，目前已占到家电市场整体销售的10%。

消费者对厨卫家电产品的需求不仅仅局限于简单实用层面，舒适、美观、环保低碳及一些设计新颖的厨卫家电产品，也愈来愈受到青睐。智能化面包机、多功能烧烤炉、时尚电饭煲、多功能电烤箱、蒸汽咖啡机等一系列厨卫小家电产品，正在走入普通消费者的家庭。此外，在产品设计与功能方面，厨卫家电产品也正在发生巨大变化，如嵌入式厨卫产品以其简约美观的优势受到消费者追捧；油烟机发展为最新的侧吸式，排烟效果越来越明显，噪声越来越小，清洗也越来越方便；冷凝式热水器的出现使卫浴变得更加安全、节能、环保。

二、三大消费误区

随着厨卫家电市场的发展，各种品类的产品和销售渠道层出不穷，带来了一系列问题，如假冒伪劣产品横行、售后服务不专业、安全事故频频发生等，这便诱导消费者在产品购买、产品使用、售后服务三大方面，进入了误区。

三、厨卫家电发展新趋势

近年来，我国厨卫家电行业进入了持续、健康、快速的发展阶段。预计未来5年厨卫家电销售将以年增30%的速度发展。其中，热水器、燃气灶具的市场需求量高达1200万台。人们生活水平的进一步提高推动了厨卫产品向高端化和多元化发展。

1. 中高端、节能、智能化成为厨卫家电发展新趋势

（1）厨卫家电高端化。近年来，越来越多的消费者开始关注高附加值产品，这也带动了行业内产品价格的大幅提升。以抽油烟机为例，千元以下的产品很少受到消费者关注，2000元以上的产品占据主流，消费者对万元以上的油烟机的选择逐渐增多。本年度消费者将更加注重功能齐全、设计新颖的高端机。

（2）节能产品备受关注。低碳环保已成为各行业主流趋势，消费者也更加倾向于节能低碳的厨卫产品。海尔、美的等多家厨卫家电生产厂商立足节能环保，纷纷加大技术研发力度，大力推广低碳。

（3）设计更加人性化、智能化。随着人们越来越重视高质量的家居生活，厨卫家电产品的功能和设计也更加趋向人性化和智能化。智能化厨卫家电产品开始走入人们的生活，智能家居产品市场前景良好，在行业内将会有更广阔的市场发展空间。

2. 新产品功能提升市场前景看好

（1）嵌入式厨房前景良好。嵌入式厨卫家电以其节省空间和美观两大优点被市场看好。从外观上讲，嵌入式厨卫家电可以将各种橱柜、家用电器、储物空间等按功能要求隐藏，能为消费者节省更多的空间；在功能上，通过科学搭配，充分考虑对厨房空间的有效利用、散热安全性、通风性等因素，真正将“嵌”的艺术发挥到极致。

（2）侧吸式抽油烟机成为行业新主角。侧吸式油烟机安装在墙面可以节省空间，其独特的敞开式设计扩大了烹饪空间范围，进风口离油烟源头更近，能第一时间锁定住产生的油烟，并且可以有效地缩短油烟上升的运动距离，排烟效果更为理想。

（3）冷凝式热水器受消费者青睐。冷凝式燃气热水器通过吸收高温烟气来预热冷水，利用普通燃气热水器作为废气排走的热量，热效率提高15%以上，比传统的燃气快速热水器效率更高，热效率可达96%。

四、家电连锁卖场是指向性渠道

目前，相对于其他电器产品而言，厨卫家电行业的渠道形态尚处于整合期，存在家电连锁、卖场超市、品牌自建渠道、家居建材市场以及百货店等各种销售形态。随着厨卫家电市场的不断扩大，家电连锁渠道在产品价格、售后服务保障等方面的优势越来越明显，家电连锁已逐渐成为消费者购买厨卫家电产品的首选渠道。家电厨卫渠道正在进行着一场结构性的调整。

××集团作为国内最大的家电连锁渠道，厨卫家电销售一路走高。目前，厨卫家电年销售已经突破百亿元大关，占到整个一二级市场的 30%以上，成为全国最大的厨卫家电零售平台。以××电器为主的全国家电连锁店越来越成为厨卫家电产品消费的主流渠道及指向性

××集团
20××年3月8日

（资料来源：青岛新闻网，有改动）

简评：本例文基于市场亲历者角度，分析了国内厨卫家电市场现状，并对其发展趋势，进行了预测。

例文在前言部分，阐明调查活动的意义：“力求通过对厨卫家电消费市场发展态势的分析为市场研究及厨卫制造企业提供参考佐证，并传递厨卫家电市场本年度消费趋势”，以引发业界关注。

例文主体分为四部分，首先介绍了市场情况，之后对厨卫家电市场形势进行了分析，最后对消费趋势进行预测，提出建议。这四部分，以“情况+分析+建议”的规范结构表现了主体内容，层次清楚，观点明确，为商家与消费者提供了参考。

三、市场调查报告的结构与写法

市场调查报告的格式一般由标题、目录、前言、主体、结尾、落款、附件等部分组成。

（一）标题

市场调查报告的标题比较灵活。标题和报告日期、委托方、调查方，一般应打印在扉页上。

标题常用形式是：

（1）单标题，如《扬州白酒市场调查报告》。

（2）双标题，即在正标题之外加副标题，如《群雄并起 逐鹿中原——郑州市空调市场调查》。

（二）目录

如果调查报告的内容、页数较多，为了方便读者阅读，应当使用目录或索引形式列出报告所分的主要章节和附录，并注明标题、有关章节号码及页码。一般来说，目录的篇幅不宜超过一页。例如：

（1）调查设计与组织实施。

（2）调查对象构成情况简介。

（3）调查的主要统计结果简介。

（4）综合分析。

（5）数据资料汇总表。

（6）附录。

（三）前言

前言是调查报告的开头部分，主要交代有关市场调查的基本情况，包括调查的时间、地点、对象、范围、背景、意义等，并说明调查的目的和采用的调查方法，也可以点明全文的基本观点或调查研究的结论，以使读者对全文有个基本的了解。前言要求以叙述说明为主，简短概括，洗练清楚。内容简单的市场调查报告可以不写前言。

（四）主体

主体一般包括以下三部分：

1. 情况介绍

该部分简要介绍历史情况和现实情况，并简要分析其特点或存在的问题。写作时常用数字、图表加以说明。将调查获得的材料归纳整理后，分为几个方面来表述，总结出规律性的东西。

2. 预测与分析

该部分通过对资料的分析研究，预测市场今后的发展变化趋势，展望市场前景，以此作为企业生产、经营的参考依据。分析可紧跟每条情况描述之后，也可另外列专项分析。

3. 结论与建议

这是市场调查报告的落脚点，应结合企业现实情况与调查结果一起综合分析，有针对性地提出建议或措施，来指导现实和未来工作。

（五）结尾

这是全文的收束部分，也是对前言的照应。在这里或是重申观点，或是加深认识。有的市场调查报告自然结尾，没有单独的结尾段。

（六）落款

落款处注明调查单位名称或调查者姓名、调查报告的写作日期。

（七）附件

附件是对正文报告的补充或更详尽的说明，包括数据汇总表及原始资料背景材料和必要的工作技术报告，例如为调查选定样本的有关细节资料及调查期间所使用的文件副本等。

四、市场调查报告的写作注意事项

（一）材料充实，重点突出

要想写出好的市场调查报告，首先要对市场做认真、细致的调查研究，尽可能多地掌握第一手材料，市场调查是市场调查报告写作的前提和基础。在写作过程中，要注意结构合理，重点突出。

（二）实事求是，客观公正

市场调查报告选用的事实要确凿，数据要精确，分析要客观，方法要科学，要如实反映市场中存在的问题，有针对性地提出对策和建议。

（三）叙议结合，讲求实效

市场调查报告中既有事实材料，又有理论分析，在表达上应选用恰当的表达方式，一般要将叙述和议论巧妙结合起来使用。同时注重调查和写作的时效性。

【例文】

××烟草城区分公司20××年1—8月份市场调研报告

一、基本情况

1. 市场情况

××烟草城区分公司负责××市（省）及六个邻省乡镇的卷烟销售及市场管理。截至20××年8月底，城区分公司共有零售客户4159户，其中停歇业户321户，正常经营商户3838户。正常经营商户中电话订货户2335户，网上订货户1503户，网上订货率达到39.16%，双电户比例达到100%（除一户因残疾无法存款未参加电子结算）。

2. 20××年卷烟销售任务指标

卷烟销量33200箱；单箱类值12050元/箱，核算单条均价56.394元；低档烟任务6670箱；一、二类烟比重较去年上升1个百分点；零售价60~90元价位的卷烟比重较去年提升2个百分点；省外烟比重较去年同期提升3个百分点；全国前20位一、二类烟销量占同价类销售比重较去年不下降。

3. 1—8月份任务完成情况

城区分公司20××年1—8月份累计实现卷烟销量24057.95箱，较去年同期增长1000.25箱，增幅达4.34%；完成全年任务的72.46%，超时间进度5.79个百分点。

二、市场调研情况

1. 品牌培育分析

城区分公司以“有利于零售商户获利、有利于企业增利、有利于满足市场需求、有利于货源稳定”为核心，构建了以名优强势品牌为主导、类别价位分布合理、符合我市销售实际的骨干品牌体系，最大限度地增加卷烟经济效益，确保了卷烟经济运行持续稳定健康发展。目前城区分公司确定的重点品牌有省产“帝豪”“红旗渠”两大系列品牌和省外“芙蓉王”“红塔山”“利群”“玉溪”“中华”“红双喜”“红金龙”“黄鹤楼” 8个系列牌号规格。其中，一类卷烟品牌7个，二类卷烟品牌6个，三类卷烟品牌3个。

20××年1—8月，芙蓉王、红塔山、玉溪、利群、中华（硬）、黄鹤楼（软蓝）同比均取得了两位数的增长率，中华（软）、黄鹤楼（硬金砂）的增长率更是超过了120%，见表3-5。

表3-5　各种烟增长率

名称	增长率	名称	增长率
帝豪（硬金黄）	-5.6%	中华（软）	128.52%
红旗渠（银河之光）	7.69%	红双喜（硬）	-54.60%
芙蓉王	32.19%	红金龙（软红九州腾龙）	1.70%
红塔山（软经典）	45.41%	黄鹤楼（硬雅香）	6.74%
玉溪（软）	70.02%	黄鹤楼（软蓝）	45.85%
利群（新版）	60.50%	黄鹤楼（硬金砂）	122.65%
中华（硬）	46.94%		

2. 骨干牌号成长分析

（1）市场的需求多样性导致品牌集中度进一步降低。20××年1—8月份卷烟在销品种规格为127个，较去年同期的 101 个增加了 26 个牌号规格。其中长白山、钻石、北戴河、七匹狼、泰山、中南海、红山茶等牌号为首次进入××城区市场。其中卷烟销量超过 500 箱的品牌为 10 个，共销售卷烟 15056.68 箱，占总销量的 62.59%；较全年同期牌号减少 1 个，销量减少 1270.32 箱，所占比重降低 8.22 个百分点。

（2）我国强势品牌的成长性良好。城区分公司确立的骨干牌号体系以全国强势牌号为主，从去年开始重点培育，今年初见成效。特别是今年以来市公司与湖北中烟确立了战略合作伙伴关系，加大了与各中烟公司工商协同营销力度，各重点牌号成长态势良好，增长率大幅提高。

（3）中高档品牌的成长性明显好于低档牌号，从卷烟消费市场格局变化印证城乡居民经济水平的不断提高。随着经济水平的提升，消费者对卷烟品牌的认可从中低档牌号向高档牌号靠拢，从区域性品牌向全国强势牌号靠拢。

（4）骨干牌号的扩销促进了单箱类值、毛利率及单箱毛利不断提高。今年 1—8 月份单箱类值和单箱毛利同比分别增长了 1404 元、705.41 元。毛利率提升了 2.68 个百分点，这是城区市场上以“利群”“玉溪”“中华”“黄鹤楼”等牌号为主的骨干牌号体系建设取得的初步成效。

（5）低档品牌仍有一定市场。城市低收入阶层的消费需求及农村卷烟消费市场的不断开拓，促进了低档烟的销售，1—8 月份低档烟同比增长 211.1 箱。

城区分公司注重满足农村市场和城区低档卷烟市场需求，深入推进“村村通网络”工程，对低档烟科学适量投放，极大满足市场需求。应该看到，在社会消费水平不断提高的前提下，低档烟对于满足社会上低收入阶层的卷烟消费需求起到很大作用。

3. 价格波动情况

一是明码标价执行不够到位。部分零售客户虽然粘贴的有明码标价标签，但还存在着不按标价销售等恶性竞争现象，导致市场恶性竞争、商户利润空间变小。此种情况多发生在零售商户比较集中、竞争比较激烈的地段。

二是极个别经营规模较大的零售商户存在私自批发的行为，扰乱了市场价格。一方面是资金流量较小的商户进货不全，到大户那里拿货；另一方面大户为扩大辐射面，将卷烟按照公司批发价供应给其他零售商户，以低于零售指导价的价格销售给消费者。

三是部分品牌由于进入市场时间较长，在市场上形成了消费者能够接受固定零售价，而该价格低于指导零售价。

四是指导零售价在货源比较紧俏时执行得较好。

4. 市场上存在的主要问题

一是紧俏卷烟供应偏紧，畅销卷烟不能有效满足商户需求，特别是哈德门（精品）、黄金叶（世纪之光）等零售四元的卷烟经常断货，或是限量供应，最低时每户只分配到 1 条，远远不能满足商户需求。

二是市场不够规范，个别商户守法经营程度不高，受畅销紧俏卷烟货源不足问题困扰，和非正常化渠道卷烟利益较大驱使，个别商户通过非法渠道购进假烟、乱渠道卷烟，造成市场紊乱、假烟冲击市场、乱码、串码等现象出现。

三是卷烟零售指导价执行不到位，部分卷烟批零差率偏低，商户利润不高、销售积极性不高，一定程度上也给假、私、非卷烟的繁衍提供了漏洞，影响到了整个卷烟销售行情。

四是行业业务系统不够稳定，网上订货系统经常出现无法登录烟草订货网站现象，电子结算系统各银行也相继出现过无法扣款、代扣出错等现象，给商户及送货员带来很多不便。

五是品牌置换稍过频繁，客户短期不易接受新品卷烟。品牌置换是为了贯彻执行国家提出的“大品牌、大战略”政策，同时为满足客户卷烟货源和多元化需求提供了保障。问题的关键是品牌置换稍过频繁、新品种货源得不到持续供应，反而不利新品卷烟培育工作的开展。

六是市场上存在卷烟调包现象，在给经烟户造成经济损失的同时，也在一定程度上损害了我们烟草企业的信誉，扰乱了零售市场的秩序。

七是考核评分项目与市场需求相背离，比较明显的如城区的低档烟指标压力较大。

八是市场竞争对烟草业也造成一定的威胁，许多经营户被盐商、酒商、副食商的高额促销方式吸引，特别是在节假日和部分商家召开订货会时，投入大量资金，造成经营户资金周转困难影响卷烟订货，使卷烟销售上量造成很大难度。

第七节 合同文书

一、合同文书概述

合同，是平等主体的自然人、法人、其他组织之间设立、变更、终止民事权利义务关系的协议，这里的“协议”，是指双方（或数方）当事人意思表示的一致。如果当事人的意思表示不一致，合同就不能成立。这种权利义务关系是根据法律的规定而形成的，受法律保护。

当事人双方或多方在订立合同时，要遵照《中华人民共和国民法典合同编》的有关规定，遵循以下原则：

1. 平等原则

订立合同的双方当事人的法律地位平等，任何一方不得将自己的意志强加给另一方。

2. 自愿原则

当事人依法享有自愿订立合同的权利，任何单位和个人不得非法干预，不能倚仗权势，胁迫当事人，也不能以大欺小，以强凌弱。

3. 公平原则

签订合同的当事人应当遵循公平原则确定各方的权利和义务。双方在合同中约定的权利、义务必须平等。

4. 诚信原则

签订合同的当事人在行使权利、履行义务时应当以诚实信用为准则，不能在签订合同时故意隐瞒与订立合同有关的重要事实或者提供虚假情况，不得以欺诈、胁迫的手段订立和履行合同。

5. 守法原则

当事人订立，履行合同，应当遵守法律和行政法规。尊重社会公德，不得扰乱社会经济秩序，损害社会公共利益。

二、合同的写作

合同的格式主要有两种。一是表格式合同，适用于企业单位的经常性业务活动，如铁路运输合同、购销合同、加工合同等。表格式合同是根据业务实践而设计定型的，考虑得比较周到，有利于避免经办人造成的疏漏，而且格式统一，书写简便。二是条款式合同，它是将双方达成的协议分条列款写明，适用于内容不太固定、情况复杂和偶尔签订的合同。这种合同格式没有条条框框限制，可以从实际出发灵活运用。

无论何种格式的合同，大致都由以下四部分构成：

1. 标题

标题即合同的名称，一般用来表明合同的性质。如“加工合同”“房屋修建合同”“基本建设贷款合同”等。

2. 约首

约首包括合同编号、合同当事人和前言等内容。“合同当事人”要写明合同各方的当事人名称以及代表人或代理人姓名。为了正文说明方便，当事人可分别简称为“甲方”“乙方”或“供方”“需方”等。前言部分一般只用几句话简明地写出合同产生的根据、过程和目的等。例如，“为了……，经双方协议，订立下列条款，以资共同恪守”或“经双方充分协商，订立本合同，共同信守下列条款”。

3. 正文

这是合同的主体部分，即合同的基本条款。双方当事人所共同协议的事项、彼此的权利和义务，都要在这里做出明确、具体的规定。

4. 约尾

约尾一般包括五个方面：

（1）合同正本、副本的份数，留送何处。

（2）合同有效期。

（3）附件及其他应注明的有关事项。

（4）署名：写上双方当事人的名称和代表姓名并签名盖章。如有主管部门审批或签证机关公证，也应签署机关名称和盖章。此外，合同当事人的地址、电话、开户银行、银行账号等也应一一写出。

（5）签订合同的时间。

三、合同的写作要求

1. 内容具体、明确

合同是具有法律效用的文书，一经签订，就规定了当事人享有的权利和应负的责任，直接关系到当事人的经济利益，因此，合同的内容表述必须明确、具体。

2. 语言准确、简明

合同文书要做到书写工整，语法规范，表意精确，标点正确。

3. 订立规范、严谨

合同一旦订立，不得随意涂改或终止。如需增删或终止，应经双方商定后共同进行。

【例文】

合同文书范本（购销合同）

购货单位: ______________，以下简称甲方；

供货单位: ______________，以下简称乙方。

为了增强甲乙双方的责任感，加强经济核算，确保双方实现各自的经济目的，经甲乙双方充分协商，并依据合同相关法律规定，特订立本合同，以便共同遵守。

第一条 产品的名称、品种、规格和质量

1. 产品的名称、品种、规格：

（应注明产品的牌号或商标）

2. 产品的技术标准（包括质量要求），按下列第（ ）项执行：

（1）按国家标准执行；（2）无国家标准而有部颁标准的，按部颁标准执行；（3）无国家和部颁标准的，按企业标准执行；（4）没有上述标准的，或虽有上述标准，但需方有特殊要求的，按甲乙双方在合同中商定的技术条件、样品或补充的技术要求执行。

第二条 产品的数量和计量单位、计量方法

1. 产品的数量：________________。

2. 计量单位、计量方法：________________。

3. 产品交货数量的正负尾差、合理磅差和在途自然减（增）量规定及计算方法：____________。

第三条 产品的包装标准和包装物的供应与回收

第四条 产品的交货单位、交货方法、运输方式、到货地点（包括专用线、码头）

1. 产品的交货单位：________________。

2. 交货方法，按下列第（ ）项执行：

（1）乙方送货（国家主管部门规定有送货办法的，按规定的办法执行；没有规定送货办法的，按甲乙协议执行）。

（2）乙方代运（乙方代办运输，应充分考虑甲方的要求，商定合理的运输路线和运输工具）。

（3）甲方自提自运。

3. 运输方式：__________。

4. 到货地点和接货单位（或接货人）：________________。

第五条 产品的交（提）货期限

第六条 产品的价格与货款的结算

1. 产品的价格，按下列第（ ）项执行：

（1）按国家定价执行。

（2）应由国家定价而尚无定价的产品，按物价主管部门的批准价执行。

（3）不属于国家定价的产品，或因对产品有特殊技术要求需要提高或降低价格的，按甲乙双方的商定价执行。

2. 产品货款的结算：产品的货款、实际支付的运杂费和其他费用的结算，按照中国人民银行结算办法的规定办理。

第七条 验收方法

第八条 对产品提出异议的时间和办法

1. 甲方在验收中，如果发现产品的品种、型号、规格、花色和质量不合规定，应一面妥为保管，一面在______天内向乙方提出书面异议；在托收承付期内，甲方有权拒付不符合合同规定部分的货款。

2. 如甲方未按规定期限提出书面异议的，视为所交产品符合合同规定。

3. 甲方因使用、保管、保养不善等造成产品质量下降的，不得提出异议。

4. 乙方在接到甲方书面异议后，应在______天内（另有规定或当事人另行商定期限者除外）负责处理，否则，即视为默认甲方提出的异议和处理意见。

第九条 乙方的违约责任

1. 乙方不能交货的，应向甲方偿付不能交货部分货款的______%（通用产品的幅度为1%~5%，专用产品的幅度为10%~30%）的违约金。

2. 乙方所交产品品种、型号、规格、花色、质量不符合合同规定的，如果甲方同意利用，应当按质论价；如果甲方不能利用的，应根据产品的具体情况，由乙方负责包换或包修，并承担修理、调换或退货而支付的实际费用。乙方不能修理或者不能调换的，按不能交货处理。

3. 乙方因产品包装不符合合同规定，必须返修或重新包装的，乙方应负责返修或重新包装，并承担支付的费用。甲方不要求返修或重新包装而要求赔偿损失的，乙方应当偿付甲方该不合格包装物低于合格包装物的价值部分。因包装不符合规定造成货物损坏或灭失的，乙方应当负责赔偿。

4. 乙方逾期交货的，应比照中国人民银行有关延期付款的规定，按逾期交货部分货款计算，向甲方偿付逾期交货的违约金，并承担甲方因此所受的损失费用。

5. 乙方提前交货的产品、多交的产品和品种、型号、规格、花色、质量不符合合同规定的产品，甲方在代保管期内实际支付的保管、保养等费用以及非因甲方保管不善而发生的损失，应当由乙方承担。

6. 产品错发到货地点或接货人的，乙方除应负责运交合同规定的到货地点或接货人外，还应承担甲方因此多支付的一切实际费用和逾期交货的违约金。乙方未经甲方同意，单方面改变运输路线和运输工具的，应当承担由此增加的费用。

7. 乙方提前交货的，甲方接货后，仍可按合同规定的交货时间付款；合同规定自提的，甲方可拒绝提货。乙方逾期交货的，乙方应在发货前与甲方协商，甲方仍需要的，乙方应照数补交，并负逾期交货责任；甲方不再需要的，应当在接到乙方通知后______天内通知乙方，办理解除合同手续，逾期不答复的，视为同意发货。

第十条　甲方的违约责任

1. 甲方中途退货，应向乙方偿付退货部分货款______%（通用产品的幅度为1%~5%，专用产品的幅度为10%~30%）的违约金。

2. 甲方未按合同规定的时间和要求提供应交的技术资料或包装物的，除交货日期得以顺延外，应比照中国人民银行有关延期付款的规定，按顺延交货部分货款计算，向乙方偿付顺延交货的违约金；如果不能提供的，按中途退货处理。

3. 甲方自提产品未按供方通知的日期或合同规定的日期提货的，应比照中国人民银行有关延期付款的规定，按逾期提货部分货款总值计算，向乙方偿付逾期提货的违约金，并承担乙方实际支付的代为保管、保养的费用。

4. 甲方逾期付款的，应按照中国人民银行有关延期付款的规定向乙方偿付逾期付款的违约金。

5. 甲方违反合同规定拒绝接货的，应当承担由此造成的损失和运输部门的罚款。

6. 甲方如错填到货地点或接货人，或对乙方提出错误异议，应承担乙方因此所受的损失。

第十一条　不可抗力

甲乙双方的任何一方由于不可抗力的原因不能履行合同时，应及时向对方通报不能履行或不能完全履行的理由，在取得有关主管机关证明以后，允许延期履行、部分履行或者不履行合同，并根据情况可部分或全部免予承担违约责任。

第十二条　其他

按本合同规定应该偿付的违约金、赔偿金、保管保养费和各种经济损失，应当在明确责任后______天内，按银行规定的结算办法付清，否则按逾期付款处理。但任何一方不得自行扣发货物或扣付货款来充抵。

解决合同纠纷的方式：执行本合同发生争议，由当事人双方协商解决。协商不成，双方同意由________仲裁委员会仲裁（当事人双方不在本合同中约定仲裁机构，事后又没有达成书面仲裁协议的，可向人民法院起诉）。

本合同自______年______月______日起生效，合同执行期内，甲乙双方均不得随意变更或解除合同。合同如有未尽事宜，须经双方共同协商，作出补充规定，补充规定与本合同具有同等效力。本合同正本一式两份，甲乙双方各执一份；合同副本一式______份，分送甲乙双方的主管部门、银行（如经公证或鉴证，应送公证或鉴证机关）等单位各留存一份。

购货单位（甲方）：________（公章）	供货单位（乙方）________（公章）
代表人：________（签字）	代表人：________（签字）
地址：________________	地址：________________
开户银行：________________	开户银行：________________
账号：________________	账号：________________
电话：________________	电话：________________
订约时间：______年______月______日	订约时间：______年______月______日

第八节　诉讼文书

一、诉讼文书概述

诉讼文书是法律文书中的一类。法律文书是在法律诉讼活动中，依据法律和法定的程序制作和使用的专门文书的总称，包括司法文书和诉讼文书两大类。

司法文书是国家机关，即公安机关、检察机关、人民法院以及国家行政机关审理和处理的各种民事、刑事案件所制作的文书，如公安机关的起诉意见书和免予起诉意见书，检察机关的免予起诉和不起诉的决定书，人民法院的判决书、裁定书、调解书，司法机关的公证书等。司法文书具有强烈的法律意识，具有特定的法律效力。

诉讼文书是诉讼当事人（公民及机关、团体、企业、事业单位）在诉讼活动中，按照法律的规定和要求而制作和使用的文书，如写给公安机关、检察院的检举信、控告信，写给法院的刑事诉状、民事诉状、上诉状、申诉状、答辩状，还有律师作为辩护人的辩护词等。

诉讼文书名目繁多，使用场合、对象各不相同，不能混淆。它在写作上的要求也比较严格，有统一的行文格式，有独特的语体风格，叙事、举证、说理、论证都要有根有据，有条有理，概括简明，准确完整，逻辑性强，力求做到既符合法律规范，又符合语言规范。

二、起诉状

起诉状是诉讼文书的一种。它是纠纷案件的原告或其法定代理人，为维护自身的权益，就有关权利和义务的争执（或纠纷），向人民法院提出诉讼的书状。

纠纷可能发生在公民之间，也可能发生在单位之间或单位与公民之间。因此，任何企事业单位、国家机关、社会团体和公民，在认为自己的权益受到侵犯或与他人发生纠纷时，都依法享有起诉权，都可制作起诉状。

起诉，只是诉讼程序的开始。起诉状，是人民法院对案件进行审理的基础，也是被告应诉答辩的根据。原告除向法院提交诉状外，还应该按被告人数提交诉讼状副本，一并送交法院。

制作起诉状必须严格按照规范的书写格式来写。起诉状的结构包括首部、正文、尾部、附项四个部分。

（一）首部

1. 标题

标题标明“诉状”或“起诉状”。

2. 原告人和被告人的基本情况

原告人在前，被告人在后，依次写明其姓名、性别、年龄、民族、籍贯、职业、工作单位、住址等基本情况。如原告或被告不止一人，则依其在案件中所处的地位和作用依次逐个写明基本情况。

原告或被告如系企事业单位、机关、团体，除了写出单位名称、所在地址外，还应另行写出单位的法定代表人和诉讼代理人的姓名、性别、年龄、籍贯、职业、住址等。如系涉外纠纷案件，还必须写清当事人的国籍。

（二）正文

1. 诉讼请求

这部分主要写明请求人民法院依次解决原告人一方要求的有关权益争议的具体问题，或要求赔偿损失，或要求归还产权，或要求履行合同，或要求清偿债务等。要写得明确、具体、适度、周全，以便于法院审理和裁决。

2. 事实与理由

这是起诉的核心部分，是证明自己诉讼请求的合理性和合法性的重要依据。

首先，要把案情交代清楚，把纠纷的由来和发展经过，包括时间、地点、人物、事件、情节过程、前因后果，实事求是地陈述清楚。特别是对于双方争执的具体内容和分歧焦点，更要着重写清。同时也要注意分清责任，对双方各自应承担多少责任，要有所交代。在陈述过程中，要作必要的举证。证据可以是人证、物证，也可以是书证。

其次，在陈述事实、列举证据的基础上，可进一步分析纠纷的性质、危害及其结果。通过推理论证，阐明理由，并引据有关法律条文，来证明自己请求事项的合理、合法和被告人的无理和违法。

最后提出请求法院依法裁决。

（三）尾部

尾部包括起诉状呈交的人民法院名称、具状人姓名、具状时间。

（四）附项

附项注明本状副本份数，以及物证件数和书证件数。

起诉讼状是法院立案审理的依据，因此，写作时必须做到诉讼事实真实，列举证据确凿，内容表述条理清晰，使事理、法理、哲理、文理融会贯通，浑然一体，以增强诉状的说服力。

【例文】

起 诉 状

原告：×××公司

地址：×××市×××路×××号

电话：××××-×××××××　　传真：××××-×××××××

法定代表人：×××　　职务：董事长

被告一：×××灯光音响设计安装有限公司

地址：××市××路××号××大厦五楼

电话：××××-×××××××

法定代表人：×××　　职务：董事长

被告二：×××科技有限公司

地址：××市××路××号××大厦六楼、九楼
法定代表人：××× 职务：董事长

诉讼请求：

1. 判令被告一、被告二变更公司名称，立即停止使用“××”名称及不正当竞争行为；

2. 判令被告一、被告二立即停止侵犯××调光设备有限公司的“××”注册商标及不正当竞争行为；

3. 判令被告一、被告二立即删除“××灯光”（www.××××××.com）网站上的不实宣传及不正当竞争行为；

4. 判令被告一、被告二公开赔礼道歉、消除影响并在“××灯光”（www.××××××.com）网站及其各自公司网站的主页、“××音响世界企业信息网”（http://××××××.com/）及《××省报》上登载致歉声明；

5. 判令本案诉讼费由被告承担。

事实及理由：

原告与××新通信技术有限公司（以下简称××新公司）于1994年合作成立中外合作企业——××调光设备有限公司（以下简称合作公司），地址为××市××路××大厦六楼。1997年8月14日，合作公司取得注册“××”商标。合作公司主要生产、销售调光台、数字化硅箱（柜）、周边设备、灯具等调光设备及其配套件产品，兼营影视、舞台、场馆工程的设计安装，先后承建了××等工程。经过多年的苦心经营，合作公司在舞台灯光设计、安装领域取得了良好的商誉。

被告一是合作公司总经理××与其儿媳投资设立的以舞台灯光、音响工程设计为主的有限责任公司，被告二是合作公司的总经理××之子××投资设立的从事调光设备、舞台灯具的研发、生产和销售，从事影视、舞台场馆的灯光系统设计安装的外商独资企业。被告一、被告二的经营范围均与合作公司近似，但被告一、被告二却在未经合作公司允许的情况下，擅用合作公司——××调光设备有限公司的名称“××”，将企业分别命名为“××灯光音响设计安装有限公司”“××科技有限公司”。根据《中华人民共和国民法典》第一千零一十三条“法人、非法人组织享有名称权……”的规定，被告一、被告二的上述行为分别侵犯了合作公司的名称权。

20××年，被告一、被告二共同以“××灯光”的名义在 www.××××××.com 网站上的首页及其他页面多次使用合作公司的“××”注册商标对其产品进行宣传，并声称：“‘××灯光’的品牌是在中国注册的，商标注册证：中国国家商标局××××号。”根据《中华人民共和国商标法》第五十七条被告一、被告二的上述共同行为侵犯了合作公司的注册商标专用权。

不仅如此，被告一、被告二在 www.××××××.com 网站上还进行了其他的大量不实宣传，如在介绍“××灯光”的历史时，完全盗用合作公司的历史，声称通过ISO 9000认证，并将原本由合作公司承建完成的深圳大剧院灯光系统改造工程、××、××等工程称为“××灯光”的业绩。网站上公布的“××灯光”的地址亦是合作公司地址：××市××路××大厦六楼。

原告认为被告一、被告二使用与合作公司相同的名称、地址，并在对外宣传中冒用合作公司的注册商标、公司历史、冒用合作公司ISO 9000认证标志的种种行为，已经足以使消费者将被告一、被告二销售的产品和提供的服务与合作公司的产品和服务相混淆。故根据《中华人民共和国反不正当竞争法》第六条的规定，被告一、被告二的行为亦构成不正当竞争，严重损害了合作公司多年来所取得的良好商誉。

对于被告一、被告二侵犯合作公司合法权益的上述行为，本应以合作公司名义起诉。但因合作公司的总经理——合作公司中方股东××新公司董事长××同时担任被告一的股东、董事长，亦为被告二的股东××的父亲；加之合作公司的中外合作双方于2008年11月发生纠纷，自此，合作公司完全被××新公司控制，无法召开正常的董事会、股东会，合作公章亦由××新公司掌管。因此，合作公司目前不可能对被告一、被告二提起诉讼。故原告以合作公司股东身份提起股东代表诉讼，请法院根据《中华人民共和国民法典》××

的规定，支持原告的诉讼请求。

此致

××市中级人民法院

具状人：×××

法人代表：×××（签名）

20××年××月××日

附：本状副本×份

书证×件

三、答辩状

答辩状也是诉讼文书的一种。它是案件被告人针对原告人起诉状的内容提出的一种对诉讼进行答复和辩护的书状，是被告人为维护自己的权益而反驳原告人的诉讼请求所作的书状。答辩状同时也适用于对上诉状的答辩。

人民法院根据原告诉状的请求，决定立案审理后，按法定程序将诉状副本送达被告人，被告人即要对诉状进行答复或辩解。这是诉讼过程的必经程序，也是一种诉讼权利，体现了诉讼当事人权利平等的原则。

答辩状是与起诉状（或上诉状）相对应的诉讼文书，具有很强的论辩色彩，它对于澄清事实、维护被告人的合法权益具有重要意义。

答辩状有固定的结构，包括首部、正文、结尾、附项四个部分。

（一）首部

1. 标题

标题标明“答辩状”。

2. 答辩人的基本情况

答辩人如系公民个人，应写明个人基本情况，包括姓名、性别、年龄、民族、籍贯、职业、工作单位、住址等。答辩人如系企事业单位、团体、机关，应先写明其单位名称、地址，然后另行写法定代表人的姓名、性别、籍贯、住址、职务。

3. 案由

以极其简短的文字写明因原告人（或上诉人）的起诉（或上诉），而进行答辩。

（二）正文

1. 理由

这是答辩状的核心部分，要针对起诉状中与事实不符、论据虚假或不足、缺乏法律依据的内容逐一进行驳斥，并提出自己的理由，列举证据和法律依据来支持自己的理由和观点，证明自己没有过错，或者只有某些错误。如果具备反诉条件，可以在答辩的同时提起反诉。

2. 答辩意见

答辩意见是在上述答辩理由的基础上提出的，包括依据有关法律条文说明答辩理由的正确性、依据确凿的事实说明自己行为的合理性、揭示对方当事人诉讼请求的谬误性，请求法院合理裁判或提出反诉。

（三）结尾

结尾写明答辩状送交的法院名称，答辩人签名盖章，并注明答辩状制作的具体日期。如系律师代书，可注明“×××法律顾问处×××律师代书”。

（四）附项

附项注明本状副本份数，以及物证件数和书证件数。

答辩状要针对“诉”来“答”，因此，针对性、答辩性很强。答辩人要针对原告或上诉人提出的事实及理由进行反驳，不能回避要害问题，答非所问。为了达到自己胜诉、对方败诉的目的，答辩人可以运用各种反驳方法。但在运用这些方法时，要尊重客观事实，据事论理，不能强词夺理，以势压人，更不能用文字游戏和逻辑诡辩来掩盖事实真相。

【例文】

答 辩 状

答辩人：××市××联合公司。

法定代理人：姓名：王××；性别：男；年龄：46岁；职务：经理。

因与云南省曲靖市××贸易中心经济合同纠纷一案，提出答辩如下：

一、20××年××月××日、20××年××月××日，我公司先后同云南省曲靖市××贸易中心签订了购买元钉和镀锌8号线的两份合同，共购买元钉50吨、8号线200吨。两份合同均写明货款必须在合同签订之日起一周将款汇到，如逾期货款不到，将不保证发货日期，此间如市场价格上调其价格将另行商定。第一个元钉的合同，货款12天才到，因已超过一周期限，将组织好的货源只好退掉。至于8号镀锌线合同，16天货款才到，因此货紧缺，此间每吨上调50元。

二、虽然云南方面已经违约，经其业务员朱××同志再三恳请，我公司又重新为其组织元钉货源，并于20××年××月××日发出20吨。其余部分和8号线，因市场价格上调，按原合同已无处订货，而朱××以及后来的刘××、赵××也做不了主，他们的态度，是让我公司尽量组织货源，实在无货再退款，并且先后四次派人来沈阳追款。

有双方签订的合同和银行到款通知为证，说明违反合同的不是我公司而是云南方面，因此，由此造成的损失，我公司一概不承担责任。

此致

××××人民法院

答辩人：××市××联合公司（盖章）

20××年××月××日

附件：1. 本状副本×份

2. 书证×件

3. 物证×件

第四章 档案管理

商务活动常常需要档案提供的凭证或依据，因此，档案管理也成了商务秘书重要的日常工作。

第一节 档案管理概述

档案是记录一个组织历史发展情况的一种基本方式。档案管理作为商务秘书重要的日常工作内容，在维护本单位历史记录的完整与安全方面起着重要作用。

一、档案的概念

（一）档案的起源

“档案”一词最早初见于明末清初。在顺治年间的官府文件中已开始使用“档案”一词。例如，顺治十八年（1661 年）十月初一，户部尚书阿思哈题审查霸州乾清宫胭粉钱粮地土事本中就出现有“查得顺治十四年四月臣部题定档案”（中国第一历史档案馆，《清代档案史料丛编》148，中华书局，1979）。大约成书于康熙四十六年（1707 年）的《柳边纪略》中记载：“边外文字，多书于木，往来传递者曰牌子，以削木片若牌故也；存贮年久者曰档案，曰档子，以积累多，贯皮条挂壁若档故也。然今文字之书于纸者，亦呼牌子、档子矣。”

（二）档案的定义

我国档案行业标准《档案工作基本术语》（DA/T 1—2000）中对档案的定义是：“国家机构、社会组织或个人在社会活动中直接形成的有价值的各种形式的历史记录。”档案的定义可进一步明确表述为：“档案是社会组织或个人在以往的社会实践活动中直接形成的具有清晰、确定的原始记录作用的固化信息。”[1]这一定义揭示了档案的五个特点。

1. 档案形成主体的广泛性

档案的形成主体包括各级各类组织和个人。各级各类组织包括党政机关、社会团体、企事业单位等。个人以个体为单位，可以是有一定社会影响的知名人士，也可以是普通百姓。

2. 档案内容的社会实践性

档案是人们在社会实践活动中直接形成的产物，其内容就是对社会实践活动内容、过程及结论的原始记录。它并非自然界的产物。

3. 档案的本质属性是原始记录性

原始记录性是档案区别于其他事物尤其是相近事物的独一无二的本质。发文的定稿上有签发领导的签名、单位的印章，说明它是第一手的原始文件；部分档案内容为事件发生当时的照片、录音和录像，也说明其具有高度的原始性。档案的原始记录性还从根本上决定着档案的管理方法，任何档案管理方法都要确保能够充分体现档案对以往事实的原始记录。

---

[1] 冯惠玲，张辑哲．档案学概论．北京：中国人民大学出版社，2006．

4. 档案必须是有价值的

档案的价值是促使人们保存它的重要原因，也是档案的生命之源。档案价值体现在其对社会主体需要的满足上，既包括档案对于其产生单位所蕴含的价值，也包括档案对于社会所蕴含的价值。

5. 档案的形式多样

档案的形式多种多样。档案的形式受到档案的载体形式和档案信息的记录方式两方面的影响。档案的载体形式是指承载档案信息的各种物质，如纸张、胶片、磁带、磁盘、光盘等。档案信息的记录方式是指记载档案信息的各种方法、手段，如手写、印刷、摄影、录音、录像、刻录等。载体和记录方式的多样化，推动了档案形式的多样化。

二、商务秘书档案管理工作流程

档案在社会各项活动中具有广泛的作用，但这种作用只有通过科学的、合理的管理才能得到充分发挥。如果没有有条不紊的管理，商务秘书所管理的文件就不可能转化为档案，也就无法发挥相应的作用。从狭义上理解，商务秘书的档案工作主要指档案管理的各项业务工作，包括档案的收集、档案的整理、档案的鉴定、档案的保管、档案的统计、档案的检索、档案的编研和档案的利用，一般也将其称为档案工作的八个环节。下面仅选取与商务秘书日常工作关联紧密的环节进行叙述。

（一）档案的收集

档案收集工作是档案工作中的第一个重要环节，其可以为档案工作提供实际管理对象，是档案室存储档案信息资源的重要来源。其工作质量直接影响到档案工作的其他环节。因此，做好档案收集工作对整个档案工作有重要的意义。

档案收集的要求如下：

第一，应及时、全面地把档案收集进室。档案室藏是否丰富，档案是否完整，是衡量档案工作质量的一个重要标志。《中华人民共和国档案法》（以下简称《档案法》）明确规定：“应当归档的材料，按照国家有关规定定期向本单位档案机构或者档案工作人员移交，集中管理，任何人不得拒绝归档或者据为己有。”“机关、团体、企业事业单位和其他组织应当按照国家有关规定，定期向档案馆移交档案，档案馆不得拒绝接收。”

第二，加强档案情况调查和指导。档案的来源与形成渠道是比较分散的，这就要求收集工作必须做好档案情况调查，掌握本单位应收档案的分散、流动、管理和使用等有关信息。此外，商务秘书的档案收集工作还应研究和掌握档案形成规律和档案发挥作用的规律，处理好从文件形成到归档的流程周期。

第三，推行入室档案的标准化。档案管理的现代化是提高档案工作水平的有效途径和发展方向。档案工作的标准化是档案管理现代化的基础。针对在档案收集工作中如何实行标准化问题，国家档案局制定了《机关档案工作业务建设规范》，并就案卷封面、卷皮格式、档案装具的尺寸制定了专业标准，部分省、市也对案卷验收的质量标准做了统一规定。

（二）档案的整理

档案整理有利于保持档案文件之间有机联系，形成完整、系统的档案资源体系；有利于其他档案业务活动的开展和档案利用服务体系的建设；有利于实现档案管理现代化目标和构建档案资源安全保障体系。

1. 档案整理的原则

第一，充分利用原有的整理基础。在档案整理实践中应做到：首先，提高对已有整理工作的认识，采取实事求是的态度对待过去的整理方法；其次，不要轻易重新整理已整理过的档案，在一般情况下，只要不是零散文件，而是有了一定的整理基础，就应该充分研究和利用原来的整理成果。

第二，保持文件之间的有机联系。档案文件之间的有机联系就是档案形成和处理过程中产生的各种关联。档案之间的有机联系主要表现在来源、时间、内容、形式等方面。

第三，便于保管和利用。保持文件之间的有机联系，不是档案整理的主要目的，所以不能“为联系而联系”。便于保管和利用，才是档案整理工作的基本出发点和最终目的。

2. 档案整理工作的内容

档案整理工作就是按照档案的形成规律和特点，根据一定的原则和要求，对具有档案价值的文件，进行分类、组合、排列、编目、编号，使其成为有序体系的档案工作过程。其中，分类是档案整理的核心工作。

（三）档案的鉴定

档案价值鉴定就是鉴别和判定档案的价值，挑选有价值的档案妥善保存，剔除无须保存的档案并予以处理。具体地说，档案价值鉴定包括四个方面：建立档案价值鉴定的工作组织，完善档案价值鉴定工作机制；制定科学的档案价值鉴定标准，确立合理的工作程序和制度；具体判定档案的价值，划定其保管期限；拣出无保存价值和保管期满的档案，按规定进行销毁或作其他相关处理。

档案价值鉴定的原则是：必须从党和国家、人民的整体利益出发，用全面的、历史的、发展的、科学的效益观点判定档案的价值，这四个观点是相互联系、辩证统一的。

全面的观点，就是把档案自身的特点和社会利用需要结合起来，全面评价档案的价值，全面地联系相关文件和文件的各种因素，全面地预测社会对档案利用的需要。

历史的观点，就是要根据档案产生的历史条件及其在历史上的作用，科学地评价其对维护人类社会历史记忆的有用性，确定其保存价值。

发展的观点，就是要密切关注社会发展动态，尊重档案价值的发展规律，用发展的眼光来衡量档案价值，既要考虑档案的当前作用，也要看到其对未来可能的作用。

科学的效益观点，是指档案价值鉴定必须充分考虑档案管理的成本、投入与档案效益之间关系的合理性。

档案价值是客观存在的，而人们对档案价值的认识和评价，却带有很强的主观性。为了使这种主观认识活动最大限度地符合实际，保证鉴定工作的质量，必须建立明确的档案价值鉴定标准。档案价值鉴定标准主要有档案来源标准、档案内容标准、档案形成时间标准、档案形式特征标准、档案社会需求标准、档案相对价值标准。

【知识链接】

定标几种档案价值鉴定标准

档案来源标准是指从档案形成者的角度出发，进行档案价值鉴定。档案形成者是指文件的责任者和立档单位。在来源标准下，分析文件的价值，首先，应站在本单位的角度，本单位制发的文件是保存的重点，大部分需要长期保存；其次，应看立档单位在社会上的地位和作用；最后，在立档单位制发的文件中，具体的撰写者、制发机构也会对档案价值产生影响。

档案内容标准是决定档案价值最重要、最本质的因素。对档案内容的分析可着眼于档案内容的重要性、独特性、时效性、真实性、完备性等方面，以准确把握档案内容的价值。

档案形成时间标准具体涉及档案文件形成时间的远近和档案文件是形成于特别时期还是一般时期。如形成时间久远的历史档案，应尽量多保存。一般来说，档案文件产生的时间愈早，保存下来的就愈少，就愈具有文物价值；对新中国成立后的档案，一般来说形成于特殊时期或重要历史时期的价值相对大一些，如新中国成立初期、改革开放初期等。

档案形式特征标准与文件的名称、责任者、形成时间、载体形态、记录方式等有关。

档案社会需求标准是指在鉴定工作中，必须重视社会对档案的利用需求，凡社会需要的档案应予以保存，反之，社会不需要的档案或较少需要的档案，若无潜在价值，则一般不予保存。社会需求标准又包括社会需求方向和社会需求面。

档案相对价值标准是指档案的价值具有相对性。从理论上看，每一份文件和记录的价值都是客观存在的。但在实践鉴定工作中，还有一种被鉴定档案与其他档案相比较而存在的价值，即相对价值。根据档案价值相对性的特点，在进行档案价值鉴定时，一定要全面观察一个全宗和一个档案馆档案的整体状况，既要分析档案本身固有的价值，又要重视馆（室）藏档案质量的优化，减少档案重复。

（四）档案的保管

档案的保管是指根据档案的成分和状况，采取一定的技术手段和管理模式对档案进行科学有效的管理和维护修补，以期尽可能使档案完整齐全，以及最大限度地延长档案的寿命。档案的保管工作，从广义上来说泛指档案保管的系列工作，包括了解掌握档案损坏的规律、选择或者创造利于档案保管的环境、掌握并研发各项档案保护和修补的科学技术等。而狭义上所指的档案保管工作，则是指档案的日常管理工作。

档案保管工作包括档案库房的日常管理工作，档案在流动过程中的保护和防护，为保护档案而采取的专门措施，即为延长档案寿命而采取诸如复制、修补等专门技术。这三项工作根据实际情况或单独组织或同时结合来进行，目的都是更好地保管、保护和修复档案。

1. 档案保管工作的任务

一是防止档案的损坏。了解和掌握档案损坏的原因和规律，采取专门的技术措施和方法，最大限度地消除各种可能损坏档案的不利因素影响，将档案自然损坏率控制在最小范围内。

二是延长档案的寿命。这是档案保管工作的总体目标。防止档案损坏只是手段，延长档案的寿命才是目的。档案保管工作要从根本上采取更积极的措施，尽可能地延长档案的寿命，或者说，尽可能地延缓档案被自然损坏的时间。

三是维护档案的安全。一方面，档案作为一种物质存在的形态，必须最大限度地使其安全存在下去；另一方面，档案作为一种社会现象，不至因为保管不当或条件恶劣而发生丢失、泄密等现象，造成政治上的不安全。

2. 档案保管工作的基本原则

“以防为主、防治结合”是档案保管工作的基本原则。“未损先防”才是积极的治本方法。但只“防”不“治”也不行，档案文件遭到破坏后，不“治”就不能挽回损失。“防”，就是要预防档案的损坏和丢失，防止人为或自然因素对档案的污染和损毁，如防盗窃、防破坏、防火、防尘、防潮、防鼠、防虫、防光等措施。“治”，就是对已经损坏的档案进行治理，对破损的档案进行复制和修补，如灭虫、灭鼠、恢复字迹、恢复纸张的机械强度等补救和修复措施。“治”的技术包括修复技术、复制技术等。

（五）档案的检索

《档案工作基本术语》（DA/T 1—2000）对检索下的定义是“存储和查找档案信息的过程”。档案检索的存储工作包括著录和标引、组织检索工具；档案检索的查找工作包括确定查找内容和查找操作。档案检索是提高档案管理部门业务工作质量和利用服务水平的重要手段，是广泛传播档案信息，促进档案利用价值实现的必要途径。

常用的档案检索工具，无论是手工档案检索工具还是电子档案检索工具，按其编制体例，都可以分为目录、索引、指南。

目录主要包括案卷目录、案卷文件目录、档案分类目录、专题目录。一是案卷目录，即以案卷为单位，依据档案整理顺序组织起来的，固定案卷位置，统计案卷数量，监督、保护档案材料的一种管理工具；二是案卷文件目录，亦称“卷内文件目录汇集”，是根据全宗或全宗的某一部分案卷内的文件目录汇编而成的检索工具；三是档案分类目录，即根据分类表按照分类标志以一定次序编排而成的一种档案目录；四是专题目录，即按照特定专题以一定次序编排而成的一种档案目录，它是系统揭示档案馆（室）内有关某一专门题目档案内容和成分的一种检索工具。

索引主要包括人名索引、文号索引、关键词索引、项目号索引等。

指南主要包括全宗指南、档案馆指南、专题指南。全宗指南又称全宗介绍，即以文章叙述的形式介绍某一个全宗档案内容和成分及其意义的一种工具书。档案馆指南又称档案馆介绍，即以文章叙述形式全面概要地介绍档案馆所存全部档案情况的一种工具书。专题指南又称专题介绍，即以文章叙述的形式，综合介绍报道档案馆中保存的有关该题目的档案的一种工具书。

（六）档案的编研

档案编研工作，是以馆（室）藏档案为主要对象，以满足社会利用档案的需要为主要目的，在研究档案内容的基础上，编写档案参考资料，编辑文件汇编和专题档案史料，编史修志等。档案编研是开发利用档案内容资源的重要方式，是提升档案服务水平的有效方式，也是保护档案原件的有效手段。

商务秘书为企业编制的档案参考资料，主要类型有大事记、组织沿革、基础数字汇集、专题概要和科技成果汇编等。

大事记是按照时间顺序，简要、系统地记载在一定历史时期内发生的重大事件、活动的一种参考资料，其揭示了重要事件、活动发生、发展的过程以及它们之间的联系。大事记种类主要包括社会组织大事记、国家或地区大事记、专题大事记、个人生平大事记等。

组织沿革是系统、全面地记载某一机关、地区、专业系统的体制、组织机构和人员编制变革情况的一种材料。组织沿革的作用主要体现在：首先，组织沿革便于人们认识和了解一个地区、机关、系统的机构和人员的发展变化情况；其次，组织沿革为研究国家机关史、地方史、专业史提供重要的参考资料；最后，组织沿革为档案馆（室）更好地开展档案整理、鉴定以及编写立档单位历史考证提供系统材料，有助于利用者了解立档单位的历史情况。

基础数字汇集就是以数字的形式反映一定地区或某一方面的基本情况的参考资料。其按基本内容可以分为两种类型：一是综合性的基础数字汇集，二是专题性的基础数字汇集。

专题概要是以文章叙述的方式，简要说明和反映某一方面工作、现象的产生、发展、变化的过程与状态的一种档案参考资料。专题概要根据其内容涵盖范围的不同，可划分为综合性的专题概要和专门性的专题概要。

科技成果汇编是专门介绍本企业科研成果情况的汇编，是科技档案的编研成果之一。这种编研成果对于促进科学技术的传播、交流，促进科技成果向生产力的转化具有重要作用。根据编写形式，科研成果简介可以分为单项成果简介、多项成果简介、获奖成果简介等。科技成果简介，有用简明文字叙述的，也有采用表格形式的。根据所汇集成果的数量，既可以编印成一册，也可以编印多册。

（七）档案的利用

档案的利用是将档案室的档案信息以不同的方式提供给利用者利用，是档案部门为组织内工作人员和组织外社会公众提供档案信息资源的重要手段，是档案工作价值的直接体现，是衡量整个档案工作质量的主要标志。

常用的档案提供利用方式有：

其一，提供档案原件。例如，用户在档案资源管理机构开辟的阅览室内查阅使用档案原件，在某些情况下将档案原件借出使用等。

其二，提供档案复制品。例如，制作各种形式的档案复本，代替原件在专门的阅览室内供用户使用或提供外借使用；举办档案展览等。

其三，提供综合性档案信息材料。例如，编写各种档案参考资料，制发档案证明等。

其四，提供数字化档案信息。例如，将传统纸质档案经过数字化处理后，通过档案网站向用户提供数字化的档案信息服务；利用数字化档案信息资源举办网上展览等。

三、企业档案工作的内容

2002 年国家档案局及有关单位联合颁布《企业档案管理规定》，这一规定明确“企业档案，是指企业在生产经营和管理活动中形成的对国家、社会和企业有保存价值的各种形式的文件材料。”2009 年国家档案局发布的《企业档案工作规范》中指出：“企业档案是企业在研发、生产、经营和管理活动中形成的有保存价值的各种形式的文件。”“企业档案工作是企业履行档案管理职责的行为和活动。”

企业档案工作的内容主要由两部分组成：

一是企业档案工作的业务管理。企业档案业务管理工作是以库藏档案为主要对象，由企业按照有关政策、法规和规章制度的要求在其内部进行的。其包括对企业文件工作的协助、监督与指导，以及企业档案的整理、企业档案的鉴定、企业档案的检索、企业档案的编研、企业档案的利用等。

二是企业档案工作的行政管理。企业档案行政管理工作是以企业档案部门的人、财、物为主要管理对象，由各级档案行政管理机关、专业主管部门中的档案机构和各个企业，从不同的角度按照不同的职责来开展的对企业档案业务管理工作的管理。企业行政管理的工作内容主要包括统筹规划、组织协调、统一制度、实施监督和业务指导。

第二节　文件的分类

文件分类是指根据文件的形成规律、特点和业务上的有机联系，将其分成若干层次和类别，使各个文件构成一套有机的体系。文件分类应具有客观性、逻辑性及注重实用性。文件分类方法是为实现文件分类目的而采取的途径、步骤、方式，是对有关分类标准的具体运用。文件分类方法包括一般分类法和复式分类法。

一、一般分类法

（一）问题分类法

问题分类法是按照档案内容所说明的问题来分类的方法，也是被经常采用的一种分类方法。其能够较好地保持文件之间的联系，使性质相同的文件集中，减少同类问题文件分散的现象，便于后续的查找和利用。问题分类法适用情况：

（1）立档单位小，内部组织机构只有简单的分工，职能常有交叉。

（2）立档单位内的档案已经混淆，很难再按组织机构分类。

（3）立档单位内部虽有组织机构，但经常变动，按组织机构分类有困难。

（二）年度分类法

年度分类法是以形成和处理文件日期所属的年度为依据进行分类的方法。采用年度分类法，应准确地判断文件所属的年度。通常只需要通过文件落款判断年度，如有特殊情况，其处理方法有一定的规则，主要有以下几种情况：

1. 文件上没有明确的日期

如果文件上没有日期或者日期不准确，应该运用多种方法来判定文件的准确日期或者接近准确的日期，如分析文件的内容、研究文件的制成材料，或者从文件的字体、格式、编排和标记等来判定，同时还可以利用已有准确日期的文件与没有日期的文件比较对照的方法来判定。

2. 文件上有两个以上日期而又属于不同年度

在这种情况下，应根据文件的特点，确定一个最能说明文件时间特点的日期作为分类的依据。法规性文件以批准日期为依据，领导性文件以签署日期为根据，会议记录以开会日期为根据，计划、总结、预决算以内容针对时间为依据，来往文书中的收文以收到日期为根据。

3. 跨年度文件

属于跨年度文件有两种情况：一是文件内容跨了两个年度。比如一份文件既有前年的工作总结，又有后一年的工作计划，内容涉及两个年度。如果这份文件以工作总结为主要内容，应该归入前一个年度；如果以工作计划为主要内容，就应该被归入后一个年度；如果文件内容分不清主次，而是平分秋色，一般应被归入形成文件的最后年度。二是一组有密切联系的文件，形成时间长达两年或者两年以上，一般将其归入靠后的年度之中。比如，一次会议是 1981 年 12 月 25 日召开、1982 年 1 月 5 日结束的，中间跨了年，那么这次会议所形成的文件，在分类时应归入 1982 年。

（三）组织机构分类法

组织机构分类法也是一种经常被采用的分类方法，它具有符合档案形成的特点、便于按组织机构查找和利用档案、有比较明显的客观标准，简便易行，归类准确等优点。采用组织机构分类法需要考虑两个方面：一是考察档案的实际情况，明确各内部组织机构之间的文件有没有混淆，是否残缺不全；二是了解立档单位的组织机构情况，确定内部组织机构是否健全，是否经常变动。

（四）文件形式分类法

文件形式分类法，即按文件的形式、形态特征进行分类的方法，具体有三种形式。一是按文件种类分类。按文件名称特征区分文件，便于将一些性质相同的文件组合在一起，如文书档案中的会议记录、计划、总结等。二是按载体形态分类，即按档案材料进行划分，如胶片、光盘、纸质档案等。三是按形状规格分类，即按档案载体形态的空间形状和大小进行分类，如科技档案中的一些卷放底图、平放底图，还有一些不同尺寸的文件。

（五）文件专业性质分类法

文件专业性质分类法，即按文件内容所涉及和反映的专业性质来对文件进行分类的方法。按专业性质法进行分类，可以使具有同一专业性质的文件材料集中，便于从专业性质的角度查找、利用文件。

（六）型号分类法

型号分类法是以设备或产品的型号特征为分类标准，将有关设备档案或产品档案划分成同一类别的方法。每个型号的设备档案或产品档案，就是一个基本的分类单元。采用型号分类法能够将同一个型号的设备或产品档案集中在一起，保持其完整成套，反映一个设备或产品的全貌及其内部组件、部件之间的结构，便于系统地利用设备和产品的科技档案。

（七）课题分类法

课题分类法是以科学研究的课题特征为分类标准，将与不同课题相关的科研档案划分成各个类别的方法。每个课题的科研档案或科研项目档案，就是一个基本的分类单元。采用课题分类法能将同一个科研课题的档案集中在一起，保持其完整性，便于成套地利用有关科研课题的科技档案。

（八）项目分类法

项目分类法是以建设项目的项目特征为分类标准，将不同建设项目活动中形成的档案划分成各个类别的方法。每个项目的档案，都是一个基本的分类单元。各种建设项目，无论是单项工程、单位工程还是部分工程等形成的档案，都具有明显的按项目成套的特征。

二、复式分类法

（一）年度—组织机构分类法

年度—组织机构分类法适用于内部组织机构分工明确、比较稳定，且具有一定数量的文件的分类。具体做法是：先把所有文件按年度分开，然后在每个年度下面再分组织机构，即以年度为一级类目、机构为二级类目。如以某省委省政府全宗为例，按照年度—组织机构分类法分类如下：

2008 年　办公厅
　　　　组织部
　　　　宣传部
　　　　……
2009 年　办公厅
　　　　组织部
　　　　宣传部
　　　　……

这种复式分类法简便易行，多用于现行机关（单位）全宗。但是采用年度—组织机构分类法时，一个组织机构的档案被按年度分隔成许多部分，如若按组织机构来查阅档案，就会感到不便。

（二）组织机构—年度分类法

组织机构—年度分类法适用于内部组织机构分工明确、基本稳定，且具有一定数量文件的立档单位。具体做法是：先将全宗内文件按组织机构分类，然后在组织机构下再分年度，即以组织机构为一级类目、年度为二级类目。如：

办公厅 2008 年
2009 年
2010 年
……
组织部 2008 年
2009 年
2010 年
……

这种复式分类法多用于历史档案和撤销机构机关全宗，因为立档单位撤销，也就不会再形成新的文件，文件分类整理的顺序和排列，完全可以固定下来，不再变动。

（三）年度—问题分类法

年度—问题分类法适用于内部组织机构不稳定且经常调整、变化，或不设内部组织机构的立档单位归档文件的整理分类。具体做法是：先把全宗内文件按年度分开后，在年度下再区分问题，即以年度为一级类目、问题为二级类目。如：

2008 年 综合类
人事类
营销类
……
2009 年 综合类
人事类
营销类
……

这种分类方法多用于现行机关全宗，例如，由于组织机构变化复杂或机构之间分工不明确、文书工作不正规等原因难以区分文件所属机构，或内部机构非常简单而无必要按组织机构分类等情况。

（四）问题—年度分类法

问题—年度分类法适用于不适合按组织机构分类的立档单位积存文件的整理分类。具体做法是：先将全宗内文件按问题分开后，在每个问题下再分年度，即以问题为一级类目、年度为二级类目。如：

综合类 2008 年
2009 年
……
企业改造类 2008 年
2009 年
……

这种问题结合年度的分类方法，多适用于撤销机关全宗与历史档案。对于现行机关的文件，一般不宜采用。

综上四种复式分类法，组织机构—年度分类法和问题—年度分类法多用于撤销机关和历史档案，因为不会再形成新的文件，文件分类整理的顺序可以固定下来。而年度—组织机构分类法和年度—问题分类法则适用于现行机关，因为现行机关每年都会有新的文件产生，采用这种方法，在进行文件分类时就比较容易掌握。

三、企业档案分类方案的选用

对一个企业来说，企业文件分类是根据企业文件的内容性质、形成规律及相互联系，遵循统一的原则和要求，采用科学、适用的方法，对企业文件进行分门别类，从而使企业的全部文件形成一个有机体。而企业档案的分类，实际上就是企业档案分类类目的设置。

（一）企业档案一级类目的设置

一级类目就是企业档案分类的第一个层次，即企业档案的基本大类。《工业企业档案分类试行规则》规定，工业企业档案的分类设置十个一级类目：党群工作类、行政管理类、经营管理类、生产技术管理类、产品类、科学技术研究类、基本建设类、设备仪器类、会计档案类、干部职工档案类。这样设置是以企业管理职能为基本依据，能够反映出企业管理的主要职能分工及其相互间的联系。但是，十大类的设置并不是绝对的，可以根据实际情况进行一些调整。例如，一些特大型的企业，或是生产程序特殊的工业企业，如冶金、石油、化工、电力、煤炭、建材等行业的企业，可以根据各自档案构成的特殊性，在十个大类的基础上，适当增设有关的一级类目。

（二）企业档案二级类目的设置

企业档案二级类目，同样要依据企业管理职能的分工，结合档案的内容和特点来进行具体划分与设置[1]。

1. 企业党群工作类档案的二级类目设置

《工业企业档案分类试行规则》对党群工作类档案规定了八个基本的二级类目，即党务工作、组织工作、宣传工作、统战工作、纪检工作、工会工作、共青团工作、协会工作等。在实际运用时，应以此为基础，结合企业自身的具体情况灵活运用。

2. 企业行政管理类档案的二级类目设置

《工业企业档案分类试行规则》对行政管理类档案规定了九个基本的二级类目，即行政事务、公安保卫、法纪监察、审计工作、人事管理、教育工作、医疗卫生、后勤福利、外事工作等。这九个二级类目是根据一般大中型企业的实际情况设置的，适用于大部分企业。

3. 企业经营管理类档案的二级类目设置

《工业企业档案分类试行规则》对经营管理类档案规定了七个基本的二级类目，即经营决策、计划工作、统计工作、财务管理、物资管理、产品销售、企业管理等。这七个二级类目反映了企业经营管理活动的主要内容，适用于大多数企业。此外，有些企业的销售工作相当复杂，围绕用户形成了大量的档案材料，在这种情况下也可以根据需要将“用户档案”增设为二级类目。在一般的情况下，经营管理类档案设置到二级类目就能满足实际需求了。

4. 企业生产技术管理类档案的二级类目

《工业企业档案分类试行规则》对生产技术管理类档案规定了十个基本的二级类目，即生产调度、质量管理、劳动管理、能源管理、安全管理、科技管理、环境保护、计量工作、标

---

[1] 宫晓东．企业档案管理学．高等教育出版社，1999．

准化工作、档案和信息管理等。这十个二级类目，揭示和反映了企业的生产准备、生产指挥和生产优化等主要的生产技术管理的工作内容，对一般大中型企业是适用的。

5. 企业产品类档案的二级类目设置

根据《工业企业档案分类试行规则》的规定，产品类档案的二级类目一般应按产品种类或型号来设置。按产品种类设置二级类目，一般适用于产品品种较多，每一品种又形成系列化生产的产品档案。按产品型号设置二级类目，一般适用于产品品种较多而每种产品型号单一，或是产品品种单一而每种产品的型号又形成系列的产品档案。

6. 企业科学技术研究类档案的二级类目设置

根据《工业企业档案分类试行规则》的规定，科学技术研究类档案的二级类目一般应按课题性质来设置。同一科研项目内，应包含课题从立项、研究准备、研究试验、总结鉴定、成果报奖、推广应用等全过程的项目研究和管理。

7. 企业基本建设类档案的二级类目设置

企业的基建项目不仅数量多，而且情况复杂。根据《工业企业档案分类试行规则》的规定，基本建设类档案的二级类目一般应按建筑项目性质或工程项目来设置。按工程项目设置二级类目，一般适用于企业规模较大，工程项目数量较多的基建档案；按工程项目设置二级类目，适用于企业规模一般，工程项目数量不多且性质不复杂的基建档案。

8. 企业设备仪器类档案的二级类目设置

企业的设备仪器类档案的特点与产品类档案大致相同。在《工业企业档案分类试行规则》中，设备仪器类档案二级类目的设置规定与产品类档案大体一致，即按设备种类或型号设置。在实际运用时，应根据特定企业、特定设备仪器的具体情况来灵活掌握。

9. 企业会计档案的二级类目设置

《工业企业档案分类试行规则》对会计档案类规定了四个基本的二级类目，即凭证、账簿、报表、其他。这四个二级类目的设置依据会计档案的文件形式，反映了会计档案的特点，适用于各种规模、类型的企业。无论企业的规模、类型、任务如何，其会计工作的性质、内容及程序都是一致或接近的。所以，这四个二级类目对各类企业都是基本适用的。

10.企业干部职工档案类的二级类目设置

企业干部职工档案是指企业职工的个人人事档案。《工业企业档案分类试行规则》对干部职工档案类规定了四个基本的二级类目，即干部档案、工人档案、离退休职工档案、死亡职工档案等。随着现代企业制度的建立，将企业职工划分为干部和工人的传统观念和做法已不能成立。所以，干部职工档案二级类目的设置还值得深入研究并重新确定，有的地方将其设置为“科技人员”“职员”“工人”“离退职工”“死亡职工”等类。

第三节　企业文件材料整理

对企业文件材料进行整理是商务秘书档案管理工作中十分重要的部分，其重点是明确企业文件材料的归档范围与保管期限、整理方法与步骤。

一、企业文件材料的归档范围与保管期限

依据我国相关档案制度规定，各级各类机关、团体、企事业单位和其他组织在本单位活

动中形成的对国家和社会具有保存价值的材料，都应当纳入归档范围，其中包括在党、政、工、团及经营管理、人事、保卫、财务等工作中形成的各种载体的文件。然而需要注意的是，并非每类文件都需要进行归档，对于没有保存价值的文件需要则不用纳入归档范围。同时，对于保存价值不同的文件，其保管期限也不相同，保存价值高的文件保管期限更长，反之则更短。归档范围和保管期限的明确，有利于减轻档案工作的压力，提高档案工作的效率，能够对具有保存价值的文件进行更有针对性的保护，是非常重要的工作。不同种类的文件形成特点和构成有所不同，其保存价值也不尽相同，本部分对企业文件材料的归档范围与保管期限进行介绍。

（一）《企业文件材料归档范围和档案保管期限规定》

2012 年国家档案局颁布第 10 号令，《企业文件材料归档范围和档案保管期限规定》（以下简称《规定》）正式出台，并于 2013 年 2 月正式开始实施。《规定》是依据《中华人民共和国档案法》和《中华人民共和国档案法实施办法》而制定的部门规章。《规定》的出台适应了我国企业快速发展的需要，是发挥企业档案健全管理制度、规范依法经营、有效服务企业等作用的重要依据，也是国家和公众对企业进行监督的重要标准。《规定》旨在帮助企业在文件管理中正确界定归档范围，明确保管期限，为后续企业档案管理做好基础，充分发挥企业档案资源的作用，是企业文件材料整理的重要依据。下面将从制定原则、制定特点两个方面进行简单介绍。

1.《规定》的制定原则

一是法规一致原则。随着经济的不断发展，我国同境外企业有了更多的经济往来，这决定了在法规制定方面需要同国际接轨，保证法规的一致性。《规定》要对各种类型、各种规模、各种所有制的企业都具有实际意义，帮助其确定自身文件材料的归档范围和保管期限。

二是科学发展原则。《规定》既要覆盖各类型、各形式的文件材料，又要贯穿以人为本的思想，重视企业员工的权益，保障企业自身的合理管理，帮助企业履行社会责任。

三是与时俱进原则。《规定》充分考虑了我国企业的发展现状、企业文件自身特点以及未来的发展方向，以适应企业在不断发展中对文件材料管理提出的新要求。

四是明确责任原则。《规定》对企业和档案主管单位在企业文件材料保管范围和保管期限划定过程中的责任，进行了明确的规定。

2.《规定》的制定特点

一是立足实际情况，划分文件归档范围。与之前的文件相比，《规定》对于文件归档范围的划分更加细致，重视企业产权制度、企业所有形式、企业业务活动、企业员工权益等方面的材料。

二是适应发展形势，引入管理类档案概念。《规定》引入了“管理类档案”的概念，将原先企业行政、生产管理、经营管理、党群工作四类档案划分为管理类档案，优化了企业文件管理。

三是考虑现实需求，细化档案保管期限。《规定》沿用《企业档案工作规范》参考附录中的企业档案保管期限设置方法，将企业档案保管期限由永久、长期、短期改为永久、定期，定期分为 10 年和 30 年两类保存时间。《规定》允许企业按照实际情况适当延长保存时间，但不可缩短保存时间。

【知识链接】

《企业文件材料归档范围和档案保管期限规定》中的审查机制

《规定》中首次设置了对国有企业文件材料的归档范围和保管期限表的审查机制。

审查机制的具体分工为，国家档案局负责管理中央企业总部文件材料归档范围和管理类档案保管期限表的审查。省级以下档案主管部门负责本区域地方国有企业总部制定的文件材料归档范围和管理类档案保管期限表的审查。对企业来讲分两种情况：一方面，大型企业或集团企业要对所属企业文件材料归档范围和档案保管期限表编制进行指导和审查；另一方面，国有企业总部应将企业总部的文件材料归档范围和管理类档案保管期限表报送相关档案管理部门审查。审查工作需要成立专门的审查委员会，明确各自的分工，开展相关培训，拟定流程，确定审查内容等。审查要点则包括包括行文方式及文件外观形式、准确性、归档范围、保管期限表等。

（参见：周峰林，《企业文件材料归档范围和档案保管期限规定》解读——专访国家档案局经济科技档案业务指导）

（二）企业文件材料的归档范围

企业文件材料的归档范围是针对企业在研发、生产、服务、经营和管理等活动过程中形成的各种门类和载体的记录而设计的。企业文件材料归档范围的制定工作受到各级档案行政管理部门监督，有利于企业正确确定文件材料的保存价值，推动企业的依法经营与规范管理。企业文件材料中需要归档整理和不需要归档整理的范围如下：

1. 需要归档整理的文件范围

《规定》对企业文件材料中的需要归档整理的文件范围进行了明确的规定，制定了需要整理归档文件的原则性规定。以下四点为《规定》中对于归档范围的原则性内容：

一是反映本企业在研发、生产、服务、经营、管理等各项活动和基本历史面貌的，对本企业各项活动、国家建设、社会发展和历史研究具有利用价值的文件材料。

二是本企业在各项活动中形成的对维护国家、企业和职工权益具有凭证价值的文件材料。以上两点对企业自身形成的文件材料的归档范围进行了规定。对于文件价值的认定，不仅应重视文件对国家、社会、企业自身的价值，也要关注文件对维护职工权益的价值。

三是本企业需要贯彻执行的有关机关和上级单位的文件材料，非隶属关系单位发来的需要执行或查考的文件材料；社会中介机构出具的与本企业有关的文件材料；所属和控股企业报送的重要文件材料。此条目对企业收到的外部文件的归档范围进行规定，且按照价值高低进行排序。

四是有关法律法规规定应归档保存的文件材料和其他对本企业各项活动具有查考价值的文件材料。第四点对其他来源企业文件材料的归档范围进行了规定。

《规定》中对于需要归档整理的企业文件范围的说明，呈现出先内部后外部的规律，且对于价值的判断比较广泛，不仅包含对企业自身的价值，也有对国家发展和职工个人的价值，体现了《规定》以人为本的特点。此外，《规定》在对归档文件进行原则性判断时，也为企业自身预留了自主性的空间，使企业可以根据自身情况调整归档范围。

2. 可不归档整理的文件范围

《规定》中也列出了企业文件材料可不归档的文件范围，这里需要注意的是，《规定》指出的是可不归档的文件，并非不可归档的文件。因此，此类文件的归档与否并非绝对，仅是《规定》建议此类文件可不归档。企业可以根据自己的实际情况，对这类文件进行处理。具体内容为以下五点：

一是有关机关和上级主管单位制发的普发性不需本企业办理的文件材料，任免、奖惩非本企业工作人员的文件材料，供工作参考的抄件等。

二是本企业文件材料中的重份文件，无查考利用价值的事务性、临时性文件，未经会议讨论、未经领导审阅和签发的文件，一般性文件的历次修改稿、各次校对稿，无特殊保存价值的信封，不需办理的一般性来信、来电记录，企业内部互相抄送的文件材料，本企业负责人兼任外单位职务形成的与本企业无关的文件材料，有关工作参考的文件材料。

三是非隶属关系单位发来的不需贯彻执行和无参考价值的文件材料。

四是所属和控股企业报送的供参阅的一般性简报、情况反映，其他社会组织抄送不需本企业办理的文件材料。

五是其他不需归档的文件材料。

【知识链接】

档案法中对归档范围的原则性规定

企业文件材料归档范围的制定需要依据《中华人民共和国档案法》中对归档范围的规定。根据 2020 年 6 月 20 日新修订档案法第十三条的内容，直接形成的对国家和社会具有保存价值的下列材料，应当纳入归档范围：

（一）反映机关、团体组织沿革和主要职能活动的。

（二）反映国有企业事业单位主要研发、建设、生产、经营和服务活动，以及维护国有企业事业单位权益和职工权益的。

（三）反映基层群众性自治组织城乡社区治理、服务活动的。

（四）反映历史上各时期国家治理活动、经济科技发展、社会历史面貌、文化习俗、生态环境的。

（五）法律、行政法规规定应当归档的。

非国有企业、社会服务机构等单位依照前款第二项所列范围保存本单位相关材料。

（三）企业文件材料的保管期限

企业档案的保管期限一般分为永久和定期两类，定期一般分为 10 年与 30 年两类。企业文件材料保管期限的划分有利于对企业档案结构进行优化，减小保管压力，更有效地剔除无利用价值的文件。本部分将按照永久与定期两类文件进行讲解。

1. 需要永久保管的企业文件材料

《规定》中列出的需要永久保管的企业文件材料共有十二类，并以企业活动和来源为顺序进行了叙述，主要是将企业文件材料中与人和资产产权相关的文件纳入永久保存的范围之中。例如：企业产权结构变动中形成的文件、企业人力资源管理中形成的文件、企业在党群工作中形成的文件等。《规定》体现了企业文件材料保管期限中“以人为本”的原则和对企业法人资格材料的重视。具体内容如下：

一是本企业设立、合并、分立、改制、上市、解散、破产或其他变动过程中形成的文件材料，本企业董事会、监事会、股东会的构成、变更、召开会议、履行职责和维护权益的文件材料。

二是本企业资产和产权登记、评估与证明文件材料，资产和产权转让、买卖、抵押、租赁、许可、变更、保护等凭证性文件材料，对外投资文件材料；本企业资本金核算、确认、划转、变更等文件材料，企业融资文件材料。

三是本企业关于重要问题向有关机关和上级主管单位的请示、报告、报表及其复函、批复，有关机关和上级单位制发的需本企业办理的重要文件材料，行业协会、中介机构等对本企业作出的重要决定、出具的审计、公证、裁定等重要文件材料，本企业与其他组织和个人形成的重要合同、协议及补充协议等文件材料。

四是本企业发展规划、战略决策、重大改革、年度计划和总结文件材料，内部管理制度、规定、办法等文件材料。

五是本企业机构演变，人力资源管理的重要文件材料；本企业涉及职工权益的其他重要文件材料；企业文化建设文件材料。

六是本企业经营管理工作的重要文件材料。

七是本企业生产技术管理工作的重要文件材料。

八是本企业行政管理工作的重要文件材料。

九是本企业党群工作的重要文件材料。

十是新闻媒体对本企业重要活动、重大事件、典型人物的宣传报道。

十一是有关机关和上级主管单位领导、社会知名人士等重要来宾到本企业检查、视察、调研、参观时的讲话、题词、批示、录音、录像、照片及企业工作汇报等重要文件材料；本企业参与国家和社会重大活动的重要文件材料，本企业职工参加省级以上党、团、工会、人大、政协等代表大会形成的重要文件材料。

十二是本企业直属单位、所属、控股、参股、境外企业和机构报送的关于重要问题的报告、请示和批复等文件材料。

2. 需要定期保管的企业文件材料

企业文件中需要定期保管的文件材料以企业在生产活动中产生的一般性文件为主，与人和资产产权相关的文件基本未列入定期保管之中。需要注意的是，在定期保管中时间划分为10年与30年两种，但并不意味着文件材料的保存只有10年和30年，企业可根据实际情况对保存期限进行调整，但不可少于应有的保存期限。例如，某文件的保存期限为10年，企业可以根据实际情况延长其保存期限至20年，但不可缩短至10年以下。《规定》中列为需要定期保管的文件共有十类，具体如下：

一是本企业资本金管理、资产管理的一般性文件材料，本企业涉及职工权益的一般性文件材料。

二是本企业部门工作或专项工作规划，半年、季度、月份计划与总结等文件材料。

三是本企业召开会议、举办活动的一般性文件材料，发布的一般性公告。

四是本企业经营管理工作的一般性文件材料。

五是本企业生产技术管理工作的一般性文件材料。

六是本企业行政管理工作的一般性文件材料。

七是本企业党群工作的一般性文件材料。

八是本企业关于一般性问题向有关机关和上级主管单位的请示、报告、报表及有关机关和上级主管单位的复函、批复，有关机关和上级主管单位、行业协会制发的需本企业贯彻执行的一般性文件材料和对本企业出具的一般性证明文件，本企业与其他单位和个人形成的一般性合同、协议文件材料。

九是直属单位、所属和控股企业一般性问题的请示、报告、来函与本企业的批复、复函等文件材料。

十是本企业参与国家和社会活动的一般性文件材料，本企业职工参加省以上党、团、工会、人大、政协等代表大会形成的一般性文件材料；本企业接待重要来宾的工作计划、方案等一般性文件材料。

此外，在《规定》中附带了《企业管理类档案保管期限表》可供查考与学习，见表 4-1。

【知识链接】

表 4-1 企业管理类档案保管期限表（节选）

序号	归档范围	保管期限
1	本企业设立、变更、解散过程文件材料	
1.1	本企业筹办和设立的申请文件材料、政府相关部门批准设立本企业的相关文件材料	永久
1.2	本企业设立登记相关证照、证照变更登记文件材料	永久
1.3	本企业章程送审稿、批准稿及正式文本	永久
1.4	企业合并、分立、改制、上市、破产、解散或其他变更公司形式等过程中形成的文件材料	永久
2	本企业董事会、监事会、股东会构成及变更等方面的文件材料	
2.1	本企业董事会、监事会、股东会构成及变更文件材料，发起人协议	永久
2.2	董事会、监事会、股东代表大会会议形成的文件材料	
2.2.1	会议通知、议程、报告、决议、决定、公报声明、记录、领导人讲话、总结、纪要、讨论通过的文件材料、参加人员名单	永久
2.2.2	讨论未通过的文件材料	10 年
2.3	董事、监事、股东履职和维护权益过程形成的文件材料	
2.3.1	重要的	永久
2.3.2	一般的	30 年
3	本企业资本登记、资本变动、融资文件材料	
3.1	国有资产管理部门对本企业国有资本金核算、确认、划转、变更的文件材料	永久
3.2	其他非国有组织或机构资本对本企业投资、投入核算登记、确认文件材料	永久
3.3	本企业证券和股票发行、增资扩股、股权变更等文件材料	
3.3.1	上市辅导和准备阶段形成的文件材料	
3.3.1.1	评估报告、审计报告、承销商出具的核查意见，股票发行上市辅导汇总报告、发行人律师意见书，律师工作报告、股东大会决议、董事会通过的资金运用方案决议、固定资产投资项目建议书、招股说明书及发行公告（含财务报告、盈利预测报告）	永久
3.3.1.2	与中介机构签订的上市辅导协议、尽职调查材料	30 年
3.3.2	发行申请书、证监会核准文件材料、审核过程中提出的审核反馈意见	永久

续表

序号	归档范围	保管期限
3.3.3	股票发行申请报告及证券交易所的批复、发行方案、股票发行定价分析报告、路演推介文件材料	永久
3.3.4	上市推荐书、上市公告书、确定股票挂牌简称的函	永久
3.3.5	股票首次发行过程中形成的其他文件材料	
3.3.5.1	重要事项	永久
3.3.5.2	一般事项	30 年
3.3.6	股票增发、配股文件材料	永久
3.3.7	增资扩股文件材料	永久
3.3.8	股权转让文件材料	永久
3.3.9	债权融资文件材料	永久
3.4	本企业股东、股权登记文件材料	永久
3.5	本企业融资工作中形成的其他文件材料	
3.5.1	重要事项	永久
3.5.2	一般事项	30 年

二、企业文件材料整理的方法与步骤

在企业档案管理过程中，文件材料形成部门既要保证本企业或单位在职能活动、业务办理等环节形成的具有保存价值的各种门类、各种载体的归档文件材料真实、完整、全面，又要保证文件形成材料之间的有机联系。《归档文件整理规则》（DA/T 22—2015）（以下简称《规则》）规定了应作为文书档案保存的归档文件的整理原则和方法，适用于各级机关、团体、企事业单位和其他社会组织对应作为文书档案保存的归档文件的整理，其他门类档案可以参照执行。企业单位有其他特殊规定的，从其规定。本节将依据该标准系统说明归档文件整理的方法和步骤。

（一）企业纸质归档文件整理的方法与步骤

《规则》规定，归档文件整理是指将归档文件以件为单位进行组件、分类、排列、编号、编目等，使之有序化的过程。在这个过程中，组件、分类、排列、编号、编目是纸质归档文件与电子文件整理的通用整理流程，亦即归档文件整理的一般要求。此外，纸质归档文件还包括修整、装订、编页、装盒、排架等整理流程，电子文件还包括格式转换、元数据收集、归档数据包组织、存储等整理流程。具体来说，纸质文件材料的整理流程包括组件、修整、装订、分类、排列、编号、编页、编目、装盒、排架、数字化。

1. 文件组件

《规则》最大的特点就是以“件”为单位，进行文件整理。“件”是归档文件的整理单位，一般以每份文件为一件。如：正文、附件为一件；文件正本与定稿（包括法律法规等重要文件的历次修改稿）为一件；转发文与被转发文为一件；原件与复制件为一件；正本与翻译本为一件；中文本与外文本为一件；报表、名册、图册等一册（本）为一件（作为文件附件时除外）；简报、周报等材料一期为一件；会议纪要、会议记录一般一次会议为一件，会议记录一年一本的，一本为一件；来文与复文（请示与批复、报告与批示、函与复函等）一般独立成件，也可为一件。有文件处理单或发文稿纸的，文件处理单或发文稿纸与相关文件为一件。按件整理归档文件虽然存在手工管理时检索和清点较为困难等弊端，但在信息化管理日渐普及的当下，以件为单位进行整理的方法符合“简化整理，深化检索”的原则，降低了档案工作人员掌握和操作的难度，并使纸质文件材料与电子文件的整理更加有效地联结起来。

（1）排序。组件过程中，要对归档文件材料进行排序。《规则》指出，归档文件排序时，正文在前，附件在后；正本在前，定稿在后；转发文在前，被转发文在后；原件在前，复制件在后；不同文字的文本，无特殊规定的，汉文文本在前，少数民族文字文本在后；中文本在前，外文本在后；来文与复文作为一件时，复文在前，来文在后。有文件处理单或发文稿纸的，文件处理单在前，收文在后；正本在前，发文稿纸和定稿在后。

（2）修整。为了有效地保证归档文件的完整性，在装订前，对不符合要求的文件材料要进行修整。归档文件已破损的，应按照《档案修裱技术规范》（DA/T 25—2022）予以修复；字迹模糊或易退变的，应予复制。修裱前应按 DA/T 64.1—2017 和 DA/T 64.2—2017 的规定，检查待修裱档案破损和保存状况，确定破损等级。归档文件应按照保管期限要求去除易锈蚀、易氧化的金属或塑料装订用品。对于幅面过大的文件，应在不影响其日后使用效果的前提下进行折叠。实际工作中，一些特殊形式的文件，如报表、图样等，纸张幅面大于 A4 规格。由于档案盒尺寸是按照 A4 纸张的大小设计的，为方便将来文件装盒，就需要对超大纸张加以折叠。进行折叠操作时，要注意控制折叠数，并将文件的首页标题露出，同时折痕处应尽量位于文件、图表字迹之外。文件页数较多时，宜单张折叠，以方便归档后的查阅利用。

（3）装订。装订是指采用符合档案保护要求的装订材料，将完成组件的纸质归档文件以件为单位固定在一起。装订是纸质归档文件整理的基础环节，通过装订，从实体上将归档文件整理的基本单位“件”确定下来，为后续工作的开展提供条件。《规则》要求，归档文件一般以件为单位装订。归档文件装订应牢固、安全、简便，做到文件不损页、不倒页、不压字，装订后文件平整，有利于归档文件的保护和管理。装订应尽量减少对归档文件本身影响，原装订方式符合要求的，应维持不变。原装订方式如确不符合《规则》要求，拆除原装订时也应尽量降低对归档文件的破坏。要尽可能减少对文件重新装订的次数，使归档文件受破坏程度降到最低。应根据归档文件保管期限确定装订方式，装订材料与保管期限要求相匹配。为便于管理，相同期限的归档文件装订方式应尽量保持一致，不同期限的装订方式应相对统一。用于装订的材料，不能包含或产生可能损害归档文件的物质。不使用回形针、大头针、燕尾夹、热熔胶、办公胶水、装订夹条、塑料封等装订材料进行装订。永久保管的归档文件，宜采取线装法装订。页数较少的，使用直角装订或缝纫机轧边装订，文件较厚的，使用“三孔一线”装订。永久保管的归档文件，使用不锈钢订书钉或浆糊装订的，装订材料应满足归档文件长期保存的需要。永久保管的归档文件，不使用不锈钢夹或封套装订。

从某种程度上讲，装订实际上就是对纸质归档文件组件结果的确认，因此，装订要将件的构成和件内文件排序的结果原原本本固化下来，不能随意扩大或缩小装订范围。在一般情况下，不允许将一件文件分开装订，只有在个别情况下，比如文件附件过多、过厚，实在无法装订在一起的，才可以分开装订。分开装订时，要以单个附件为单位进行装订，不能将单个附件分开装订，也不能将几个附件装订在一起。

（4）编页。编页是指按照件内文件排序依次给每一页文件编上顺序号。编页是纸质归档文件整理的重要步骤，归档文件编页，可以固定件内文件排序；页码与页数相配合，能够对归档文件起到统计监督作用，保证归档文件的完整和安全，方便后期档案管理。

编页要求：归档文件应以件为单位编制页码，页码应连续编制，不能出现漏号、重号。归档文件有图文的页面均应编制页码，正反面都有图文的，应一页编一个页码，没有内容的空白页面不编页码。文件材料已印制成册并编有页码的，或者拟编制页码与文件原有页码相同的，可以保持原有页码不变。归档文件编制页码的，应该按照以下方法进行：页码宜在文件正面右上角、背面左上角的空白位置进行编制；页码采用阿拉伯数字，从“1”开始编制；页码使用黑色铅笔标注，字迹工整、清晰。不建议使用打号方式或者难以修改的签字笔等进行标注。

2. 文件分类

《规则》指的分类，是指全宗内归档文件的分类，即将归档文件按其来源、时间、内容和形式等方面的特征，分为若干类别，并将各类别按照层级关系组合为一个有机整体的过程。分类包括选择分类方法、制定分类方案、文件归类等具体内容。对归档文件进行合理的分类，不但能有效揭示归档文件之间的内在联系，使全宗成为一个有机整体，便于系统地提供利用，而且对归档文件排列、编目、排架等都有着重要意义。合理选择分类方法，很大程度上决定了分类的质量。全宗内档案分类的方法很多，《规则》选择年度、机构（问题）和保管期限作为基本的、通用的分类方法，这是由于这三种分类方法在各地区、各部门档案部门使用率最高，并且反映了档案管理的基本规律和要求。按照这三种方法对归档文件进行分类，在各级各类档案室都可以实现档案的有序管理和有效检索。分类方案是分类工作的依据，因此应保持相对稳定，以保持分类体系的连续性，便于查找利用。但在实际中，随着工作的发展，企业各方面情况可能发生变化，整理归档文件时也可以对分类方案的不合理之处加以调整，但须防止分类方案频繁变更。确需调整时，最好从一个新的阶段开始，不要将已整理好的归档文件打乱重整，或者与原方案交叉进行，以免引起分类体系的混乱。此外，对分类方案的调整情况，应在全宗指南中说明，以便档案管理前后工作的衔接。

3. 文件排列

《规则》规定，归档文件应在分类方案的最低一级类目内，按时间结合事由排列。同一事由中的文件，按文件形成先后顺序排列。会议文件、统计报表等成套性文件可集中排列。按事由排列归档文件，是“遵循文件的形成规律，保持文件之间的有机联系”这一整理原则的体现。在实践中，要实现这种排列原则，需要两步，即先按照事由将属于同一事由的文件按时间顺序排列在一起，再按时间顺序对不同事由的文件进行排列。

可以从以下几个方面理解归档文件的排列原则：在分类方案的最低一级类目内进行归档文件排列；同一事由的归档文件应集中排列在一起；同一事由内归档文件按照文件形成时间顺序排列；不同事由的归档文件应按照时间顺序排列；会议文件、统计报表等成套性文件可集中排列。这里的“分类方案的最低一级类目”，是指分类时所确定的类目体系中设在最低一级的类目，例如按照“年度—机构—保管期限”分类，“保管期限”即为最低一级类目。同一事由内归档文件的排列，最简单的方法是按文件形成时间的先后顺序，日期在前的归档文件排列在前，日期在后的文件排列在后。不同事由归档文件应按不同事由形成时间，即事由的办结时间的先后顺序排列。这种方法只要求将不同事由的文件，按其办结时间的先后顺序排列，而不必考虑其他因素。在计算机检索条件下，归档文件在事由间如何排序，对检索效率基本无影响。因此，《规则》在坚持按事由进行排列的情况下，充分考虑“随办随归”整理方式，提出以文件形成时间为事由间系统排列的参考依据。此外，《规则》强调指出，“会议文件、统计报表等成套性文件可集中排列”。这里的“成套性”是指某些事由所形成的文件彼此间联系比较松散，但这些事由间则有较密切的联系。例如，一次会议往往包括许多事由，它们形成的文件在时间上可能跨度很大，但表现出较强的系统性，利用时需要相互参照、查证，集中排列更方便检索。统计报表、内部刊物等在形式上较为特殊，成套利用的情况也较普遍，因此也适合集中排列。

4. 文件编号

编号是指归档文件按分类方案和排列顺序编制档号。档号是在文件整理过程中赋予的，体现整理规则并包含归档文件类别、排列顺序等要素的一组数字、字符的集合。编制档号是对档案进行规范管理的基本要求，也是对不同类型档案进行统一管理的重要前提。档号能够反映档案的基本属性，指示档案在全宗中的位置，在以件为单位进行档案管理的情况下，为归档文件确定唯一、合理的档号既便于管理，又能够在不同载体档案之间建立联系，为后续进行多样式、高水平的档案资源开发奠定基础。《规则》在规划归档文件的档号时，借鉴了《档号编制规则》中的合理部分，并尽量与传统立卷方法整理的档案的档号以及照片、录音、录像等其他形式档案的档号相衔接。考虑到馆室衔接便利，《规则》提出档号的结构宜为：全宗号-档案门类代码•年度-保管期限-机构（问题）代码—件号。上、下位代码之间用“-”连接，同一级代码之间用“•”隔开。如“Z109-WS•2011-Y-BGS-0001”。规模较小或公文办理程序不适于按机构（问题）分类，从而采取“年度-保管期限”分类方法的，应在档号基本结构的基础上，省略机构（问题）代码，其档号结构宜为：全宗号-档案门类代码•年度-保管期限-件号。档号按照以下要求编制：

（1）全宗号。档案馆给立档单位编制的代号，应按照《档号编制规则》（DA/T 13—2022）编制。一般采用 4 位代码标识全宗号，其中第 1 位用大写汉语拼音字母标识全宗属性，后 3 位用阿拉伯数字标识顺序号。如某省档案馆藏新民主主义革命历史档案第 13 号全宗，标识为 X013。在同一个全宗属性内按排列次序流水编制全宗顺序号，不应有重号。

（2）档案门类代码。归档文件档案门类代码由“文书”2 位汉语拼音首字母“WS”标识。其他门类档案，比如照片、录音、录像、科技、专业档案，参照《规则》进行整理时，其门类代码可以分别设置为“ZP”“LY”“LX”“KJ”“ZY”，科技、专业门类需要复分的，应参照《科学技术档案案卷构成的一般要求》（GB/T 11822—2008）和国家基本专业档案目录执行。

（3）年度。年度为文件形成年度，以 4 位阿拉伯数字标注公元纪年，如“2013”。

（4）保管期限。保管期限分为永久、定期 30 年、定期 10 年，分别以代码“Y”“D30”“D10”标识。如果档案整理中使用其他年度的定期保管期限，其保管期限代码为“D+年度”。如定期 5 年标识为 D5，定期 15 标识为 D15。

（5）机构（问题）代码。机构（问题）代码采用 3 位汉语拼音字母或阿拉伯数字标识，如办公室代码“BGS”等。归档文件未按照机构（问题）分类的，应省略机构（问题）代码。

（6）件号。件号是单件归档文件在分类方案最低一级类目内的排列顺序号，用 4 位阿拉伯数字标识，不足 4 位的，前面用“0”补足，如“0026”。

件号应在分类方案的最低一级类目内，按文件排列顺序从“0001”开始标注。以采用“年度-机构-保管期限”进行分类为例，件号应在同一年度内、同一组织机构的一个保管期限内从“0001”开始逐件流水编号。例如，办公室 2010 年形成的永久、30 年、10 年 3 个保管期限的归档文件，编号后形成 3 个流水号，即永久的从“0001”开始编一个流水件号，30 年的从“0001”

开始编一个流水件号，10 年的也从“0001”开始编一个流水件号。

子件号是多份文件作为一件归档文件情况下，件内单份文件排列的顺序号。子件号用 3 位阿拉伯数字标识，不足 3 位的，前面用“0”补足，如“001”。需要编制子件号的，在一件归档文件内，按照文件排列顺序从“001”开始逐份文件标注。

归档文件应在首页上端的空白位置加盖归档章并填写相关内容。电子文件可以由系统生成归档章样式或以条形码等其他形式在归档文件上进行标识。归档章长 45 毫米，宽 16 毫米，两行三列等分成 6 小块。归档章应将档号的组成部分，即全宗号、年度、保管期限、件号，以及页数作为必备项，机构（问题）可以作为选择项。归档章的格式及项目内容如图 4-1 所示。文件首页归档章填写的内容如图 4-2 和图 4-3 所示，表明该归档文件是 Z109 号全宗、办公室永久保存的 2022 年度文件，文件在本档案盒的件号为 1，该文件共 30 页。

全宗号	年度	件号
*机构（问题）	保管期限	页数

图 4-1　归档章式样（标有“*”号的为选择项）

Z109	2022	1
办公室	永久	30

图 4-2　归档章示例一

Z109	2022	1
BGS	Y	30

图 4-3　归档章示例二

5. 文件编目

编目是指编制归档文件目录。编目是归档文件整理工作的重要内容之一，也是其他各种编目工作的起点和基础。如果说档号是归档文件的“身份证”，归档文件目录就是归档文件的“户口簿”。编制归档文件目录，实现了归档文件从一次文献向二次文献的初步转化，为档案的保管、鉴定、检索、统计和编研等工作的开展提供了基本条件。

归档文件目录编制以系统化工作为前提，以反映全宗内归档文件的体系结构和排序为目的，因而，目录编制应按照分类、排列的结果进行，编制完成的目录应该能够准确反映分类体系和排列方法。《规则》规定，归档文件应依据档号顺序编制归档文件目录。编目应准确、详细，便于检索。编目应以件为单位进行，在归档文件目录中一件只体现为一条条目。如来文与复文作为一件时，对复文的编目应体现来文内容，以方便文件检索。归档文件目录设置序号、档号、文号、责任者、题名、日期、密级、页数、备注等项目。其中序号、档号、责任者、题名、日期、页数为必填项，文号和密级为条件必填项，备注为选填项。这些项目完整地包含了构成一份文件的要素，概括了归档文件内容和形式方面的各种特征，能够为利用者提供较完备的检索渠道。

在信息化条件下，归档文件目录不仅仅体现为纸质目录，同时也体现为电子目录，既方便手工查阅、档案交接，又方便计算机检索。目录表格采用 A4 幅面，能够兼顾纸质和电子两种形式。《规则》推荐由系统生成或使用电子表格编制目录。使用电子表格或者文字处理软件进行归档文件目录编制的，项目内容应直接输入完成，不加入空格、软回车或硬回车，以免影响数据完整性，给数据检索带来麻烦。

正确完整地编制归档文件目录各项目，关系到条目的可靠性和实用性，也决定了归档文件目录的质量。因而在进行归档文件编目时一定要认真、细致，力求做到全面、准确地反映归档文件的特征，为检索、利用奠定良好的基础。各项目具体填写要求如下：

（1）序号。序号即归档文件顺序号，用来配合档号固定归档文件先后顺序，并对归档文件数量进行简单统计。序号用阿拉伯数字填写。每册归档文件目录的序号应从“1”开始逐条编制。

（2）档号。档号按照前文“文件编号”编制。

（3）文号。文号即发文的字号，是由发文机关按发文次序编制的顺序号，一般由机关代字、年度、发文顺序号组成，如档办〔2010〕8 号，即国家档案局办公室 2010 年第 8 号文件。填写文号项时应照实抄录，代字、年度、发文顺序号都不能省略。没有文号的归档文件，此栏目可空置。需要注意的是，文号中的年度用六角括号“〔 〕”，不使用方括号“[ ]”或实心方头括号“【 】”。

（4）责任者。责任者是指制发文件的组织或个人，即文件的发文机关或署名者。责任者可以是一个机关或机关内部的一个机构，也可以是几个机关，或者是一个人或若干人。它是文件的组成部分，也是文件重要的外形特征，对于确定文件来源有着重要的作用，是检索利用档案的重要途径。

填写责任者项时应使用全称或通用简称，不使用“本部”“本公司”等含义不明、难以判断的简称。

联合发文时一般应将所有责任者照实著录，责任者过多时可适当省略，但应注意：一是立档单位是责任者的必须著录，以体现“以我为主”的归档原则；二是文号所代表的机关必须著录。

个人作为责任者的文件材料，责任者应著录个人责任者。个人责任者著录时应在姓名后著录职务、职称或其他职责，并加“（ ）”号。文件所署个人责任者有多种职务时，只著录与形成文件相应的职务。少数民族个人责任者称谓各民族有差异，著录时，应依照该民族的署名习惯著录。外国责任者，姓名前应著录各历史时期易于识别的国名简称，其后著录统一的中文姓氏译名。必要时著录姓氏原文和名的缩写。国别、姓氏原文和名的缩写均加“()”号。如：（美）爱因斯坦（Einstein，A.）。

（5）题名。题名即文件标题。题名直接表达文件内容和中心主题的文件特征，是了解归档文件内容的关键项目，是最重要的检索途径。完整的题名由责任者、事由、文种三个部分组成，例如《××公司关于加强档案安全保管的通知》。也有许多文件将发文机关放在文头中说明，标题直接由事由和文种构成。在填写题名时，一般以照实抄录为原则，如果存在没有标题、标题不规范，或者标题不能反映文件主要内容、不方便检索等情况的，应全部或部分自拟标题。自拟内容应外加方括号“[ ]”，以与原标题内容相区别。

（6）日期。日期是文件的重要特征之一，反映文件产生的时间背景，是查找档案的常用途径。文件的日期即文件的形成时间（落款时间），多份文件作为一件的，以第一份文件的日期为准。具体填写日期项时应以 8 位阿拉伯数字标注年、月、日。月、日不足两位的在左侧补零。如 2022 年 1 月 18 日，标注为 20220118。未注明日期的文件，编目时应根据文件内容加以考证并填写，确实无法考证的，其日期可以以归档年度为文件年度，月、日用零补足，比如 20220000。

（7）密级。密级应遵循有责必录的原则，依据文件实际标注情况填写，没有密级的，可不用标识。著录时应依据《档案著录规则》（DA/T 18—2022），著录文件形成时所确定的密级和保密期限，可同时著录保密期限届满年月。已升密、降密、解密的文件应著录变更情况，例如新的密级、保密年限和解密日期等，如“机密★10 年”“机密★10 年，2024 年届满”“2020 年 8 月解密”。

（8）页数。页数项填写一件文件的总页数，用于统计和核对。计算页数时以文件中有图文（指与文件内容相关的文字、图画等）的页面为一页，空白页不计。大张的文件或图表折叠后，仍按未折叠前有图文的页面数计算页数。来文与复文、正本与定稿等作为一件时，统计页数应将构成该件的各文件页数相加作为该件的页数，如关于某问题的请示和批复分别为 5 页和 1 页，作为一件时，该件页数应为 6 页。

（9）备注。备注项用于填写归档文件需要补充和说明的情况，包括开放等级、缺损、修改、补充、移出、销毁等等。对备注项目的填写应严加控制，以免使目录条目杂乱不堪。另外，如果有些条目需说明的情况较多，备注栏难以填写时，可在备注栏中加注“*”号，将具体内容填入备考表中。

《规则》以图例的形式进行了说明，包括目录表头、目录表格形式、各项目在目录中的位置等。图示为示意图，没有限定各栏目的详细尺寸。各企业在执行时，可以根据实际需要对表格各项目的行高、列宽适当调整。装订成册的归档文件目录编制封面时，要求既整洁美观、不易损坏，又便于传递、携带和阅读。归档文件目录封面应和归档文件目录同样，采用 A4 型纸，页面宜横向设置，如图 4-4 所示。

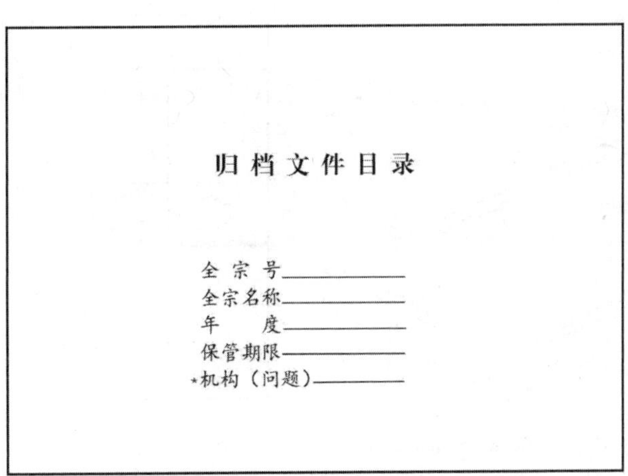

图 4-4 归档文件目录封面式样

归档文件目录封面设置全宗号、全宗名称、年度、保管期限、机构（问题），其中全宗名称即立档单位名称，填写时应使用全称或规范化简称。分类方案选择年度、保管期限和机构（问题）复合分类法的单位，机构（问题）项属于必选项；分类方案选择年度、保管期限复合分类法的单位，归档文件目录封面可以不设置机构（问题）项。

是否在档案盒内放置归档文件目录，《规则》并没有作出要求。实践中，参照传统文书立卷方法在盒内放置目录可以起到为归档文件索引的作用，利于人工查验，而不放置目录可以简化整理步骤、节省人力与纸张，实践中两种做法并存。不过，考虑到在档案盒里放置目录会大大增加工作量，且按盒分割目录存在一定的技术难点，还有可能出错，造成装订目录与盒内目录不一致，因此，一般建议在库房档案柜架相应位置放置装订成册的目录即可，不要求在档案盒内放置目录。当然，各地区、各企业存在其他规定或做法的，也可以遵照原有规定或延续习惯做法。

6. 文件装盒

《规则》要求将归档文件按顺序装入档案盒，并填写档案盒盒脊及备考表项目。不同年度、机构（问题）、保管期限的归档文件不能装入同一个档案盒。档案盒封面应标明全宗名称。档案盒的外形尺寸为310mm×220mm（长×宽），盒脊厚度可以根据需要设置为20mm、30mm、40mm、50mm 等。档案盒应根据摆放方式的不同，在盒脊或底边设置全宗号、年度、保管期限、起止件号、盒号等必备项，并可设置机构（问题）等选择项。其中，起止件号填写盒内第一件文件和最后一件文件的件号，起件号填写在上格，止件号填写在下格；盒号即档案盒的排列顺序号，按进馆要求在档案盒盒脊或底边编制。档案盒应采用无酸纸制作。档案盒封面、盒脊及盒底边式样如图 4-5 所示。

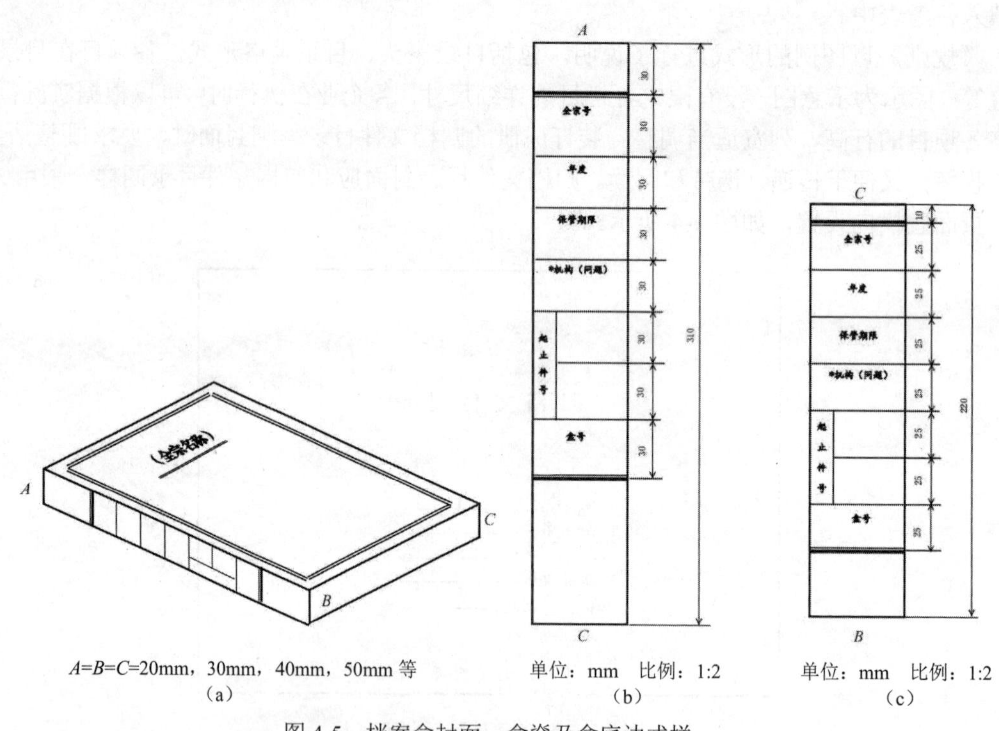

A=B=C=20mm，30mm，40mm，50mm 等
（a）

单位：mm 比例：1:2
（b）

单位：mm 比例：1:2
（c）

图 4-5 档案盒封面、盒脊及盒底边式样

（a）档案盒封面式样及规格；（b）盒脊式样；（c）盒底边式样

装盒包括将归档文件按顺序装入档案盒、填写备考表、编制档案盒盒脊项目等工作。作为基本编目的一部分，装盒环节除一些技术性操作外，同样应该体现出归档文件系统化的结果。因此，在装盒方式、档案盒盒脊项目设置等方面，与分类、排列等的原则和方法是一致的。

归档文件应严格按档号顺序装入档案盒，与归档文件目录中相应条目的排列顺序相一致，保证检索到文件条目后能对应地找到文件实体。档案利用完毕后归位时，同样要注意将其按顺序装入相应档案盒中。装盒时，应按照分类方法的不同，将不同类别的归档文件装入不同的档案盒中。装盒时应注意以下问题：

第一，应根据文件的厚度选择适宜的档案盒，尽量做到文件装盒后与档案盒形成一个整体，站立放置时不至于使文件弯曲受损。有时某个类目的最后几件文件不够装满一个档案盒，可选用厚度较薄的档案盒或横置式的档案盒。

第二，档案盒只是归档文件的装具，不具备保管单位的作用。因此并不要求同一事由的归档文件必须装在同一档案盒内，只需按照排列的先后顺序依次装盒；一盒装满后，依次装入下一盒即可。

备考表是用来对盒内归档文件的缺损、修改、补充、移出、销毁等情况进行必要的注释说明的，无论在归档文件整理阶段，还是在档案保管阶段，都需要有备考表来填写这些内容。备考表的式样如图 4-6 所示。《规则》指出，备考表置于盒内文件之后，项目包括盒内文件情况说明、整理人、整理日期、检查人、检查日期。具体填写方法如下：

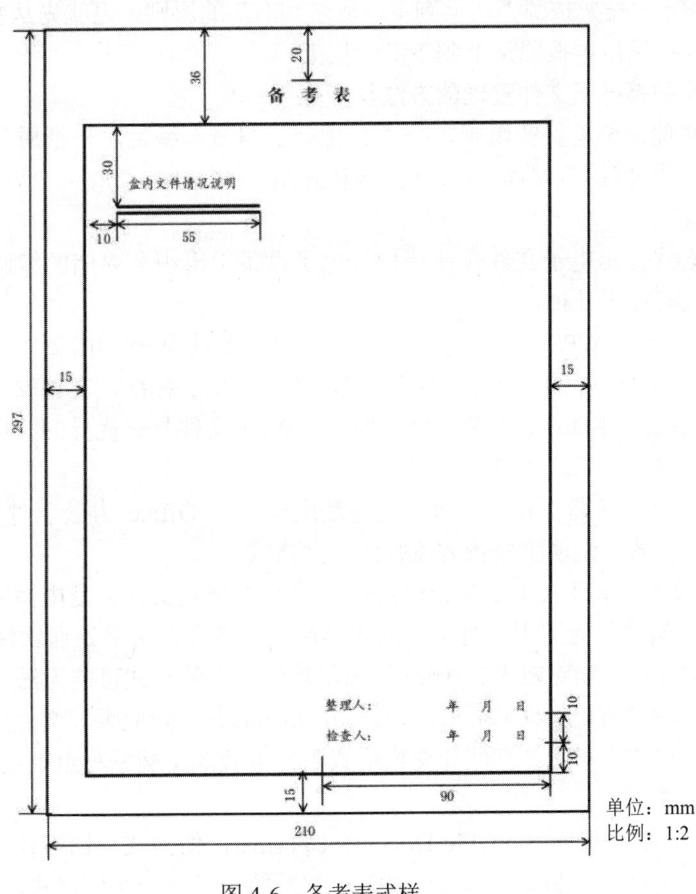

图 4-6　备考表式样

（1）盒内文件情况说明。填写盒内文件缺损、修改、补充、移出、销毁等情况。进行归档文件整理工作时，如某份文件需说明的内容较复杂，归档文件目录备注项中无法填写，也可以在目录相关条目的备注项中加“*”号标示，并在备考表中予以详细说明。

（2）整理人。负责整理归档文件的人员签名或盖章。

（3）整理日期。归档文件整理完成日期。

（4）检查人。负责检查归档文件整理质量的人员签名或盖章。

（5）检查日期。归档文件检查完毕的日期。

归档文件在机关档案部门保存阶段内如有变动情况，档案工作人员应随时在备考表中注明，以便后续管理以及档案移交进馆等工作正常进行。

7. 文件排架

排架是纸质归档文件整理的最后一个环节，也是整个归档文件整理工作中很重要的一个环节，直接影响到档案实体管理和提供利用的效果。

因此，归档文件在科学分类整理基础上，还要做到科学分类排架。排架的方法既要反映出本单位设置的几个基本大类，又要做到科学合理经济实用；既要从实际出发，又要保证档案管理、利用的系统性、有效性需求。

从实践来看，上架排列方法应与本单位归档文件分类方案一致，排架方法应避免频繁倒架。在具体操作上，排架按照“从上到下，从左到右”的原则，也就先从左边一列开始，从上到下进行摆架，摆满后再按照从上到下继续摆架。

（二）企业归档电子文件整理的方法与步骤

归档电子文件的整理件的组织、分类、排列、编号、编目，与纸质归档文件的要求和方法基本相似。因此仅对不同的地方进行强调和介绍。

1. 格式转换

电子文件格式是指电子文件在计算机等电子设备中组织和存储的编码方式。现阶段常用的电子文件格式有以下几种：

（1）WPS 文件。WPS 文件是金山软件公司办公套件 WPS Office 中文字处理软件的标准文档格式。WPS 文件具有国家自主知识产权，基于 XML 标准，文件安全性较高，其中文排版技术领先于微软公司 Office 办公套件。而且，WPS 文件具有优异的跨平台性能，可以兼容 Windows、Linux 和安卓等操作系统平台。

（2）DOC（X）文件。DOC（X）文件是微软公司 Office 办公套件文字处理软件 Word 的专有默认文件格式，是现阶段较为流行的文件格式。

（3）RTF 文件。RTF（Rich Text Format，多文本格式文件）是由微软公司开发的跨平台文档格式。RTF 格式较为通用，有很好的兼容性，大多数的文字处理软件能读取和保存 RTF 文档。缺点是文件一般相对较大、Word 等应用软件特有的格式可能无法正常保存等。

（4）OFD 文件。OFD（Open Fixed-layout Document，开放版式文件）是按照我国工业和信息化部组织成立的电子文件存储和交换格式工作组版式文档编写组制定的版式文档标准，形成的版式文件格式。

（5）PDF 文件。PDF（Portable Document Format，便携式文档格式）是一种以二进制方式储存的格式，是美国 Adobe 公司于 1993 年开发的一种电子文件格式。PDF 格式已于 2005 年被国际标准化组织审核通过，成为国际标准格式。

（6）PDF/A 文件。PDF/A（PDF/Archive）格式是 PDF 格式的子集。PDF/A 标准是美国印刷、出版及纸品加工设备器材供应商协会（NPES）和美国国际图像信息管理协会（AIIM）

共同发起的。PDF/A 格式于 2005 年 5 月获国际标准化组织 ISO 批准，成为一项国际标准。

（7）TIFF 文件。TIFF（Tagged Image File Format，标记图像文件格式）是由 Aldus 公司与微软公司一起为 PostScript 打印开发的一种位图图像格式。TIFF 支持多种编码方法，其中包括 RGB 无压缩、RLE 压缩、LZW 压缩、ZIP 压缩、CCITT 压缩、JPEG 压缩等。TIFF 格式存储图像质量高，十分有利于文档原稿的复制，另外所有绘画、图像编辑和页面排版应用程序以及大多数扫描仪对 TIFF 格式提供良好的支持，这使得 TIFF 格式成为数字图像处理的最好选择。

在电子文件整理工作中，每一件电子文件均可能涉及多种类型的文件格式。在格式选择上，一般要求以通用格式形成、收集并归档电子文件，或在归档前将电子文件转换为通用格式。2014 年，国家档案局印发《数字档案室建设指南》，对文书类电子文件的归档格式作出规定：电子公文的正本、定稿、公文处理单应以 OFD、PDF、PDF/A 等版式文档格式归档保存，版式文档格式应符合《版式电子文件长期保存格式需求》（DA/T 47—2009），并支持向同级国家综合档案馆采用的长期保存格式转换；集中记录修改过程的彩色留痕稿以及确有必要保存的重要修改稿可以 WPS、RTF、DOC 等同级国家综合档案馆认可的格式归档保存。需要指出的是，纸质归档文件的数字化副本也可以使用 TIFF、JPEG 等文件格式进行归档。

2. 元数据收集

《信息与文献　文件管理　文件元数据　第 1 部分：原则》（GB/T 26163.1—2010）规定，元数据是描述文件背景、内容、结构及其整个管理过程的数据。元数据对于确保并且证明电子文件的真实性和凭证价值、电子文件的保护与长期保存、有效管理电子文件、方便电子文件的查询和利用具有重要作用。

各单位在开展电子文件元数据收集时，应按照前端控制和全程管理的要求，从电子文件形成阶段就开展鉴定工作，对于应归档的电子文件，应立即将其纳入“全程管理”的范畴，监督其元数据的形成与管理，并及时予以捕获。根据文件运动模型中管理域的划分，电子文件元数据的收集分为形成、捕获两个阶段。电子文件形成阶段是元数据管理最关键的阶段。电子文件一旦正式形成，业务系统即应实时完整捕获电子文件自身及其元数据，元数据管理进入捕获阶段。鉴于电子文件具有易逝性、易变性的特点，为保证其真实性、完整性、可用性和证据价值，必须在电子文件形成（或收到）的同时，在第一时间由系统主动将其捕获。“捕获”可以有两种形式。一般情况下主要为逻辑上实时捕获（即逻辑归档）；另一种为物理上捕获（即物理归档）。在两种“捕获”进行的同时，都应该继续关注背景信息和电子文档信息的记录并且由档案人员进行再次鉴定（真实性鉴定、价值鉴定与技术状况鉴定全面进行）。各单位在实际工作中，一般应通过业务系统，在电子文件形成、办理或收集过程中自动捕获有关电子文件内容、背景、结构和管理过程的元数据。

3. 归档数据包组织

电子文件归档时，各单位业务系统要以一定的格式组织和存储电子文件和对应的元数据，以便于电子档案管理系统方便有效地解析和读取。通过文档一体化模式开展电子文件归档时，电子文件的内容和元数据可通过网络自动传输到电子档案管理系统，档案管理人员可以不用考虑电子文件数据包组织问题。

4. 存储

如同纸质档案排架一样，分门别类、集中有序地存储电子文件以便规范管理和高效利用，是电子文件管理的基本要求。日常电子文件存储包括电子文件内容存储和电子文件元数据存储，一般情况下电子文件内容存储在计算机硬盘或磁盘阵列中，电子文件元数据保存在电子档案管理系统数据库中。因长期保存需要，可将电子文件的内容和元数据通过封装的方法打包在一起，实现电子文件自包含、自描述和自证明，维护电子文件的真实性、完整性、可用性和安全性。

（1）电子文件内容存储。电子文件整理完毕后，应依据档号等标识符构成要素在计算机存储器中逐级建立文件夹，分门别类、集中有序地存储电子文件及其组件，并在元数据中自动记录电子文件在线存储路径。一个单位以件为单位，以"年度—保管期限—机构"为分类整理的原则，对电子文件进行存储。

（2）电子文件元数据存储。在电子档案管理系统中，电子文件元数据一般使用关系型数据库（如 Oracle、SQL Server Access 等）进行管理。元数据在关系型数据库中存储时，因不同类型的元数据项目与电子文件的对应关系不同，需要区分几个数据表存储和管理电子文件元数据。

电子文件元数据在系统内可分成文件实体信息、文档信息、业务实体信息等数据表进行管理。主要包括：文件实体数据表，该表保存与电子文件存在"一对一"关系的文件实体元数据，数据表中的每一条记录对应一件电子文件实体信息；文档信息数据表，该表保存与电子文件存在"一对多"关系的、与电子文件所包含的文档有关的元数据项目，如文档序号、稿本、格式信息、计算机文件名、计算机文件大小、文档创建程序等；业务实体信息数据表。与"文档信息数据表"相似，业务实体信息数据表保存与电子文件存在"一对多"关系的、与电子文件业务实体有关的元数据项目，如业务行为、行为时间、机构人员名称等。

（3）电子文件封装包存储。按照电子文件长期保存管理的要求，电子文件封装包在电子文件生命周期中均应长期保存。一般情况下，封装包应单独存储保存。一般来说，一件电子文件封装一个封装包，因此，电子文件封装包命名可以参考电子文件档号模式。如：档号为 Z109-WS·2011-Y-BGS-0001 的电子文件，其封装包文件可命名为 Z109-WS·2011-Y-BGS-0001.eep。

封装包存储时也应按照档号的层级结构，构建类似电子文件存储结构的层级文件夹，不同的是存储封装包时，不需要建立件号层级文件夹，而是将一个年度、保管期限、机构（问题）的封装包一并放在"机构（问题）"文件夹中即可。

作为长期保存用途存储的电子文件封装包，就如同实体档案库房中保存的档案。因此，整理制作完毕的电子文件封装包不能随意修改，确需修改的，在按照相应的程序进行审批、修改后，应对电子文件进行重新封装。多次封装应按照《基于 XML 的电子文件封装规范》（DA/T 48—2009）的"修改封装"要求构建修改型封装包。修改型封装包是在原封装包（除封装包格式描述、版本和锁定签名元素外）的基础上增加封装一个修订层，修订层包含全部电子文件元数据、被修改的数据（当原封装包中的数据未被修改时，修订层引用该数据的标识符）、电子签名、锁定签名和修订封装描述信息。封装包每修改一次增加一个修订层，形成"洋葱型"的电子文件封装包。

以上内容构成了有关电子文件整理的一般要求。各企业单位在进行电子文件整理时，应按照上述要求执行。涉及电子文件管理、利用和长期保存等有关要求，则应执行《数字档案室建设指南》和《电子文件归档与电子档案管理规范》（GB/T 18894—2016）的相关规定。

第四节　项目文件整理与归档范围

“项目”是指在一定的时间、资源条件约束下，有明确目标的一次任务。项目侧重于过程，是一个动态性的概念，例如我们把高速铁路的建设过程视为项目，但不可以将高速铁路本身称为项目。那么什么样的活动可以称为项目呢？策划一场演出，研制高科技新产品，开发一套系统软件，筹备一次会议等在日常生活中经常遇到的事情，都可以称为项目。

项目文件指在实施项目过程中，从筹划立项到项目结束的这一阶段形成的文件资料，包括文字、图表、实物、声像等各种形式的记录。项目文件是在实践活动中产生的原始记录，具有保存价值。项目文件整理指对活动过程中所形成的全部文件材料进行收集、整理、组卷、装订、装盒等步骤后，形成项目档案，作为本项目的历史记录进行保管与利用。项目文件归档整理的目的是方便日后项目文件的查找与利用。项目文件归档是否齐全，整理归档过程是否科学合理，是影响日后查找利用项目文件便利性的重要影响因素。在活动过程中所形成的项目文件在归档前须按照国家规定，对项目文件进行整理，按照档案管理的要求，由形成单位组织项目文件的整理工作。

一、项目文件整理的特点

项目文件整理工作内容复杂、程序繁多，在开展整理工作时应根据《建设项目文件档案管理规范》（DA/T 28—2018）、《科学技术档案案卷构成的一般要求》（GB/T 11822—2008）、《建设工程文件归档整理规范》（2020 年修订）、《国家重大建设项目文件归档要求与档案整理规范》（DA/T 28—2002）以及《重大活动和突发事件档案管理办法》等文件规定，项目文件的整理应遵循文件的形成的特点与规律，保持文件之间的有机联系，便于档案的管理与利用。

（一）项目文件组成的成套性

项目文件多以项目为基本分类单元，成套性是项目文件整理的特点之一，在项目运行的过程中有关该项目任何活动产生的资料都属于该项目文件，同个项目的文件资料是有机联系的整体。项目文件整理成套性的特点是由项目文件自身的内在联系决定的，项目文件无论体量大小与项目性质如何，都是以项目为分类单元进行整理。因此，项目文件是一个项目在日常工作活动产生的文件，这些文件形成了一个互相之间密切联系的整体。

虽然项目的规模大小不一、时间跨度不同、费用花费不同、组织单位层次不同，但是项目文件作为一个整体，项目文件的收集、整理及保管等工作必须以项目为单位进行，即同一个项目的文件不能分散，不同项目的文件内容不能混杂。例如，基建项目档案是在工程的规划、设计、施工和使用维护等过程中形成的，涉及工程的规划、设计、施工、建设等若干单位，包括规划和基建管理部门保持有关项目的规划和基本建设管理方面的文件材料，设计、勘察部门保存的关于工程勘察与施工设计方面的文件材料，施工部门保存的关于工程施工方面的文件材料，上级主管机关、制造设备单位、市政管理与银行贷款等方面的文件材料。这些文件材料都是围绕着工程项目的基本建设活动而形成的，是一个相互密切联系的有机整体。大型商务活动项目与企业研发项目也是如此。

为了保持项目文件的成套性，在项目文件的收集整理过程中，需要将本项目文件资料收集齐全，维护一个单位项目文件的完整齐全。项目文件的形成有其自身规律，项目文件详细记载了从项目产生到结束这一整个过程的原始记录，反映项目活动各阶段、各环节之间的有机联系，不可轻易破坏这种联系。一个项目形成的所有文件是一个完整的集合体，不应该机械地将项目文件按来源、时间、问题强行分割。

（二）项目文件来源的广泛性

项目文件来源的广泛性，涉及项目学科的多样性与项目文件类型的多样性。项目种类多样，来源广泛，从项目产生到结束，都有一个比较明显的可区分阶段顺序，这些阶段顺序组成一个项目完整的生命期。项目文件来源多样，涉及类型广泛，其源自各门学科在分化的同时又融合，产生了大量的分支学科与综合性学科，涉及人文学科与理工学科。因此产生的项目文件也会涉及各类学科，例如工业生产技术项目文件、农业科技项目文件、基本建设项目文件、医药卫生项目文件、水文项目文件、天文项目文件、气象项目文件、地震项目文件等。丰富的项目文件类型导致了研究对象、研究目的与研究方法不同，在社会上所起的作用也有所不同。

在项目运行的生命周期里，项目产生的文件类型也多种多样。从项目的提出、调研到确认，再到项目的落地、实施，经历了多个阶段与程序，在不同程序中也产生了多种类型的文件。例如，在项目方案的设计阶段产生了最终方案项目文件、总体规划项目文件以及各种方案设计项目文件与方案论证项目文件等材料，在项目生命周期过程中形成了各种项目文件设计目录、项目明细表等表格，在技术设计过程中产生了草稿、底稿、定稿以及草图、底图、蓝图等图表项目文件。所以，项目文件涉及的种类多样，层次丰富。

项目文件来源广泛性的特点为项目文件整理提出了更多要求，项目文件的收集、整理、鉴定、保管、统计与利用等环节层层相扣，要求项目文件必须科学有序地进行管理，以实现项目文件的高效利用。

（三）项目文件形成的连续性

项目文件产生于特定的领域与行业，是人们在日常的社会实践活动中所产生的，专业性强，具有较强的目的性。项目文件的内容性质与所在领域的专业性，要求项目文件整理过程中需要与文书档案、人事档案相区别。项目活动围绕着某一实物对象或者自然现象分阶段、分期完成，项目文件则随着项目的准备、开发、实施和收尾同步产生，各个环节都会产生需要收集整理的文件材料。例如基建档案，前期工作的文件材料包括任务计划书、可行性分析文件及各种合同、协议、投标文件等；设计阶段的文件材料包括各种方案设计的图标、施工图、预算文件等；施工阶段的文件材料包括工程施工承包合同、施工执照、施工记录等；竣工阶段的文件材料包括工程项目竣工验收书、项目结算书、竣工会议纪要等；使用、管理、维护、改建过程中也会形成文件材料。项目文件的整理工作贯穿项目的整个阶段，只要产生具有价值的文件材料，就需要对文件材料进行收集整理，方便项目后期的利用。大中型项目持续时间较长，产生的文件材料较多，在项目一个阶段结束时，就要对这个阶段的文件进行归档移交。因此，在项目实施过程中就应做好日常的整理工作，使项目文件有一定的整理基础，方便后续整理工作的开展。

二、大型商务活动项目文件的归档范围

商务项目文件伴随商务活动的产生而产生。大型商务活动是指为达到一定商业目的而进行的贸易、会议、培训、展览、报告等活动的总和。大型商务活动项目文件包括合同文件、招标投标文件、预算文件、结算文件等，是微观经济主体在大型商务活动项目经济活动中直接形

成的具有保存价值的各项原始记录，应根据企业有关规定，参照档案管理方法对大型商务活动项目文件进行归档、保存、保密、销毁。大型商务活动档案的整理作为外包业务，承接方必须是具备承接大型档案整理业务能力、有从事大型活动业务经验的单位，承接方类型不限，可以是国企、事业单位，也可以是大型公司、集团等，大型商务活动的举办方类型也是如此。

商务性是大型商务活动项目的本质属性。大型商务活动对举办方与承办方而言，具有宣传作用与参考作用。随着单位之间公关活动及交流活动的进一步开展，大型商务活动项目越来越普及。大型商务活动一般涉及广告宣传活动、营销活动、演出活动、展会活动等能带来商业价值的大型活动。大型商务活动项目中产生的档案材料是维护商务双方合法权益的法律凭证，也是从事经营管理活动的参考依据。大型商务活动的举办及其归档的项目文件材料对于今后开展类似的活动具有参考借鉴价值，也是展现承办方业务能力水平的窗口。

大型商务活动项目档案是承接方与主办方单位在开展大型活动的过程中形成的具有保存价值的不同形态的原始记录。大型商务活动档案的管理应当遵循统一领导、各负其责、完整收集、集中管理、有效利用的原则。大型商务活动的种类包括：外国元首、政府首脑、政党领袖或者国际组织负责人、著名外国友人的外事活动；对全省具有重大影响的经济、社会、文化活动或者公益性活动；同台湾、香港、澳门地区之间的重大交流与合作活动；由本单位承办的国家重大活动；其他具有重大影响的活动。

（一）大型商务活动项目文件归档的要求与责任分工

1. 大型商务活动项目文件的归档整理要求

大型商务活动归档的文件材料必须是准确反映商务活动经验管理的真实情况，归档文件项目材料必须收集完整、齐全，归档文件应选用可耐久保存的纸质材料，使用的纸张规格大小要统一，在书写方面书写墨水需符合耐久性要求。在整理的过程中，需要遵循项目文件的形成规律和成套性特点，保持案卷内文件之间的有机联系，分类科学、组卷合理；法律性文件手续齐备，符合档案管理要求。

2. 大型商务活动项目文件的责任分工

在大型商务活动开展的前期，为保证活动项目文件的收集齐全，便于日后的保管和利用，主办方与承接方应充分认识到做好大型商务活动、重大商业项目文件材料整理与归档的重要性。商务活动承包方负责商务活动文件材料的收集、整理和归档工作，对开展的大型商务活动信息进行密切关注，对大型商务活动事宜进行统筹，公布大型商务活动各岗位职责，积极与主办方交流，让主办方及时掌握活动和事件的总体情况。

大型商务活动应配备档案专业人员，档案人员应具备大专以上或同等学识水平，档案部门负责人应具有中级以上专业技术职称或大学本科以上学历或同等学识水平，且档案人员应定期进行在职培训。大型商务活动的主办单位、承办单位或临时组建的机构，应指定专职、兼职项目文档管理人员，保证大型商务活动的文件收集、整理、归档工作顺利开展。在大型商务活动项目结束后，及时完成文件资料的整理工作，在活动结束后 30 天之内移交给主办方单位。项目承办单位应及时对收集的资料进行整理，确定文件材料归档范围，开展立卷整理工作，方便保管利用或移交档案馆。

大型商务活动是程序繁杂的系统工程，需要各工作小组间的通力合作。在活动过程中产生的文件材料都散布于各工作主办方、承办方等部门手中，应及时对产生的文件材料进行收集保管，做到及时归档，活动过程中有的环节存在变数，需要做好突发情况的应急处理预案，合理布置人员。单位各种大型活动项目文件应按大型活动项目专题，专门立卷、专题编目，按所属类别归档。凡是大型活动过程中形成的有保存价值及日后有参考价值的文件、照片、影像及实物，都应归入整理的范围。

（二）大型商务活动项目文件归档范围

参照《重大活动和突发事件档案管理办法》（国家档案局第16号令），举办、承办单位应当按照国家有关规定编制重大活动与突发事件材料的归档范围和保管期限，其中重大活动材料的归档范围主要包括：

（1）报告、方案、计划、日程安排、领导讲话、题词、会议材料、简报、总结、宣传报道、纪念册等各种纸质文件材料及其电子文件。

（2）录音带、录像带、照片、磁盘、光盘、胶片等材料。

（3）有纪念意义的凭证性和标志性实物，包括活动标志、证件、证书、奖杯、奖状、奖章、锦旗等。

（4）其他具有保存利用价值的材料。

同时指出举办、承办单位应当按照有关档案管理的规范要求和保密规定，做好重大活动档案的信息化工作，提高重大活动档案的利用水平。

【知识链接】

大型商务活动需要整理归档的文件材料

大型商务活动需要整理归档的文件材料包括：

（1）各单位的背景资料，如主办单位、承办单位、赞助商、参与单位及人员和分工等。

（2）商务活动筹备阶段资料，如商务活动背景简介、活动策划方案、活动目标与任务分配、活动进展报告、各式宣传材料、各项通知、活动场地布置、出席活动名单、外事活动中的邀请函件、新闻发布计划等。

（3）商务活动进行资料，如活动议程、签到册、大会报告、领导讲话、活动记录、发言稿、活动中形成的声像与图片资料、实物等。

（4）商务活动后期资料，如新闻报道、会议报告、活动总结等。

三、企业研发项目文件的整理与归档范围

企业研发项目文件指企业在科学技术研究项目的过程中形成的具有保存价值的文字、图表、模型、声像及实物等，是企业档案的重要组成部分，是对科学技术研究活动的直接记录。科研单位应做好研发项目技术文件材料的收集、整理工作，确保企业研发项目文件的系统完整与安全，便于开发利用。企业研发项目文件是企业无形资产的重要组成部分，是企业知识管理的重要资源和工具，也是企业文化的重要体现和反映。企业文书部门根据科技业务部门产生的企业研发项目文件进行整理，包括对研发文件进行价值鉴定，判断其是否留存和保管期限，并按一定的方法将零散的研发项目文件分类组成保管单位，进行编目、保管等工作。

（一）企业研发项目文件的整理原则

1. 遵循企业研发项目文件的形成规律

企业研发项目文件是企业在科研活动中产生的文件材料，不同的项目有其运行的不同规律。企业研发项目类型多样，产生的文件材料种类繁多，需要依据其科研生产活动规律性的不同，遵循研发项目文件的形成规律，根据研发项目的环节、专业对其进行分类整理。这样才有

利于保持文件之间的有机联系，提升企业研发项目文件整理工作的质量。

2. 保持企业研发项目文件之间的有机联系

在来源方面，企业研发项目文件源于企业的不同部门、组织和单位，形成文件的不同部门、组织和单位构成了文件来源不可分割的历史联系。因此，应保持企业研发项目文件来源之间的固有联系。在时间方面，企业研发项目文件是企业不同部门、组织和单位所进行的研发活动，在时间方面具有一定的连续性与阶段性。整理项目文件时，应考虑到文件形成的连续性特点，保持文件之间的时间联系。在内容方面，企业研发项目文件是企业在解决某一问题而产生的，在整理的过程中需要围绕着某一问题进行整理，在内容方面形成了密切联系。在形式方面，企业研发项目文件形式包括内在形式和外在形式，包括文件的种类、名称、尺寸大小、载体等，需要尊重文件之间形成的联系，才能提高企业研发项目文件的整理质量，实现科学化管理。

3. 便于企业研发项目文件的保管与利用

企业研发项目文件整理的最终目的是对其进行科学的管理与方便有效的利用。为保持企业研发项目文件间的有机联系，需要制定科学合理的分类方案，建立有序化的企业研发项目文件管理系统，实现企业研发项目文件的高质量管理，提升利用效率，为社会提供信息资源。

（二）企业研发项目文件的分类

企业研发项目文件材料是记录和反映本企业科研活动的文字、图表、声像等技术文件的总称。按照企业研发项目文件材料的形式来分，主要有文字材料、图样材料、目录和表格材料、声像材料、机读文件等基本类型。按照企业研发项目文件材料的内容来分，主要有基建项目、设备仪器、工业产品、科研课题等类别。

企业研发项目文件具有较强的专业性与科学性，除了基础的问题、机构、时间、区域和名称等分类方法之外，需要使用专门的分类方法对其进行划分。

（1）按对象分类。以项目的设计、生产制造活动形成的研发项目文件为单元进行分类。这类研发活动是以某一实物、项目为中心，按照特定的程序，围绕着这个对象进行的科研活动。

（2）按环节分类。按照研发活动的工作阶段或环节来划分研发项目文件的种类，如分为研发规划文件、项目审批文件、项目实施文件等类型。

（3）按结构分类。将企业研发项目文件按照项目进行的结构进行分类，如研发产品档案按其结构可分为主要项目文件和子项目文件等。

（4）按学科分类。按研发对象涉及的专业学科类型进行分类，如分为计算机信息科学科研项目文件、工程学科研项目文件等类型。

（三）企业研发项目文件整理中的关键环节

1. 组卷

企业研发项目文件经过分类后，还处于分散状态，需要将零散的文件组成案卷，便于后续的保管与利用。企业研发项目间的联系复杂多样，组卷的方法也多种多样。常见的组卷方法有以下几种：

（1）按问题组卷。根据企业的研发项目文件反映的不同问题进行组卷。按问题组卷产生的项目文件数量不同，有的问题产生文件数量较多可组成多个案卷，案卷数量的设置视具体情况而定。

（2）按时间组卷。按照企业研发项目文件的形成时间分别组卷。按时间组卷适用于时间性较强的研发项目，如农业、气象科研项目文件。

（3）按作者组卷。作者包括个人、集体作者或机构。按同一作者所产生的研发项目文件组成案卷。

（4）按名称组卷。按照企业研发项目文件的不同名称分别组卷，如说明书、任务书、决议、报告等项目文件。

（5）按阶段或程序组卷。以企业研发项目的同一程序或阶段产生的文件进行组卷，如设计文件、实验文件等。

（6）按专业组卷。根据企业研发项目文件内容涉及的专业分别组卷。

2. 排序

企业研发项目文件的排序分为卷内文件的排列和案卷的排序。

（1）卷内文件的排列。企业研发项目文件类型主要是文件、图表和图文混合类型。文字材料可按照文件的重要程度进行排列，例如成果性文件在前，原始记录文件在后，这样可以体现出文件材料的重要程度，符合查找利用规律。除此之外，也可按照地区和时间进行排列。图表材料可以按形成时的图样目录进行排列，如果在形成时没有编制目录，可按照隶属关系、总体和局部关系、时间、地区和图纸大小等方式进行排列。图文混合类型的文件材料按照文字在前、图表在后的方式进行排列。

（2）案卷的排列。企业研发项目整卷案卷的排列以课题为基本单元。首先，对企业研发项目案卷进行分类，根据研究任务的阶段和类型进行分类整理排序，例如，科研规划文件、科研实施论证文件、科研成果文件等类型进行排列。在组卷的过程中，对每一案卷按照特定的排列顺序进行编号，将一定的页数或者体积大小作为一个案卷，例如，每一案卷 200 页，科研规划文件有 150 页，可组成 1 个案卷，卷号是 1；科研实施论证材料共 550 页，可组成 3 个案卷，卷号是 2、3、4；科研成果文件 1000 页，可组成 5 个案卷，编号分别是 5、6、7、8、9；按照案卷的序号进行排列，顺序号也就是案卷号。

3. 编制档号

档号是企业研发项目文件管理的编号。档号可反映企业研发项目文件的排列顺序，具有指代功能，能作为存取利用的标记。企业研发项目档号结构为“类别号—项目号—案卷号—件、页（张）号”。

第五节　企业文件归档

我国的文书、档案工作素有归档的历史传统，从几千年前甲骨文件的集中保存并按一定的特征编排等情况，就可以看出那时已有原始的归档方法。中华人民共和国成立以来，各个组织从上到下建立起了统一的归档制度，使全国的档案工作有了牢固的基础。

一、归档的概念

“归档”是指各单位在工作活动中不断产生的文件，处理完毕以后，经由文书部门或文件工作人员整理，定期移交给档案室集中保存。《档案法》第十四条规定：“应当归档的材料，按照国家有关规定定期向本单位档案机构或者档案工作人员移交，集中管理，任何人不得拒绝归档或者据为己有。国家规定不得归档的材料，禁止擅自归档。”

二、归档制度

国家档案局制发的《机关文件材料归档范围和文书档案保管期限规定》《企业文件材料归档范围和档案保管期限规定》《机关档案管理规定》《电子公文档案管理暂行方法》等部门规章及相关的规范文件，都对机关或企业的文件材料的归档工作和相关制度的建设，提出了明确的要求。

（一）归档范围（文件）

归档范围是指应作为档案保存的文件材料的范围，即哪些文件应当归档，哪些文件不必归档。《企业文件材料归档范围和档案保管期限规定》对应该归档的企业文件和不应归档的企业文件做出了明确的指示，具体内容已经在本章第三节进行了说明。

（二）归档时间

社会组织文件材料的归档时间有三种情况：

1. 定期归档

组织机构根据实际工作的需要，在切实保证纳入归档范围的文件材料的完整、安全的前提下，会确定一个相对固定的向档案部门或档案人员移交档案的时间，这种归档时间通常适用于线下纸质文件材料和光磁存储介质电子文件的归档。

2. 实时归档

组织机构根据实际工作的需要，对通过办公自动化或其他业务信息系统形成的属于归档范围的电子文件，以及那些会因采用定期归档而造成归档文件失真、失全、失密等问题出现的传统载体形态的文件材料等，可进行线上随时归档或线下随办随归档。

3. 延期归档

组织机构根据实际工作需要，对那些在业务活动中需要经常或频繁使用的、被纳入归档范围的文件材料，可采用延期归档的时间方式控制。但是，通常情况下，延期归档的时间不可超过 3 年，否则在一定程度上会对档案的完整性和有效性造成损害。

（三）归档要求

为有效保证归档文件材料的质量，维护企业各项活动的原始记录之间的有机联系，企业文件材料归档应满足如下要求：

（1）凡属企业归档范围的文件材料，必须按有关规定向本企业档案部门移交，实行集中统一管理，任何个人不得据为己有或拒绝归档。

（2）企业产品生产和服务业务、科研开发、基本建设、设备仪器、会计、干部与职工人事等文件材料的归档制度，按国家有关规定、标准，结合企业实际执行。

（3）企业应归档的纸质文件材料中，有重要修改意见和批示的修改稿及有发文稿纸或文件处理单的，应与文件正本、定稿一并归档。

（4）企业应将无相应纸质或确实无法输出纸质的电子文件纳入归档范围并划分保管期限。企业对归档的电子文件的元数据要进行相应归档。

（5）多个企业联合召开的会议，联合研制的产品、联合建设或研究的项目、联合行文所形成的文件材料，原件由主办企业归档，其他企业将相应的复制件或其他形式的副本归档。

（6）企业应依据《机关档案管理规定》和国家及专业相关规定，结合本企业生产组织方式、产品和服务特点，编制本企业的各类文件材料归档范围和档案保管期限表。企业应按资产归属关系，指导所属企业根据有关规定，规范各类文件材料归档范围和档案保管期限表的编制，并审批所属企业的文件材料归档范围和档案保管期限表。中央管理的企业（包括国务院国有资产监督管理委员会监管的中央企业、金融企业、中央所属文化企业等）总部的文件材料归档范围和管理类档案保管期限表，报国家档案局同意后执行。地方国有企业总部编制的文件材料归档范围和管理类档案保管期限表，报同级档案行政部门同意后执行。

（7）企业资本结构或主营业务发生较大变化时，应及时修订和完善文件材料归档范围和档案保管期限表。

（8）企业在编制文件材料归档范围和档案保管期限表时，应全面分析和鉴别本企业形成文件材料的现实作用和历史价值，统筹考虑纸质文件材料与其他载体文件材料的管理要求，准确界定文件材料的归档范围和划分档案保管期限。

三、档案室归档工作组织

（一）重视指导和协助各业务职能组织的归档工作

第一，指导和协助文书部门或业务部门执行文件归档制度，由文书部门或业务部门集中开展文件材料的归档工作，可以有效发挥其文件形成规律的优势，从而提高归档文件的质量。

第二，协助和督促有关职能部门做好归档前的准备工作，包括做好平时文件材料的分类、整理、价值鉴定、保护管理工作等。

（二）临时性文件的归档管理

如果社会组织内的归档制度本身不够健全，那么归档文件的完整性和系统性就可能会受到影响，因此，各立档单位的档案管理部门和人员需要采取临时性的措施来弥补归档制度的不足。如结合保密检查，节日前清理文件，机构调整和人员调动，以及临时性的工作活动，随时把应归档的文件集中起来。

（三）加强归档的宣传和档案的日常管理

为了推动归档制度的顺利实施，应针对各立档单位的具体情况，宣传国家的相关法律法规、政策规范，说明文件归档对保证本单位各项业务工作连续开展的必要性、对维护本单位证据体系的完整性、对保障相关人员利益的重要性。

第五章　商务礼仪

第一节　礼仪概述

礼仪是人类社会为了维系社会的正常生活秩序，以建立和协调人际关系为目的所需要认同和遵循的一种行为规范。它既表现为外在的行为方式，即礼貌、仪节；又表现为更深层次的精神内涵，即道德修养。

礼仪是一种世界性的文化现象，是一个人、一个组织乃至一个国家内在的精神文明素养的展示。中国人自古尚礼，礼仪在中国传统文化中的重要地位不言而喻。社会主义市场经济的建设，极大地促进了人际交往，促进了人们彼此的沟通和通力合作。因此，人与人之间的交际应酬，不仅是一种出自本能的需要，也是适应社会发展、个人进步的一种必不可少的途径，交际越来越成为人类生活中不可或缺的重要部分。

作为商务秘书，对于交际的艺术——礼仪的掌握，就显得尤为重要了。商务秘书必须能在各种交际场合中迅速与他人建立良好关系，并善于保持这种关系；能对各种特殊情况应对自如，体面地摆脱困境或解决尴尬局面；能在各种活动中营造融洽的气氛，促进宾主间的交流；能随机应变地应对企业组织与公众交流过程中出现的各种复杂局面；讲礼仪、懂礼节，在社交中受欢迎、受尊重。同时，商务秘书的言谈举止、仪表风度，不仅反映他自身的精神面貌、文化修养和道德水准，一定程度上也关系着其所在组织的声誉和形象。可以说，礼仪是商务秘书社会行为基本规范的重要内容，是商务秘书的必备素质，是商务秘书内在修养的体现，亦是商务秘书良好形象的体现。

一、礼仪的含义与商务秘书礼仪工作的特点

（一）礼仪的含义

在今天，礼是指人们在长期的生活实践中约定俗成的行为规范。它涉及的范围广泛，包括礼仪、礼貌、礼节等。礼的核心是礼貌，礼的形式是礼节，礼的规范是礼仪。简单地说，礼仪在层次上高于礼节、礼貌，其内涵更深、更广。礼仪实际上是由一系列具体的、表现礼貌的礼节构成的系统。礼仪是一种行为准则或规范，是一定社会关系中人们约定俗成、共同认可的行为规范，是一种情感互动的过程。礼的本质就是维护人与人之间的相互关系，因而，礼属于道德的范畴。

（二）商务秘书礼仪工作的特点

1. 普遍性与特殊性的统一

礼仪是人类在社会生活基础上产生和形成的以调节人们相互之间的关系的一种行为规范，全社会成员——无论各种族、各阶级、各党派，均离不开一定的礼仪规范的制约。事实上，古今中外，凡有人类生活的地方，从个人到国家，从政治、经济、文化领域到人们日常生活的方方面面，礼仪活动普遍存在，无时无刻不约束规范着人们的行为，反映着人们对真善美的追

求。同样，商务秘书在日常工作及人际交往中，始终离不开一定的礼仪规范的制约。可以说，只要有秘书活动、交际活动的存在，就会有秘书礼仪、交际礼仪，秘书交际礼仪被人们广泛地适用于不同时代、不同场合，可以说秘书交际礼仪无时不在、无处不在。

商务秘书交际礼仪的特殊性体现在它的技巧性很强。所谓技巧性，就是可操作性。应该怎么做，不应该怎么做，是有一定规则的。比如，秘书的举止，要求站有站相，坐有坐样，走有走姿，蹲有蹲形；跟别人说话时不要指手画脚。又如，在宴请时秘书点人数，若用手指指向别人数数是极不礼貌的；要求空指，即手指并拢，掌心向上数数，绝不能掌心向下。秘书礼仪是非常注重技巧的。

2. 日常性与专项性的统一

商务秘书交际礼仪的日常性是由其工作的特殊内容所决定的。秘书工作的主要任务是办文、办会、办事，而这些日常工作都必然与礼仪相关联。比如，商务秘书在文书办理的整个过程中，要注意文书的形式、内容、语言等方面的规范性和程序性；在会议的策划和管理过程中，秘书要注意会场布置、会议接待、会务安排等方面的礼仪规范；日常工作更要面对各种人际关系，与各方的人打交道，因此也就必然有“礼仪”的存在。妥善处理各种关系，准确把握各种不同场合的礼仪尺度，是秘书人员的日常工作内容，也是秘书人员工作能力的体现。

商务秘书交际礼仪的专项性，是指直接参加或操办各种礼仪性的活动，成为某一礼仪行为的策划者或行为人。比如，在组织举办的各种专题活动或陪同领导参加重大活动时，商务秘书及相关人员除了做好全盘统筹外，对礼仪的细节更应事事过问，处处把关，具体到有几项礼仪安排、前后顺序、礼品规格、致词撰稿、环境布置等一整套礼仪内容，以保证会议或活动的正常进行，并通过良好的礼仪行为使本单位的公关形象在社会上、行业内占据一定的分量。综上所述，商务秘书的礼仪工作，既体现在日常事务中，又有专门的工作内容，是日常礼仪和专项礼仪的统一。

3. 公务性和私人性的统一

对于商务秘书来说，有时其工作很难将公务和私人完全分开。因此，秘书在礼仪工作中须将公务礼仪与私人礼仪结合起来，在具体场合中灵活使用。

一方面，商务秘书工作场所具有多样性，或在办公室，或在会议室，或在事故现场，或在签字仪式现场，或在宴会厅，或在游乐场，或随上司出行，这就要求秘书人员根据工作需要，适时地开展礼仪工作或表现出特定的礼仪行为；另一方面，商务秘书有时可能以私人身份出现在某组织的公务场合，也可能代表组织或领导出现在某一私人场合或社交场合。而随着主体角色的转换，所适用的礼仪也必然随之转换。因此，刻板或机械地以公务活动或私人活动来选择礼仪行为是不妥的，亦不符合秘书交际礼仪工作的规律。

4. 外在性与内在性的统一

礼仪可以说是一个人的内在修养和素质的外在表现。商务秘书只有具备较高的文化素养和高尚的道德情操，才能使其礼仪行为发于内而形于外，因此，秘书交际礼仪工作是外在性与内在性的高度统一。

随着经济的发展和技术的进步，文化也不断发展。商务秘书必然要掌握这些全新的知识，了解各国各地各民族的不同传统和各自的变化历史，并熟悉现代科学技术的进步，努力提高自身的文化素养，根据来自不同文化背景的工作对象而调整自身的礼仪行为，使礼仪行为表现得更规范，更富有时代气息。

礼仪行为是情操的反映，而不是机械的操作。因此，必须注重商务秘书心理素质的提高。诚恳谦逊、从善如流、豁达大度、不计恩怨的心理性格和坚强勇毅、追求真理的精神气质是秘书努力的方向，也是礼仪实践中必备的心理特征。

当然，礼仪场合的种种规矩，种种行为规范，商务秘书需要专门学习与掌握，“发于内”而“形于外”，才能发挥礼仪的最大功能。

总之，商务秘书交际礼仪工作既有一般礼仪工作的常规特点，又有特殊性。充分认识秘书礼仪的特殊性，把握好规矩与分寸，才能在工作中进退自如，既不对人失礼，又不降抑自身，促进工作的顺利展开。

二、商务礼仪的原则和职能

（一）商务礼仪的原则

1. 尊敬原则

尊敬是礼仪的情感基础。孔子曾经将礼仪的核心思想高度概括为“礼者，敬人也”。所谓尊敬的原则，就是要求商务秘书在交际活动中，与交往对象既要互谦互让，互尊互敬，友好相待，和睦共处，更要将对交往对象的重视、恭敬、友好放在第一位，只有这样，才能获取他人的尊重，才能创造和谐愉快的人际关系。掌握了这一点，就等于掌握了礼仪的灵魂。

2. 遵守原则

在日常交往及公务活动中，商务秘书必须自觉自愿地遵守礼仪，并以此规范自己在交际活动中的一言一行，一举一动。商务秘书不仅要学习了解礼仪，更重要的是在工作中实践礼仪，否则，交际就难以成功，甚至直接影响到组织形象。遵守原则是对礼仪的应用及推广。

3. 宽容原则

宽容是待人的一般原则，也是商务秘书必须遵循的基本原则。宽容是指以宽大的胸怀容忍别人不同于自己的见解、个性甚至缺点、错误，商务秘书要具备心胸坦荡，宽宏大度，不计较个人得失的心理素质，在社交活动及公务活动中，具体表现为对别人的意识、信念、信仰、行为、习惯等能够给予谅解，不予计较，对别人的过失和错误不多加追究。只有这样，商务秘书才能更好地处理方方面面的关系，为组织赢得更多公众的支持。

4. 平等原则

在社交场合运用礼仪时，允许因人而异，但是，在尊重交往对象、以礼相待这一点上，对任何交往对象都要一视同仁，给以同等程度的礼遇。同时，对方施礼于你，你必须还礼于对方。平等相待，是建立相互情感、维护良好的人际关系的基本前提。商务秘书在对人交往中不要自以为是，不要我行我素，不要傲视一切，目中无人，也不要以貌取人，厚此薄彼，而应时时处处平等谦虚待人，唯此才能结交更多的朋友。

5. 适度原则

适度原则渗透在商务礼仪的方方面面，可以说运用每一礼仪细则都离不开它。商务秘书在交际生活中，为了确保取得成效，要针对不同的时间、地点、对象，注意使用礼仪技巧，合乎规范，特别要注意把握分寸，适可而止。彬彬有礼而不能低三下四，谦虚而不能拘谨，热情而不能轻浮谄谀，持重而不能圆滑，商务秘书需把握交往的分寸。这是因为凡事过犹不及，运用礼仪时假如做过了头，或者做得不到位，就不能正确表达自己的意愿，进而影响交际效果。

6. 信用原则

信用即讲究信誉的原则。商务秘书在待人接物中真实诚笃、信守诺言、讲究信誉、实事求是。孔子曾有言“民无信而不立，与朋友交，言而有信”，强调的正是与人交往要守信用。可以说，遵守信用是中华民族的美德。商务秘书在各种社会交往场合中，必须自始至终遵循诚信的原则，牢固树立真诚、诚笃、诚实和信用、信誉、信任的观念，并以此统率外在的举手投足、接物应对。

（二）商务礼仪的职能

1. 塑造形象

在现代社会中，形象备受组织和个人的重视。形象包括组织形象和个人形象两个方面。在社会生活中，每个人都以特定的角色去与人相处，有时人们以个人的身份去待人接物，此时表现的纯粹是个人形象；而有时人们又以个人形式代表企业组织去与人相处，此时表现的就是企业组织形象。在商务活动中，商务秘书的个人形象代表着组织形象。所以，礼仪就其职能而言，不仅有助于树立良好的个人形象，还有助于树立优秀的企业组织形象。作为商务秘书，应重视礼仪的学习和再教育，自觉掌握现代礼仪常识，培养自己高尚的情趣、优雅的气质、潇洒的风度，用社交礼仪塑造良好的个人形象，同时也为塑造良好的企业组织形象而服务。

2. 沟通信息

礼仪行为是一种信息性很强的行为，每一种礼仪行为均可以表达一种甚至多种信息。根据礼仪表现的方式，可以把礼仪分为言语礼仪、态势礼仪及服饰礼仪，这三种类型的礼仪行为均具有很强的信息性。

言语礼仪可通过口头或书面语言的方式来传达某种礼节，如“您好”“晚安”这种礼貌问候就将友好、关切的信息传递给对方。态势礼仪是通过表情、动作来传情达意的一种礼仪行为，同样可传递不同的信息，如问候时面部是否带有微笑，握手时是郑重专注还是松松垮垮，都将传递给对方不同情感的信息。饰物礼仪指通过服饰、物品等表达思想的一种礼仪，不同的饰物具有不同的礼仪信息，比如红色服饰适合喜庆欢乐场合，黑色服饰适合隆重庄严的场合。有时饰物的传情达意，往往能达到“此时无声胜有声”的境界。商务秘书平时应研究礼仪行为，使之更好地表达自己想传达的信息，同时学习准确猜度他人所传递的信息。唯有如此，才能在社交活动中如鱼得水，顺畅地与人交际。

3. 增进友谊

增进友谊是现代礼仪的又一职能。礼节、礼貌、仪表、仪式在社交活动中主要的目的就是联络双方的感情，为个人或企业组织营造和睦的人际环境和良好的社会氛围，增进双方的了解和信任，达到建立友谊的目的。就此而言，礼仪增进友谊的职能体现在两个方面：一是在个人的社交圈子中，能为个人交往架设友谊桥梁；二是在企业组织的相互交往中，能为企业组织之间互相了解、增进友谊带来便利。

总之，恰如其分地运用社交礼仪，有助于加强人们之间互相尊重、友好合作的良好关系，有助于缓解或避免某些不必要的情感对立与障碍。从某种意义上说，礼仪是人际关系、企业关系和谐发展的调节器和润滑剂。

第二节　商务秘书个人礼仪

一、商务秘书仪表礼仪

仪表包括仪容、服饰，仪表礼仪即通过着装、佩饰、美容、美发等表达出来的礼仪。这是商务秘书个人形象的重要组成部分。

商务秘书必须注重自己的仪表，这是秘书礼仪的起点。同时，秘书的良好仪表，也有助于塑造自己的个人形象，并使自己成为组织良好形象的代表。

（一）仪容

仪容指人的容貌。对仪容的修饰主要是指美容、美发，即对面部与头发的修饰。它主要包括以脸部、发型为主的化妆、修整和个人卫生。

秘书仪容的基本要求是整洁。整洁的仪容能增添秘书的风采，使秘书显得生机勃勃、充满活力，也使别人感到赏心悦目。

容貌整洁是每个商务秘书都必须做到的。秘书在开始工作或活动前，要检查自己的面部是否清洁，口腔是否清爽，头发是否整齐。

对仪容的修饰，商务秘书应以“洁、雅”为原则，即洁净、清爽、优雅。这就要求商务秘书具备良好的个人卫生习惯和审美意识。头发要常洗常打理，给人清爽感，不要上太多的油和摩丝，油头粉面让人讨厌，蓬头垢面使人感到不洁，不愿接近。男秘书要勤理发修面，要养成经常剃胡子的习惯，应在会客或参加社会活动前剃一次，为此，最好随身带上电须刀备用。当然，不能当着客人的面使用，应当在休息室和洗手间使用。不留怪异发型，鼻毛不要太长，耳部保持清洁，还要注意检查眼角是否残留有分泌物。商务秘书不应留长指甲，要经常检查指甲是否干净，不要涂过于刺眼的指甲油。另外，口腔卫生也很重要，商务秘书经常要近距离与人交往，应保持口气清新而无异味。

（二）化妆

面部是人际交往中为他人所关注的焦点，女商务秘书应注重面部修饰，恰到好处地化妆，充分展示容貌上的优点。一般来讲，在进行社交活动之前，进行必要的化妆是对对方的尊重；参加重要的仪式或参加正规活动的场合，适宜的化妆更显庄重，也表明对活动的认真和重视。因此，女商务秘书应掌握必要的化妆知识。

1. 化妆的浓淡要视时间、场合而定

化妆有晨妆、晚妆、上班妆、社交妆、舞会妆、少女妆、主妇妆、结婚妆等多种形式，它们在浓淡的程度和化妆品的选择使用方面，都存在一定的差异。秘书礼仪要求商务秘书上岗要化工作妆，即淡妆。这是一种尊重交往对象的表示，也是一种良好心态的展现。美丽的面容、焕发的精神总会让人愉悦。淡妆的主要特征是清丽、素雅，具有明晰的立体感，显得庄重、亲和、干练。夜间社交应酬中，在灯光的衬托下，着浓妆比较适宜；喜庆活动、娱乐联欢活动化妆可亮丽些，以增添喜庆气氛。注意不应在公共场合化妆或补妆，这是失礼的。

2. 头发、眉毛、眼睛、面部、鼻子、唇部的化妆要领

发型对仪容的影响很大，不仅反映着自己的个人修养与艺术品位，还是自己个人形象的

核心组成部分之一。商务秘书在为自己选定发型时，除了受到个人品位和流行时尚的左右之外，还必须对本人的性格、气质、脸形、身材、发质、职业、年龄、服饰等因素重点加以考虑。

（1）头发。商务秘书的头发必须保持健康、秀美、干净、清爽、卫生、整齐的状态，并根据头型、身材、性别、年龄、身份来综合考虑发型。一般来说，身材矮者不宜选择蓬松发型，发际宜高；身材高者，不宜选择紧密的发型，发际宜低。胖者适宜短发，瘦者适宜长发，长脸发际要低，短脸发际要高，瓜子脸宜留卷发，圆脸最好选择两鬓紧贴、顶部蓬松的发型。参加正式公务活动，女商务秘书的发式一般宜选择短发，长发应挽起发髻，总之要给人整洁、大方、精干、朝气蓬勃、富有活力的印象。

（2）眉毛。眉毛也是妆中的重要环节，因为眉毛能在无声中传递你的内部信息。眉飞色舞、愁眉苦脸、眉开眼笑、慈眉善目等，都表明眉毛在体现自我形象时的重要作用。一般而言，我国习惯上认为柳叶眉较美，描柳叶眉可以调整人的脸型，起到美化的作用。若眉毛稀疏不匀，粗而杂乱，要拔掉不在位置上的眉毛，用眉笔进行纠正。若上额窄，眉可描长，使窄的部位看起来舒适；若脸短，眉可以描得高些，使脸型显长；如鼻子部位长些，眉可描得低些，显得协调。眉毛描画得应有立体感，使其生动活泼，可以把眉毛中间描重些，眉头和眉梢描得淡些。男士之眉应以浓密为特征，象征勇敢刚强。男士可适当修剪一下那些零乱的散眉、或过于突出、不太整齐的部分；女士可根据自己的性格、脸型将眉毛修剪得和谐得体。

（3）眼睛。眼睛是面部最传神的部位，所以特别要注意眼部的化妆。一般而言，眼部化妆有涂眼影和画眼线两个环节。

涂眼影是为了突出眼睛的位置，使五官更加分明。化淡妆、工作妆时，一般不需要涂眼影，脸型和眼睛形状较好时也可不画眼影。若化浓妆、社交妆时，可选择蓝色、灰色、黑色和棕色这类沉静型的眼影，将其涂于眼睑沟内及上眼睑或眼角部位，上眼睑的眼影要有深浅层次，越向上涂得越淡，逐渐消失。眼角的眼影，可在内眼角涂稍深一些的眼影，并与鼻侧影自然融合，以显鼻梁挺直。外眼角涂深色眼影，以改变眼睛的外形。

画眼线的作用主要是突出眼睛的轮廓，增强眼睛的外观效果。画上眼线，把镜子放低，眼睛向下看，在贴近睫毛处描一条黑线，靠里眼角要淡，逐渐消失；外眼角的黑线根据脸型向外拉，可长些或短些。画下眼线，把镜子抬高，眼睛向上看，沿着下睫毛根部画上细细的眼线。画眼线要注意上下眼线应有差别，一般上眼线比下眼线画得长、粗、深。

另外，日常要保持充足的睡眠和合理的营养，使眼睛有水分，显得有精神。要体现眼睛之美，还要注意在动态中体现，眼睑要时常保持适度的紧张，眼球要活跃，目光要有神，对外界表现出关注和兴趣，才能表现出眼之神韵。

（4）面部。化妆前进行面部清洁是非常重要的。因为化妆后妆面艳丽程度、效果的持久度与皮肤的洁净程度成正比。皮肤越洁净，妆面效果越好。

面部化妆首先是打粉底。打粉底的目的是调整皮肤颜色，使皮肤平滑红润，改变蜡黄或苍白的脸色。粉底有脂状粉底、粉状粉底、乳液状粉底、饼状粉底。长期待在空调房里，照明也是冷调的光源，因此，底妆要选择有保湿效果的粉底。女子一般希望面部化妆白一点，但不可化妆以后改变自己的肤色，尽量选用接近于自己肤色的自然色彩，才会显得自然、协调。倘若肤色偏白或黄，则在粉底外，再扑上些粉红、粉紫色的蜜粉，营造白里透红的光彩。还可根据面部的不同区域，分别敷深、浅不同的底色，以增强脸部的立体效果。若希望脸部红润，有精神，可淡淡地搽一些胭脂。化妆最好在自然光下进行，它可以使色彩调配得自然、优美。男士主要通过健康保养，脸部轮廓鲜明，肌肉灵活，表情丰富，保持微笑，给人亲切、灵敏、果断、爽快之感。

（5）鼻子。鼻子是体现轮廓美的重要部位。鼻子的化妆可在侧面涂些眼影以增强立体感（但要与眼部化妆相协调）。男士鼻子要注意不让鼻毛伸出鼻孔，不要有鼻涕溢出，否则给人以不修边幅、不清洁的感觉。

（6）嘴唇。嘴上涂唇彩可增加嘴唇部的血色感，增加活力和美感，但一般宜淡妆。用有透明感的唇彩，可以不用勾勒唇线，选择接近或比自己唇色略深的色泽，如淡紫红色，轻而薄地涂于唇上，既真实又较鲜明。如加唇线，要略深于唇彩色，唇线要干净、清晰，但不要太明显。同时，在选择唇彩颜色的时候，一定要掌握分寸，以不抢眼为好。涂唇彩不得涂于唇线外，但可根据唇形稍作处理，如薄嘴唇可涂厚些，圆一些；厚嘴唇则涂得淡些；嘴型不好，唇彩涂得深，反而暴露了缺点。

上述各部位的化妆不应是孤立的，必须考虑整体的协调效果，才能取得理想的美感。

3. 化妆的其他礼仪要求

不当众化妆，女秘书尤其不要当着关系一般的异性的面，为自己化妆或补妆。如果需要化妆或补妆，要在无人处或在洗手间进行。不与他人探讨化妆问题。不能非议他人的妆容，不主动给不熟悉的人化妆，除非对方主动要求。不要借用他人的化妆品，这既不卫生，也不礼貌，除非主人主动提出。避免香味浓烈，洒在身上的香水，用量不宜过多，幽幽清香是最易使人接受的。一般与他人相处时，如果自己身上的香味在三米之外还能被他人闻到，说明香水已用过量。现在，男士的化妆品越来越多了，但男士除了使用必要的护肤、护发品外，一般不化妆（除了特殊场合，如演出需要外），否则给人“男扮女装”的不舒服之感。同时，力戒妆面出现残缺。在工作岗位上，如果自己适当地化了一些彩妆，就要有始有终，努力维护妆面的完整性。尤其是对用唇膏、眼影、腮红、指甲油等化妆品所化过的妆面，要时常检查。注意用餐、饮水、休息、出汗、沐浴之后，一定要及时地补妆。

二、商务秘书仪态礼仪

仪态，就是人的身体姿态，又称为体姿。人的体姿在社会交际中起着十分重要的作用。人们往往通过体姿的变化反映动作主体的内在信息、表达情感，展示自己的内涵、修养，这就是我们通常所说的“体态语言”。它作为一种无声的“语言”，在生活中被广泛地运用，在社交活动中有着特殊的意义和重要的作用。体态语言学大师伯德惠斯·戴尔的研究成果表明，在两人的沟通过程中，有 65%的信息是通过体态语言来表达的。用优美的体态表现礼仪，比用语言更让受礼者感到真实、美好和生动。

（一）站姿

站姿是仪态美的起点和基础，又是各种姿势的基础，没有正确的站姿，人体的其他姿势也很难优美。良好的站姿能衬托出优雅的气质与内涵。对秘书来说，要做到体姿美，首先得从正确的站姿做起。

俗话说，“站如松”。站姿的基本要求是挺直、舒展，站得直，立得正，棱角分明，线条优美，精神焕发。其具体要求如下：头要正，头顶要平，双目平视前方，嘴唇微闭，下颌微收，面带微笑，动作平和自然；脖颈挺拔，双肩舒展，保持水平并稍微下沉；双臂放松，自然下垂于体侧，虎口向前，手指自然弯曲；身躯挺直，挺胸、收腹、立腰，臀部肌肉收紧，重心有向上升的感觉，呼吸自然；双腿并拢直立。双膝和双脚要靠紧，两脚平行，身体重心在两脚之间。男士两脚间可稍分开点距离，但不宜超过肩宽，如图 5-1 所示。

商务秘书无论是在执行公务，或在其他公共场合，站着谈话时，不要两手叉腰，也不要把两手交叉抱在胸前，站立时应该挺胸收腹立腰提臀，从整体上产生挺、直、高的精神饱满的体态；切忌站得东倒西歪、驼背凸肚、左右晃动、含胸撅臀。站立时要抬头，切忌探脖、斜肩。女士站立时，双膝和脚后跟要靠紧，收腹挺胸，给人一种端庄之美，如图 5-2 所示，切忌两脚过度分开，尤其穿短裙时，这样站缺乏女性的柔和之美。站立时，两脚不应拍地，那是一种不良的习惯。特别是在谈话时，脚下不停地打着拍点，是一种不尊重别人的表现。站立时也不要倒背着手，这会显得目中无人。

图 5-1　男士基本站姿

图 5-2　女士工作站姿

站姿也分垂手站姿、前交手站姿、后交手站姿、单背手站姿、单前手站姿等不同姿态，但均以基本站姿为基础。如能在自身的仪态举止中分寸得当、运用自如，加之热情的微笑，能给人既有教养又有造型之感。

需要强调的是，如果站立时间较长，可变换双脚、双手的姿势，身体重心可交叉落在左右脚上，但必须保持站姿的基本要求。

（二）坐姿

对商务秘书人员坐姿的基本要求是庄重、文雅、得体、大方。坐姿是商务秘书每日行动的主要内容之一，无论是伏案书写、参加会议、会客交谈，还是娱乐休息，都离不开坐。不正确的坐姿会显得懒散无礼，正确的坐姿能给人留下安详端庄的印象。

正确的坐姿是腰背挺直，双肩放松。入座时要稳要轻。动作协调从容，先侧身走近座椅，背对着站立，右腿后退一点，以小腿确认一下座椅的位置，然后轻稳坐下，如图 5-3 所示。女士入座时，若着裙装，应将裙脚向前收拢一下再坐。女士两膝并拢，男士膝部可分开不超过肩宽。头要平衡自然，上身要直，不要东摇西晃。男士可张开腿而坐，手置膝上或放于大腿中前部，体现出男子的自信与豁达；女性则膝盖并拢体现其庄重。通常以坐满椅面 2/3 处为宜，既不要只坐椅边，也不要满坐。坐下后不要两手交叉在胸前，或抱起肩膀、双手叉腰，或摊开双臂趴在桌子上，或是斜靠在椅子上，前倾后仰、歪歪扭扭。坐沙发要求腰挺直，两腿垂地或微内收，背部不靠沙发背，手扶膝部或一手放于沙发扶手上。坐时不能跷起二郎腿，把腿来回晃动；也不可把脚长长地伸开去，像躺在椅子上；不可将脚跷到桌子上，那样显得极其傲慢无礼；也不要为表示谦虚，故意在人前坐在椅子边缘，身体前倾，表现出一种阿谀相。坐时不要扯裤管或以手抱膝，不可将手放在臀下，或做些不良的动作，如抠指甲、掰骨节等。起身离座时，右脚向后收半步，而后站起，轻稳离座，如图 5-4 所示。

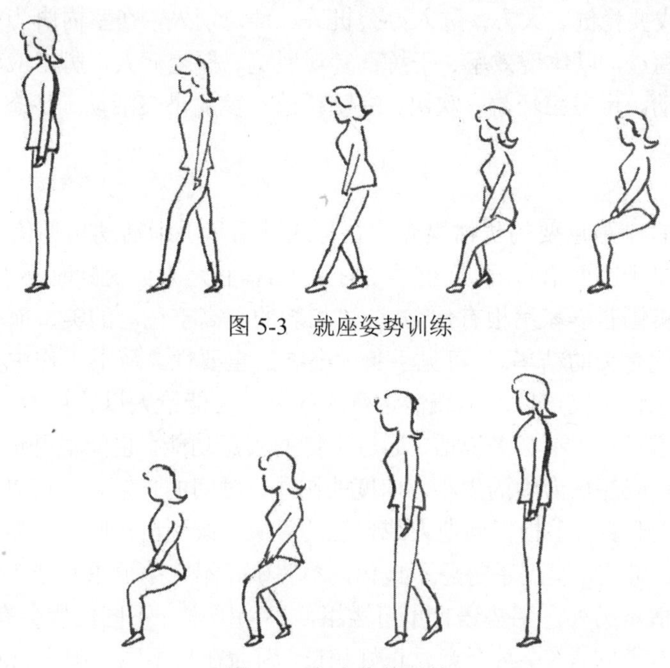

图 5-3 就座姿势训练

图 5-4 起立姿势训练

坐姿有正坐、侧坐、开关式、重叠式、交叉式等多种，但无论哪种坐姿都不要弯腰驼背，女士坐下不要叉开双腿，起立时，可一只脚向后收半步，而后站起。等车等人时不要蹲在地上。总之，人坐在椅子上是要不断变换姿势的，只要端正，腰立直，头、上体和四肢协调配合，怎样变换姿态，都会有优美的坐姿。当然，不可完全按照自己的习惯或舒服度任意行事。

（三）走姿

走姿就是人行走的姿势、体态。它是站姿的延续动作，是在站姿的基础上展示人的动态美。秘书作为联系上下内外的桥梁，对内常穿梭于上司、各部门办公室，对外要来往于各组织，接待、迎送、陪同宾客。走姿往往是最引人注目的体态语言，也最能表现一个人的风度和活力。正确适度的走姿能表现出秘书的外在美，给人留下良好的印象。因此，秘书要训练自己，形成正确优美的走姿。

俗话说，“行如风”。商务秘书要养成优雅的走路习惯，保持协调稳健、轻松敏捷的步态，给人以自信而进取的精神美感。走路时，男子要显出阳刚之美，女性则款款轻盈，显出轻柔之美。行进中，面对迎面而来的人，若要点头致意，步伐应放慢或稍停下，再加上面带微笑点头示意。走路时还要注意停步、拐弯。上下楼梯时应从容不迫，控制自如。在狭窄的通道上如遇领导、尊者、贵宾、女士，则应主动站立一旁，以手示意，让其先走。上下楼梯，若遇尊者，应主动将扶手的一边让给尊者。行走时切记：不要弯腰驼背，无精打采；不要重心向后，上身后仰；不要歪肩晃膀，上下蹿动；不要高抬腿，也不要蹭地皮，拖拖拉拉；不要把双手背于身后，显得老气或有优越之感；不要将手插入口袋，显得小气、拘束；不要脚走外八字，不走直线；不要前臂向上甩动，也不要两臂不动；两人行走不要拉拉扯扯，勾肩搭背；遇急事可加快步伐，但不要慌张奔跑。

此外，秘书人员在不同的环境情况下，走姿可进行一些调整。例如，走进会场、走向话筒、迎向宾客，步伐要稳健、大方；进入办公机关、拜访别人，在室内脚步应轻而稳；办事联络，步伐要快捷、稳重，以体现效率、干练；参观展览、探望病人，脚步应轻而柔，不要发出声响；参加喜庆活动，步态应轻盈、欢快、有跳跃感；参加吊丧活动，步态要缓慢、沉重，以反映悲哀的情绪。

（四）手势

手势是体态语言中最重要的传播媒介，它是通过手和手指活动传递信息。手势作为信息传递方式不仅远远早于书面语言，而且也早于有声语言。它是人们交际时不可缺少的体态语言。手势美是动态美。英国哲学家培根有句名言："相貌的美高于色泽的美，而秀雅合适的动作美又高于相貌的美，这是美的精华。"可见手势、姿态的重要性。秘书工作中如能够恰当地运用手势来表达真情实意，不仅可以增强表情达意的效果，还能给人以感染力，加深印象。此外，秘书如能够学会察言观色，不必多说话，通过手势的表意功能，也能很好地与别人交流。商务秘书在使用手势时，应注意力度的大小，速度的快慢，时间的长短，不可以过度。指示时应掌心向上，手指并拢，不要将手指指向他人或自己的鼻尖，谈到自己时可手掌轻按自己左胸，这会显得端庄、大方、可信。运用手势忌不自信、不明确，不宜单调重复或手舞足蹈，要注意动作的协调和充满热情。另外，手势语言不可滥用，不同国家、不同民族会有不同的语义手势，有的同一种手势却有不同含义，甚至意思正好相反，因而在与不同的国家、地区或民族交往时，商务秘书一定要了解对方的手势语言，以免犯忌。

【知识链接】

常见的几种手势在不同国家或地区的不同含义

掌心向下的招手动作，中国表示招呼别人过来，美国是叫狗过来。

竖起大拇指，一般都表示顺利或夸奖别人。但也有很多例外，在美国和欧洲部分地区表示要搭车，在德国表示数字"1"，在日本表示"5"，在澳大利亚就表示骂人。与别人谈话时将拇指翘起来反向指向第三者，即以拇指指腹的反面指向除交谈对象外的另一人，是对第三者的嘲讽。

"OK"手势。拇指、食指相接成环形，其余三指伸直，掌心向外。"OK"手势源于美国，在美国表示"同意""顺利""很好"的意思，而法国表示"零"或"毫无价值"，在日本是"钱"的象征，在泰国表示"没问题"，在巴西则表示粗俗下流等意思。

"V"形手势。食指、中指分开斜向上伸出，其余三指相握。这种手势普遍用来表示"胜利"。如果掌心向内，就变成骂人的手势了。

三、商务秘书表情礼仪

表情即神态，指人的面部表情，是眉、眼、嘴、鼻的动作和脸色的变化表达出来的内心思想感情。在体态语中，面部表情最为丰富，且最具表现力，能迅速而又充分地表达各种感情。

现代心理学家总结出一个公式：感情的表达=7%言语+38%语音+55%表情。面部的表情有天生的因素，但是后天的气质、内涵、学识、性格等必然真实地反映在脸上，它与修养水平有十分密切的关系，最关键的是内心的诚恳。秘书人员应注意学习表情礼仪，以健康的表情给人留下良好的第一印象，力求对公众产生一种亲和力。构成表情的主要因素一是眼神，二是笑容。

（一）目光

眼睛是心灵的窗口，眼神是面部表情的核心，是一种真实的、含蓄的体态语言。人们在相互交往时，特别是在商务秘书的工作中，这种含蓄的无声语言，往往可以表达有声语言难以表现的意义和情感。目光运用得当与否，直接影响到信息传递和交流的效果。因此，商务秘书要注意眼神的锻炼，掌握眼神的礼仪规范，学会不同场合、不同情况下，应用不同的眼神，这样有助于融洽气氛、交流思想、增进感情、加深印象，从而促进各项工作的顺利开展。

商务秘书在各种商务活动中，应该使用亲切、友好、坦然、坚定的眼神，而不应是轻佻、游离、茫然、轻蔑、阴沉的目光。注视他人的时间要恰当。如太长时间地直视或凝视对方，会产生审视、逼迫的感觉，如果对方为异性，则会有心地不纯之嫌，可如果不加注视又会让人觉得冷漠和没精打采。所以，在与人交谈的过程中，应注意视线的位置，既不要低垂脑袋只往下看，也不要东张西望、左顾右盼。交谈过程中，要不时注视一下对方眼睛，一般情况下，与对方眼光接触的时间，以与之相处的总时间的1/3为宜。其余的时间可注视对方脸部以外的5～10cm处。自始至终注视对方是不礼貌的，如凝视的时间超过5s，会让对方感到紧张、难堪。

在从事商务或社交活动时，目光注视的区域有所不同：公务注视区域是指在进行业务洽谈、商务谈判、布置任务等谈话时采用的注视区域，范围是以对方两眼为底线、额中为上顶角所连接成的三角区。注视该区域能造成严肃认真、果敢坚定的效果，常为贸易谈判、洽谈业务的工作人员所采用，以把握谈话的主动权和控制权。而在提出特别请求或商谈即将结束时，可把视线集中到对方眼睛，这种轻轻的注视，会让人产生柔和亲切的感觉，并引起对方对你话题的关注，但这种注视时间不应太长。社交注视区域是指人们在一般社交场合所采用的注视区域，范围是以对方两眼为上线、唇心为下顶角所连接成的倒三角区。注视这区域容易给人一种平等、轻松感，从而营造出一种良好的社交氛围，人们常在茶话会、舞会、联欢会以及各种类型的友谊聚会的社交场合中运用，以比较自由、轻松地表达自己的观点和见解。

（二）微笑

微笑是心理健康的标志，微笑是自信的象征，微笑是人际交往的一张万能通行证。微笑在人际交往中最具魅力，反映了面部表情在人际交往中的主要功能和特殊作用。微笑可以沟通人们之间的美好情感，增进友谊，这种无声语言能传递出热情、友好、善意、尊重的信息，带给人们欢乐和幸福。商务秘书需要微笑。这是对别人表达善意最单纯、最美妙的捷径，可以缩短与人交往的距离，迅速获取他人的好感和信任，从而形成和谐友好的交往气氛。商务秘书的微笑应是发自内心的，要真诚、适度、适宜，符合礼仪规范。

微笑要真诚。微笑要亲切、自然、诚恳，发自内心，做到“诚于中而形于外”，切不可故作笑颜，假意奉承，露出“职业性的笑”。

微笑要适度。微笑的美在于文雅、适度，不能随心所欲，不加节制。微笑的基本特征是不出声，不露齿，嘴角两端略提起，既不要故意掩盖笑意，压抑内心的喜悦以影响美感，也不要咧着嘴哈哈大笑。

总之，眼神是人类情感信息的传送带，微笑是能超越文化而传播的“世界语”。一个善于通过目光和笑容表达美好感情的人，更富有魅力，也会给他人以更多的美感。人际间多一些敬重，多一些宽容和理解，表情就可能更美，交际形象就会更有气度。

四、商务秘书服饰礼仪

服饰指着装和佩饰。在社会交往中，人们的服饰在一定程度上反映着一个人的社会地位、身份、职业、收入、爱好、个性、文化素养和审美品位，是一种特殊的“身份证”。得体的服饰能够表现出人们的自尊，显示出他们的气质和风度。同时，服饰又是一种礼仪，即通过服饰穿着、饰物佩戴来传情达意的一种礼仪。

对商务秘书而言，服饰就等于自身的名片，等于所代表企业的徽章，直接起着沟通人际关系的作用，直接代表所在企业的风采和形象。因此，商务秘书应高度重视服饰礼仪。

（一）商务秘书着装的基本原则

秘书工作时的服饰属于职业服饰，它应当具有实用性、审美性和象征性的特点，其基本要求是整洁、大方、和谐、雅致。为了达到这一要求，同时遵循国际上服饰的“TPO”原则（Time、Place、Occasion 三个词的首字母缩写），秘书在选择服饰时应注意：

（1）服装要随时间变化而变化。随时间变化含有以下三重意思：与时代的主流风格保持一致，不可背离时代，退步而复古，也不宜追时髦、赶“前卫”；服装应当随着一年四季的变化而更替变换，如裙装夏薄冬厚，而不宜打破常规，标新立异；服装应该顾及每天早、中、晚的时间变化，适当调换。

（2）服装要符合环境与场合的要求。不同的场合有不同的服装要求，秘书只有穿着与环境气氛相适宜的服装，才能产生和谐的效果，达到美的目的。一般遵循：工作场合——庄重保守；社交场合——时尚个性；休闲场合——舒适自然。

（3）服装要符合职业身份的特点。社会心理学家认为，不同的社会角色，必须有不同的社会行为规范，在服装穿着方面也依然如此。代表着组织形象的秘书在办公室或外出处理一般类型的公务，服装应当合乎本组织、本部门的规范，正规、干净、整洁、文明。此外，秘书经常随同上司或陪同外宾、外商，参加各种社交活动。这时，秘书的服装既要整洁大方，又要注意适度，不宜鲜艳夺目，要注意突出上司或宾客，也应避免喧宾夺主。

（4）服装要符合自己的体形特点。例如，上身较胖，臀、胸、腰部比较肥大的人，应选择宽松、肥大的上衣和裙子；腰粗的人不宜穿旗袍，穿裙子最好穿筒裙，不要穿束腰或腰部曲线明显的衣服；两腿较粗或小腿肚较大的人，不宜穿健美裤或短裙，而适宜深色的长裤和长裙；整个身体较胖的人，不宜穿长条图案的服装，不宜穿夹克衫、紧身外装，衣料不能太薄，颜色不要太浅；体型过瘦、胸部扁平的人，适合选用浅颜色、大格、大花面料的衣服，衣领、衣袖的花样可多些，或多打褶以显丰满；如果肩部较窄，可用横条或同质地厚的衣料做垫肩，夏衣可穿泡泡袖；如果腿部比较瘦，则不适宜穿短裙、瘦裤，宜穿长一点的裙子和宽一点的裤子；如果双臂太细，最好不要穿半袖特别是无袖的上衣，以免显得过于单薄；个子太高的人，不宜穿上下衣颜色一致的衣服，更不要穿上下衣都是竖条的服装，宜穿碎点、圆点图案的服装；个子矮的人，一般要上下衣及鞋帽颜色或色调尽可能一致，上衣不要太长，裙子不宜太短，冬天的服装不宜太浅，夏天的服装不宜太深；脖子短的人，领口要开得大些，最好穿 V 字领，不要穿高领衣服；腰短的人，可以穿高腰裤或裙子，给人增高的感觉；腿短的人，可以穿高跟鞋，裤脚留长一点，以给人下身增长的感觉。

（5）服装穿着要考虑色彩的搭配与组合。生活中，色彩对人视觉的刺激是最敏感、最领先的，不同的色彩会产生不同的心理效应，色彩和谐、款式合体的着装，会给人留下美好的印象。一般来说，黑色服装给人成熟、理智之感，可提高人的品位，但黑色也有压抑、老气的一面，面料好的纯正黑色，给人高档庄重的感觉，而灰黑或面料差，则显得没有生气、活力。白色服装可体现纯洁、高雅，但也给人难以接近的感觉。红色服装给人热烈、奔放之感，但也能给人不成熟、不太理智的印象……所以，要注意服装色彩同年龄、个性、肤色、体型的协调，协调才产生美感。

从肤色角度，一般面色红润的人适宜穿茶绿或墨绿色衣服；肤色黄白的人适宜穿粉红、橘红等柔和暖色调衣服；面色偏黄的人适宜穿蓝色上装；肤色偏黑的人适宜穿浅色调，如浅黄、浅粉等，以衬托出肤色的明快。从体型的角度，一般来讲，身体较胖的人适宜穿深色调的衣服，这样会给人以苗条的感觉；身体较瘦的人适宜浅色调的衣服，这样会给人以丰满的感觉。大花型的服饰有扩张的效果，会使瘦的人看上去丰满些；小花形的服饰穿上显得苗条。花色面料还可适当修饰体型有缺陷的部分，比如女士腿形不美，可穿花裙，上着素色衣；而上身单薄可穿花衣素裙。从配色角度，不同颜色搭配会产生不同的效果。上下衣、帽子、鞋用一个色调，会产生一种和谐的效果，显得庄重、得体；蓝色与白色相配，给人文静、认真的感觉；交际场合，一般男士着装不要超过三种颜色，过多的色彩变化会显得不成熟、不稳重。总之，商务秘书要认真学习服装色彩的合理搭配，以穿出风采，穿出美感。

（二）商务秘书着装要领

1. 女商务秘书着装要领

女商务秘书着装要围绕两个核心坐标点，一是成熟优雅，二是含蓄低调，可以说白领着装的最高境界是稳重保守中透出一丝时髦的淑女气息。在办公室工作时，以穿西装套裙或长裙为宜，西装套裙会使着装者看起来干练、洒脱和成熟，还能烘托出女性所独具的韵味，显得优雅、文静。可以说，西装套裙能够体现职场女士的工作态度与女性美。作为西装套裙，裙子的式样可以有不少选择。西装裙、围裹裙、一步裙、筒裙等，式样端庄、线条优美；百褶裙、人字裙、喇叭裙、旗袍裙等，飘逸洒脱、高雅漂亮，都是可以被西装套裙所接纳的裙子式样。款式以简洁大方为宜，切忌太复杂、装饰性太强。色泽避免大红、大绿等刺眼的颜色，与办公室气氛不协调。

在社交活动中，女商务秘书选择衣着的范围比较大，可以穿西装套裙、各式上衣配长裙或长裤、连衣裙、旗袍及其他民族服装。在涉外活动场合中，女士穿旗袍往往会受到外宾由衷的赞美。其他场合着装，除要干净、整洁、合身外，还要注意在不同的场合发挥不同的作用。如参加晚宴，可在服装色彩和饰物上精心选择，打扮得漂亮些。参加婚礼时，一般也应穿礼服，但不应装饰过多，绝不能穿同新娘礼服同色同款的服装。而参加丧礼或吊唁活动时，宜穿黑色、藏青色、白色、素色无花的衣裙，内穿白色或暗色衬衣，不涂口红，不佩戴亮泽的装饰物。如出席音乐会、观剧等晚场活动，女士应穿西服或典雅的长裙，并适当化妆，以与剧院的气氛相适宜。

女商务秘书还应注意鞋子和袜子这两种“腿部时装”和“脚部时装”的选择，它们是整体着装美的重要构成部分。女士穿裙子应当配长筒袜或连裤袜，它的特点是轻薄柔软、透气性好，舒适又护肤，对腿部表面的轻微缺陷还有掩饰作用，使粗糙的皮肤显得光滑细腻，并呈现出柔和的线条和美感。丝袜的颜色以与肤色相同或深色最常用，尤其是肉色，因为是中性色，所以与任何服装搭配色泽都很协调。若穿黑色裙装可以配黑色长袜，而穿淡颜色的裙子，切忌穿黑色长袜。白色袜子在正式社交场合不多见，应避免穿着，其他鲜艳色调的袜子也不宜穿着。女士穿袜子应本着自下而上轻拉、理顺的原则。袜口不能露在裙摆或裤脚外边。裙摆与袜口之间要是露出一段腿部来，这种样子很不雅观，是对他人的不尊重，若穿齐膝中短裙，最好着连裤袜。不论女士腿部多么动人，在正式场合着裙装，不穿袜子也是不礼貌的。女士的鞋子如同皮包一样，白天不宜穿亮丽如镶有金银色亮片的皮鞋，以素色、颜色较深者为宜。作为职业女性，女商务秘书可多备几双四季穿的黑色皮鞋，因为黑色可以与所有颜色的服饰相搭配。总之，要注意选择与套装相配的皮鞋，不要反差太大，应上下呼应，形成服饰的整体美。若是晚间参加舞会、宴会、晚会等社交活动，也可穿发亮或金银色的皮鞋。在正式场合，女士不要赤脚穿凉鞋，也不要穿露着脚趾的凉鞋、拖鞋。一般鞋跟的高低视个人身高、喜好来决定，但不要穿鞋跟太高太细的高跟鞋。

2. 男商务秘书着装要领

男秘书的办公室着装，一般以该组织的工作装和普通西装为宜。西装是世界公认的男子正规服装，几乎在所有场合均可穿着，而且西装的穿着礼仪几十年严格统一，男商务秘书要使西装穿得得体，穿出风度来，就应了解西装的穿法和礼仪。若穿着不当，不仅影响自己的形象，对别人也是一种失礼行为。

（1）西装的套件。西装有单件上装和套装之分。正式场合，必须穿颜色素雅的套装，以深色、单色为宜。西装上衣要衣长过臀，四周下摆下垂平衡，衣袖长度应在手臂伸直时达到腕部。西服袖口的商标牌应摘掉。上衣的衣领要紧贴后颈部，以保持一种匀称感。西裤的腰围以从腰间能插进一手掌为宜。裤长以裤脚接触脚背为妥。裤子要烫出裤线，裤腿内侧没有皱褶。

（2）西装的领子。西装的领型有枪驳头和平驳头之分，应根据脸型和西装款式选择。穿着后西装领子应紧贴衬衣领，并低于衬衣领 1cm。这样，一是可起到保护西装领子的作用，二是可显示出穿着的层次。

（3）西装的纽扣。西服上装有单排纽扣和双排纽扣之分。单排纽扣又有单粒扣、双粒扣、三粒扣之别。在非正式场合，一般可不扣纽扣，以显示潇洒飘逸的风度；在正式场合，要求将实际扣即单粒扣、双粒扣的第一粒、第三粒扣的中间一粒都扣上，其余的是样扣，则不必扣上。双排纽扣一般不要敞开穿。

（4）西装的口袋。西装上衣的胸袋只插放装饰性的白手帕。手帕要折叠平整，或折成花式。两侧的衣袋也只作装饰用，不宜乱装物品，以免使西装变形。一些小物件可以装在上衣内侧衣袋里，左侧内袋可装票夹、日记本和笔等，右侧内袋可装名片、香烟等。裤子两边的口袋也不宜装东西，以求臀围合适、裤型美观。

（5）衬衣。正式场合穿西装，内穿的衬衣以白色为宜，袖口须扣上不得翻起，其袖长应长出西装衣袖 1.5cm 左右，其领子也应高出西装领子 1.5cm 左右。衬衣的领子大小要合适，领头要挺括、洁净，衬衣的下摆要塞进西裤。领口的扣子要扣好，若不系领带时应不扣。衬衣以单薄为宜，衬衣内不宜再穿其他衣物，以免臃肿。

（6）领带。西服作为礼服穿着，必须配上领带。领带位于上衣翻领处“V”字形区域的中央，被称作西装的灵魂。领带的质地、款式、色彩、图案应有所选择，与西服协调。一般来说，男秘书以色泽柔和、雅致朴素、暗色调的领带为宜，衬在白色或淡色的衬衣上，颇为得体。领带不宜过细，过细显得小气，长度以 130～150cm 为好。领带系好后，领带结大小要适中，造型要漂亮。领带的长短要得当，其最佳长度是：大箭头下垂至裤带处。下垂过短、过长都被视为不雅观。若内穿背心，领带必置背心内，领带尖也不能露出背心。

（7）背心。在有些讲究的场合，穿着西服不能显露腰带，得穿上西装背心，背心的质地、款式、颜色要和外衣一致，并裁制得贴身合体。

（8）鞋和袜子。穿西装对鞋和袜子也特别讲究。以配上没有花纹的三接头皮鞋为宜，鞋的颜色以黑色为主。黑色皮鞋显得庄重、大方，并能和任何颜色的西装相配。皮鞋要上油擦亮，并配上深色不透明的中筒袜，这样，在坐下谈话时不会露出腿上的汗毛。袜子要整洁，不允许有异味和破洞。

西服穿着具有一定的程序。正常的程序是梳理头发—穿衬衫—穿西裤—穿皮鞋—系领带—穿上装。这种西服的穿着程序是一种规范，也可以说是一种礼仪。

（三）商务秘书佩饰礼仪

佩饰指与服装搭配对服装起修饰作用的其他物品，包括：头饰，如发卡、发簪、耳环、耳插等；项饰，如项链、项圈、项坠等；手饰，如手镯、手链、戒指、袖扣、臂镯等；胸饰，如胸针、别针、领针、领带夹等；腰饰，如腰带、挂坠、佩刀等；脚饰，如脚镯、脚趾环、脚链等。虽然佩饰一般体积不大，但它位置突出，效果显著，在服饰中常起到画龙点睛、协调整体的作用。佩饰不仅是财富的象征，更是一个人文化素养、气质风度和审美格调的体现。虽然秘书人员在工作岗位上允许佩戴的首饰较少，但在参加社交活动、接待中外宾客时，佩戴一些首饰可为形象增色。因此，了解不同场合、不同条件下如何选戴首饰很有必要。

秘书的饰品以简单大方、不妨碍工作为原则。女商务秘书要了解饰物佩戴的特定意义及佩戴艺术，按照礼仪的基本要求，依据不同的场合、交往的对象，有选择地佩戴，更好地体现出应有的礼貌与尊重。例如，戒指是男女的一种主要饰品，但有特定的含义。戒指通常戴在左手上，而拇指是不戴的；把戒指戴在食指上，表示无偶而求爱；戴在中指上，表示正处在恋爱之中；戴在无名指上，表示已订婚或结婚；而把戒指戴在小手指上，则暗示自己是一位独身者。在不少西方国家，未婚女子的戒指戴在右手而不是左手上。一般情况下，一只手上只戴一枚戒指，戴两枚或两枚以上的戒指是不适宜的。所以，戒指以及其他饰物，如手镯、项链、耳环、胸饰、腰带、头饰等各种装饰品，其佩戴有一定的讲究，遵循与服装协调、与体貌相配、与环境吻合的基本原则，即装饰品的形状和颜色应与衣着的款式、颜色相协调，与个人的年龄、体型、发式、脸型等个性特点相吻合，与所处的季节、场合相和谐，并遵从有关的传统和习惯，在社交场合不应靠佩戴的首饰去标新立异。无论哪一种装饰品，不可戴得太多，应少而精，避免珠光宝气、华而不实、臃肿俗气。

第三节 商务秘书社交礼仪

一、交往礼仪

现代社会随着市场经济的蓬勃发展，社会交往成为人们生活中必不可少的一项内容。而秘书的角色，要求其必须与他人建立良好和谐的人际关系。这就迫切需要用一定的规范来约束和调节秘书的行为。

（一）见面礼仪

见面的礼仪规范是秘书进行人际交往的通行证。

1. 拜访约会

拜访约会，简称拜会。由于工作的需要，秘书经常会对特定的对象提出约会，进行拜访。拜会是秘书社会交往的重要方式。

为了使拜会能顺利圆满地进行，达到拜会的目的，在拜会之前，秘书要充分做好准备。首先，明确拜会的目的，即为何目的而要进行拜访约会。其次，要提前预约，即在拜会前，向拜会方提出请求，说明拜会的目的，以征得对方的同意，一般是“不约不见”，并视拜会的具体目的和对象进一步确定拜会的时间、地点。一般说来，公务的拜会，选择对方上班的时间，地点可在办公室或娱乐场所；而私人拜会，相对比较随意，视对方习惯为宜，但应以不妨碍对方休息为原则。拜访时间一般不要在临近用餐时间。再次，认真做好拜会的具体准备，如根据拜会的内容准备好相关的材料、名片或恰当的礼品等，并要注意修饰自己的仪表。

遵时守信是拜会时基本的礼貌，拜访要按约定的时间准时到访。提前到达会打乱对方的计划，使对方措手不及；迟到更是不礼貌的表现，在不可避免的原因下迟到，应先打电话说明一下，并表示歉意，如果来不及打电话通知对方，见面后一定要道歉，并简要说明一下迟到的原因，以取得对方的谅解。失约是失礼的表现。

在进入他人办公室或房间时，应首先敲门，待对方允许后方可进入。无论是公务或朋友间的拜会，进门后要向主人问候、寒暄，还要向室内的其他人打招呼，不能对室内的人视而不见，爱理不理。一般待主人安排或指定座位后再坐下。

与拜会者交谈，态度要诚恳、自信，并注意与拜会者言语的互动、交流，不要光是自己滔滔不绝，没完没了，要给对方有回应的时间。要注意交谈的时间，以不影响对方休息、餐饮为宜。

告辞是拜会中的一项重要礼节。首先，告辞注意把握时机。其次，告辞要有行动。再次，告辞要有致谢。如若带有礼品，可在此时赠送给主人，并对主人的热情招待给予感谢。

同样，答应约见对方，就不要再安排其他工作或外出，对方按时赴约而见不到你也是不礼貌的。若有急事无法接见，定要安排好他人代你约见，向客人致歉并说明原因。

2. 见面礼节

打招呼相互致意是见面时的基本礼节。商务秘书在社交或公务活动时与人相遇，对认识的或有业务联系的对象（哪怕不是很熟悉），都应主动点头、微笑、招手，或道声“您好”以示致意，当别人主动打招呼时，也应立即说一声“您好”表示回礼。主动热情地向人打招呼致意，是构建良好人际关系的重要内容。一双能正视对方的眼睛，一副带着微笑的真诚面容，一声热情明朗的招呼声，是商务秘书应具备的。

打招呼有约定俗成的习惯次序：男性先向女性打招呼；年轻的先向年长的打招呼；下级先向上级打招呼；年轻女性先向比自己年纪大得多的男性打招呼。

与多人打招呼更要遵照先长后幼、先女后男、先疏后亲的原则。

打招呼还要注意使用得体的称呼，王经理、李处长、徐教授、田老师、司机师傅、秘书小姐、老刘、小苗、赵伯伯、罗阿姨、先生、女士、同志等，均要以尊称为本，但也要注意习惯叫法，以尊敬、亲切、得体、郑重为原则，以达到心理相容、增进相互关系的目的。

利用面部表情和身姿手势也是常用的致意方式，一般女士多用点头、微笑向人致意，显得稳重、端庄。公共场合遇到相识的人而距离较远时，不可大呼小叫，一般举起右手招手致意并点头微笑为妥。男士有时可脱帽致意。

握手现已是国际通用的致意礼节。握手是友好的举止，相互见面握手，相互告别也握手，当两个陌生人被人介绍相识时还需要握手。另外，表示祝贺、感谢、慰问、相互鼓励时，都会使用这一善意的礼貌行为。

握手应注意四方面细节。首先要了解握手的次序：主人、年长者、职位高者、女士应先伸手；客人、年轻者、身份低者、男士、被介绍者可先问候，待对方伸手后立即随应相握，一般不要贸然先伸手。其次要掌握握手的力度，力度要适中。再次要掌握握手的时间，一般3～4s即可。最后要了解握手的忌讳：握手一般不要用左手；不要戴着手套或戴着墨镜与人握手；握手时不宜点头哈腰，过分客套；不要坐着与人握手，长者或女士可特例；与异性握手时不能双手去握；多人同时握手切忌交叉，要等别人握完后再伸手；握手时不要看着第三者，更不能东张西望，心不在焉；如果你的手脏或冰凉或有水、汗，不宜与人握手，但要主动向对方说明不握手的原因，以免引起误会。

见面除行握手礼外，有些国家和地区还以鞠躬、拱手、拥抱、双手合十等种种方式行礼，对此，商务秘书也要有所了解。

3. 引见介绍

介绍是人际交往中与他人进行沟通、增进了解、建立联系的一种最基本、最常规的方式。正确地利用介绍，不仅可以扩大自己的交际范围，广交朋友，而且有助于自我展示、自我宣传。介绍可分为自我介绍和为他人作介绍。

自我介绍要找准适当时间，即对方有兴趣时，对方有空闲时，对方情绪好时，对方干扰少时，对方有要求时。千万不要在对方休息、用餐或正忙于私人交往时作自我介绍。时间以半分钟左右为佳，如无特殊情况最好不要长于一分钟。自我介绍的内容可根据实际的需要、所处的场合而定，一般包括三个基本要素：本人的姓名、供职的单位以及具体部门、担任的职务和所从事的具体工作。这三个要素在自我介绍时，应一气连续报出，这样既有助于给人以完整的印象，又可以节省时间。当然也可视交往目的来决定介绍内容的繁简。自我介绍时态度要镇定自信、自然大方、友善随和、实事求是。

为他人作介绍时，首先要了解双方是否有结识的愿望，如对方同意，再开始正式介绍。介绍顺序为：先把年纪轻的介绍给年长的；先把职位低的介绍给职位高的；先把宾客介绍给主人；先把男士介绍给女士。在双方的地位和年龄差不多时，应该先把与自己关系密切的人引见给另一方。总之，介绍时本着应该受到尊重的一方优先了解对方为原则。把一个人介绍给众多的人时，首先应该向大家介绍这个人，然后再把众人逐个介绍给这个人。介绍时，中介人应有礼貌地以手示意，注意不能用手指点，而是手掌朝上、四指并拢、拇指自然张开，指向被介绍的一方："这位是××先生，××公司公关部经理。"而作为被介绍者，应当配合介绍者，表现出结识对方的热情，微笑注视对方，一般情况下，被介绍者（长者除外）要起立，点头示意。但在会谈桌上或宴会桌上可例外，只要微笑点头有所表示即可。

4. 递接名片

在现代社会，名片直接承载着个人信息，是身份的体现，越来越受重视，在业务交往和日常交际中被广泛运用。尤其是初次相识，互递名片几乎成了不可缺少的重要礼节。

名片通常是在自我介绍后或被别人介绍后拿出来的，递送一般是由晚辈先递给长辈，递时应立起，上身向对方前倾以示敬意，并用双手拇指和食指轻轻地握住名片的前端，而为了使对方容易看，名片的正面要朝向对方，递时可以同时报上自己的名字，使对方能正确读出，特别是自己的名字有难读或特别读法时，以及接受者是外方人员时，更要清楚地报名或加以解释。要注意，在东南亚的部分地区、非洲、中东国家（以色列除外）不能用左手递送名片。递送时也可以加上一句"请多指教""请多关照"等寒暄话，切忌目光游离、漫不经心。接到名片后，不要立即收起来，而是认真读一遍，快速记住对方的姓名、职务、职称，并以示尊重。遇有显示对方荣耀的职务、头衔不妨轻读出声，以示敬佩。对没有把握念对的姓名，可当场请教对方。然后将名片放入自己名片夹中、口袋或手提包里。

一般不要直接开口向他人索要名片。如果想结识对方或者有其他原因有必要索取对方名片，就要灵活采取一些办法：一是互换法，即以名片换名片，首先主动递上本人名片，按常理对方会回给自己一张他的名片；二是暗示法，即用含蓄的语言暗示对方，向平辈或晚辈表达此意时可说"今后怎样与您联络"；三是谦恭法，例如，向尊长、名人索要名片时可说"今后如何向您老请教？""以后怎么向您请教比较方便？"等等。他人索取名片时，一般不要直接加以拒绝。如果自己不想给对方名片，应用委婉的方法表达此意。

（二）交谈礼仪

在社交场合，语言是最便捷的信息传递手段。俗话说："一句话可以把人说笑，一句话也可以把人说跳。"说话在现代社会交际中的重要性已越来越明显，作为商务秘书，更要注意言谈的基本技巧和礼仪要求。

首先，交谈要有正确的态度。商务秘书在交谈时所表现的态度，往往是其内心世界的真实反映。若想使交谈顺利进行，就务必要对自己的谈话态度予以准确把握，要自信从容、互相尊重、真率坦诚。

其次，要注意交谈的语境。语境指言语交谈时的个体环境，语境对言语交流起着制约作用和强化作用。与人交谈要看对象，了解对方身份、地位、社会背景、文化传统及经历、性格等因素，说话要符合对方的特点，才能营造和谐的交谈氛围。与人交谈要看场合，如正式和非正式场合、喜庆和悲哀场合、庄重和随便场合、公开和私下场合等，不同场合有不同的说话方式，同样的话在不同的场合会产生不同的效果。与人交谈要注意气氛调节，尽量谈一些双方都感兴趣的话题，多用一些幽默的语言，给人以快乐，创造愉快而轻松的交谈气氛。

再次，要注意谈话内容。商务秘书与人交往，要注意谈话内容合乎礼仪性要求。不要寻探他人隐私问题；不谈论荒诞离奇的事情，不谈论双方国家内政和民族宗教信仰问题，不谈论别人私事；要言而有信，注意说话分寸；不要一言堂，尊重交谈现场的每一个人；不要轻易打断和打探别人的谈话；涉及对方反感的内容要立即转移话题。总之，善于发掘和调节内容是营造良好谈话氛围的技巧和礼仪要求。

最后，要注意谈话艺术。一是说话的声音很重要，秘书在与人交谈时，一定要注意自己的音色、音调、音量，努力使用标准的普通话。讲话时应细语柔声，尽量使自己的声音动听，富有魅力。有学者认为，从音域和美学上分析，在确保对方听清楚的前提下，音域范围内声音偏低一些，声音更有磁性，更动听。声调也是感情表达的一种非语言形式，能传达许多内在信息。努力使自己的语调真切、朴实、自然、稳缓、轻柔。二是用语要文雅。商务秘书对外交往中要多用礼貌用语，即那些约定俗成的表示谦虚恭敬的专门用语。

在日常工作、生活中，如果礼貌用语及谦辞、敬辞运用得恰到好处，能起到意想不到的效果。可以沟通双方感情并产生亲和力；可以使初次见面的人很快亲近起来；可以使互不相识的人乐于相交；在洽谈工作业务时，可以营造和谐的气氛，使人乐于合作；在服务工作中，可以给人以温暖亲切的感受；在发生不愉快时，可以避免冲突，相互得到谅解；在批评别人时，可以使对方心悦诚服，诚恳接受。一个有教养的秘书，应当掌握使用客套话的艺术，自如地运用于各种场合。

（三）馈赠礼仪

馈赠即赠送礼品，其是人类社会生活中不可缺少的交往内容，是社会交往中表达感情和加强沟通的一种常用形式。有人曾说："礼品是人际交往的通行证。"馈赠是友好的表示，礼品是友好的象征。礼品的意义并不在礼品本身，而在于通过礼品所传递的友好情谊，这是馈赠礼仪的一个基本思想。作为商务秘书，懂得馈赠礼仪，大方得体、恰如其分地进行馈赠，有利于开展人际交往，增进彼此感情，巩固和维护良好的人际关系。

首先选择礼品要考虑交往活动的目的。公务性送礼（组织机构送礼），多以为组织带来经济效益或发展机会为目的，最好选择有象征意义的礼品，如能代表本组织或本地的特色产品等。个人间送礼，则是以建立友谊、沟通感情，巩固和维系人际关系为目的。因此，个人的馈赠，应视具体情况而定。同时，选择礼品要考虑受礼者的年龄、情趣、爱好等因素，还要考虑一定的民俗禁忌。另外，礼品上尽量不要带价格标签，因为价格标签在许多场合会给送礼带来不好的情感和礼仪效应。

礼品的包装是馈赠的一个很重要的环节。礼品应该讲究视觉感受，精美的包装，能够让礼品显得更隆重，可以使一件外表朴素的礼品更显美观，更具有艺术性。包装还能使礼品的价格保持一定神秘感，更有利于交往。总之，精美的包装体现了馈赠者的情感和心意，意味着对受礼者的尊重。

礼品一般应当场、当面赠送，也可以邮寄或托人赠送。当面赠送时注意不宜在人多的场所，特别是当众给一群人中的某一个人送礼是不合适的。礼品的馈赠贵在适时适宜，一般来说，传统的节日、喜庆之日、惜别送行、酬谢他人、探视病人、企业开业、周年庆典等都是送礼的最好时机。

受礼要大方，接受礼品无须过分推让，并适当对礼品表示赞赏，这是对送礼者最好的感谢。同时，忌当面、当众打开礼品。接受礼品，重要的是心领了这份情义，而对礼物本身要相对淡化低调处理。对于不适合接收的礼品，要委婉拒绝，并讲明理由，以免引起对方误解。

二、宴请礼仪

（一）设宴礼仪

宴请是社交中最常见的活动形式之一，是机关、团体、企事业单位等社会组织或个人出面组织的，出于一定目的的，以用餐形式出现的聚会。从礼仪的角度来看，宴请乃是一种高层次的社交活动，其对礼仪的要求极为严格。作为宴会的筹办者，商务秘书在宴会前需要做大量的准备工作，以求做到以礼待客。

当前，国际上宴请的形式一般有四种，即宴会、招待会、茶会和工作进餐。各国宴请均带有东道国民族特点。设宴者可根据宴请目的、对象和宴请范围，选择不同的宴请形式。

1. 宴会

宴会为正餐，坐下进食，由招待员依次上菜。宴会有国宴、正式宴会、便宴之分。按举行的时间又有早宴、午宴、晚宴之别。其隆重程度、出席规格以及菜肴的品种与质量均有区别。一般来说，晚上举行的宴会较白天举行的宴会更为隆重。

（1）国宴：规格最高的宴会，是国家元首或政府首脑为国家的庆典，或为外国元首、政府首脑来访而举行的正式宴会。宴会厅须悬挂主宾两国国旗，宾主入席后乐队奏两国国歌，主宾双方致辞祝酒，奏席间音乐。

（2）正式宴会：通常指政府或组织为欢迎来访的国内外贵宾，或来访的贵宾为答谢主人而举办的规格较高的宴会。正式宴会不挂国旗不奏国歌，其他安排与服务程序与国宴大体相同。许多国家正式宴会十分讲究排场，往往在请柬上注明对客人服饰的要求。对餐具、酒水、菜肴道数、陈设，以及服务员的着装、仪态，都有严格的要求。西餐宴会的酒水要求较高，餐前上开胃酒，席间佐餐时常用红、白葡萄酒和香槟酒，很少或不用烈性酒，尤其是白酒，餐后在休息室则会上一小杯烈性酒作餐后酒，有时也用优质甜酒。我国在这方面做法比较简单，餐前若有在休息室的短暂叙谈，通常只上茶水、饮料，有时也可直接入席，席间佐餐一般用白酒或红酒，不设餐后酒，餐后也不再回休息室。

（3）便宴：即非正式宴会。这类宴会形式较为简单，可以不排席位，不作正式讲话，菜肴道数可视具体情况而定。常见的有午宴、晚宴，亦有个别的早宴。西方人的午宴有时不上汤，不上烈性酒，晚宴后常安排跳舞、音乐等余兴节目。便宴较为随便、亲切，宜用于日常友好交往。

（4）家宴：即在家中设宴招待客人，以示亲切友好。家宴往往由主人亲自下厨烹调，也可请厨师或亲友掌勺。如招待亲朋好友，彼此关系很熟，可全家人共餐；如有工作或其他关系，可由家人和与宾客有关的人一起奉陪。

2. 招待会

招待会是指各种不备正餐的宴请形式，通常只备一些食品、饮料和酒水，一般不排座位，可自由活动。招待会常见的有自助餐和酒会两种。

（1）自助餐。自助餐有时亦称冷餐会，是目前国际上通行的一种非正式的西式宴会，在大型的商务活动中尤为多见。这种来自西方的宴请方式，已成为我国社交活动中一种很盛行的款待客人的方式。

自助餐的菜肴比较丰富实惠，虽然以冷食为主，也可用热菜，热菜用保温的托盘使之保持温度。食品的摆放是由冷至热顺时针方向一次式摆出，餐桌要铺桌布。进餐时，由客人自取餐具，自取食品。酒水一般由服务员端送，也可自取。自助餐通常不设桌椅，不排席位，站立而食，有的设桌椅，可自由入座就餐。宴会场一般布置成 T 字形、长条形，也有用长条桌、大圆桌拼成几部分的，原则上要便于客人通行。自助餐举办的规格有高有低，可视主客的身份和招待的菜肴而定。开宴时间常放在中午或下午，一般为一个小时至一个半小时。可在室内、院子里或花园里举行。在自助餐上为自己自取菜肴时，应当循序渐进，每次只取一点点。吃完之后，允许多次取用。

（2）酒会。酒会又称鸡尾酒会，它以各种酒水为主招待客人，并略备小吃。酒水常用多种酒按一定比例混合成的鸡尾酒，有时也用品种众多的酒代替，并配以果汁饮料。小吃常放在小桌或茶几上，也可由服务员端送，一般用牙签进食。酒会便于客人自由活动和广泛接触交谈，举办的时间也较灵活，上午、下午或晚上均可，一般在下午四点以后，延续时间多为两三个小时。请柬上需要注明整个酒会的具体时间，客人可在此间任何时候入席、退席，行动自由，不受约束。正规的鸡尾酒会通常是在一张桌子上放着各种饮料，由调酒师和服务员站在那里专门给客人调酒和斟酒。一些大型酒会也可邀请乐队或播放轻音乐舞曲，以便客人随意起舞。近年来，国际上举办大型活动广泛采用酒会形式招待。

3. 茶会

茶会又称茶话会，是最为简便的招待形式。顾名思义，茶会主要是请客人品茶。因此，它对茶叶、茶具的选择要有所讲究。不论绿茶、红茶或花茶，都应用品质好一些的，不能用袋泡茶招待客人。茶会一般用陶瓷器皿，不用玻璃杯和热水瓶，尽量体现一些茶文化的特点。茶会上可略备便于食用的点心和风味小吃，也可用咖啡作主饮料。茶会常在下午四点或上午十点左右举行，时间可长可短。地点通常设在客厅或会议室，也可设在室外。设茶几、座椅或沙发，一般不排席位，客人可随意就座。若是专为某贵宾而举行的活动，入座时要有意识地将主宾同主人安排坐在一起。

4. 工作进餐

这是现代交往中经常采用的一种非正式宴请形式。它通常是事先说明进餐目的，或就某个问题交换意见，或商谈某项工作。社会组织在日常接待中，也往往因日程紧张或工作需要而采用这种宴请形式。内宾招待，特别是会议的会餐均属此种形式。工作餐按用餐时间可以分为早、中、晚餐，以工作午餐为多见。此类活动一般不请配偶，只请与工作有关的人员，利用进餐的时间，边吃边谈工作。双边或多边的工作宴请，还要按参加者职务的高低来安排席位。

（二）宴请的组织

宴请的组织要合乎规范。作为宴请的筹办者，秘书及工作人员需要从以下几个方面做好充分的准备工作，以确保宴请的顺利进行：

1. 确定宴请目的、对象和范围

宴请的目的是举行宴请的缘由。宴请前目的要明确，如庆祝纪念日、迎送宾客、庆功、答谢等。为此，要考虑邀请哪些方面人士出席、请到哪一级、请多少人，以及主人一方请什么人作陪等。根据既定的邀请对象和范围，秘书应草拟出具体的邀请名单，包括被邀请人的姓名、职务、称呼等，都要尽可能准确无误。

2. 确定宴请形式及规格

宴请采用何种形式及规格高低，要兼顾宴请的性质和对象，并结合当地的惯例和习俗来考虑。一般来说，较正式的、规格高而人数少的，以宴会为宜；人数多的，则以冷餐会或酒会更为适宜；妇女界活动则多用茶会。

3. 确定宴请时间及地点

根据国际惯例，晚宴被视为规格最高的宴会。但在确定宴请的时间时，还是要考虑宾主双方，尤其是主宾方面是否方便。一般说来，不要选择重大节假日，或有禁忌的日子和时间。小型宴请要首先征询主宾意见，然后按确定的时间约请其他宾客。宴请地点的选择关系到给予客人礼遇的高低，因此，正式隆重的宴请应安排在环境幽雅、设施齐全的高级宴会厅举行。其他则可按宴请的性质、规模、形式以及主人意愿和实际可能而定。

4. 发出邀请

各种宴请活动，出于礼貌和对客人作提醒、备忘之用，一般均应发请柬。便宴和工作进餐可以口头相约或电话通知。请柬一般是提前一至两周发出（根据国家、地区、习惯及主宾地理距离具体确定），以便被邀请人及早安排。要求收柬人答复的，应在请柬上写明主人的电话号码，也可以在请柬发出后，用电话询问能否出席。如果是需要安排座位的外事宴请，则应在请柬上注上“RSVP”（“敬请赐复”）字样；如只需不出席者答复，就应注上“REGRETS ONLY”（“因故不能出席者请答复”）。有的正式宴会请柬，还附有一个专供回复用的卡片，接到请柬的人可以把它寄回去表明自己是接受还是谢绝邀请。请柬发出后，秘书及工作人员应及时落实出席情况，以便安排并调整席位。即便不安排席位的宴请活动，也应对出席率有所估计。

请柬的书写内容应包括活动形式、时间、地点以及主人的姓名。请柬行文不用标点符号，人名、单位名称和节日名称都使用全称。中文请柬在行文中不提被邀请人的姓名，其姓名和职务都准确地书写在请柬信封上，主人姓名放在落款处。请柬可以印刷，也可以手写，但字迹必须美观和清晰。正式宴请，最好能在发请柬之前就排定席次，在信封下角明确注上席次号。

5. 确定宴请菜单

宴请的酒菜，须根据活动形式和性质，在规定的预算标准以内安排。选菜不应以主人的爱好为准，而要尽可能地照顾赴宴者，尤其是主宾的年龄、性别、习惯以及特殊的口味。选菜还要注意合理搭配，包括荤素搭配、色彩组合、营养构成、时令菜与传统菜肴的搭配，以及菜肴与酒水饮料的搭配。菜肴道数与份数都要适宜，不宜过多或不足。最好能用一些地方特色菜和名酒（参看中餐礼仪）。无论哪种宴请，秘书及工作人员事先均应开列菜单，如是较为正式的宴请，菜单还需征得主管负责人的同意。菜单至少要一桌一份，或是人手一份，以便大家用餐时各取所好，量力而行。

6. 席位安排

正式宴请一般均排桌次和席位。有的可以只排部分客人的席位，其他人只排桌次或自由入座。排列主要依据国际惯例与本国的礼宾序列。

桌次安排：按照国际上的习惯，桌次高低应遵循“面门定位、以右为尊、以远为上、主桌定位”的原则。桌数较多时，要摆桌次牌。

中餐宴会座次安排：宴请时，每张餐桌上的具体位次也有主次尊卑之别。排列依据的基本原则是：以正门为标准，面门为上，背门为下；以入门方向为标准，右为上，左为下；桌面上以一号座为标准，其右为上，其左为下。

具体排列多见两种情况：

第一种情况，是每桌一个主位的排列方法，即每桌只有一名主人，主宾在其右首就座，如图 5-5 所示。

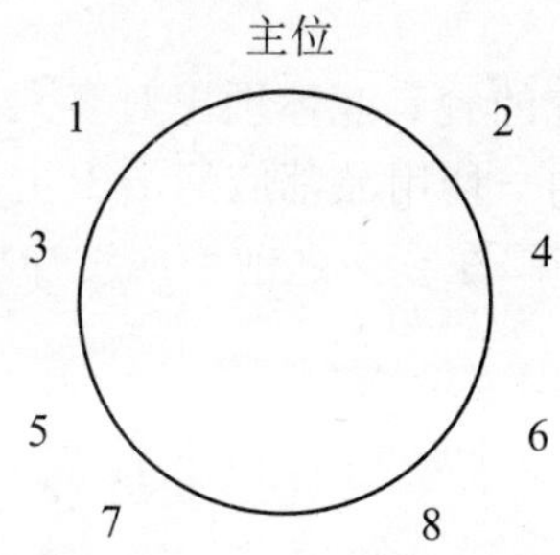

图 5-5 每桌一个主位的位次排列方法

第二种情况，是每桌两个主位的排列方法，即主人夫妇就座同一桌，以男主人为第一主人，以女主人为第二主人，主宾和主宾夫人分别在男女主人右侧就座，如图 5-6 和图 5-7 所示。

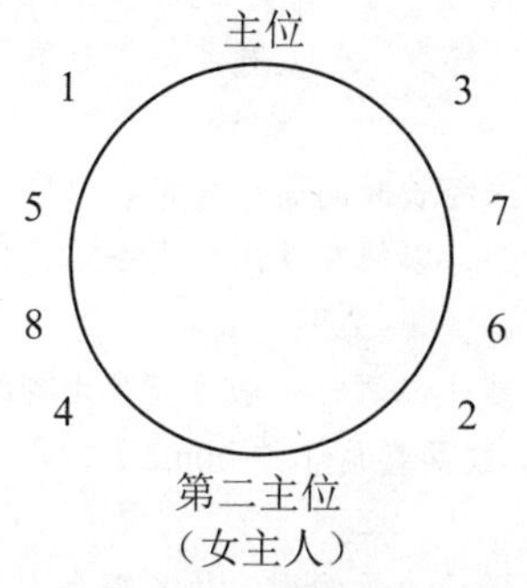

图 5-6 每桌两个主位的位次排列方法之一

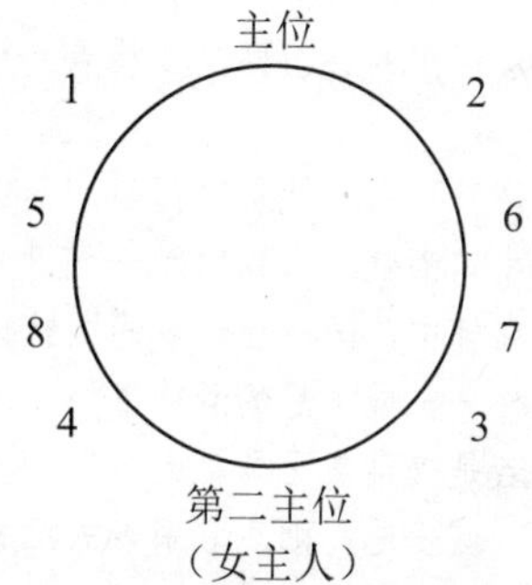

图 5-7 每桌两个主位的位次排列方法之二

如遇主宾身份高于主人，为表示对他的敬重，可以把主宾摆在主人的位置上，主人则坐在主宾位置上，第二主人坐在主宾的左侧，但也可以按常规安排。如本单位出席人员中有身份高于主人时，可以由身份高者坐主位，主人坐身份高者左侧，但少数国家也有将身份高者安排在其他席位上。主宾有夫人出席，而主人夫人不能出席的，通常可以请其他身份相当的妇女作第二主人，如无适当身份的妇女出席，也可以把主宾夫妇安排在主人的左右两侧。

为使客人及时准确地找到自己所在的桌次，可在请柬上注明，或在宴会厅入口处展示宴会桌次排列示意图，也可由专门人员引导来宾入座。

7. 宴请场所的布置

宴会厅和休息厅的布置取决于活动的性质和形式。官方的或较正式的宴会，场所布置应显现出庄重、大方的气氛，不要用红绿灯或霓虹灯装饰，可以少量点缀些鲜花。宴会可以用圆桌，也可以用长桌或方桌。但如果桌次较多，应使桌次之间、席位之间的距离适当。宴会休息厅通常放小茶几或小圆桌，与酒会布置相仿，也可按客厅布置。

冷餐会的菜台用长方桌，通常靠四周陈设，也可根据宴会厅情况，摆在房间的中间。如坐下用餐，可摆四至五人一桌的方桌或圆桌，座位要略多于全体宾客人数，以便客人自由入座。

酒会一般摆小圆桌或茶几，以便摆放花瓶、烟缸、干果、小吃等，也可在四周放些椅子，供女士和年老体弱者就座。

8. 餐具的准备

宴请时餐具是十分重要的。考究的餐具能体现出对客人的敬意。应根据宴会人数和酒、菜的道数准备足够的餐具。餐桌上的一切用品都应清洁卫生，桌布、餐巾都应浆洗洁白并熨平。玻璃杯、酒杯、筷子、刀叉、碗碟在宴会之前都应洗净擦亮，并应准备每道菜撤换用的菜盘。

【知识链接】

西方人大约在19世纪中叶开始重视酒杯的使用原则，因为酒杯的形状不仅会影响酒的香气，也会影响它的滋味。西餐酒杯一般分为红酒杯、白酒杯、香槟杯、白兰地杯、威士忌杯、甜酒杯、雪莉酒杯、醒酒瓶。有些葡萄酒甚至有专属的酒杯。

◎红、白酒杯——多是杯肚略大、口向内缩，红酒杯更需要一个较大但半封闭的空间。这种杯身的设计是为了保留酒的香气，让人摇动酒杯时，香气慢慢散发。

◎香槟杯——香槟的特点在于气泡，而气泡的产生则需要杯底有一个可让它下沉后反弹的着力点。郁金香形的酒杯是最理想的香槟杯，其特点为杯底向下收缩为一个尖点，杯身不会太宽，使气泡不易失散，杯沿则向内收拢。

◎白兰地杯——白兰地是以葡萄酒蒸馏而成，之后盛入硬木桶内经长时间储存才包装出售。要品尝白兰地的真味，须小口啜饮。所以白兰地杯通常为大肚矮杯，杯口向内缩，以便在饮用时用手掌托杯，并以手温酒使香气蕴积在杯中，同时让过多的酒精挥发掉。

◎威士忌杯——威士忌的酒精量为 40%~50%，故属烈性酒。威士忌酒杯一般是直身无脚的圆形或方形半高玻璃杯。若是喝纯威士忌，大多用一盎司（约 30mL）的单酒杯或两盎司（约 60mL）的双酒杯；若是喝加冰块或加水的威士忌，则适宜用老式酒杯。

◎甜酒杯——昂贵的甜酒适合用小酒杯来品尝，而且甜酒多在饭后少量饮用，故不需太大。甜酒杯多设计成比一般高脚杯略小的形式。

◎雪莉酒杯——雪莉酒是西班牙特产，属酒精加强葡萄酒，亦即在葡萄酒酿制过程的某个阶段中加入了白兰地，颜色呈白色至暗褐色，一般有甜与不甜之分。雪莉酒属烈性酒，故所使用的酒杯杯身通常比葡萄酒略长，但杯口不向内缩。

◎醒酒瓶——品尝美酒时，除要有合适的酒杯，还要有所谓的醒酒瓶。一方面是为了将葡萄酒瓶内的沉淀物分离出来，另一方面则是希望在饮用前让葡萄酒接触空间一段时间，以便软化酒，此过程也谓之“醒酒”。醒酒瓶一般为长身水滴形玻璃瓶，并带有玻璃塞子。

9. 宴请程序及现场服务

在客人到来的过程中，主人应临门迎接。官方活动除男女主人外，还可由其他主要官员陪同主人排列成迎宾行，通常称为迎宾线。其位置宜在客人进门存衣以后、进入休息厅之前。与客人握手后，由秘书或工作人员引进休息厅或直接进入宴会厅。如果是两位或两位以上的主人，应由主人在休息厅或宴会厅陪同先进来的客人。

由服务员引导，主人陪同主宾进入宴会厅主桌，秘书及接待人员随即引导其他宾客相继入厅就座，宴会即可开始。如宴会规模较大，可先请主桌外的客人就座，贵宾席后入座。

正式宴会，一般均有致辞，但安排的时间不尽一致。有的一入席双方即讲话致辞；也可在热菜之后甜食之前，由主人致辞，接着由客人致答辞。冷餐会和酒会讲话时间则更灵活。

席间侍应顺序应从男主人右侧的女主宾（如无女主宾则从男主宾）开始，接着是男主人，由此自右向左按顺时针方向进行。上菜应从每个人左侧端上，空盘应从其右侧撤下。新上的菜要放在主宾面前。斟酒则从右边斟上。

吃完水果，主人与主宾起立，宴会即告结束，随之离席。西餐宴后还要饮咖啡、茶、餐后酒。宴会后也可安排一些其他活动。

主宾告辞时，主人把主宾送至门口，主宾离去后，原迎宾人员顺序排列，与其他客人握手告别。

家庭便宴较随便，客人到达，主人主动趋前握手。饭后如无余兴，即可陆续告辞。通常男客人与男主人告别，女客人与女主人告别，然后交叉，再与家庭其他成员握别。

公务宴请时，秘书应提前到现场检查准备工作。如事先要把座位卡及菜单摆上；席位的通知，除在请柬上注明外，大型宴会还应在宴会厅前陈列宴会简图，图上注明每个人的座位，或印出全场席位示意图，标出出席者位置发予本人。如有讲话，要落实讲话稿。通常双方事先交换讲话稿，举办宴会的一方先提供。代表团访问，欢迎宴会东道国先提供，答谢宴会则由代表团先提供。双方讲话由何人翻译，一般事先要确定。

（三）赴宴礼仪

随着社会交往的增多，出席各种宴请的机会也越来越多。为此，秘书及工作人员应掌握赴宴的礼仪要求，做到得体、大方、规范。

1. 赴宴的准备与程序

接到宴会邀请（无论何种形式），无论能否出席都应及早答复，以便主人安排席位。对请柬上注有“RSVP”（“敬请赐复”）字样的，无论出席与否，均应迅速答复；注有“REGRETS ONLY”（“因故不能出席者请答复”）字样，则不能出席时才答复，但也不应耽误。经口头约妥再发请柬者，请柬上注有“TO REMIND”（“备忘”）字样，只起提醒作用，对此不必答复。答复是否出席时，可打电话或复信。

一旦接受邀请，不要随意改动。万一遇特殊情况不能出席，尤其是主宾缺席，应及早向主人解释、道歉，甚至亲自登门致歉。

应邀出席前，要核实宴请的主人、时间、地点、服饰的要求（国外许多正式宴会在请柬上往往注明对客人服饰的要求）、是否邀请了配偶等。

接到邀请后，如果需要送礼品，秘书应事先准备好。参加外事庆祝活动，可按当地习惯及两国关系赠送花束或花篮。参加家庭宴会，西方人常常带瓶酒，也可酌情买少量鲜花送给女主人，但不要送菊花和杜鹃花。

出席宴会前要适当修饰，这也是对主人的尊重。修饰可根据宴会的隆重程度和举行时间来确定。较正式的宴会，男士应着深色西装、打领带，女士可穿中、西式礼服，色彩不宜太艳；参加一般宴会，男士可穿便装，女士最好穿套裙。如果请柬上有明确的着装要求，则要严格遵守。宴会若在白天举行，女性妆面应淡一点；参加晚宴，妆面可适当浓艳一些。

出席宴请活动抵达时间的迟早及逗留时间长短，在某种程度上反映了对主人的尊重，迟到及逗留时间过短，都是失礼的行为。出席宴请活动时间最好根据活动的性质和当地习惯来掌握。一般应正点或提前两三分钟到达，但也不要提前十五分钟以上，在国外，提前赴宴的人会被人笑话为太急于进餐了。通常身份高者可略迟到达，秘书及一般客人宜略早到达。出席酒会时一般客人可灵活掌握时间。

如果确实有事需提前离席，应向主人说明后悄悄离开，尽量不打扰别人；也可事先打招呼，届时离席。

抵达后，如主人在门口恭迎客人，则应趋前向主人问候、握手，随主人或迎宾人员引导，步入休息厅或宴会厅。如果单独到达，应先到衣帽间脱下大衣、帽子，然后前往迎宾处，主动向主人问好，并根据活动内容表示祝贺。

入席时不管是否有座位安排，最好听从主人的安排，就座时，应向其他客人表示礼让。如邻座是长者或女士，应主动协助他们先坐下。出席西式宴席，进入宴会厅后，先将风衣或提包存入衣帽间。女士随身带的手提包或贵重物品不必存放。然后到洗手间洗手，因为用不干净的手拿刀叉，是对服务员的不礼貌。入席时要掌握左侧入席的原则，从椅子左侧自然入座，入座后可将座椅调到最舒适的位置，一般应距餐桌 20cm。

进餐前应主动与其他客人交谈，也可进行自我介绍。交谈面可宽一些，不要只和一两个熟人交谈，似乎对其他人全然不感兴趣，这是很不礼貌的，给旁人以冷落感。

入席后，应主人招呼，开始用餐（其间的礼节详见下述“礼貌进餐”）。

吃完饮毕，待主人和主宾放下餐具站起后，客人才可跟着退席。告辞时应有礼貌地向主人道别，感谢主人的接待，并对宴席予以称赞。一般是男宾先向男主人告辞，再向女主人告辞，女宾则刚好相反。通常主宾和女宾先告辞，其他客人再和主人告辞。席间有别的客人未离开，也要向他们道别。

有时，外宾往往把宴会菜单作为纪念品带走，有的还请同席者在菜单上签名留念。除主人特别示意作为纪念品的东西外，各种招待用品，包括糖果、水果、香烟等都不要拿走。

在出席私人宴会之后，往往应在三日内致便函或名片表示感谢，关系较近的打电话致谢也可。但如果是参加酒会就不必了。

2. 席间礼仪

（1）客随主便。赴宴或到别人家做客时，要客随主便。对于主人安排的菜肴不能挑剔，即使有不合口味的菜肴，也应吃一点，表示对主人的礼貌，除非因民族习俗或忌口而不能吃。若去餐厅临时点菜，有时主方会提出让客人选菜，客人选菜时要适中，不要选太多太贵的食品，以免造成浪费。在宴请过程中客人应按主人的安排行事，不要给主人带来不必要的麻烦。

（2）注意交往。宴请或聚会，其主要目的是在交际。所以在用餐前后，要尽可能地进行适当的交际活动，要问候主人，联络老朋友，并争取多认识几位新朋友。但当主人或主宾致辞时应暂停进餐，不要交谈，务必要洗耳恭听，专心致志。

就餐时的谈话要愉快，应选择轻松、高雅的话题。说话不宜高声，不要手势过大，不要涉及政治和宗教的话题，以保持席间的友好氛围。

（3）举止文雅。进餐姿态要轻松，坐姿端庄而稳重。不宜紧靠椅背，或紧贴餐桌，把手腕支在桌边即可。乱动餐具、用手指或筷子指指点点、当众摸脸抓头、宽衣解带、四处走动等，都是失礼的举动。女士整装打扮时应到衣帽间或洗手间去。

如不慎碰倒酒水或碰掉餐具，应沉着应对。可轻声向邻座或主人道声“对不起”，餐具可请服务员再送一副。酒水溅到邻座身上，应致歉并协助擦干，如对方是女性，把干净餐巾递上，由她自己擦干即可。不要大叫大嚷，更不要打扰别人和妨碍宴会的正常进行。

3. 礼貌进餐

（1）用餐。

用餐时温文尔雅，从容安静。要尽可能地不违食俗，不坏吃相，不胡布菜，不乱挑菜，不发异响，不争抢菜。

餐桌上要讲究卫生，取菜舀汤要使用公用筷匙。鱼刺、骨头应放在小盘中。要小口进餐，口内有食物应避免说话。用牙签时应用手或餐巾纸遮挡。

参加西餐宴请时，由于西餐是一道菜用完再上下一道菜，因而要注意自己的用餐速度需和大家一致。席间不宜抽烟。餐桌远处食物，可请邻座或招待员传递，不可站立取食。

（2）斟酒。

正式的中餐宴请要上白酒和葡萄酒。通常在每位用餐者面前，排列着大小不等的三只杯子，自左而右依次是白酒杯、葡萄酒杯、水杯。

正式的宴请中一般不上啤酒，在便宴、大排档中才用。

在侍者斟酒时，勿忘道谢，但不必拿起酒杯。而男主人亲自为客人斟酒时，则必须端起酒杯致谢，必要时还需起身站立，或欠身点头为礼，也可施叩指礼。

斟酒应从第一主宾开始，按顺时针方向绕餐桌依次进行。正确的姿势是：敬酒者站在客人右后侧，身体不可紧贴客人，右手持瓶，先将商标朝向客人示意，若客人有不同的表示，应换其他酒。斟酒时酒瓶口不要搭在杯口上，相距 2cm 为宜。掌握好酒瓶的倾斜度，使酒徐徐注入酒杯。将斟满时旋转瓶身，抬起瓶口，使最后一滴酒分布在瓶口边沿上，做到点滴不洒。倒啤酒时速度要慢，使啤酒沿着杯体流入杯内，以免产生大量泡沫。斟酒要适量，白酒和啤酒均可斟满，而其他洋酒无此讲究。

除主人与侍者外，其他宾客一般不宜自行为他人斟酒。

（3）敬酒。

敬酒亦称祝酒，是宴会上必不可少的一道程序。通常是男主人用一些赞颂、祝愿、感谢之类的话，向来宾提议为某事而饮酒。在正式的宴会上，主人与主宾还会郑重其事地发表一篇专门的祝酒词。祝酒词的内容要简洁明快，悦耳动听，给宴会营造一个良好的氛围。

敬酒可以随时在饮酒过程中进行。正式的祝酒词，通常在宾主入席后、用餐开始前进行。有时也可放在吃过主菜之后、甜品上桌之前。在他人敬酒或致辞时，在场者应一律停止用餐和饮酒，应面向对方洗耳恭听。

在宴会进行中，主人为了表达心意，还可以给客人逐个敬酒，一般是先敬主宾和长辈。主人敬过酒后，客人要回敬主人，同时客人之间也可以互相敬酒。敬酒既要热情，又要适度，不可强人所难，超量敬斟。

宾主双方致了祝酒词后，全体起立，举杯相碰。这是宴会的一种礼仪形式，表示团结与友好。

碰杯时应起身站立，右手端起酒杯，至双眼高度，或者用右手拿起酒杯后，再以左手托扶其杯底，面含笑意，目视对方。碰杯后应将酒一饮而尽，或饮去一半，或适当的量，即使滴酒不沾的人，也要拿起水杯示意。碰杯要轻，出于敬意，可使自己的酒杯较对方为低。人多时可以同时举杯示意，或以“过桥”之法作为变通，即以手中酒杯之底轻碰桌面，也等于与对方碰杯了。

（4）饮酒适量。

不管在哪种场合饮酒都要做到适量，这是饮酒的基本礼貌。饮酒之前，应根据既往经验，对自己的酒量心知肚明，无论碰到什么情况，都不要超水平发挥。在正式的酒宴上，要主动将饮酒限制在自己平日酒量的一半以下，以免醉酒误事。饮酒时还应时时注意自己是否变得太热情，太放肆，太多话，太亲密等，这些都是不文雅、不礼貌的表现，会影响整个宴会的气氛。

喝酒宜各随意，敬酒礼到为止。切忌在宴会厅强行劝酒、猜拳、吆喝等。

三、涉外礼仪

涉外交际是与外国人进行交往，交际对象非常复杂，涉及不同国家、不同地区、不同政治观念、不同宗教信仰、不同生活习惯等多种因素。特别是随着我国社会主义现代化建设的迅速发展，国际交往与合作越来越频繁，涉外礼仪越来越重要。对秘书及相关人员来说，更多地掌握涉外礼仪知识就成为必然要求。为了有效地进行国际交往，我们应遵循国际礼仪行事，既要对特定国家的习俗和礼仪有较详尽的了解，又要对国际交往的礼仪原则有基本的认识。

（1）“入乡随俗”原则。“入乡随俗”，是涉外礼仪的基本原则之一。在涉外交往中，要真正做到尊重交往对象，首先必须尊重对方所独有的风俗习惯。在前往其他国家或地区工作、学习、参观、访问的时候，尤其要对当地所特有的风俗习惯，认真地加以了解和尊重。

（2）平等待人、不卑不亢原则。涉外交往将平等待人作为重要的原则。在政治上平等待人，无论大国还是小国，无论政治信仰有什么分歧，在交际中要平等相待，不能以势压人；在经济上平等待人，无论是富国还是穷国，在经济往来中要讲究信誉，互惠互利；在人格上平等待人，无论是信教者还是不信教者，都不能歧视对方，无论是白种人还是黄种人、黑种人，都应同样对待。不嘲笑对方的服饰、习惯和举止，不以贬低对方的语言称呼人家。

（3）遵时守约原则。遵守时间，不能失约，这是涉外交往中的重要原则。涉外交际往往要占据一定时间，当代社会时间是非常宝贵的财富，参加交际活动要按约定时间到达。过早抵达，可能会占用主人的宝贵时间而给对方造成许多不方便；过晚抵达，使主人和其他客人久久等待也是不礼貌的。一般情况下不能失约，如确实因故不能赴约或者不能准时赴约，应有礼貌地尽早通知主人并表示歉意。总而言之，在涉外交往中，必须诚实守信，遵时守约。

（4）女士优先原则。“女士优先”是指在社交场合中男士要对女士表示尊重和照顾，另外还要想方设法、尽心竭力地为女士排忧解难。我们应遵守这一原则，比如，上汽车、上楼梯、上电梯时男士要让女士先行，并且协助女士打开房门、汽车门，要帮助女士提行李、拿外套等。另外，到欧美人家中做客，不要忘记进门后送给女主人一些礼物，如鲜花等，表达对女主人的敬意。

在国际社交应酬中，“女士优先”作为一条礼仪的基本原则，早已演化为一系列具体的、可操作的做法。在社会舆论的督促下，每一名成年的男子均须将其认认真真地付诸实践。

（5）尊重个人隐私原则。中国人在涉外交往中，务必要严格遵守“尊重隐私”这一涉外礼仪的主要原则。一般而言，在国际交往中，下列八个方面的私人问题，均被海外人士视为个人隐私问题：收入支出、年龄、恋爱婚姻状况、身体状况、家庭住址、个人经历、信仰政见、所忙何事。要尊重外国友人的个人隐私权，就必须自觉地在与对方交谈时，避免主动涉及这八个方面的问题。

（6）不宜为先原则。“不宜先为”原则，也被有些人称作“不为先”的原则。它的基本要求是，在涉外交往中，面对自己一时难以应对、举棋不定，或者不知道到底怎样做才好的情况时，如果有可能，最明智的做法，是尽量不要急于采取行动，尤其是不宜急于抢先，冒昧行事。“不宜先为”原则具有双重的含意。一方面，它要求人们在难以确定如何行动才好时，尽可能地避免采取任何行动，免得出丑露怯；另一方面，它要求人们在不知道到底怎么做才好而又必须采取行动时，最好先观察一些其他人的正确做法，然后加以模仿，或是同当时的绝大多数在场者在行动上保持一致。

（7）求同存异原则。求同就是遵守国际惯例，取得共识、便于沟通、避免周折；存异就是注意“个性”，了解具体交往对象的礼仪习俗禁忌，并予以尊重。

首先，对于中外礼仪与习俗的差异性，是应当予以承认的。

其次，在涉外交往中，对于类似的差异性，尤其是我国与交往对象所在国之间的礼仪与习俗的差异性，重要的是要了解，而不是要评判是非，鉴定优劣。

在国际交往中，对于不同的文化和礼仪习惯，究竟遵守哪一种礼仪为好呢？一般而论，目前大体有三种主要的可行方法：一是“以我为主”，即在涉外交往中，依旧基本上采用本国礼仪；二是“兼及他方”，即在涉外交往中基本采用本国礼仪的同时，适当地采用一些交往对象所在国现行的礼仪；三是“求同存异”，是指在涉外交往中，既对交往对象所在国的礼仪与习俗有所了解并予以尊重，更要对国际上所通行的礼仪惯例认真地加以遵守，这是最可行的做法。

（8）爱护环境原则。作为涉外礼仪的主要原则之一，“爱护环境”的主要含意是：在日常生活里，每一个人都有义务对人类所赖以生存的环境，自觉地加以爱惜和保护。

在涉外交往中，之所以要特别地讨论“爱护环境”的问题，除了因为它是作为人所应具备的基本的社会公德之外，还在于在当今国际舞台上，它已经成为舆论倍加关注的焦点问题之一。

第四节 商务秘书公务礼仪

一、接待礼仪

（一）接待工作礼仪要求

接待是商务秘书日常工作的重要内容。接待工作不但体现了秘书个人的素养，更反映出一个组织的工作作风和公众形象。因此，商务秘书在接待工作中要讲究礼仪，为组织广结良缘，营造一个良好的氛围。接待室座次图如图 5-8 所示。

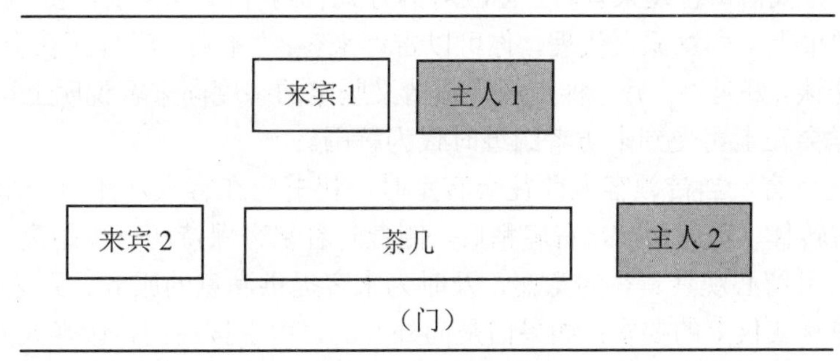

图 5-8 接待室座次图

遵循有关的基本原则，是接待工作礼仪的又一要求。比如，礼遇对等的原则，它既要求在接待工作中，要注意宾主身份的相当，还要求秘书接待人员在接待过程中，对所有来宾都热情友好、平等相待。这一原则在涉外交往中显得尤为重要。又如，俭省节约、讲究实效的原则，接待本身是一项消费支出活动，同时又是宣传组织的一个有效而便捷的途径，因此，接待工作都要坚持勤俭节约的原则，以最小的投入获得最大的宣传功效。另外，国家有关的法规政策、外宾接待时有关的国际法规和惯例等，也是在接待工作中必须遵循的原则。

秘书必须熟悉接待工作程序，对于日常办公室接待，秘书应按一般的日常接待程序，如礼貌招呼、妥善引导、周到服务、有机分流等给予热情有礼的接待，尽量使每一位到访的来宾有受尊敬和重视的感觉，满意而归。

对于重要来宾的接待，秘书更要熟悉接待程序的每一个环节，以保证整个接待工作有礼有节地顺利进行。这也是秘书接待工作的基本礼仪要求。

礼宾规格的高低，主要是通过接待人身份地位的高低、接待规模的大小和所投入接待费用的多少三个方面来体现的。接待人身份高于宾客身份为高格接待，接待人身份低于宾客身份为低格接待，接待工作一般采用对等接待，即宾主双方身份对等。当然，礼宾规格的高低并不是绝对的，有时，接待者可以根据实际情况给予来宾以超出常规规格的高规格接待。

礼宾次序，是东道主对于多方来宾接待的先后顺序或者位次的排列顺序。常见的礼宾次序主要有几种方法：一是按职务排列，即按来宾的身份、职务由高到低进行排列；二是按字母（或笔画）排列，即按来宾所在国家、地区、组织或所在单位的名称拼写字母，我国国内的来宾接待是按拼音字母（或书写的笔画顺序）排列，国际上是按英文字母排列；三是按抵达时间排列，即按来宾正式到达活动场地的具体时间的先后顺序进行排列，这种方法通常也被称为“以先来后到为序”；四是按通报时间排列，即按来宾向东道主正式通报其决定参加活动的具体时间的先后顺序进行排列；五是不进行任何形式的顺序排列，“不排列”实际上也是一种特殊形式的排列，当难以排列礼宾次序或没有必要进行顺序排列时，这便是一种行之有效的方法。

（二）迎送宾客礼仪

俗话说：“出迎三步，身送七步。”这是迎送客人的最基本礼节。

首先，要亲切迎客。当看到客人进来时，应立即放下手中的工作，起身迎客入座，并礼貌地招呼一声“您好，欢迎光临”。无论是否为预约而至的客人，作为商务秘书，都应热情友好，让客人感觉是受欢迎的。当来访者是应约而来时，要热情地将其引入会客室，立即向上司通报；若来访者是突然来访，应当向上司禀告，看上司是否愿意和是否有时间接待。若上司说不能会见，并请你找借口打发来客时，你应对的方式有两种情形：一种是请示上司可否派人代理接见来客，如果上司同意派人代理，你可以告诉来客：“不巧，经理正在会客（或开会），我请×科长来与您谈，好吗？”另一种是用既热情又坚定的态度向来客说明上司确实无法接待来客。秘书还要学会在上司受到来访者纠缠时代为解围。

其次，热忱待客。当带领客人前往会客室时，秘书应在客人左侧前一米处引导。在引路时，上体稍向右转体，左肩稍前，右肩稍后，侧身向着来客保持两三步距离。侧身转向不仅仅是礼貌的，而且可留心观察宾客的意愿，及时为来客提供满意的服务。到达会客室时先敲门，再开门。进门也有礼仪上的要求：如果门是向外开的，用手按住门，让客人先进入；如果门往内开，你先进入，按住门后再请客人进入。一般右手开门，再转到左手扶住门，面对客人，请客人进入后再关上门，通常叫作“外开门客先入，内开门己先入”。

客人来到后，商务秘书要负责端茶倒水。送茶的时机，应是客人就座，未开始谈正事前的时候。如果已开始谈正事才端茶上来，免不了会打断谈话或为了放茶而移动桌上的文件，妨碍工作的进行，这是很失礼的。端茶通常先宾后主，轻轻说声“请用茶”，并注意将茶放到安全的地方。有条件可事先征求客人意愿，问清愿意喝哪种饮料再送上，无条件则不问为好，以免端不出指名的饮料而尴尬。

最后，礼貌送客。当客人提出告辞时，主人要等客人起身再站起来相送。切忌没等客人起身，主人先于客人起立相送，这是很不礼貌的。“出迎三步，身送七步”是迎送宾客最基本的礼仪。因此，当客人起身告辞时，主人随之马上站起，以“将再次见面”的心情恭送对方，与客人握手告别，同时适机道声“希望下次再来”等礼貌用语。切不可客人刚出门，就“砰”的一声关上门，这非常失礼，应以目光恭送对方走远再返回或关门。

（三）乘车礼节

汽车是公务接待中最常用的交通工具。在正式的活动中，乘车要讲究礼节。

乘车时，秘书接待人员要“后上先下”。所谓“后上”，就是上车时，秘书接待人员应依次引领和为来宾或上级打开车门，请他们上车，自己最后上车。车停稳后，秘书接待人员应先于礼宾或上级下车，并依次为他们打开车门，请他们下车。在此过程中，秘书接待人员应注意，在打开车门的同时，要伸出另一只手挡住车门的上框，提醒对方避免磕碰。从车的一侧到另一侧时，一定要从车尾绕行。

车内座位要讲究排列顺序，而且车型不同，座次也有所不同。

五座小轿车在接待中最常用，其座位顺序的排列，主要视驾驶者的具体身份而定。

当有专职司机驾车时，其座次自高而低依次为后排右座、后排左座、后排中座、前排右座（副驾驶座）。相对来说，后排座位相对于前排座位、右座相对于左座来说，比较安全，因此，后排右座往往被认为是最尊座。

如果是主人亲自驾车，那么，车中座次自高而低依次为前排右座（副驾驶座）、后排右座、后排左座、后排中座。

如果使用吉普车的话，由于吉普车的底盘比较高，故其平稳性不如小轿车，所以不管谁驾驶，上座都是副驾驶座，然后是后排右座、后排左座。

如果是多排车，一般来说，以司机为第一排，从第二排开始，越靠前靠右越好，因为座次高低，是将安全、方便、舒适等因素综合考虑后而确定的。

由于接待是一个互动的过程，不论是接待者还是被接待者，都必须重视相关的礼仪规范，这是使接待能更有效地进行的前提和保证。

二、会议、仪式礼仪

（一）会议、仪式常规礼仪

会议是组织的一项日常工作，会议多种多样，有日常性的一般例会，也有临时性的特殊会议。仪式是组织为庆祝或纪念某个重要日子、重大事件而举行的气氛热烈而又隆重的活动仪式。不同的会议、仪式，对礼仪有不同的要求，但不管是哪一类会议或仪式，为确保会议或仪式的正常召开和顺利进行，秘书及相关人员在办会过程中一定要遵循有关的礼仪规范。

在举办会议或仪式的过程中，从环境布置到会议服务，商务秘书对于每个环节特定的礼仪规范，都必须进行周密的安排。会议或仪式环境布置应以强化主题为基本原则。大大小小的任何会议或仪式都有一个中心内容，会议环境的布置，必须围绕会议或仪式主题来进行，以衬托主题为目的，或庄重隆重，或喜庆热烈，或轻松活泼，或肃穆深沉，让与会者一进入会场，就会不自觉地受到感染。主席团座位要满座安排。主席团的座次，通常按照在主席台上就座人员的职务或社会地位与声望的高低来安排。其基本排序规则是：面向会场，前排高于后排，中央高于两侧，左侧高于右侧（国际惯例则是右侧高于左侧）。具体来说，就座领导为奇数时，1

号领导在第一排的正中间，2 号领导在 1 号领导左侧，3 号领导在 1 号领导右侧，其余以此类推。同时，会议环境布置还要注意讲台、会徽、会标、旗帜及花卉的摆放。

如果说，举办会议和仪式环境是礼仪硬件表现的话，那么，会议为与会者提供的服务就是会议礼仪的软件表现，两者是相辅相成的。因此，商务秘书在办公过程中，必须遵循有关的礼仪规范，为会议或仪式提供优质的服务。

第一，拟发会议通知或邀请参加仪式的请柬。会议的主题、形式、内容、任务、议程、出席人员等确定之后，应尽早拟发详尽的会议通知，以便与会者安排工作，做好相关准备。会议通知通常包括如下内容：会议名称；会议主题与内容；会期，即会议的起止时间；报到的时间与地点，要特别交代清楚交通路线或附上交通路线图；会议的具体出席对象；会议要求，如材料的准备，以及差旅费和其他费用的问题。

第二，要准备会议材料。会议所需的文件材料，均应在会期准备好。会后补发材料是不符合礼仪规范的。

第三，礼遇与会来宾。会议或仪式举办的时候，商务秘书要按照有关的礼仪规范，做好迎送、登记、引导、陪同及联络等工作，尤其对重要的与会者或年老体弱者应予以重点接待或照顾。如果会期比较长，还要为与会者安排一定的文体活动或参观旅游活动，使会议节奏有张有弛。另外，开会期间，应尽可能地多听取并满足与会者的正当要求。

第四，做好会议结束工作。会议结束后，商务秘书要礼貌地做好扫尾工作，如及时为与会者订好车、船、机票，及早为与会代表冲印照片等，妥善安排各类与会者离会。

（二）常见会议仪式礼仪

1. 新闻发布会

新闻发布会简称发布会，也称记者招待会，它是由组织出面，邀请有关的新闻界人士，在特定时间、特定地点举行的会议。其目的或是宣布某一消息、或是说明某一活动、或是解释某一事件，以争取新闻界对此进行客观而公正的报道，尽可能地争取扩大信息的传播范围。

秘书在筹备组织发布会时，首先要做好主题的确定、时间的选择、人员的安排、材料的准备等具体工作；同时，还要了解各种媒体的特点，有所侧重地邀请新闻界人士，并为组织协调与新闻界人士的关系。

在新闻发布会正式举行的过程中，秘书及相关人员要注意仪表的修饰，注意相互间的配合，并且注意讲话的一致。秘书还要协助组织有关人员处理突发事件，确保会议顺利进行。

新闻发布会举行完毕后，主办方要对其进行评估，做好善后工作，包括了解新闻界的反应，整理保存会议资料，并对不利报道酌情采取补救措施。

2. 展览会

展览会也称展示会，指组织为了介绍本单位业绩，展示本单位成果，推销本单位产品、技术或专利，而以集中陈列实物、模型、文字、影像资料供人参观了解的形式，所组织的宣传性聚会。作为商务秘书，参与筹备和操作展览会的工作是必不可少的，因此，很有必要懂得各种展览会的活动礼仪。

展览会组织过程中，商务秘书要协助有关人员做好以下工作：参展单位的确定，展览内容的宣传，展示位置的分配及辅助性服务项目。参展单位在正式参加展览会时，与会人员要努力维护整体形象，时时注意礼貌待人。工作人员应在左胸佩戴表明本人单位、职务、姓名的胸卡，按照惯例，工作人员不应佩戴首饰，男士应须发整齐，女士最好化淡妆。

3. 剪彩

展览会、展销会等开幕时举行的仪式上要剪断彩带。剪彩者一般由客人担当，或请上级领导、主管部门的负责人，或是某一方面的知名人士担任。

剪彩者穿着要整齐、干净、利落，给人愉快感和庄重感。努力使自己保持稳重的姿态，快而不乱，忙而不慌，面带微笑，步履稳健地走向剪彩的绸带，不能和别人打招呼或说话。当工作人员用托盘呈上剪彩用的剪刀时，用微笑表示谢意，也可用微笑向手拉彩带的左、右两边的工作人员表达谢意，然后聚精会神地把彩带一刀剪断。剪完毕，转身向四周的人鼓掌致意，并与主人进行时间不长的礼节性的谈话。

4. 开业典礼

商店或公司开业，为了引起人们的注意，要举行开业典礼。举行开业典礼，要遵循热烈、隆重、节俭的原则。

举行仪式的现场可设在铺面或商店门口，现场要有喜庆感，场面要热烈，要悬挂“××商店开业庆典”的会标。会场两边放置来宾赠送的花篮，四周挂彩带、大气球、宫灯等。仪式开始，非限制燃放鞭炮的地区可燃放鞭炮，奏明快的音乐，然后主人致辞，向来宾表示感谢，简单介绍本店的经营特色和经营目标等。上级领导和重要来宾要安排在典礼会上致辞祝贺，整个仪式应紧凑简洁。

仪式完毕，主人引导来宾进店参观，工作人员要陪同并向他们介绍本店的主要设施或特色商品，请来宾在留言簿上签字，然后，商店正式对外开放，店领导和工作人员站立在大门口迎接首批顾客。在营业过程中，营业员要适时地说一些向顾客表示感谢的话，还应准备好购物袋，上面印有本店开业典礼的字样，赠送给顾客作为纪念。

5. 业务洽谈

商业事务中的业务洽谈，一般都在小范围内进行。参加洽谈的人员自我介绍时应表现得自然和轻松，介绍应姓、名并提，简短说明自己的单位、职务。问人姓名时要用语礼貌。

洽谈的目的，是挖掘对方真正的欲求和需要。洽谈要进行适当的自我产品介绍及在一定期限内包退、包修的承诺，要把准对方的关注点，提高其对本厂产品及服务的兴趣与欲求，从而使对方采取行动，促成交易。

业务洽谈的提问要注意内容，列好详细的提纲。提问时要注意现场气氛，不能撇开主题强行查问。提问的语气要平和，发问方式要委婉，若提出的问题对方一时答不上或不愿回答，不可生硬地追问。回答问题要实事求是，要针对对方的需求和心理回答，有些不便回答的，则婉言说明，以免出现僵局。

洽谈时态度要诚恳自然，语言要和气亲切，措辞要简明典雅，对不同意见的解释要耐心委婉。力戒口若悬河，无的放矢，引起对方反感。要运用技巧从对方的发言中发现问题，有的放矢地打动对方，用示范来说服对方。

业务洽谈中，若当事人之间产生分歧，相互间进行争论是时有发生的。这时，语言应文明，以事实来讲清道理，要突出主题，条理清楚，表达严密，不要东拉西扯；态度要端庄，不要无理纠缠，讽刺挖苦，手舞足蹈，尖着嗓子吼叫，这些都是失礼的行为。

6. 产品介绍

向客户介绍本企业生产的产品，首先必须弄清自己产品的性能，较其他同类产品的优缺点，抓住要点，不要信口开河，滔滔不绝。介绍产品时，不仅要注意言辞与风度，更要注意表达的技巧，一般是：引起对方的注意，提高对方的兴趣，培养对方的欲望，争取达成交易。

介绍产品时，一定要正视对方的眼睛，但也不可态度轻浮。不敢正眼瞧人，往往是缺乏自信的表现，客户一般很难产生信任感，那么介绍产品的效果往往也会微乎其微。

如果已知某一潜在客户，而推销者自认为力量不足，不便向其直接推销，可设法请与客户有关的厂商或其他人士陪同拜访，对自己厂的产品进行合作介绍。这时，在礼仪方面应注意不能“喧宾夺主”，因是请其他厂商或其他人陪同拜访客户，在礼仪上就要尊重他们，应等他们办完自己的业务之后再谈。合作介绍产品，要在相互了解、互相信任的基础上进行，各方都应实事求是，不能互相拆台，故选择的陪同人士必须慎重。

7. 签订协议

商务活动中的一个重要仪式是签订协议。参加签订协议人员在礼仪方面应注意：按时到达签订协议地点，找准自己的座位，仪式没有结束不能离去，若有紧急事务，应向对方说明，方可离开。服装要求朴素、大方和整洁，衣服、裤子要熨平整，衣领、袖口要干净。在签订协议的会场，自己讲话要注意留给对方发表意见的机会；别人说时，要善于聆听，不轻易打断对方的发言。相互谈话时，应目视对方以示专心。协议签订完毕，双方主要负责人起立握手致意，互祝为履行协议而做的成功努力，其他人员则应鼓掌响应。

8. 查询

在商务活动中，我们有时会根据有关规定和事实，对当事人及有关人员进行查核、询问，从而达到追究责任或排难解纷的目的。进行查问的礼仪主要有：准备好查问的详细内容，选择有利于查问的时间与场合；尽量使用普通话或以被问者听得懂的语言发问，使用文明用语；注意查问的阶段性，每一次查问的目的要具体、明确，尽量慎重地“甩”出已查明的证据，不宜在正常的情况下急于求成；要仔细听被问者的话，注意其手势、表情和动作等，以便掌握被问者的心理活动；不要随意打断被问者的话或随意插话；在一般情况下，不宜单独一个人去查问，更不可酒后进行。

9. 处理顾客投诉

顾客投诉是商务活动中存在纠纷的一种表现。处理顾客投诉是缓解矛盾、解决矛盾的过程。这方面的礼仪有：

（1）当顾客上门时，接待人员要笑脸相迎。接待人员应表示对顾客上门投诉的欢迎，耐心倾听他们的申诉。如果顾客使用了过激的词语，也不应计较，不能对他们抱有抵触情绪。

（2）对顾客投诉中的合理要求要尽可能满足。若投诉的是商品质量问题，并且确属事实，那么无论顾客要求退或换，都应毫不犹豫地予以满足。如果顾客同时反映了商店工作人员的工作态度问题，那么，当事人还应向顾客道歉。要冷静厘清事情的始末，认真地进行处理。处理完毕，可采用书信形式再次向顾客表示感谢，并请他们今后继续对商店的工作加以督促。

（3）如果顾客是以信件或电话的方式投诉，不能因他们未露面而态度懈怠，要尽快地将处理意见告诉顾客，使对方满意。若影响面大，企业负责人要亲自登门以表达诚意。

10. 商务谈判

商务谈判无论其规模大小，在谈判中都要讲究一些基本礼仪：看见谈判对方时应先点头微笑，并用“您好”或握手致意；对方没有坐定以前，不应急于坐下，椅子要平稳，坐的姿势要端正，身子稍向前倾；递送或接受名片时，要沉稳大方，双手接递，接后再仔细地看一遍；谈判中要注意聆听对方的讲话，表现出一种倾听的礼貌和尊重；任何情况下，不要妨碍对方及其他人，包括坐的位置、动作、声音及提供的资料；应选择面对门口的位置，一则避免对方因进出人员而分散注意力，二则可以控制整个场面；以中性话题为开场白，设法引起双方共鸣，使双方在感情上接近，开场白时间应控制在谈判时间的5%之内；用不卑不亢的态度和温和的语气，与对方讨论问题；当对方起立离席时，要同时起立示意；当对方告别时，要向对方表示感谢。初次见面后，可有诚意地说："非常高兴认识您。"

总之，礼仪是人们在长期的社会交往活动中逐渐形成的一些约定俗成、共同遵守的交往规则，是礼貌、修养、品德和风度的具体表现形式。礼仪与一定社会文化、习俗相联系，反映着社会文明程度。礼仪的核心并不只是外在形式的完善，从根本上说是体现了对他人的关心、重视和尊敬。在公共或社交场合，商务秘书常常被看作是企业组织的化身，因此，商务秘书必须具备良好的礼仪修养，并努力遵守各种礼仪规范。

第六章　企业管理基础

第一节　企业管理概述

企业包括工业及商业企业，是一个有机的整体，是一个完整的体系。企业管理系统是由生产管理、财务管理、营销管理、人力资源管理、信息管理等子系统构成的，各子系统在企业管理中所处的地位则由它们在企业全部生产经营活动中所起的作用决定，且各子系统之间存在密切的关系。

一、企业管理的概念、目的及特征

（一）企业管理的概念及其目的

企业管理是对企业生产经营活动进行计划、组织、指挥、协调和控制等一系列活动的总称，是社会化大生产的客观要求。企业管理的目的是尽可能利用企业的资源取得最大投入产出效率。

企业管理的基本目的在于提高工作效率。工作效率可以用公式表述为：

$$工作效率=工作成果\div工作标准$$

式中，工作成果是指完成某项工作的实际数量、实际品质、实际速度及实际成本；工作标准是指从事某项工作前所预定的具体比例。

（二）企业管理的特征

1. 企业管理是一种文化现象和社会现象

企业管理这种现象的存在必须具备两个条件：两个人以上的集体活动和相同的目标。在人类的社会活动中，多人组织起来进行分工都会达到单独活动所不能达到的效果。只要是多人共同活动，都需要通过制订计划、确定目标等活动来相互协作，提高效率，这就需要管理。

2. 企业管理的主体是管理者

既然管理是让别人和自己一道去实现既定的目标，管理者就要对管理的效果负重要的责任。管理者的第一个责任是管理一个组织；管理者的第二个责任是管理管理者；管理者的第三个责任是管理工作和个人。

企业管理者在企业生产活动中处于领导地位，具有特殊和重要的作用。他们独立于企业的资本所有之外，自主地从事企业经营活动，是企业的最高决策和各项经营活动的统一领导者，其职能可归纳如下：确立企业的目标与计划；建立和健全企业的组织机构；配备重要的企业主管人员；实现对企业全局的有效领导和有效控制；实现对企业经营整体的有效协调。

3. 现在企业管理追求多目标的经营管理，倡导自由式经营管理和动态管理

随着经济的发展、国民生活水平的提高，顾客对产品的需求更加多样化，这也就导致了企业为满足顾客愈来愈复杂的需要，求得更高的利润，争相走上了多目标经营之路。而经济发展的地区差异和不平衡以及产品多样化发展，让自由式经营管理应运而生。多目标的经营管理

要求自由式的经营管理模式。

4. 管理的核心是处理好人际关系

人既是管理的主体又是管理的客体，管理在大多数情况下是人和人打交道。管理的目的是实现多人共同完成目标。因此，管理者一定要处理好人际关系。

二、企业管理基本原理

企业管理的基本原理存在许多不同的观点，下面介绍其中较为主要的几种。

（一）系统原理

1. 系统的概念与特征

系统是由两个或两个以上既相互区别又相互联系、相互作用的组成部分结合而成的，具有特定功能的有机整体。从管理的角度看，系统一般具有以下基本特征：

（1）目的性。任何系统存在都有其目的，而为了达到一定目的，必有其特定的结构和功能。

（2）整体性。任何系统的存在都不是各个要素的简单集合，而是各个要素按照总体系统的同一目的，遵循一定规则组成的有机整体。

（3）层次性。任何系统都由分系统构成，分系统又由子系统构成。最下层的子系统则由组成该系统基础单元的各个部分组成。

（4）独立性。任何系统不能脱离环境而孤立存在，只能适应环境，只有既受环境影响，又不受环境左右而独立存在的系统，才是具有充分活力的系统。

（5）开放性。管理过程必须不断地与外部社会环境进行能量与信息交换。

（6）交换性。管理过程中各种因素都不是固定不变的，组织本身也存在变革。

（7）相互依存性。管理的各个要素之间是相互依存的，而且管理活动与社会相关活动之间也是相互依存的。

（8）控制性。有效管理系统必须有畅通的信息与反馈机制，使各项工作及时有效地得到控制。

2. 基于系统论所产生的管理理论

系统论作为一种认识论观点，为管理提供了理论基础。基于系统论所产生的管理方面的观点主要有整体观点、开放性与封闭性并存观点、动态平衡观点、信息反馈观点、分级观点、不断分化和完善观点、等效观点等。

3. 系统原理在企业管理中的运用

系统原理在企业管理中的运用是全方位、立体的，如企业是一个系统，有其自身功能和目的，具有独立性；企业是一个整体，由一系列要素和子系统共同构成，内部具有可分性、相关性；企业对环境既依赖又能适应；企业具有可控性，但需借助于信息反馈和监督。

（二）分工原理

分工原理是在承认企业及企业管理是一个可分的有机系统前提下，对企业管理的各项职能与业务按照一定的标志进行适当分类，并有相应的单位和个人来承担各类工作。17 世纪机器工业开始形成时期，英国经济学家亚当·斯密在他的《国民财富的性质和原因的研究》（即《国富论》）一书中，系统地阐述了劳动分工的理论。20 世纪的泰勒又做了进一步的发展。分工可以提高劳动生产率，工人重复完成单向操作，随着熟练度的提高即可提高劳动生产率，提升企业效益。泰勒将管理业务从生产现场分离出来之后，随着现代科学技术和生产的不断发展，管理业务也进行了进一步的划分，并成立了相应的职能部门，配备了有关专业人员，从而提高了管理效率。分工要讲究实效，不宜过细，界面必须清楚才能避免推卸责任等现象的出现。一般企业内部分工既要责任分明，又要有团结合作，在分工协作的同时还要注意必要的制约关系，注意加强职工的技能培养以适应新技术、新方法不断发展的新要求。

（三）弹性原理

弹性原理，是指企业为了达到一定的经营目标，在企业外部环境或内部条件发生变化时，有能力适应这种变化，并在管理上表现出灵活的可调节性。

弹性原理对于现代管理有着十分重要的作用。现代管理是多种因素交织在一起的复杂管理。变化因素多、涉及面广，乃是现代管理的两个重要特征。由于存在着上述特点，现代管理必须注意贯彻弹性原理，运用弹性管理方法来提高管理的效能。强调管理须保持弹性，主要体现在以下两个方面：一是必须保持局部弹性，局部弹性是指在管理活动过程中的每一个环节上均应保持可以调节的弹性，尤其在关键环节上要保持足够的余地；二是必须保持整体弹性，整体弹性是指整个管理系统的可塑性、伸缩性和调适性。这种整体弹性，是在管理的局部弹性综合的基础上形成的，它具有局部弹性所没有的新的适应能力。

弹性原理在实际中有相当广泛的应用，如计划管理的弹性，就要求计划指标有区别幅度（即上、下限），计划方案要有几套，要有各种应急方案等。在应用弹性原理的时候要注意以下三点：

（1）倡导“积极弹性”思想。积极弹性是指对管理产生促进作用的弹性，遇事多一手，多准备几种备选方案，考虑事情周到一些。提倡“积极弹性”思想，杜绝“消极弹性”思想，变“消极弹性”思想为“积极弹性”思想，是正确应用弹性原理的客观要求。

（2）着重提高关键环节的局部弹性。“抓重点”是正确应用弹性原理的另一要求。抓住重点的前提是关键因素或关键环节的确定。关键因素与关键环节的主要特征是：对组织整体目标的实现举足轻重；属于薄弱环节；不确定性大，难以控制。

（3）注重增强整体弹性，提高局部弹性。

（四）效益原理

效益原理，是指企业通过加强管理工作，以尽量少的劳动消耗和资金占用，生产出尽可能多的符合社会需要的产品，不断提高企业的经济效益和社会效益。

效益原理要求在管理中坚持以下原则：一是价值原则，即效益的核心是价值，必须通过科学而有效的管理，对人、对组织、对社会有价值的追求，实现经济效益和社会效益的最大化；二是投入产出原则，即效益是一个对比概念，通过以尽可能小的投入来取得尽可能大的产出的途径来实现效益的最大化；三是边际分析原则，即在许多情况下，通过对投入产出微小增量的比较分析来考察实际效益的大小，以做出科学决策。

在企业管理中运用遵循效益原理，需要做到：第一，确立可持续发展的效益观；第二，提高管理工作的有效性；第三，处理好局部利益和全局利益的关系；第四，追求企业长期稳定的高效益。

（五）激励原理

激励，是指通过科学的管理方法激发人的内在潜力，使每个人都能在组织中尽其所能，展其所长，为完成组织规定的目标而自觉、勤奋地工作。

严格来说，激励有两种模式，即正激励和负激励。正激励是对工作业绩有贡献的个人实行奖励，进一步调动其积极性，使其完成更艰巨的任务；对于因个人原因工作失误并且造成一定的损失的人实行惩罚，使其吸取教训，做好工作，完成任务，属于负激励。在管理过程中，按照公平、公正的原则正确运用两种激励方式，可以调动人的积极性，激发人的工作热情，更加充分地挖掘人的潜力，让人把工作做得更好。

（六）动态原理

动态原理，是指企业管理系统随着企业内外环境的变化而不断更新自己的经营观念、经营方针和经营目标，相应改变有关的管理方法和手段，使其与企业的经营目标相适应。企业在发展，事业在前进，管理能否跟得上，关键在是否更新。运动是绝对的，不动是相对的，企业既要随着经营环境的变化，适时地变更自己的经营方法，又要保持管理业务上的适当稳定。没有相对稳定的企业管理秩序，也就失去了高质量的管理基础。

在企业管理中，与此相关的理论还有矛盾论、辩证法，好与坏、多与少、质与量、新与老、利与弊等都是一对矛盾的两个方面，要在实际操作过程中，运用辩证的方法，正确、恰当地处理矛盾，使其向有利于实现企业经营目标的方向转化。

（七）创新原理

创新原理，是指企业为实现总体战略目标，在生产经营过程中，根据内外环境变化的实际情况，按照科学态度，不断创造具有自身特色的新思想、新思路、新经验、新方法、新技术，并加以组织实施。

企业创新，一般包括产品创新、技术创新、市场创新、组织创新和管理方法创新等。产品创新主要是提高质量，扩大规模，创立名牌；技术创新主要是加强科学研究，不断开发新产品，提高设备技术水平和职工队伍素质；市场创新主要是加强市场调查研究，提高产品市场占有率，努力开拓新市场；组织创新主要是调整企业组织结构，使其切合企业发展的需要；管理方法创新主要是企业生产经营过程中的具体管理技术和管理方法的创新。

（八）可持续发展管理

可持续发展原理，是指企业在整个生命周期内，随时注意调整自己的经营战略，以适应变化了的外界环境，从而使企业始终处于兴旺发展阶段。现代企业家追求的目标，不是企业一时的兴盛，而是长盛不衰。这就需要按可持续发展的原理，从历史和未来的高度，全盘考虑企业资源的合理安排，既保证近期利益，又保证后续事业得到蓬勃的发展。

第二节　企业管理职能

按照管理二重性理论，管理具有两种基本职能：合理组织生产力和维护生产关系。前者是管理自然属性的表现，是由劳动社会化所产生的管理的一般职能；后者是管理社会属性的表现，是由劳动过程的社会性质所决定的管理的特殊职能。正是管理的这两种基本职能，生产力才得以发展，生产关系才得以维护，生产过程才得以顺利进行，生产经营目的才得以实现。当管理的这两种基本职能集合在一起共同作用于企业运行过程时，又表现为一系列具体的职能，具体包括决策、计划、组织、控制、领导、激励等。

一、决策

决策是管理的核心。整个管理过程都是围绕着决策的制定和组织实施展开的。诺贝尔经济学奖得主赫伯特·西蒙甚至强调，管理就是决策，决策充满了整个过程。由此可见决策在管理中的重要地位。

（一）决策的概念

决策是指组织或个人为了实现某种目标而对未来一定时期内有关活动的方向、内容及方式的选择或调整过程。概念强调了以下几个方面：首先是决策的主体，它既可以是组织，也可以是组织中的个人；其次是决策要解决的问题，它既可以是对组织或个人活动的选择，也可以是对这种活动的调整；再次是决策选择的对象，它既可以是活动的方向和内容，也可以是在特定方向下从事某种活动的方式；最后是决策涉及的时限，它既可以是未来较长的时期，也可以仅仅是某个较短的时段。

（二）决策的地位和作用

1. 决策是决定组织管理工作成败的关键

一个组织管理工作的成效大小，首先取决于决策的正确与否。决策正确，可以提高组织的管理效率和经济效益，使组织兴旺发达；决策错误，则一切工作徒劳无功，甚至会给组织带来灾难性的损失。因此，对每个决策者来说，不是是否需要做出决策的问题，而是如何使决策做得更好、更合理、更有效率，这是关系到组织管理工作好坏的关键。

2. 决策是实施各项管理职能的保证

决策贯穿于组织各个管理职能之中，在组织管理过程中，各项管理职能要发挥作用都离不开决策。无论是计划、组织职能还是领导和控制等职能，其实现过程都是需要作出决策的。没有正确的决策，管理的各项职能就难以充分发挥作用。

（三）决策的类型

1. 组织决策与个人决策

从决策主体看，决策可分成组织决策与个人决策。组织决策是组织整体或组织的某个部门对未来一定时期的活动所作的选择或调整。组织决策是在环境研究的基础上制定的。通过环境研究，认识到外部环境变化对组织的存在造成了某种威胁或提供了某种机会，理解了自己在资源拥有和应用能力上的优势和劣势，便可据此调整活动的方向、内容或方式。

个人决策是个人在参与组织活动中的各种决策。个人参与组织活动的过程，实质上是一个不断地作出决定或制定决策的过程。个人决策通常是在无意中提出并在瞬间完成的；而组织决策都是有意识地提出并解决的，常常表现为一个完整的程序。

2. 初始决策与追踪决策

从决策需要解决的问题来看，组织决策可分成初始决策和追踪决策。初始决策是指组织对从事某种活动或从事该活动的方案所进行的初次选择；追踪决策则是在初始决策的基础上对组织活动方向、内容或方式的重新调整。如果说，初始决策是在对内外环境的某种认识基础上作出的话，追踪决策则是由这种环境发生了变化，或者是由组织对环境特点的认识发生了变化而引起的。显然，组织中的大部分决策属于追踪决策。

3. 战略决策与战术决策

从决策调整的对象和涉及的时限来看，组织决策可分为战略决策和战术决策。“战略”与

“战术”是从军事学上借用的术语。前者涉及战争的总体政策或方案，或者涉及战斗开始前的方案制定，后者则主要与战斗过程中的具体行动有关。在管理学的研究中，战略决策与战术决策的区别主要表现在以下几个方面：

（1）从调整对象上看，战略决策调整组织的活动方向和内容，战术决策调整在既定方向和内容下的活动方式。战略决策解决的是“干什么”的问题，战术决策解决的是“如何干”的问题，前者是根本决定性决策，后者是执行性决策。

（2）从涉及的时空范围来看，战略决策面对的是组织整体在未来较长一段时期内的活动，战术决策解决的是组织某个或某些具体部门在未来各个较短时期内的行动方案。组织整体的长期活动目标需要靠具体部门在各阶段的作业实现。因此，战略决策是战术决策的依据；战术决策是战略决策的落实，是在战略决策的指导下制定的。

（3）从作用和影响上来看，战略决策的实施是组织活动能力的形成与创造过程，战术决策的实施则是已形成的能力的应用。因此，战略决策的实施效果影响组织的效益与发展，战术决策的实施效果则主要影响组织的效率与生存。

4. 程序化决策与非程序化决策

程序化决策又称常规决策或重复决策。它是指经常重复发生，能按原已规定的程序、处理方法和标准进行的决策。其决策步骤和方法可以程序化、标准化，能够重复使用。业务决策如任务的日常安排、常用物资的订货与采购等，均属此类。

非程序化决策又称非常规决策或例外决策。它是指具有极大偶然性、随机性，又无先例可循且具有大量不确定性的决策活动。其决策方法和步骤也是难以程序化、标准化，不能重复使用的。这类决策在很大程度上依赖于决策者的知识、经验、洞察力、逻辑思维能力来进行，如新产品开发决策等。

（四）决策的程序

决策是一个动态的过程，由前后相继、既相互独立又相互联系和作用的若干阶段和环节构成。决策过程可以划分为五个主要阶段：发现问题；明确决策的目标；拟定备选方案；综合评价和选择方案；检查评价和反馈处理。

1. 发现问题

决策过程的第一阶段，首先要求找出关键性问题和认准问题的要害，要找出针对这个问题而不是针对其他问题作决策的理由。关键问题抓不准或者问题的要害抓不牢，就解决不了问题，所作的各种决策就不可能是科学的、合理的、有效的。因此，发现并界定问题是决策者的首要职责。

2. 明确决策的目标

决策目标对于决策而言至关重要，它不仅是决策的方向，还是预测、评估的标准，也是决策执行和监控的标尺。因此，当问题明确界定后，就必须以问题为依据，结合其他因素，确定正确的决策目标。在实际工作中，单一目标的决策是极其少见的，往往是多目标决策。这就要求决策者在需要与可能的基础上分清总目标与分目标、战略目标与战术目标、主要目标与次要目标，从而形成决策的目标体系。在此基础上，在满足决策需要的前提下，应尽量减少目标，而且应先解决重要的，再考虑次要的，确保战略目标的实现。

3. 拟定备选方案

备选方案产生的过程是针对决策问题，瞄准目标，在环境研究、资源调查的基础上，根据组织任务和目标，提出尽可能多的、不同的备选方案；在对这些初步方案进行筛选、补充和修改以后，对余下的方案进一步完善，并预计其结果，形成一系列不同的可行方案。

4. 综合评价和选择方案

每个实现决策目标的可行方案，都会对目标的实现发挥某种积极作用和影响，也会产生消极作用和影响。因此必须对每个可行方案进行综合的评价和比较，即进行可行性研究，最终做出抉择。评价和比较的主要内容有以下几个方面：

（1）方案实施所需的条件能否具备，筹集和利用这些条件需要付出何种成本。

（2）方案实施能给组织带来何种长期和短期利益。

（3）方案实施中可能遇到风险而导致活动失败的可能性。

5. 检查评价和反馈处理

这是决策过程的最后一个步骤。通过追踪检查与评价，可以发现决策执行过程中出现的偏差，以便采取相应的处理措施进行决策控制。具体追踪处理措施有三类：一是保持现状，不采取措施；二是采取措施纠正偏差；三是修正原决策。到底选哪一种办法，取决于许多条件。管理者要借助监控和评价，不断修正方案来减少或消除不确定性，定义新的情况，建立新的分析程序。

（五）影响决策的因素分析

影响决策的因素众多，既可能是根源性的，也可能是过程性的，既可能是主观的，也可能是客观的。总之，管理者要全面了解影响决策的因素，以有效指导决策。

1. 环境

环境因素是存在于决策系统之外或之内的，对决策起直接或间接作用的各种主客观因素的总和，具有综合性、主导性、关联性、差异性、稳定性、动态性等一系列特征。其对企业决策的影响是客观的，也是根本的。环境对决策的影响是双重的。表现在：

（1）环境的特点影响着组织活动选择。比如，就企业而言，如果市场稳定，今天的决策主要是昨天决策的延续；如果市场急剧变化，则需要经常对经营方向和内容进行调整。

（2）对环境的习惯反应模式也影响着组织活动选择。即使在相同的环境背景下，不同的组织也可能做出不同的反应。而这种调整组织与环境之间关系的模式一旦形成，就会趋向固定，限制着人们对行动方案的选择。

2. 过去的决策

在大多数情况下，组织决策是对初始方案的实施，不仅伴随着人力、物力、财力等资源的消耗，而且伴随着内部状况的改变，从而对外部环境产生影响。

过去的决策对目前决策的制约程度要受到它们与现任决策者的关系的影响。如果过去的决策是由现在的决策者制定的，而决策者通常要对自己的选择及其后果负管理上的责任，因此会不愿对组织活动进行重大调整，而倾向于仍把大部分资源投入过去方案的执行中，以证明自己的一贯正确。相反，如果现在的主要决策者与过去的重要决策没有很深的渊源，则会易于接受重大改变。

3. 组织及其决策者对风险的态度

组织及其决策者对待风险的不同态度会影响决策方案的选择。不愿意承担风险的组织及其决策者，通常只对环境做出被动的反应；而不愿承担风险，其活动受到过去决策的严重限制；而愿冒风险的组织及其决策者，常进行新的探索，易于接受重大改变。

4. 组织文化

组织文化制约着组织及其成员的行为及行为方式。在决策层次上，组织文化通过影响人们对改变的态度发生作用。

任何决策的制定，都是对过去在某种程度上的否定；任何决策的实施，都会给组织带来某种程度的变化。为了有效实施新的决策，必须先通过大量工作改变组织成员的态度，建立一种有利于变化的组织文化。因此，决策方案的选择不能不考虑到为改变现有组织文化而必须付出的时间和费用代价。

5. 时间

美国学者威廉·R. 金和大卫·I. 克里兰把决策类型划分为时间敏感决策和知识敏感决策。时间敏感决策是指那些必须迅速而尽量准确的决策。战争中军事指挥官的决策多属此类。这种决策对速度的要求远甚于质量。相反，知识敏感决策对时间的要求不是很严格，这类决策的执行效果主要取决于其质量，而非速度。制定这类决策时，要求人们充分利用知识，作出尽可能正确的选择。

二、计划

（一）计划概述

所谓计划，就是对未来组织所要从事的事业的谋划、规划和打算。计划包括确定组织的目标，制定全局战略以实现这些目标，开发一个全面的分层计划体系以综合和协调各种活动。

计划是一种协调过程，它给管理者和非管理者指明了方向。当所有有关人员了解了组织的目标和为了达到目标必须作出的贡献时，他们就能开始协调他们的活动，互相合作，结成团队。而缺乏计划则会走许多弯路，从而使实现目标的过程变曲折。

计划有利于展望未来，预见变化，减少重叠和浪费，以更好地实现目标。计划根据其广度可分为战略计划和作业计划，根据其时间框架可分为短期计划和长期计划，根据其具体明确性可分为具体计划和指导计划。

（二）计划编制

计划编制过程包括收集资料的准备阶段、目标或任务的分解阶段、目标结构的分析阶段、综合平衡阶段、编制并下达行动计划阶段五个阶段的工作。

1. 收集资料，为计划的编制做好准备

计划是为决策的组织落实而制定的，因此，了解决策者的选择，理解有关决策的特点和要求，分析决策制定的环境特点和决策执行的条件要求，是编制行动计划的前提。由于计划安排的任务需要组织内部不同环节的组织成员利用一定的资源去完成，因此计划的编制者还需收集反映不同的部门和环节活动能力以及外部有关资源供应情况的资料，为计划编制提供关键性依据。

2. 目标或任务分解

计划是决策执行的重要组成部分，应明确决策目标体系，区分目标轻重缓急，将其进一步细化并与各部门、各活动环节结合起来，从而确定组织的各个部门在未来各个时期的具体任务以及完成这些任务应达到的具体要求。

3. 目标结构分析

目标结构分析是针对决策目标的。弄清楚决策目标体系中各层次、各方面的目标、子目标的重要性及其相互关系，是科学制订计划的前提。因此，在目标结构分析中，往往强调组织在各个时期的具体目标能否实现，从而保证长期目标的达成；同时考虑如果较低层次的某个具体目标不能充分实现，则能否采取有关补救措施，否则就应调整较高层次的目标要求，有时甚至可能导致整个决策的重新修订。

4. 综合平衡

综合平衡是计划工作的重要环节，具体内容包括：

（1）分析由目标结构决定的或与目标结构对应的组织各部分在各时期的任务是否相互衔接和协调，包括任务的时间平衡和空间平衡。

（2）研究组织活动与资源供应的关系，分析组织能否在适当的时间筹集到适当品种和数量的资源，从而保证组织活动的连续性。

（3）分析不同环节在不同时间的任务与能力之间是否平衡，即研究组织的各个部分是否保证在任何时间都有足够的能力去完成规定的任务。

5. 编制并下达行动计划

在综合平衡的基础上，组织就可以为各个部门（如业务、人事、财务、供应）编制各个时段（长期、年、季、月等）的行动计划，并下达执行命令。

（三）目标及目标管理

目标是一个组织各项管理活动所指向的终点，每一个组织及其活动都应有特定的目标。

1. 目标的含义和性质

目标是根据组织宗旨提出的组织在一定时期内所要达到的预期成果，是目的或宗旨的具体化，是一个组织奋力争取希望达成的未来状况。企业目标是在分析企业外部环境和内部条件的基础上确定的企业各项经济活动的发展方向和奋斗目标，是企业经营思想的具体化。

从管理学的角度看，组织目标具有独特的属性，因而在制定目标时，必须把握好目标的这些属性：

（1）目标是企业经营思想的集中体现。企业经营思想是组织开展经营活动的指导思想和理念。经营思想是看不见、摸不着的，企业管理者必须将其具体化为企业目标，才可能使其成为企业的共同追求。企业是人的集合，企业的活动就是人的活动。人的集合必须建立在共同的理念之上，必须把人聚集在共同的原则周围，使每个人都为实现企业目标而工作，从而使企业目标的实现具有保障。

（2）目标的多样性。企业为了生存和发展，既要为资产所有者谋求利润，又要向消费者提供满意的产品和服务，并对社会承担一定的责任。企业寻求某一个具体单一目标，或一味追求自身利润和眼前利益，可能不利于企业的长远发展。企业目标作为衡量企业履行其使命的标志，单一指标无法胜任。互相联系、互相支持的目标群才能构成企业总目标。

（3）目标的层次性。从组织结构的角度看，组织目标是分层次的。我们可以将组织目标概括为三个层次：一是环境层，即社会赋予组织的目标；二是组织层，即作为一个利益共同体和一个系统的整体目标；三是个人层，即组织成员的目标。

（4）企业目标具有变动性。企业目标的内容和重点是随着外界环境、企业经营思路、自身优势的变化而变化的。

（5）伴随信息反馈性。信息反馈是把目标管理过程中目标的设置与实施情况不断地反馈给目标设置和实施的参与者，让员工时刻了解组织对自己的要求以及自己的任务完成情况。

2. 目标的作用

（1）为管理工作指明方向。管理是一个为了达到同一个目标而协调集体的过程，如果不是为了达到一定的目标就无须管理。目标的作用首先在于为管理指明方向。

（2）激励作用。个人只有明确了目标才能调动起潜在能力，尽力而为，创造出最佳成绩；也只有达到目标后，才会产生成就感和满足感。

（3）凝聚作用。组织是一个社会协作系统，必须对其成员有一种凝聚力。一盘散沙的组织是难以发挥作用的，是不能够长期存在的。

（4）目标是考核主管人员和员工绩效的客观标准。大量管理实践表明，将上级对下级主管人员的主观印象作为下级主管人员绩效的考核依据，是不客观、不科学的，不利于调动下级主管人员的积极性。正确的方法应当是根据明确的目标进行考核。为此，目标本身必须是可考核的。这也是制定目标的一个主要原则。

3. 目标管理

目标管理是指组织的最高领导层根据组织面临的形势和社会需要，制定出一定时期内组织经营活动所要达到的总目标，然后层层分解落实，要求下属各部门主管人员乃至每个员工根据上级制定的目标和保证措施形成一个目标体系，并把目标完成的情况作为各部门或个人考核的依据。

目标管理与传统的管理方法相比具有如下特征：

（1）目标管理是强调以目标为中心的管理。目标管理中，强调成果，实行“能力至上”，对日标所要达到的标准、成果评定的方法都规定得非常具体、明确。按照成果优劣分等级，反映到人事考核之中，作为职工晋升、加薪的依据。目标成果真实地反映出个人能力、知识水平、主观努力程度，使人事管理更注重工作实效。职工无论学历、资历如何，只要在实践中显示出具有完成目标的能力，就会得到企业的认可。

（2）目标管理是强调以目标网络为基础的全面的管理系统。目标管理是一个全面的管理系统。它运用系统论的思想，用系统的方法，将许多关键管理活动结合起来。

（3）目标管理强调以人为中心的主动式管理。传统的管理强调职工由上级来指导和控制，而目标管理是一种民主的、强调职工自我控制和自我管理的管理制度。目标管理的各个阶段都非常重视上下级之间的充分协商，让职工参与管理，实行管理的民主化。

（四）计划的执行与调整

组织计划执行的基本要求是：保证全面地、均衡地完成计划。全面地完成计划，是指组织整体、组织内的各个部门要依据主要指标完成计划，而不能有所偏废；均衡地完成计划，则是指要根据时段的具体要求，做好各项工作，按年、季、月，甚至旬、周、日完成计划，以建立正常的活动秩序，保证组织稳步发展。

计划在执行过程中，有时需要根据情况进行调整。这不仅因为计划活动所处的客观环境可能发生了变化，而且可能因为人们对客观环境的主观认识有了改变。为了使组织活动更加符合环境特点的要求，必须对计划进行适时的调整。

三、组织

（一）组织概述

1. 组织的概念

组织是指人们为了达到一个共同目标建立的组织机构，是综合发挥人力、物力、财力等各种资源效用的载体。它包括对组织机构中的全体组织人员确定职位、明确责任、交流信息、协调其工作等。该界定强调了三个方面：首先，组织作为一个整体，具有共同的目标，因此，在管理活动中一个组织机构的建立撤销合并等都必须服从于组织的目标；其次，完成组织目标的业务活动和主要责任是决定各级组织权责范围的基础；再次，决定组织效率的两个主要因素是组织内的信息交流和协作配合。

2. 组织的要素

首先，组织作为一个整体要有共同的目标，这种共同目标应该既为宏观所要求，又能被各成员所接受。其次，为了实现共同目标就必须建立组织结构并对结构中全体成员确定职位，明确职责，把组织成员中愿意为实现共同目标做出贡献合作的意志进行统一，协调关系也是组织的要素之一。最后则是交流信息，将组织的共同目标和各成员的协作意愿联系起来。

3. 组织的实质

组织的实质在于它是进行协作的人的集合体。管理的组织职能主要是设计、形成、保持良好的、和谐的集体环境，使人们能够互相配合，协调行动，以获得优化的群体效应。

组织的实质最明显的表现为组织成员为实现共同目标而有效地工作，表现在组织机构运行的高效化上。组织高效化有以下四种衡量标准：管理效率高，层次简明合理；信息传输迅速而准确，便于决策者及时察觉掌握新情况，作出相应决策；人员任用合理，人与人关系和谐、协作；整体组织的目标和计划被分解下去，使目标和计划的完成有了切实保障。

（二）组织结构设计

组织结构的设计就是要在管理劳务分工的基础上设计出所需的管理职务和各个管理职务之间的关系。

1. 组织设计的任务

组织设计的任务有两个：一是提供组织结构系统图，二是编制职务说明书。

要完成这两种组织设计，组织设计者要经过职务设计与分析、部门划分和结构的形成三个步骤。

（1）职务设计与分析。组织图是自上而下绘制的，在改进现有组织时，往往也是自上而下地重新划分各个部门的职责。但是，设计一个全新的组织结构需要从最基层开始，也就是说，组织设计是自下而上的。

职务设计与分析是组织设计最基础的工作。职务设计是在目标活动逐步分解的基础上，设计和确定组织内从事具体管理工作所需的职务类别和数量，分析担任每个职务的人员应负的责任，以及应具备的素质要求。

（2）部门划分。根据各个职务性质以及职务间的相互关系，依照一定的原则，可以将各个职务组合成被称为“部门”的管理单位。组织活动的特点、环境和条件不同，划分部门所依据的标准也是不一样的。对同一个组织来说，在同时期的背景中，划分部门的标准也可能会不断调整。

（3）结构的形成。职务设计和部门划分是根据工作要求进行的，在此基础上，还要根据组织内外能够获取的现有人力资源对初步设计的部门和职务进行调整，并平衡各部门、各职务的工作量，以使组织结构合理。如果再次分析的结果证明初步设计是合理的，那么剩下的任务便是根据各自工作的性质和内容，规定各管理机构之间的职责、权限及义务关系，使各管理部门和各职务形成一个严密的网络。

2. 组织结构设计的依据

组织结构设计是为了合理组织管理人员的劳动，而需要管理的组织活动总是在一定的环境中利用一定的技术条件，并在组织总体战略的指导下进行的。因此，组织战略、所处环境、技术与设备、所处阶段成为组织设计的依据。

（1）战略。战略是实现组织目标的各种行动方案、方针和方向选择的总称。不同的战略要求不同的业务活动，从而影响管理职务的设计；战略重点的改变，会引起组织的工作重点、各部门与各职务在组织中重要程度的改变，因此要求各管理职务以及部门之间的关系进行相应的调整。

（2）环境。任何组织作为社会的一个单位，都存在于一定的环境中，组织外部的环境必然会对内部的结构形式产生一定的影响。这种影响主要表现在三个不同的层次上。首先，环境对职务和部门设计的影响。组织是社会经济大系统中的一个子系统，与其他社会子系统之间存在着分工关系。社会分工方式的不同决定了组织内部工作内容的不同，从而所需完成的任务、所需设立的职务和部门也不一样。其次，环境对各部门关系的影响。环境不同，组织中各项工作完成的难易程度及对组织目标实现的影响程度也不相同。例如，当产品的需求大于供给时，企业关心的是如何增加产量、扩大生产规模，生产部门会成为组织的中心；而一旦市场供过于求，则营销职能会得到强化，营销部门会成为组织的中心。再次，环境对组织结构总体特征的影响。外部环境的稳定性不同，对组织结构的要求也不一样。

（3）技术。组织的活动需要利用一定的技术和反映一定技术水平的物质手段来进行。技术及设备的水平不仅影响组织活动的效果和效率，而且会作用于组织活动的内容划分、职务的设置和工作人员的素质要求。

（4）规模与组织所处的发展阶段。规模是影响组织结构的一个不容忽视的因素。适用于仅在某个区域市场上产生和销售产品的企业组织结构，不可能也适用于在国际经济舞台上从事经营活动的巨型跨国公司。

组织的规模往往与组织的发展阶段相联系。伴随着组织的发展，组织活动的内容会日趋复杂，人数会逐渐增多，活动的规模会越来越大，组织的结构也需随之调整。

3. 组织设计的原则

任何组织在进行结构的设计时，都需要遵守以下原则：

（1）因事设职与因人设职相结合的原则。组织设计的根本目的是保证组织目标的实现，是使目标活动的每项内容都落实到具体的岗位和部门，即“事事有人做”，而非“人人有事做”。因此，在组织设计中，首先考虑工作的特点和需要，要求因事设职、因职用人，而非因人设职。但这并不意味着组织设计中可以忽视人的因素、人的特点和人的能力。

（2）权责对等的原则。为了保证“事事有人做”“事事都能正确地做好”，不仅要明确各个部门的任务和责任，而且在组织设计中，还要规定取得和利用人力、物力、财力及信息等工作条件的权力。没有明确的权力，或权力的应用范围小于工作的要求，则可能是责任无法履行，任务无法完成。当然，对等的权责也意味着赋予某个部门或岗位的权力不能超过其应负的职责。权力大于工作的要求，虽能保证任务的完成，但会导致不负责任的滥用，甚至会危及整个组织系统的运行。

（3）命令统一的原则。统一命令对组织目标的实现更重要。只有遵循这条原则，才能保证有效地统一和协调各方面的力量、各单位的活动。

（4）管理幅度与层次适度原则。组织的最高主管因受到时间和精力的限制，需委托一定数量的人分担其管理工作。委托的结果是减少了他必须直接从事的业务工作量，但与此同时，也增加了他协调受托人之间关系的工作量。因此，任何主管能够直接有效地指挥和监督的下属数量总是有限的。这个有限的直接领导的下属数量被称为管理幅度。

管理层次与组织规模成正比，与管理幅度成反比。管理层次与管理幅度的反比关系决定了两种基本的管理组织结构形态：扁平结构形态和锥形结构形态。

扁平结构形态是管理幅度较大、管理层次较少的一种组织结构形态。这种形态的优点是：由于层次少，信息的传输速度比较快，有利于减少信息传递过程中的失真现象，有利于下属主动性和首创精神的发挥。但这种形态也有其局限性，如主管的指导和监督不一定充分、有效，从众多的信息来源找出其中最重要、最有价值的部分难度较大等。

锥形结构形态是管理幅度较小，管理层次较多的高、尖、细的金字塔形态。其优点与局限性正好与扁平结构相反。

因此，组织设计要尽可能地综合两种基本组织结构形态的优势，克服其局限性。

（5）集权与分权管理相结合的原则。集权式管理是指决策权在组织系统中较高层次的一定程度的集中；分权式管理是指决策权在组织系统中较低管理层次的分散。

管理实践中，没有绝对的集权和绝对的分权，在进行组织设计时要遵循集权与分权相结合的原则，研究权力适合集中还是分散，视具体的情况决定集权和分权的程度。一个组织，当它的规模还比较小的时候，集权可能是必需的，而且可以充分显示其优越性。随着组织规模扩大，如果将决策权过度地集中在较高的管理层次上，则会降低决策的质量，降低组织的适应能力和组织成员的工作热情，这些弊端会对组织造成致命的伤害。

在管理活动中，究竟是集权好还是分权好，主要受以下因素影响：

一是组织的规模。组织的规模越大，管理层越多。多层次管理人员为了协调和指挥下属的活动，必然要求相应的权力。因此，权力往往随着组织规模的扩大和管理层次的增加而与职责一起逐层分解。同时，当组织规模达到了一定程度以后，决策权仍高度集中，则可能导致“规模负经济”。因此，分权往往是发展中的组织避免或至少是推迟达到“最佳规模”的手段。

二是活动的分散性。组织的某个工作单位如果远离总部，则往往需要分权。这是因为总部难以正确、有效地指挥现场的操作；同时，分散在各地区的单位主管往往表现出强烈的自治欲望，这种欲望如果不能得到一定程度的满足，则可能破坏组织的效率。

三是培训管理人员的需要。学会有效使用权力，才能培养统御全局的人才，从而在组织内部造就高层管理的后备力量。

（三）组织结构模式

传统的结构模式主要有直线制、职能制、直线职能制、直线职能参谋制。现代组织结构模式主要有事业部制、矩阵制、多维立体制等。了解组织结构形式，选择适宜的组织结构形式，有利于建立具有本企业特点的组织结构框架。合理的组织结构，从纵向看，应该是一个统一的、自上而下的、领导自如的指挥系统；从横向看，应该是各部门、各环节密切配合的协作系统。管理机构的组织形式随着生产、技术和经济的发展而不断演变，经历了一个由简单到复杂的过程。

1. 直线制组织

直线制是工业发展初期所采用的一种简单的组织形式。直线制组织的主要特点是组织内上级管理层与下级管理层按垂直系统进行管理，信息的沟通和传递只有一条直线通道，一个下级只接受一个上级管理者的命令。直线制的优点：结构简单，权责分明，指挥与命令统一，联系简捷，决策迅速，用人较少，费用较低，工作效率高。其缺点：组织内信息沟通不顺畅，不符合例外管理的原则要求。这种形式只适合那些产品单一、供销渠道稳定、工艺过程简单、规模较小的企业。

2. 职能制组织

职能制组织是按分工负责原则组成的机构，各级行政负责人都设有相应的职能机构，这些职能机构在自己的业务范围内，都有权向下级下达命令和指标。因此，下级行政负责人，除了要服从上级行政领导的指挥外，还要服从上级职能机构的指挥。职能制的优点：将管理工作按职能分工，适应了现代管理工作分工较细的特点，便于组织内部的信息沟通顺畅。同时，提高了管理的专业化程度，减轻了各级领导人的工作负担。其缺点：妨碍组织的集中统一指挥，多头领导，不利于明确划分各级行政负责人和职能科室的职责权限；弹性较差，对于调整、改革，易于产生一种自发的抗拒倾向；在工作人员缺席的情况下，易导致工作无法继续进行。

3. 直线职能制组织

直线职能制组织以直线制为基础，在各级生产行政领导者之下设置相应的职能部门，分别从事专业管理。组织结构以直线管理为主，职能部门根据授权拟定相关的计划、方案并下达有关命令。这种组织形式既综合了直线制和职能制的优点，又在很大程度上克服了其缺点。在保持直线制统一指挥优点的基础上，吸收了职能制发挥专业管理部门作用的长处，从而提高了管理工作效率，为发挥生产行政指挥系统的作用提供了组织保证。缺点是各职能部门之间横向联系较差，容易发生脱节和矛盾。

4. 事业部制组织

事业部制是在集中指导下进行的分权管理，是在职能制和直线制结构的基础上，为克服两者的缺点而发展起来的组织形式，是现代社会化大生产发展的必然趋势。其特点是把企业的生产经营活动，按照产品或地区划分，建立事业部。各部实行相对独立经营、独立核算，每个事业部都是一个利润中心。公司最高管理机构负责重大方针政策的制定，掌握能影响公司的重大问题的决策权。事业部制的优点：有利于企业最高领导层摆脱日常的行政管理工作，专心致力于企业的战略决策和长远规划；有利于发挥各事业部生产经营的主动性和积极性；有利于提高管理人员的专业能力和领导能力；有利于提高企业的稳定性和环境的适应性。事业部制的缺点：职能机构重复设置，容易造成人、财、物的浪费；职权下放过多，最高管理层的控制能力有所削弱，不利于全局协调；独立核算容易使各事业部产生本位主义，从而忽略企业的整体利益和长远发展。

5. 矩阵制组织

矩阵制组织主要适用于工作内容变动频繁、每项工作需要众多技术知识的组织，或者安排临时性工作任务，是一种补充结构形式。矩阵制组织是由纵横两套管理系统组成的矩形形态的组织结构，一套是按职能划分的垂直领导系统，另一套是按项目（产品或工程）划分的横向领导系统。此种组织是临时性的，是为了完成某项特别任务而专门成立的，小组成员均来自各职能部门，任务完成便回到原单位执行别的任务。在项目进行过程中，项目小组成员必须接受双重领导，既要接受项目小组的领导，又要接受各职能部门的领导。矩阵制组织的优点：具有很大的弹性和适应性，可以根据工作的需要，集中各种专门的知识和技能，短期内迅速完成重要任务；知识和意见的交流，能促进新的观点和设想的产生，还可以促进各部门的协调和沟通。矩阵制组织的缺点：其成员的隶属关系不变，可能使他们产生临时观念，影响工作责任心；由于要接受并不总是保持一致的双重领导，在工作中可能有时会感到无所适从。

6. 多维立体制

多维立体制主要适用于跨国公司或规模巨大的跨地区公司。这种结构是矩阵结构的进一步发展，是近年来适应新形势要求产生的一种新管理组织形式。其结构一般分三维，分别是：按产品划分的事业部，其是产品利润中心；按职能（市场研究、产生、调查、技术、管理）划分的专业参谋机构，其是专业成本中心；按地区划分的管理机构，其是地区利润中心。

（四）组织结构的发展趋势

1. 横向型组织

随着计算机及网络的广泛运用，以及信息的传递与沟通速度加快、范围加大，企业中层管理作用被削弱，管理层次减少，组织结构由金字塔型转向扁平化。其特征是围绕工作流程而不是部门职能来建立结构，传统部门的边界被打破，纵向的层级组织扁平化，可能只在传统的支持性职能部门，如财务和人力资源部门存留少量高级管理者，管理的任务被委托到更低的层级。

2. 网络结构组织

网络结构也是一种新兴的组织形态，其本质是利用优先获得的最佳资源的信息，依靠其他组织生产、销售等能力，获得较大收益。其最大优点是运营成本低，运营效率高，适应能力和应变能力强。其主要缺点是外协单位的工作质量难以控制，创新产品的设计容易被他人窃取。

3. 虚拟企业

虚拟企业是依靠电子网络手段形成统一指挥的经营实体，并能以最快的速度推出高质量、低成本的新产品。这是把不同地区的资产迅速组成一种没有围墙、超越空间约束的企业组织模式。虚拟企业具有自组织的特征：自形成、自管理、自学习。自组织中没有独裁的组织者，所有的组织成员都是其所属组织的组织者，根据任务导向或某种共识，通过信息网络自行结合在一起，并互相协调自己与其他组织成员之间的关系。基于对任务、愿景的理解，相应的组织过程得以顺利实现。

四、控制

（一）控制概述

1. 控制的概念

控制是组织在动态运行过程中，为了确保实现既定组织目标而进行的检查、监督、纠偏等一系列管理活动的统称。

2. 控制的必要性

美国北得克萨斯州立大学企业管理教授亨利·西斯克指出："如果计划从来都不需要修改，而且是在一个全能的领导人的指导下，由一个完全均衡的组织完美无缺地来执行的，那就没必要控制了。"然而，现实中无论计划制定得多么周密，人们在执行计划的活动中总是会或多或少地出现与计划不一致的现象。管理控制的必要性主要是由以下因素决定的：

（1）环境的变化。静态环境是不存在的，运动和变化是其常态。企业外部环境的变化时常影响企业正常经营，必然要求修正企业原先制订的计划，进而对企业经营的内容进行相应的调整。

（2）管理权力的分散。随着企业经营规模的变化，特别是其规模的扩大，多重、多元的委托和授权便会不断增加，分权现象会日益增多。而权力的分散如果没有控制，没有为此建立的相应控制系统，管理人员就不能检查下级的工作情况，即使出现权力不负责任的滥用，或活动不符合计划要求等其他情况，管理人员也无法发现，更无法及时纠正。这就呼唤控制。

（3）工作能力的差异。即使企业制订了全面完善的计划，经营环境在一定时期内也相对稳定，对经营活动的控制也仍然是必然的。这是由不同组织成员的认知能力和工作能力的差异所造成的。完善计划的实现要求每个部门的工作严格按计划来协调地进行。然而，由于组织成员是在不同的时空下进行工作的，他们的认知能力不同，对计划要求的理解可能发生差异；即使每个员工都能完全正确地理解计划，由于工作能力的差异，他们的实际工作结果也可能在质和量上与计划不符。因此，加强对这些成员的工作控制是非常必要的。

【知识链接】

美国某信用卡公司的卡片分部认识到高质量客户服务是多么重要。客户服务不仅影响公司信誉，也和公司利润息息相关。比如，一张信用卡每早到客户手中一天，公司可获得33美分的额外销售收入，这样一年下来，公司将有140万美元的净利润。及时地将新办理的和更换的信用卡送到客户手中是客户服务质量的一个重要方面，但这远远不够。

决定对客户服务质量进行控制来反映其重要性的想法，最初是由卡片分部的一个地区副总裁凯西·帕克提出来的。她说："一段时间以来，我们对传统的评价客户服务的方法不大满意。向管理部门提交的报告有偏差，因为它们很少包括有问题但没有抱怨的客户，或那些只是勉强满意公司服务的客户。"她相信，真正衡量客户服务的标准必须基于和反映持卡人的见解。这就意味着要对公司控制程序进行彻底检查。第一项工作就是确定用户对公司的期望。对抱怨信件的分析指出了客户服务的三个重要特点：及时性、准确性和反应灵敏性。持卡者希望准时收到账单、快速处理地址变动、采取行动解决抱怨。

了解了客户期望，公司质量保证人员开始建立控制客户服务质量的标准。所建立的180多个标准反映了诸如申请处理、信用卡发行、账单查询反应及账户服务费代理等服务项目的可接受的服务质量。这些标准都基于用户所期望的服务的及时性、准确性和反应灵敏性，同时也考虑了其他一些因素。

除了客户见解，服务质量标准还反映了公司竞争性、能力和一些经济因素。比如，一些标准因竞争引入，一些标准受组织现行处理能力影响，另一些标准反映了经济上的能力。考虑了每一个因素后，适当的标准就成型了，所以开始实施控制服务质量的计划。

计划实施效果很好，比如处理信用卡申请的时间由35天降到15天，更换信用卡从15天降到2天，回答用户查询时间从16天降到10天。这些改进给公司带来的潜在利润是巨大的。例如，办理新卡和更换旧卡节省的时间会给公司带来1750万美元的额外收入。另外，如果用户能及时收到信用卡，他们就不会使用竞争者的卡片了。

该质量控制计划潜在的收入和利润对公司还有其他的益处。该计划使整个公司都注重客户期望，各部门都以自己的客户服务记录为骄傲，而且每个雇员都对改进客户服务做出了贡献，使员工士气大增。每个雇员在为客户服务时，都认为自己是公司的一部分，是公司的代表。

信用卡部客户服务质量控制计划的成功，使公司其他部门纷纷效仿。无疑，它对该公司的贡献将是非常大的。控制保证了计划的按要求实施，使公司收益得到提高，公司形象得到认可。

3. 控制的类型

管理中的控制手段可以在行动开始之前、行动中和结束之后进行，分别称为前馈控制、同期控制、反馈控制。

（1）前馈控制。前馈控制是最希望采取的控制类型，因为它能避免预期出现的问题。之所以称为前馈控制，是因为它发生在实际工作开始之前，是未来导向的。

（2）同期控制。同期控制是发生在活动进行时的控制。在活动进行时予以控制，管理者可以在发生重大损失之前及时纠正问题。最常见的同期控制方式是直接视察。管理者直接视察下属的行动时，可以同时监督雇员的实际工作，并在发生问题时马上予以纠正。但是直接视察并不是常态的，立即予以纠正也并非随时可以发生的。

（3）反馈控制。反馈控制的控制作用发生在行动之后，是一种事后补救。这种滞后性是反馈控制最主要的缺点，因为此时损失已经造成。但亡羊补牢，未为晚也，许多情况下，反馈控制是唯一可用的控制手段。

（二）控制的过程

控制是根据计划的要求设立衡量绩效的标准，把实际工作结果与预定标准相比较，以确定组织活动中出现的偏差及其严重程度，并在此基础上，有针对性地采取必要的纠正措施，以确保组织资源的有效利用和组织目标的圆满实现。

1. 确立标准

标准是人们检查和衡量工作及其结果（包括阶段结果与最终结果）的依据。制定标准是进行控制的基础。没有一套完整的标准，衡量绩效或纠正偏差就失去了客观依据。一般来说，企业可以使用的建立标准的方法有三种，但每一种方法都与决策目标和计划紧密相关：

（1）利用统计方法来确定预期结果。

（2）根据经验和判断来估计预期结果。

（3）在客观的定量分析的基础上建立工程（工作）标准。

2. 衡量成效

衡量成效的内容主要是将实际工作结果和控制标准相比较，对工作作出客观评价，从中发现二者的偏差，为进一步采取控制措施及时提供全面、准确的信息。

3. 纠正偏差

利用科学的方法，依据客观的标准，对工作绩效加以衡量，可以发现计划执行中出现的偏差。纠正偏差就是在此基础上，分析偏差产生的原因，制定并实施必要的纠正措施。

五、领导

（一）领导概述

1. 领导的概念

领导作为一种管理职能，是指通过管理者时时影响下属的领导行为，把组织成员的个体目标和组织目标进行有效的匹配。这是一个指挥、带领、引导和鼓励部下为实现目标而努力的过程。这个定义包括三个要素：领导者必须有部下或追随者；领导者拥有影响追随者的能力或力量，既包括由组织赋予领导者的职位和权力，也包括领导者个人所具有的影响力；领导的目的是通过影响部下来达到企业的目标。

2. 领导的作用

在带领、引导和鼓舞部下为实现组织目标而努力的过程中，领导者要发挥指挥、协调和激励三个方面的作用。

（二）领导者的素养

领导者的素养，指的是为达到有效领导目标所要求的水平、素质而做的自我努力过程。领导者的素养是有效领导的要求，集中体现在领导者的领导行为之中。

领导者的素养主要包含以下基本内容：

1. 品德素养

对一个领导者的素养要求是多方面的，但思想品德素养始终是居于首位的。作为一名优秀的领导者，其品德必须超过被领导的下属，越是高层，品德要求越高。这是因为：首先，一个人的品德会直接影响自己的心理和行为；其次，领导者的品德会直接影响下属在工作中的心理和行为。领导者的高尚品德，是无声的命令，比有声的行政命令要起更大的作用。

领导者应一心为公，不谋私利，谦虚谨慎，戒骄戒躁，不文过饰非，严于剖析自己，实事求是，不图虚名；艰苦朴素，同甘共苦，不搞特殊化，遵守规章制度和道德规范；平等待人，和蔼可亲，心胸开阔，不计较个人恩怨，密切联系员工，关心员工。

2. 知识素养

在知识经济社会里，领导者的知识素养显得更为重要。它是领导者领导能力的源泉，是有效领导的前提。领导者的知识素养包括：

（1）马克思主义的理论素养。马克思主义的理论素养对于领导工作的重要作用已为实践充分证明。掌握马克思主义的立场、观点和方法是一个现代领导者必须具备的理论素养。同时要懂得市场经济的基本原理，能预测市场发展趋势。

（2）广博的科学知识。广博的知识、文化能有效地塑造领导者深厚的底蕴。作为领导者应该注重随时随处的点滴积累，积小流成江海，形成丰富的学养，厚积而薄发。

（3）专业知识和管理知识。领导者应掌握本行业、本企业的相关专业知识，熟悉本企业的产品结构和制造工艺，了解研究和技术的发展方向；应懂得管理的基本原理、方法和各项专业管理的基本知识。

3. 能力素养

（1）领导者的综合能力。这里包含许多具体的内容，可以从以下几个方面来理解：

1）信息获取能力。领导者应能在纷繁复杂的众多信息中，透过现象看本质，抓住主要矛盾，运用逻辑思维，进行有效的归纳、概括、判断，及时获得有效的信息。

2）知识综合能力。成功的领导是科学理论和实践结合的产物，是一门综合性很强的艺术。领导者必须具备灵活地创造性地综合运用各种知识的能力。

3）利益整合能力。不同利益主体常常在某些时候产生矛盾和冲突。领导者必须有能力调整和协调各种利益关系，消除矛盾冲突，使不同人群或地域的利益得到整合。

4）组织协调能力。领导者应熟悉并善于运用各种组织形式，善于运用组织的力量，协调企业内外各种人力、物力和财力，以期达到综合平衡状态，获得最佳效果。

（2）领导者的创新能力。领导者的创新能力有多种表现，主要包括：

1）洞察力。敏锐、迅速、准确地抓住问题要害的能力。

2）预见力。超前把握事态发展趋势的能力。

3）决断力。迅速做出选择、下定决心、形成方案能力，也就是实际的决策能力。

4）推动力。善于激励下级实现创新意图的能力。

5）应变力。在事物发展的偶然性面前善于随机处理的能力。

6）辨才力。善于识别和起用人才的能力。

4. 心理素养

领导者的心理素养，主要是指领导者应该具备的个性品质类型，表现在以下几个方面：

（1）敢于决断的勇气和魄力。领导者必须具有决断的魄力，敢于决断不是盲目武断，而是要有切实的情报工作和细致的方案必选。

（2）竞争开放的个性。领导者需要具备充满自信、豁达乐观、乐于进取、勇于竞争、临变不乱、多谋善断等心理素质，以良好的心理状态投入竞争环境。要养成善于交往，善于倾听各方面意见的开放型性格。

（3）坚韧不拔的意志。在当前飞速发展的新形势下，领导者必然要面临许多新情况、新问题，既无前人的经验可鉴，也无现成的公式可套用，特别是在遇到挫折、走弯路的时候，作为一个领导者决不能悲观、失望、气馁，要坚忍不拔，不断从中吸取教训，解除症结。领导者只有树立起必胜的信心，才能冲破前进中的惊涛骇浪，到达胜利彼岸。

5. 领导方式

根据领导者如何运用他们的职权来划分，领导方式的基本类型有三种：专权型领导、民主型领导和放任型领导。

（1）专权型领导，是指领导者个人决定一切，布置下属执行。这种领导者要求下属绝对服从，并认为决策是自己一个人的事情。

（2）民主型领导，是指领导者发动下属讨论，共同商量，集思广益，然后决策，要求上下融洽、合作一致地工作。

（3）放任型领导，是指领导者撒手不管，下属愿意怎样做就怎样做，完全自由。他的职责仅仅是为下属提供信息并与企业外部进行联系，以此帮助下属的工作。

六、激励

激励是指影响人的动机，加强、激发、引导和推动人的行为，指向目标的活动或过程。美国管理学家伯纳德·贝雷尔森和斯坦尼尔认为，一切内心要争取的条件、希望、愿望、动力等都构成了对人的激励。

从管理学角度考虑，激励就是创造和设立满足职工各种需要的条件，激发职工积极工作的动机，使之产生有利于组织目标实现的特定行为的过程。在管理过程中对人的行为的激励，就是通过对心理因素的研究，采取各种手段，利用各种诱因，激发人们积极努力工作的力量。激励是对人的一种刺激，使人有一种内在的动力，它是驱使人们朝着所期望的目标前进的心理活动和行为过程。

（一）激励理论

自 20 世纪 30 年代以来，国外许多管理学家、心理学家和社会学家从不同的角度对怎样激励人的问题进行了研究并提出了相应的激励理论。它们虽然有不同程度上的不足，但是它们较为广泛地流传，并成为众多当代激励理论的基础。当代激励理论主要有期望理论、公平理论、强化理论等。

1. 期望理论

期望理论的基础是自我利益，它认为每一个员工都在寻求获得最大的自我满足。期望理论的核心是双向期望，即管理者期望员工的表现，员工期望管理者的奖赏。期望理论的假设是管理者知道什么对员工最有吸引力。期望理论的员工判断依据是员工个人的知觉，而与实际情况不相关。不管实际情况如何，只要员工以自己的知觉确认自己经过努力工作就能达到所要求的绩效，达到绩效后就能得到具有吸引力的奖赏，他就会努力地工作。

2. 公平理论

公平理论又称社会比较理论，是美国行为科学家约翰·斯塔西·亚当斯提出来的一种激励理论。该理论侧重于研究工资报酬分配的合理性、公平性及其对职工生产积极性的影响。

公平理论的基本要点是：人的工作积极性高低不仅与个人实际报酬多少有关，而且与人们对报酬的分配是否感到公平更为密切。人们总会自觉或不自觉地将自己付出的劳动代价及其所得到的报酬与他人进行比较，并对公平与否作出判断。公平感直接影响职工的工作动机和行为。因此，从某种意义来讲，动机的激发过程实际上是人与人进行比较，作出公平与否的判断，并据以指导行为的过程。

人们通过横向比较和纵向比较来判断其所获报酬的公平性。横向比较就是将“自己”与“别人”相比来判断自己所获报酬的公平性；纵向比较则是将自己的目前与过去比较。尽管公平理论的基本观点是普遍存在的，但在实际运用中很难把握。个人的主观判断对此有很大的影响，因为人们总是倾向于过高估计自己的投入量，而过低估计自己所得到的报酬，对别人的投入量及所得报酬的估计则与此相反。所以管理者在运用该理论时应当更多地注意实际工作绩效与报酬之间的合理性。当然，对于有些具有特殊才能的人，或对完成某些复杂工作的人，应当更多地考虑其心理的平衡。

3. 强化理论

强化理论是美国的心理学家和行为科学家斯金纳（B. F. Skinner）提出的一种理论。斯金纳提出了一种“操作条件反射”理论，认为人或动物为了达到某种目的，会采取一定的行为作用于环境。当这种行为的后果对他有利时，这种行为就会在以后重复出现；不利时，这种行为就减弱或消失。人们可以用这种正强化或负强化的办法来影响行为的后果，从而修正其行为，这就是强化理论，也叫作行为修正理论。

强化，从其最基本的形式来讲，指的是对一种行为的肯定或否定的后果（报酬或惩罚），它至少在一定程度上会决定这种行为在今后是否会重复发生。根据强化的性质和目的可把强化分为正强化和负强化。在管理上，正强化就是奖励那些组织上需要的行为，从而加强这种行为；负强化就是惩罚那些与组织不相容的行为，从而削弱这种行为。正强化的方法包括奖金、对成绩的认可、表扬、改善工作条件和人际关系、提升、安排具有挑战性的工作、给予学习和成长的机会等。负强化的方法包括批评、处分、降级等，有时不给予奖励或少给奖励也是一种负强化。

强化理论具体应用的行为原则有：经过强化的行为趋向于重复发生；要依照强化对象的不同采用不同的强化措施；小步子前进，分阶段设立目标，并对目标予以明确规定和表述，及时反馈。

强化理论只讨论外部因素或环境刺激对行为的影响，忽略人的内在因素和主观能动性对环境的反作用，具有机械论的色彩。但是，许多行为科学家认为，强化理论有助于对人们行为的理解和引导。因为，一种行为必然会有后果，而这些后果在一定程度上会决定这种行为在将来是否重复发生。那么，与其对这种行为和后果的关系采取一种碰运气的态度，就不如加以分析和控制，使大家都知道应该有什么后果。这并不是对职工进行操纵，而是使职工有一个最好的机会在各种明确规定的备择方案中进行选择。

（二）激励方式

总的来说激励方式有两种方式：正激励和负激励。对工作业绩突出的个人实行奖励，在更大程度上调动其积极性，完成更艰巨的任务，属于正激励；对由于个人原因而使工作失误且造成一定损失的人实行惩罚，迫使其吸取教训，做好工作，完成任务，属于负激励。在管理实践中，按照公平、公正、公开、合理的原则，正确运用这两种激励方式，可以充分调动人的积极性，激发人的工作热情，充分挖掘人的潜力，把工作做得更好。

1. 目标激励

通过给予人们一定的目标，以目标为诱因促使人们采取适当的行动去实现目标。任何企业都有自己的经营目标，每一个人也都在需要的驱使下产生个人目标，只有把企业经营目标与个人目标结合起来，才能在目标的实现中满足个人需要；通过企业经营目标与个人目标的结合，体现出个人在企业中的地位和作用，使个人的价值充分地体现出来；目标代表自己从未达到过的状态，目标的实现反映自己的升华，这些都对个人产生巨大的激励作用。

2. 参与激励

参与激励，是指让职工参与企业的管理，使职工产生主人翁责任感，从而激励职工发挥自己的积极性。让职工经常参与企业重大问题的决策和管理，让职工多提出合理化建议，并对企业的各项活动进行监督，职工就会亲身感受到自己是企业的主人，会将个人和企业的前途、命运联系起来，这样就会激励职工全身心投入到企业的事业中来。

3. 领导者激励

领导者激励，主要是指领导者的品行给职工带来的激励效果。企业领导者备受瞩目，是职工的表率，是职工行为的指示器。如果领导者清正廉洁，对物质的诱惑不动心；吃苦在前、享乐在后；严于律己，敢为人先；谦虚、民主、心胸宽广、光明磊落，这样的领导者本身就能鼓舞员工的士气。如果领导者再具有较强的能力，能使企业获得较高的效益，有助于人们价值的实现，就更能产生激励作用。

4. 关心激励

关心激励，是指企业领导者通过对职工的关心而产生的激励。企业中的职工，以企业为其生存的主要空间，把企业当作自己的归属。如果企业领导时时关心群众疾苦，了解职工的具体困难，并帮助其解决，就会使职工产生强烈的归属感，达到激励目的。现在很多企业给职工赠送生日礼物，举行生日派对，都属于关心激励的范畴。

5. 公平激励

公平激励，是指在各种待遇上，对每一个职工公平对待产生的激励作用。对职工等量劳动成果给予等量的待遇，多劳多得，少劳少得，这就使企业形成一个公平合理的环境，职工要获得更多的待遇，不能通过不正当手段，以激励其踏实地工作。

6. 认同激励

认同激励，是指通过领导者认同职工的成绩而产生的对职工的激励作用。虽然有一些人愿做无名英雄，但那毕竟是少数，绝大多数人不愿意默默无闻。当他取得了一定成绩后，需要得到大家的承认，尤其是得到领导的承认。这种激励效果较好，就是需要领导者及时发现职工的成绩，并及时表示认同。

7. 奖励激励

奖励激励是指把奖励作为诱因，让人们采取合理行动的激励作用。奖励激励通常是从正面进行引导，规定人们的行为符合一定的规范就可获得一定的奖励。人们对奖励的追求，促使自身的行动符合一定的行为规范。奖励激励手段包括物质的和精神的两个方面。物质激励就是以物质利益为诱因对人们产生的激励；精神激励是以精神鼓励为诱因对人们产生的激励，包括评选劳模、先进工作者等各种荣誉称号。人们通过对物质利益和荣誉称号的追求而产生最合理的行为，创造佳绩。

8. 惩罚激励

惩罚激励是利用惩罚这一手段，诱导人们采取合理化行为的一种激励。在惩罚激励中，要制定一系列职工行为规范，逾越了行为规范，根据不同的逾越程度，确定惩罚的不同标准。惩罚手段包括：物质的手段，如罚款、赔偿等；精神的手段，如批评、降职、降级、各级党政处分以及刑事惩罚等。人们避免惩罚的需求和愿望促使其行为符合特定的规范。另外，通过对犯规人员的处罚，激励未犯规的人们自觉、积极地去遵守规范。

在实际生活中，激励的方式多种多样，每一种方式既适应于个体，又适应于群体，关键在于企业管理人员灵活运用，恰当地用好每一种方法，有效激励职工的行为。

第三节　企业管理的内容

一、企业战略管理

（一）企业战略管理概述

1. 企业战略的概念

企业战略是以企业未来为基点，为寻求和维持持久竞争优势作出的有关全局的重大策划和谋略，分公司战略、经营战略和职能战略三个层次。理解这个概念，需要把握以下几点：第一，企业未来的生存和发展问题是企业制定战略的出发点和归宿；第二，战略应为企业确定一个长期的一致的目标；第三，企业战略应是在经营活动中有目的有意识地制定的，应能适应环境变化所带来的挑战，同时也能把握环境变化所带来的机遇；第四，战略的实质在于帮助企业建立和维持持久的竞争优势，这种竞争能给企业带来高于行业平均利润水平的超额利润，从而使企业获得良性的可持续发展。

2. 企业战略的构成要素

一般认为，企业战略的基本构成要素包括经营范围、资源配置、竞争优势和协同作用等。

经营范围是指要明确企业所从事的生产经营活动的领域，即企业应在哪些领域中经营。资源配置是指企业中各种资源配置的状况。企业有形资源和无形资源的合理配置形成企业的能力，从企业所拥有的各种能力出发，企业可以发掘出自身的核心能力。竞争优势是指企业通过确定资源配置与经营范围，所形成的在市场上与竞争对手不同的竞争地位。协同作用是指企业从资源配置和经营范围的决策中所能寻求到的各种共同努力的效果。

3. 企业战略的特点

企业战略具有全局性、指导性、长远性、竞争性、稳定性、风险性的特征。

全局性是指企业战略作为指导企业全局的总方针，是协调企业内部各职能部门之间以及各管理层次之间关系的依据，是促进企业各方面均衡发展的保证。指导性是指企业战略规定了企业发展的方向，明确了企业在一定时期内基本的发展目标以及实现这一目标的基本途径，指导和激励着企业全体职工为实现企业战略目标而努力。长远性是指企业战略考虑的不是企业经营管理中一时一事的得失，而是企业在未来相当长一段时期内的总体发展问题。竞争性是指企业战略是企业在激烈的市场竞争中如何与对手抗衡的方案，是为企业赢得市场竞争的胜利这一目的服务的。稳定性是指企业战略一经制定，必须在一定时期内保持稳定，以发挥企业战略的指导作用。风险性是指企业战略要在正确分析企业外部环境和内部条件的基础上预测和确立企业未来的行动方针，由于企业的外部环境是动态的、不断变化的，这就使管理者在作出重大战略决策前，面临着很大的市场风险。

4. 企业战略管理过程

企业战略管理是对一个企业的未来发展方向制定决策和实施这些决策的动态管理过程。一个完整的战略管理过程大体可分解为战略分析、战略选择与评价、战略实施及控制三个阶段。

战略分析是指对企业的战略环境进行分析、评价，并预测这些环境未来发展的趋势，以及这些趋势对企业造成的影响。战略选择与评价实质就是战略决策过程，即制定多个可以实现组织目标的战略方案，并按照某些评价标准从中选择一个最优方案的过程。战略实施及控制是企业确定战略方案后，通过具体化的实际行动，实现战略及战略目标的过程及其控制过程。

（二）企业战略环境分析

企业战略环境分析是指企业在制定企业战略过程中，对企业的外部环境与内部环境和资源条件进行分析，以确定企业优势和劣势的活动。

企业环境包括宏观环境、行业环境、竞争环境三个外部环境因素和内部环境共四个层次的环境因素。

宏观环境分析一般采用 PEST 分析法，即分析政治法律因素、经济因素、社会与自然因素以及技术因素对企业的影响。

行业环境分析主要是对新进入者、供应商、买方、替代品以及当前竞争对手之间竞争的激烈程度等因素进行分析。

竞争对手分析主要包括对竞争对手的长远目标、现行战略、假设以及能力等因素的分析。

内部环境分析包括资源、能力、核心竞争力等因素的分析。

（三）战略选择与评价

企业战略包括公司战略、经营战略和职能战略三个层次。

公司战略所要解决的是确定企业的经营范围，即确定企业是在一个领域还是在多个领域中经营。公司战略分为多元化战略和专业化战略。多元化战略又分为复合多元化、同心多元化、垂直多元化和水平多元化四种。

经营战略也称一般竞争战略，有成本优先战略、差异化战略和集中化战略三种不同类型。成本优先战略的核心是使企业的产品成本比竞争对手的产品成本低，确保在行业内保持成本的领先优势。差异化战略是指企业向顾客提供在行业范围内独具特色的产品或服务。集中化战略是指企业的经营活动集中于某一特定的购买者集团、产品线的某一部分或某一地域的市场。

企业在选择其战略时，应综合考虑各种因素，特别是外部环境、自身实力、产品种类和产品周期等因素。

（四）企业战略实施与控制

该阶段是企业战略付诸实施的过程。在战略实施过程中，通常要经过发动、计划、实施、控制与评估等阶段。而战略控制是确保战略实施不偏离目标的活动。

二、生产管理

（一）生产组织

生产组织是指通过对各种生产要素和生产过程的不同阶段、环节、工序的合理安排，使其在空间、时间上形成一个协调的系统，使产品在运行距离最短、花费时间最省、耗费成本最小的情况下，按照合同规定或市场需求的品种、质量、数量、成本、交货期生产出来。合理组织工业企业的生产过程，是社会化大生产的客观要求，有利于提高企业的经济效益，保证完成生产任务。生产组织一般包括厂址选择、生产过程组织（含时间组织和空间组织），具体形式有生产线、流水线、自动线等。在生产组织过程中，要注意贯彻清洁生产和5S管理思想。

（二）生产计划与生产控制

生产计划与生产控制，是企业生产管理的重要职能。生产计划与控制系统是全厂的生产指挥枢纽。其目的在于获得预期的利润，配合预期的销售市场，充分利用现有的生产设备，使生产工作达到预期的效果，进而提供较多的就业机会。

生产计划是对企业生产任务的统筹安排，规定了企业在计划期内产品生产的品种、质量、数量、进度指标。

生产控制是指对各生产阶段的流程加以控制，以便能在预定日期内，以最低的成本，生产出合乎规格及预定数量的产品。它客观上要求及时监督和检查生产过程，纠正偏差，保证生产计划顺利完成。

三、质量管理

质量是企业的生存之本，是现代企业赢得竞争优势的主要手段。随着科学技术的进步，生产力水平不断提高，消费者对质量的要求不断提高，质量竞争日益激烈。

所谓质量有狭义和广义之分。狭义的质量是指产品质量，包括产品的内在质量特性和外观质量特性，概括起来有性能、耐久性、可靠性、安全性、经济性、外观等，包括外观、强度、尺寸、寿命、不良率、包装等方面。广义的质量是指全面质量，包括产品质量、工程质量和工作质量。工程质量是指由操作者、原材料、机器设备、加工方法、工作环境综合作用下的质量形成过程中的产品质量。工作质量是指企业的管理工作、技术工作和组织工作对达到产品质量标准的保证程度，指企业各方面工作的质量水平。产品质量是各企业部门工作质量的综合反映。

质量管理是指为了保证和提高产品质量而对各种影响因素进行计划组织协调和控制等各项工作的总称。质量管理是现代企业全部活动的一个方面，具体包括以下内容：

1. 制定质量方针和目标

质量方针是企业开展工作的指南，是企业为按照质量方针所提出的在当前一定时间内要达到的预期质量成果，如废品率下降水平、故障成本在产品中所占比重等。

2. 建立质量体系

质量体系是指为实施质量管理所需的组织结构、程序、过程和资源。它既包括人力、物力资源的硬件内容，也包括组织体制、程序等软件内容。

3. 开展质量控制和质量保证活动

质量控制是指为满足质量要求所采取的作业技术和活动。其作用是根据质量标准，监视各环节的工作，使其在受控制状态下运行，从而及时排除和解决所产生的问题，保证质量要求。

质量保证是指为使人们确信某实体能满足质量要求，在质量体系内开展的并按需要进行证实的有计划和有系统的活动。质量保证包括两方面的含义：一是指企业对用户所作的一种质量担保；二是企业为确保本企业产品或服务的质量满足规定要求所进行的活动，因此它是一种管理手段。

4. 进行质量改进

质量改进是指为各类组织及顾客提供更多的收益，在整个组织内所采取的旨在提高活动和过程的效益和效率的各种措施。

四、营销管理

市场营销是个人和群体通过创造并同他人交换产品和价值以满足需求和欲望的一种社会管理过程，其主体是人和市场，目的是满足需求和欲望。市场营销的手段是交换，载体是产品，本质是社会管理过程。它有以下几个核心理念：需要、欲望和需求，产品，效用、费用和满足，交换、交易和关系，市场、市场营销和市场营销者。

任何市场营销活动都是在一定的营销观念指导下进行的。指导企业市场营销活动的观念先后有生产观念、产品观念、推销观念、市场营销观念和社会营销观念等。

随着社会的飞速发展，市场不断扩大，竞争不断加剧，环境不断变化，现代企业处于一个新的、动态变化的环境里，面对着更加挑剔、更加成熟、需求更加分散和多样化的顾客群体，市场营销逐渐成为企业的一项核心职能。作为一个独立的经济实体，企业的存在就是为了不断满足人类的物质和精神等各方面的需要，为社会提供有用的产品和服务，并在此过程中实现企业的目标。市场经济是竞争的经济，同时也是开放的经济、动态变化的经济。在现代市场经济下的现代企业面临的竞争程度越来越高，这种竞争既存在于国内企业之间，也存在于国内企业与国外企业之间。技术的飞速发展和生产能力的不断提高，使商品从短缺走向饱和过剩，最终，如何更好满足消费者市场的需求，取得消费者满意，保持顾客的忠诚成为决定企业生存与发展的重大问题。市场营销逐渐与企业的研究开发、生产制造、人力资源、物流供应、财务运作等一起成为企业价值链的重要环节。

市场营销是满足顾客需要的过程，营销者通过营销组合决策更好地满足顾客的需要，实现组织目标。市场营销组合就是公司用来在目标市场上实现营销目标的一整套营销工具。麦肯锡将市场营销组合归纳为产品、价格、分销渠道和产品促销四个方面。

五、物流管理

（一）物流与物流管理概述

物流是指物品从供应地向接收地的实体流动，是根据实际需要，将运输、储存、装卸、搬运、包装、流通加工、配送、信息处理等基本功能有机结合起来实现用户要求的过程。物流包括社会物流、行业物流和企业物流三类。

企业物流是以企业经营为核心的物流活动，是具体的、微观物流活动的典型领域，具体包括供应物流、生产物流、销售物流、回收物流、废弃物流五部分。

物流管理是指为了以最低的物流成本达到用户所满意的服务水平，对物流活动进行的计划、组织、协调与控制活动。

实施物流管理的目的就是要在尽可能最低的总成本条件下实现既定的客户服务水平，即寻求服务优势和成本优势的一种动态平衡，并由此创造企业在竞争中的战略优势。根据这个目标，物流管理要解决的基本问题，简单地说，就是把合适的产品以合适的数量和合适的价格在合适的时间和合适的地点提供给客户。

物流管理的内容包括三个方面：对物流活动诸要素的管理，包括运输、储存等环节的管理；对物流系统诸要素的管理，即对其中人、财、物、设备、方法和信息六大要素的管理；对物流活动中具体职能的管理，主要包括物流计划、质量、技术、经济等职能的管理等。

对于企业，企业系统活动的基本结构是投入—转换—产出，物流活动便是伴随着企业的投入—转换—产出而发生的。相对于投入的是企业外供应或企业外输入物流，相对于转换的是企业内生产物流或企业内转换物流，相对于产出的是企业外销售物流或企业外服务物流。由此可见，在企业经营活动中，物流活动是渗透到各项经营活动之中的。加强企业物流管理、实现物流合理化是当务之急。

所谓企业物流合理化，就是通过物流设施、物流技术及物流组织管理，高效率、高质量、低成本地实现物料的流动，其目的在于提高企业物流的整体社会效益与经济效益。

（二）企业物流管理的内容

1. 供应物流管理

供应物流包括原材料等一切生产资料的采购、进货运输、仓储、库存管理、用料管理和供料运输。供应物流管理也自然集中在采购决策、库存控制、准时制采购上。

2. 生产物流管理

生产物流一般是指原材料、燃料、外构件投入生产后，经过下料、发料，运送到各加工点和存储点，以在制品的形态，从一个生产单位（仓库）流入另一个生产单位，按照规定的工艺过程进行加工、储存，借助一定的运输装置，在某个点内流转，又从某个点内流出，始终体现物料实物形态的流转过程。这样就构成了企业内部物流活动的全过程。所以，生产物流的边界起源于原材料、外构件的投入，止于成品仓库，贯穿生产全过程。供应物流管理也自然集中到物流需求计划、准时制生产等方面。

3. 销售物流管理

企业销售物流是企业为保证本身的经营效益，不断配合销售活动将产品所有权转给客户的物流活动。具体包括包装、送货、配送等一系列环节。与之相应，其管理集中在分销需求计划以及产品包装盒保存等方面。

4. 回收物流与废弃物物流管理

无论是生产还是消费，都会产生相应的排放物。将排放物中有再生利用价值的部分经过适当的加工处理，使其重新进入生产和消费领域的过程称为回收物流。其具体作业包括排放物收集、分拣归类、储存保管、运输等。将排放物中无再生利用价值的部分进行处理的过程称为废弃物物流。

六、财务管理

财务管理是组织企业财务活动、处理企业财务关系的一项管理活动。具体说，企业财务活动包括企业筹资引起的财务活动、企业投资引起的投资活动、企业经营引起的财务活动和企业分配引起的财务活动。企业财务管理就是组织好企业的财务活动，处理好企业的财务关系，为企业生存发展提供资金支持的一种综合性的管理活动。

（一）财务管理的目标

企业财务管理的目标是企业财务管理活动所期望达到的结果。一般认为，企业财务管理的整体目标有以下几种：

1. 以总产值最大化为目标

企业财务活动的目标是满足追求总产值最大化的企业目标，保证总产值最大化对资金的需要，追求总产值最大化，往往导致只讲产值、不讲效益，只讲数量、不讲质量等后果，是企业粗放经营的一种表现。

2. 以利润最大化为目标

在市场经济下，企业往往把追求利润最大化作为目标，因此，利润最大化自然也就成为企业财务管理要实现的目标。

3. 以股东财富最大化为目标

对于股份制企业，企业属于全体股东所有，股东投资的目的就是获得最多财富增值，因此企业经营的目标是使股东财富最大化，财务管理的目标也是股东财富最大化。

4. 以企业价值最大化为目标

企业价值最大化是指通过企业财务上的合理经营，采用最优的财务政策，充分考虑资金的时间价值和风险报酬的关系，在保证企业长期稳定基础上使企业总价值达到最大。

（二）财务管理在企业管理中的地位

财务管理是基于企业再生产过程中客观存在的财务活动和财务关系而产生的，是企业组织财务活动、处理与各方面财务关系的一项经济管理工作。

财务管理通过对资金运动和价值形态的管理，像血液一样渗透到企业的生产、经营等一切管理领域。

（三）财务管理的内容

企业的财务活动是以货币资金收支为主的企业资金收支活动的总称。财务管理的内容包括对资金的筹集、投放、使用、收入及分配等活动的管理。

七、企业文化管理

（一）企业文化的概念与特征

企业文化是企业在长期生产、经营、建设、发展过程中所形成的管理思想、管理方式、管理理论、群体意识以及与之相适应的思维方式和行为规范的总和，是企业领导层提倡、企业上下共同遵守的文化传统和不断革新的一套行为方式，它体现为企业价值观、经营理念和行为规范，渗透于企业的各个领域和全部时空。其核心内容涉及企业价值观、企业精神、企业经营理念等。企业文化具有历史性、民族性、客观性、独特性、综合性的特征。

（二）企业文化的功能

1. 导向功能

企业文化的导向功能，主要是通过企业文化的塑造来引导企业成员的行为与心理，使企业成员在潜移默化中接受共同的价值观念，自觉自愿地把企业目标作为自己的追求目标。

2. 凝聚功能

企业文化通过企业职工的思想，使之形成对企业目标、准则、观念的认同感，产生对本职工作的自豪感和对企业的归属感，从而使职工个体的集体意识大大加强，自觉将自己的思想感情和行为同企业的整体联系起来。

3. 激励功能

企业文化中的员工士气激励功能，是指企业文化以人为中心，形成一种人人受重视的文化氛围，激励企业员工的士气，使员工自觉地为企业而奋斗。

4. 约束功能

企业文化的约束功能是通过制度文化和道德规范发生作用的。

5. 辐射功能

企业文化与社会文化紧密相连，在受社会大文化影响的同时，也在潜移默化地影响着社会文化，并对社会产生一种感应功能，影响社会，服务社会，成为社会改良的一个重要途径。

（三）企业文化建设的内容与措施

企业文化建设主要包括物质文化、行为文化、理念文化等方面。其中，物质文化建设（表层文化），包括生产资料文化、产品文化、环境文化，如品牌、包装、厂容厂貌等。行为文化建设（中层文化），主要是对企业的人、财、物、事的各种动的和静的状态都有明确的标准和规定，如行为、公关、服务等。理念文化建设（深层文化），包括变革观念、竞争观念、效益观念、市场观念、服务观念、价值观念、道德观念、战略观念，还有民主意识、思维方式、经营管理思想，具体表现在劳动态度、行为取向和生活方式方面。

在企业文化建设上，一要处理好借鉴与创新的关系，把握企业文化的个性化、特色化；二要用文化手段管理文化，坚持以文化引导人、培育人；三要处理好虚与实、无形与有形的关系，坚持内外双修、软硬管理相结合。

八、现代企业制度建设

（一）现代企业制度的概念

现代企业制度是以企业法人制度为基础，以企业产权制度为核心，以产权清晰、权责明确、政企分开、管理科学为条件而展开的由各项具体制度所组成的用于规范企业基本经济关系的制度体系。

（二）现代企业制度的特征

1. 产权清晰

产权清晰具体是指产权在两个方面的清晰：一是法律上的清晰；二是经济上的清晰。产权在法律上的清晰是指有具体的部门和机构代表国家对国有资产行使占有、使用、处置和收益等权利，以及国有资产的边界要"清晰"。产权在经济上的清晰是指产权在现实经济运行过程中是清晰的，它包括产权的最终所有者对产权具有极强的约束力，以及企业在运行过程中要真正实现自身责权利的内在统一。

2. 权责明确

权责明确是指合理区分和确定企业所有者、经营者和劳动者各自的权利和责任。所有者按其出资额，享受资产受益、重大决策和选择管理者的权利，对企业债务承担相应的有限责任；公司在其存续期间，对由各个投资者投资形成的企业法人财产拥有占有、使用、处置和收益的权利，并以全部法人财产对其债务承担责任；经营者受所有者的委托，享有在一定时期和范围内经营企业资产及其他生产要素并获取相应收益的权利；劳动者按照与企业的合约拥有就业和获取相应收益的权利。

3. 政企分开

政企分开，一方面要求政府将原来与政府职能合一的企业经营职能分开后还给企业；另一方面，要求企业将原来承担的社会职能如住房、医疗、养老、社区服务等分离后，交还给政府和社会。政企分开的基本含义是实现所谓的三分开：一是实现政资分开，即政府的行政管理职能与国有资产的所有权职能的分离；二是在政府所有权职能中，实现国有资产的管理职能同国有资产的营运职能的分离；三是在资本营运职能中，实现资本的经营同财产经营的分离。

4. 管理科学

管理科学是一个含义宽泛的概念。从较宽的意义上说，它包括了企业组织合理化的含义，如横向一体化、纵向一体化、公司结构的各种形态等。一般而论，规模较大、技术和知识含量较高的企业，其组织形态趋于复杂。从较窄的意义上说，管理科学要求企业管理的各个方面，如质量管理、生产管理、供应管理、销售管理、研究开发管理、人事管理等方面的科学化。

（三）现代企业制度的建立

现代企业制度是企业永续发展的保障。其建立和完善有赖于两个方面：一是企业内部制度的建立和完善，二是外部环境的改善。

企业内部制度的建立和完善通常从以下几个方面着手：第一，明确企业资产边界，强化出资者和经营者的权利、义务和责任；第二，以公司为企业的主要组织形式，按照《中华人民共和国公司法》（简称《公司法》）的要求，形成由股东代表大会、董事会、监事会和高级经理人员组成的既相互依赖又相互制衡的公司治理结构，并有效运转；第三，企业以生产经营为主要职能，有明确的盈利目标，各级管理人员和一般职工按经营业绩和劳动贡献获取收益，住房分配、养老、医疗及其他福利事业由市场、社会或政府机构承担；第四，建立科学合理的企业组织结构，在生产、供销、财务、研究开发、质量控制、劳动人事等方面形成行之有效的企业内部管理制度和机制；第五，建立具有刚性的预算约束和合理的财务结构，实现资产和其他生产要素的合理配置。

外部环境的改善特别强调以下几个方面：一是健全的法律制度，二是完善的市场体系，三是健全的社会保障体系，四是政府职能的彻底转变。

第四节 企业管理新理念

随着经济全球化与信息化迅猛发展，世界企业开始掀起新一轮的管理变革浪潮。随之而来的是，许多传统的管理模式与管理理念越来越不合时宜，新的经营理念和管理学说应运而生。下面介绍主流的几种新理念。

一、创新管理理论

人类社会发展的历史，就是一部不断创新的历史。火的发现、电灯的发明、火车和飞机的诞生、网络的广泛应用……，人类的每一次创新，都改变着人类的生产、生活和思维方式；人类历史每前进一步，都伴随着新的发现、新的创造。创新是一个民族进步的灵魂，是国家兴旺发达的不竭动力。

企业在市场经济的大潮中如逆水行舟，不进则退。经济全球化使各国经济通过商贸往来相互联系、相互协作、相互依存、相互融合。特别是我国加入 WTO（世界贸易组织）后，融入了世界经济的大潮，由于现代资源、技术、信息、人才和商品在全球范围内流动，所以企业竞争日益激烈。综观当代企业，唯有不断创新，才能在竞争中立于不败之地。创新是企业发展的基础，创新是企业管理新的支撑点，同样也是企业管理中的新理念。

经济学家约瑟夫·熊彼特提出了创新理念，下面介绍他的几个基本观点。第一，创新是生产过程中内生的。该观点认为，创新是经济生活中从内部自行发生的变化，并非从外部强加于它的。第二，创新是一种“革命性”变化。该观点充分强调创新的突发性和间断性的特点，主张对经济发展进行“动态”性分析研究。第三，创新同时意味着毁灭。在竞争性的经济生活中，新组合意味着对旧组织通过竞争而加以消灭，尽管消灭的方式不同。如在完全竞争状态下的创新和毁灭往往发生在两个不同的经济实体之间；而随着经济的发展，经济实体的扩大，创新更多地转化为一种经济实体内部的自我更新。第四，创新必须能够创造出新的价值。熊彼特认为，先有发明，后有创新；发明是新工具或新方法的发现，而创新是新工具或新方法的应用。“只要发明还没有得到实际上的应用，那么在经济上就是不起作用的。”因为新工具或新方法的使用在经济发展中起到作用，最重要的含义就是能够创造出新的价值。创新必须能够创造出新的价值。第五，创新是经济发展的本质规定。熊彼特把经济区分为“增长”与“发展”两种情况。所谓经济增长，如果是由人口和资本的增长所导致的，并不能称作发展。“因为它没有产生在质上是新的现象，而只有同一种适应过程，像在自然数据中的变化一样。”“我们所意指的发展是一种特殊的现象，同我们在循环流转中或走向均衡的趋势中可能观察到的完全不同。它是流转渠道中的自发的和间断的变化，是对均衡的干扰，它永远在改变和代替以前存在的均衡状态。我们的发展理论，只不过是对这种现象和伴随它的过程的论述。”所以，“我们所说的发展，可以定义为执行新的组合”。这就是说，发展是经济循环流转过程的中断，也就是实现了创新。创新是发展的本质规定。

知识经济的一个重要特征是知识创新和技术创新。创新性是知识经济的灵魂。知识的生产和创新、知识的传播、知识的应用是经济和社会发展的核心。加入WTO后，我国与世界经济的融合程度日益提高。随着全球化、知识经济时代的来临，我国面临着更为激烈的竞争。为此，大力推进科技进步，提高我国企业的创新能力，特别是原始创新能力，不断用先进科技改造和提高国民经济，努力实现生产力的跨越发展，已经成为中国新时期发展的历史选择。

二、知识管理理论

随着工业经济向知识经济时代转变，许多管理人员认识到，企业获得竞争优势的一个重要因素是知识。如何开发、共享、利用和衡量知识，以便为顾客、雇员和股东创造更多的价值，成为企业获取优势必须考虑的问题。在知识经济时代，金融资本和其他传统“生产要素”已成为商品，而“知识资本”却成了创造收益的实际推动力。因此，企业知识管理变得日益重要。企业将主要通过知识而不是金融资本或自然资源来获取竞争优势，而知识管理也就成为知识经济时代的必然要求。这是因为：

（1）知识管理是培养企业能力的基础性工作。在知识经济时代，企业内部能力的培养和各种能力的综合运用被看作是企业取得和维持竞争优势最关键的因素。加强知识管理以后，企业员工能通过对外来知识的学习迅速适应外部环境的变化，能通过对内部知识的学习增强碰到类似问题时的解决能力。企业也只有加强知识管理，才能逐步积累、归纳、提升经营过程中的隐性知识，形成企业的一笔宝贵的财富。

（2）知识管理是企业在知识经济时代有效、正确决策的基础。在没有知识管理的时候，当员工需要某类知识时，他可能得不到或无法及时地得到所需的准确知识，使作出的决策不正确，这会给企业带来致命的打击。

（3）知识管理和其他资源管理相比有自己的特殊之处。知识资源有如下的特点：第一，知识可以以出版物、数据库中内容的形式出现，也可以存在于员工的头脑当中，知识不像其他资源那样是有形的，而近似为无形的、难以计量的；第二，企业的知识一部分来自企业的外部，这就要求企业始终关注外部，从而敏感而及时地发现对自己有用的知识和信息，企业的另一部分知识则要靠企业自己在生产实践过程中积累归纳形成；第三，知识不会因使用的人多而让每个人分到的减少或者产生任何的损耗，而是其产生作用的范围越大，对企业越有价值；第四，一个人是否愿意把他头脑中的知识拿出来与大家共享取决于其个人的意愿，不能强迫。

（4）知识管理就是为企业实现显性知识和隐性知识共享寻找新的途径。美国德尔福集团执行副总裁、企业知识管理咨询专家卡尔·弗拉保罗认为，知识管理不同于信息管理，它是通过知识共享，运用集体的智慧提高应变和创新能力。实现有效的知识管理所要求的远远不止仅仅拥有合适的软件系统和充分的人员培训，它要求公司领导层把集体知识共享和创新视为赢得竞争优势的支柱。

（5）知识管理的实施在于建立激励雇员参与知识共享的机制，设立知识总监，关注创新和集体创造能力的培养。知识管理并不是一门技术，而是各种可行的解决办法的综合，其作用是作为一个单一系统满足各项具体的需求。例如，美国可口可乐、通用电气等公司都设立了知识总监。享誉世界的福特汽车公司在管理中非常推崇“知识管理”，将“知识管理”看作是“智力资本杠杆”，并认为它具有四两拨千斤的管理效能。

总之，企业从一个以信息为基础的竞争收益时代向以知识创新为基础的时代转变，决策者们都需要面临一次根本性的转换，即要从传统的以交易过程、后勤统筹和工作流程为主要关注核心的管理，转到建设起一个有能力支持沟通建立、人际网络、在工作中学习等知识管理内容的系统上来。

三、软管理理论

企业软管理是在研究人的心理、思想、目标追求、现实状况等属于精神领域的活动后，采取相应的对策、利用思想引导的方法去规范人的行为的管理行为。

软管理通常有三种说法。第一，企业文化相对于企业的规章制度、管理标准、岗位规范等物化的硬管理方式，通常被人们称为“软管理”，也就是说，软管理是作为企业文化的代名词出现的。第二，对人的管理称之为软管理。因为它强调的是对人进行道德教育。第三，软管理是指人性化管理，是基于人力资本和自我实现的管理假设，是注重柔性的管理内容和管理方式，它弹性较大，更加重视民主化、个性化管理，代表了人力资源管理的发展趋势。

以上无论哪一种说法，都是相对于硬管理而言的。硬管理强调经营理念上的科学性、工作的计划性、组织机构的机械性、管理手段的制度与规范性等。软管理最早是从反对严格按照规章制度管理的“非人性”特征的角度提出的，它以包含劳力和智力的“人力资源”为综合概念，强调人力中最为宝贵、最有价值的是智力，是隐藏在人脑中的无尽的创造力。管理的重点应放在人的智力的开发、发挥和利用上。

企业在实施软管理时，可以采取很多措施，如建立任人唯贤的用人机制、建立不留死角的激励机制、培育爱企如家的信仰机制等。

四、时间管理理论

（一）时间的含义

所谓时间，就是物质存在的一种客观形式，是由过去、现在、将来构成的连绵不断的过程，是物质的运动、变化的持续表现。没有时间，物质就不能存在，也就没有世界。物质运动的过程和前后联系是客观的。

（二）时间的特征

1. 时间具有资源性特征

时间是一种资源。因为它参与了人类的一切物化劳动，作为价值的本质，实质地决定着劳动成果。正如巴尔扎克所说的那样："时间是人的财富、全部财富，正如时间是国家的财富一样，因为任何财富都是时间与行动化合之后的成果。"但时间又不是一般的资源，而是一种特殊的资源。它之所以特殊，是因为时间既看不见，又摸不着，无处不有，无时不在；因为它永远缺乏却又无法替代；还因为它无偿地提供给每个人，年年、月月、日日、时时，时间对每个人的赠予都是十分公平的。

2. 时间具有客观性特征

因为物质具有客观性，而时间是物质存在的形式，所以时间具有客观性。任何一种事物都经历着产生、发展和消亡的过程，这个过程的连续性就表现为时间是客观存在的。

3. 时间具有无限性

因为物质世界是永存的，因而时间也是永存的。物质运动是永恒的、无限的发展过程，没有开端和终结，所以时间也没有开端和终结。

4. 时间的公平性和有限性

万事万物终有其产生、存在、发展与消亡的全过程，时间总是与其相伴，从这个角度讲，时间是公平的。时间总是如流水，一去不复返。但对于某一具体事物、具体对象来讲，时间又是有限的。例如，一个人有其出生、成长、衰老和死亡的过程，从生到死是可以计算的，是有限的。

综上，时间作为一种资源，其分配是公平的，其存在是客观的，但它又是有限的。如何充分利用时间资源就成为人们十分关注的问题，对于企业而言，更是如此。因此时间管理十分重要。

（三）时间管理与 GTD

时间管理是对时间这种特殊资源管理，是指用最短的时间或在预定的时间内，把事情做好。关于时间管理的理论和方法层出不穷，其中最新的时间管理概念当属 GTD。

"GTD"源自 David Allen 的一本畅销书 *Getting Things Done* 的中文翻译本《尽管去做：无压工作的艺术》。GTD 的具体做法可以分成收集、整理、组织、回顾与执行五个步骤。

收集就是将你能够想到的所有未尽事宜（GTD 中称为 Stuff）统统罗列出来，放入 Inbox 中。这个 Inbox 既可以是用来放置各种实物的实际的文件夹或者篮子，也需要有用来记录各种事项的纸张或 PDA（掌上电脑）。收集的关键在于把一切赶出你的大脑，记录下所有的工作。

整理是将 Stuff 放入 Inbox 之后，就需要定期或不定期地进行整理，清空 Inbox。将这些 Stuff 按是否可以付诸行动进行区分。对于不能付诸行动的内容，可以进一步分为参考资料、日后可能需要处理以及垃圾等类；而对于可行动的内容，再考虑是否可在两分钟内完成，如果可以则立即行动完成它，如果不行则对下一步行动进行组织。

组织是 GTD 最核心的步骤。组织主要分成对参考资料的组织与对下一步行动的组织。对参考资料的组织主要就是一个文档管理系统，而对下一步行动的组织一般可分为等待清单、未来/某天清单和下一步行动清单。等待清单主要记录那些委派他人去做的工作，未来/某天清单则记录延迟处理且没有具体的完成日期的未来计划等。下一步行动清单则是具体的下一步工作，而且如果一个项目涉及多步骤的工作，那么需要将其细化成具体的工作。GTD 对下一步行动清单的处理作了进一步的细化，比如按照地点（电脑旁、办公室、电话旁、家里、超市）分别记录只有在这些地方才可以执行的行动，让人到这些地点后能够一目了然地知道应该做哪些工作。

回顾也是 GTD 中的一个重要步骤。一般需要每周进行回顾与检查，通过回顾检查你的所有清单并进行更新，确保 GTD 系统的正常运作。在回顾的同时可能还需要进行未来一周的计划工作。

执行指的是按照每份清单开始行动。在具体行动中可能需要根据所处的环境、时间的多少、精力状况以及重要性来选择清单上的事项来行动。

第七章　市场营销战略

第一节　市场营销概述

一、市场的含义

市场是商品经济的范畴，哪里有商品生产和商品交换，哪里就有市场。同时，市场又是一个历史的范畴，市场的概念随着市场活动的发展和市场范围的扩大而变化。到目前为止，市场的概念主要有三种：

（1）商品交换的场所。在商品交换产生以后相当长的时期内，人们认为市场是指买方和卖方聚集在一起进行商品交换的场所。此种理解，在当前仍然适用，比如××集贸市场、××建材市场、××灯具市场等。

（2）商品交换关系的总和。随着商品经济的发展，商品交换已不仅在某一固定的时间和地点进行，涉及的人员也不仅仅是买方、卖方和商业中介人。这时，经济学家从揭示事物的本质出发，把市场的概念表述为：市场是买方和卖方交换关系的总和。这一概念是从生产关系的角度说明问题，适用于经济学中关于产业发展以及市场机制和市场体系的研究，属于宏观层面。

（3）买方（顾客）的集合。买方市场出现以后，企业必须站在买方（即顾客或客户）的角度看问题，从而形成了新的市场概念：市场就是具有特定需要和欲望，并且愿意和可能通过交换来满足其欲望的全部现实和潜在顾客。这一市场概念可简化为：市场=人口+购买力+购买欲望。这一概念的范围和内容属于微观层面，适用于企业的市场营销实践，本书多数情况下采用的就是这一概念。

随着市场经济的发展，企业的生产进一步专业化，企业对市场的理解也因此而细化。按营销活动的对象，可以划分为消费品市场、生产资料市场、服务市场、资金市场、技术市场、劳动力市场、房地产市场和信息市场等；按购买者的购买特点，划分为消费者市场、生产者市场、转卖者市场和社会集团市场等；按市场所在的地理位置，可分为国内市场和国际市场。每一类市场还可以进一步划分，如消费者市场可按年龄分为少年儿童市场、青年市场、中年市场和老年市场等。

市场是潜在的或现实的顾客的需求总和，由人口、购买欲望和购买力三大要素构成，这主要是从“市场是潜在顾客的集合”这一角度来说的，但在经济学家以及政府政策制定者看来，市场具有更加广泛的意义。一位美国著名经济学家说过，从宏观立场看，卖方构成了行业，买方构成了市场，它们之间的交换构成了社会经济活动，如图 7-1 所示。

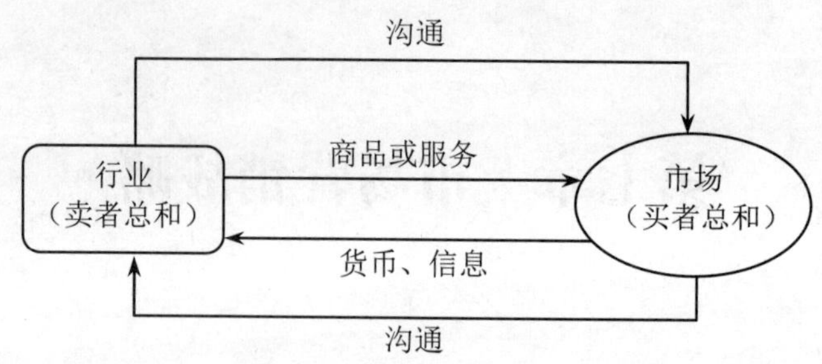

图 7-1　卖方与买方的交换过程

二、市场营销的含义

（一）市场营销概念

市场营销是由英文“Marketing”一词翻译过来的，其产生于美国，原意是市场上的买卖活动。随着市场经济的发展，人们对市场营销的认识在不断地深化，但由于考虑问题的角度不同，便产生了对市场营销的不同理解，形成了不同的概念。

1960 年，美国市场营销协会（American Marketing Association，AMA）定义委员会将市场营销定义为：“把产品和劳务从生产者引导到消费者或用户所进行的企业活动。”这一定义的缺点是，把市场营销仅仅局限在流通领域，容易产生市场营销与推销的混淆。

美国人理查德 • T.（Richard T. Hise）、彼得 • L. 吉利特（Peter L. Giller）和约翰 • K. 瑞恩斯（John K. Ryans）在其所著的《市场营销原理与决策》一书中，把市场营销定义为：“确定市场需求，并使提供的商品和服务能满足这些需求。”这一定义的优点是，把市场营销研究超出了流通领域，从研究顾客需求开始，从而把营销与推销区别开来；缺点是没有超出企业的界限，认识不到市场营销对整个国民经济发展的重要意义。

1985 年，AMA 重新给市场营销下了定义：“市场营销是个人和组织对思想、产品和服务的构思、定价、促销和分销的计划和执行过程，以创造达到个人和组织的目标的交换。”同其他定义相比，该定义在内涵上丰富得多，更符合社会的实际情况。其发展主要体现在五个方面：

（1）该定义把市场营销主体从企业扩展到整个社会。

（2）该定义把市场营销客体从产品扩展到思想、服务的领域。

（3）该定义强调了市场营销的核心功能是交换。

（4）该定义指明市场营销的指导思想是顾客导向。

（5）该定义说明市场营销活动是一个过程，而不是某一个阶段。

尽管上述定义从理论上讲得完善，但表述上显得拖沓，因此，中国学者多数喜欢采用美国市场营销学专家菲利普 • 科特勒（Philip Kotler）的定义：市场营销是个人和群体通过创造并同他人交换产品和价值以满足需求和欲望的一种社会和管理过程。

（二）市场营销与推销（销售）的区别

市场营销是研究如何运作市场的学问。只要存在市场经济，无论哪一个单位和部门，都离不开市场，也就离不开市场营销。而推销或销售是在计划经济条件下就存在的。因此，营销与推销（销售）虽然都要研究销售策略和技巧，但存在着根本区别。

1. 出发点不同

推销的出发点是企业，企业有什么就卖什么。因此，工厂的生产是起点，市场销售是终点，研究的范围是有始有终的一条线。营销的出发点是顾客，顾客需要什么，就生产什么，就卖什么，需要多少就卖多少。因此，市场既是营销工作的起点，又是终点，生产只是中间环节，研究的范围是循环往复的一个圆。

2. 目标不同

推销和营销都要取得利益。但推销的目的是目前利益，工作上是短期行为，销售上是一锤子买卖。营销的目的是长远利益，工作上是长远设计，要与顾客建立长期的互利关系，不强调一次的得失，而追求长期的利益最大化。

3. 过程不同

市场营销是一个完整的循环过程，而推销仅仅是市场营销的一个环节。

4. 结果不同

营销和推销的成功，都以实现交换为标志，但其中包含的主、被动关系却完全不同：营销的成功结果是顾客主动购买商品，而推销的成功结果是顾客被动接受商品。

管理大师彼德·德鲁克说："营销的目的就是使推销成为多余。营销的目的在于深刻地认识和了解顾客，从而使产品或服务完全适合顾客的需要而形成自我销售。理想的营销会产生一个已经准备来购买的顾客，剩下的事就是如何便于顾客得到这些产品或服务。"这段论述，从本质上揭示了营销和推销的不同。

（三）市场营销组合

从前述市场营销的定义来看，企业的市场营销决策主要涉及四个方面，即提供市场的供应品（产品）、以什么价格提供给市场（价格）、通过何种渠道使供应品到达顾客手中（渠道），以及如何让潜在顾客知晓并了解企业的供应品（推广）。这四项策略在英文中的首写字母都是P，因而习惯上称之为4Ps策略组合，如图7-2所示。

图7-2　市场营销组合图示

三、企业营销观念的沿革

由于市场营销观念是在企业的外部市场环境和内部条件共同作用下形成的。因此，有什么样的市场环境，就会形成什么样的市场营销观念。市场营销观念的演变经过了三个发展阶段，即传统经营观念阶段、市场营销观念阶段和社会营销观念阶段。

（一）传统经营观念

传统经营观念主要有三种，即生产观念、产品观念和推销观念。

1. 生产观念

生产观念产生于 19 世纪末到 20 世纪初。当时，由于经济和技术比较落后，生产力较为低下，消费者也不富裕，而且国内市场和国际市场都在扩大，生产的发展不能满足消费需求的增长，消费者的需求量大，多数商品处于供不应求的“卖方市场”态势。因此，这一时期的企业只注重生产，无须关心市场。美国福特汽车公司就是当时持这种指导思想的典型代表，亨利·福特曾宣称，“不管顾客需要什么颜色的汽车，我只有黑色的”。应当说，当时福特公司以此为指导思想是相当成功的，由于采用了流水线生产技术，福特汽车生产成本大幅度降低，产量迅速提高，从而使汽车价格大幅降低，汽车得以开进千家万户。

以生产观念为导向的营销活动具有以下特点：

（1）生产活动是企业经营活动的中心和基本出发点。

（2）降低成本、扩大产量是企业成功的关键。

（3）不重视产品、品种和市场需求。

（4）追求的目标是短期利益。

（5）坚持“我生产什么、商家就卖什么、消费者就买什么”的经营思想。

这是一种只适应于“卖方市场”的经营理念，其核心思想是“以量取胜”，是一种典型的“生产者导向”思维。以生产为导向的理念对企业进行评价的指标体系主要是短期利润，片面追求短期的销售额，忽视企业的长期利益。现代企业如果仍然持有这种指导思想，迟早会被市场所淘汰。

2. 产品观念

产品观念和生产观念有许多相同之处，都产生在供不应求的“卖方市场”形势下，都是以生产为中心，但二者又有较为明显的差别。产品观念认为，消费者欢迎那些质量好、多功能和具有某种特色的产品，因此，企业应致力于提高产品质量，不但要“价廉”，而且要“物美”，其核心思想是“以质取胜”。

以产品观念为导向的营销活动具有以下特点：

（1）生产质量是企业经营活动的中心，“质量第一”而不是“顾客第一”。

（2）加强生产管理、提高产品质量是企业成功的关键。

（3）忽视消费者的需求和推销活动。

（4）追求的目标仍是短期利润。

（5）坚持认为“拥有质量就拥有购买者”的经营思想。

持此营销理念的企业过分强调质量在营销中的地位，从而淡化了消费者其他需要，导致“市场营销近视”，即不适当地把注意力放在产品上，而不是放在市场需求上，缺乏远见，只看到自己的产品质量好，看不到市场需求的变化，易使企业经营陷入困境。

3. 推销观念

推销观念认为，消费者一般不会自觉地购买足够用的产品，因而，企业应加强产后推销和大力促销，以刺激和诱导消费者大量购买本企业的产品，从而扩大销售，提高市场占有率，取得更多的利润。其具体表现是“企业卖什么，人们就买什么”。

推销观念产生于由“卖方市场”向“买方市场”转变的过程中。从 20 世纪 20 年代末开始，随着社会生产力的发展，社会产品日益丰富，花色品种不断增加，市场上许多产品开始供过于求，企业竞争激烈。特别是 1929 年资本主义世界爆发了空前严重的经济危机，堆积如山的货物卖不出去，市场萧条。面对如此严重的危机，许多企业认识到，即使有高质量的产品也未必能卖出去，要在激烈的市场竞争中求得生存并不断发展，企业的中心工作必须由生产转移到促进销售上来，由此形成了以推销观念为核心的经营理念。与过去相比，这一阶段的企业开始把注意力转向市场，但仅停留在产品生产出来以后如何尽力推销的阶段。

以推销观念为营销理念的企业营销活动具有以下特点：

（1）现有产品是企业经营活动的中心和出发点。

（2）强力推销是企业成功的关键，坚持“好孬都得靠吆喝”的经营思想。

（3）忽视消费者的需求，只注重推销工作。

（4）追求的目标还是短期利润。

（5）这种观念只适应于未成熟的“买方市场”。

推销观念尽管走出了只顾生产、眼光向内的狭隘与偏见，开始把眼光转向市场，但由于企业没有进行事前的市场调查与预测，只有产品卖不出去造成积压后才想方设法搞推销。由于不清楚产品积压的真正原因，这种滞后的推销工作不能防患于未然，必然导致企业生产经营活动的恶性循环，被市场牵着鼻子走。另外，企业在想方设法推销产品的过程中，很容易产生硬性推销、强买强卖、滥用广告的现象，这样既损害了消费者的利益，又损害了企业自身的声誉，最终影响企业的长远利益。

（二）市场营销观念

第二次世界大战以后，随着第三次科学技术革命的深入，市场可供的产品数量激增，品种日新月异，商品市场的供应量急剧扩大，供给大于需求的现象日益突出，真正的买方市场出现了。在买方市场条件下，消费者可以在充裕的商品中通过比较选择自己喜爱的商品，而且，随着社会的发展，消费者的收入水平和文化生活水平不断提高，消费者的需求日益向着求便利、追时尚、求愉悦、多变化的方向发展。时代的变革和市场环境的变化向企业的生存与发展提出了严峻的挑战，过去那种“酒香不怕巷子深”的优越感不复存在。面对日益激烈的市场竞争，谁拥有顾客，谁就得以生存和发展。企业经营观念由此进入第二个阶段——市场营销观念阶段。

市场营销观念是作为对传统经营观念的挑战而出现的一种新型企业经营哲学。市场营销观念认为，实现企业各项目标的关键，在于正确确定目标市场的需要和欲望，并且比竞争者更有效地传送目标市场所期望的物品或服务，进而比竞争者更有效地满足目标市场的需要和欲望。可见，市场营销观念是一种以顾客需要和欲望为导向的经营哲学，是消费者主权论在企业经营活动中的体现。

在这种观念指导下，企业一切活动都以顾客的需求为中心，在满足消费者需求的基础上实现企业的利润。因此，人们也把这一观念称为“市场导向观念”。

在市场营销观念指导下的营销活动具有如下特征：

（1）消费者需求是企业经营活动的出发点。

（2）发现目标市场和消费者的潜在需求，并集中企业的一切资源占领目标市场是企业成功的关键。

（3）营销活动贯穿企业经营活动的全过程。

（4）追求长远利益和公司的长久发展。

市场营销观念虽然抓住了“顾客”这个市场核心，是企业指导思想的根本变革，但仍存在不足之处：片面注重顾客的短期需求和眼前利益，忽视社会其他利益的存在，如政府的需求与利益、企业股东的需求与利益、企业职工的需求与利益、社会与自然环境保护等。有的企业在贯彻市场营销观念的过程中，甚至造成了对其他利益的伤害。为了解决上述问题，企业经营观念又发展到第三阶段——社会营销观念阶段。

（三）社会营销观念

20世纪70年代，以美国为代表的一些营销学专家对以顾客为核心的营销理念产生了怀疑，提出了一系列问题。彼得·德鲁克曾明确指出：“市场营销的漂亮话讲了20年之后，消费者主义居然变成一个强大的流行行动，这就证明没有多少公司真正奉行市场营销观念。”为此，许多学者提出了一系列新的观念，以修正和替代简单的市场营销观念，如人性观念、明智的消费观念、生态强制的观念等。这些新的观念所关注的都是同一社会问题的不同方面，因此被统称为“社会营销观念”。

社会营销观念作为一种新的市场营销理念。其核心观点是：企业提供产品和服务，不仅要满足消费者的市场需求或短期欲望，而且要符合消费者的长远利益和社会的长远发展，改善社会福利。也就是说，企业决策者在确定经营目标时，应当根据自己企业的优势，既考虑市场需求，又注意消费者的长远利益和社会利益，综合运用各种营销手段，引导消费者合理消费，实现企业利益和社会效益的统一。

第二节　战略与营销战略

一、什么是战略

“战略”一词，原是古代的军事术语，指将帅的筹划、谋略以及军事资源的配置与运用。因此，军事上就出现了以“研究战争全局的规律性的东西”为内容的战略学。每个企业为了自身的生存和发展，为了增加本身的实力和财富，就不得不在激烈的商业竞争环境中，想方设法争取主动，争夺顾客，抢占市场。因此，战略就被引用至经济领域。同时，战略的含义也更加复杂了。

最早对战略进行概念描述的当属商业史学家艾尔弗雷德·钱德勒。他在其著作《战略与结构》（1962）中给战略下了这样的定义：“战略可以定义为确立企业的根本长期目标并为实现目标而采取必需的行动序列和资源配置。”这一定义中包含了两个核心概念：长期目标和资源配置。

著名竞争战略大师迈克尔·波特在《什么是战略》（1996）一文里，兼容自己早期有关战略定位的理论，以及后来资源本位企业观的主要论点，强调了战略的实质在于与众不同，在于提供独特的消费者价值。而 W. 钱·金和勒纳·莫博妮在《蓝海战略》(2005)中则认为，战略包括企业关于消费者价值的主张，关于企业利润的主张，以及在组织活动中关于人的主张，并着重强调创新和改变游戏规则之于战略的重要性。

每个企业都有自己的战略，无论管理者意识到与否。战略或公开或隐含，乃企业与环境连接与沟通的根本媒介和手段。战略有一些共同的特点：

(1) 目标导向。战略通常具有强烈的目标导向性。战略是实现目标的方法和手段。如果你不知道你要到哪里去，什么战略都无所谓。常识告诉我们，一个战略，只有在具体的目标前提下讨论和实践才真正有意义。否则，战略只不过是脱离实际境况的简单准则，或者是毫无生气的技术手段。

(2) 长期效应。战略面向未来，旨在把握企业的总体发展方向，聚焦于企业的远见和长期目标，并给出实现远见与长期目标的行动序列和管理举措。由于战略决定大政方针和基本方向，它就不可能是短期的伺机行事和即兴发挥，不可能朝令夕改，随便改弦更张。

(3) 资源配称。战略的实施总是体现在对有限资源的分配使用上，当企业的长期目标、竞争地位、商业模式和经营理念确定下来后，资源的配称就是战略问题的实质内容。企业需要深度考量其拥有的资源条件是否满足实现其战略目标的需要。

(4) 竞争导向。"战略"一词来自战争领域，战争自然有对立或交战的双方，因而战略也必须因应对手而确定。打败或制衡竞争对手，发展和壮大自己，是每个企业不二的选择，因此在制定企业战略时，每一项战略内容的选择都必须从与竞争对手的比较分析中进行取舍。

二、制定战略的基本准则

制定战略必须遵守以下准则：

(一) 独特性

战略的生命线是其独特性。一个企业独有的，难以被对手模仿的特点与资质可以帮助企业获取和保持竞争优势，是战略的可靠基础。从这个意义上讲，战略的精彩在于特色突出、性格显著、出类拔萃、卓尔不群。

(二) 合法性

企业的战略方向和商业模式必须是符合社会制度和法律环境许可的，并且应当具有社会责任意识。这种合法性不仅意味着在某种法律和道德底线之上进行经营，还意味着企业的行为和作风要显得合理合情。

(三) 本源性

虽然制定战略应当考虑竞争对手的作为，但企业存在的根本意义是为顾客或客户创造卓越的价值。一个企业的战略要首先回答的一个根本问题就是：我们为顾客提供什么样的价值？从顾客的实际需求出发是本源性准则的核心要义。

(四) 创新性

企业战略不能一成不变，因为市场环境永远处于变化之中。创新性就是要求企业在战略选择上要做到高屋建瓴、居安思危、审时度势，并及时应环境的变化而调整战略方向。只有这样，企业才能立于不败之地。

总之，战略是一个多侧面多层次的概念。任何过于简单和草率的战略定义都可能失之偏颇，不能完全涵盖战略概念的丰富性和复杂性。

三、制定营销战略的一般程序

营销战略是企业经营战略中的重要组成部分，因为现代企业生存、发展、壮大的最主要因素就在于营销。因此，科学地制定企业的营销战略，并尽可能保证其落地实施，就成了企业经营成功的关键，需要每一个企业审慎对待。

一般来讲，企业制定营销战略需要经由以下几个步骤：

（一）明确营销目标

企业的营销目标一般包括销售增长、市场份额提高、产品创新等，而其最终目的与企业目标一致，那就是赢利增长。企业营销的目标不是随便设定的，它应该根据企业的实际情况来确定，并且应遵循目标管理理论中的SMART原则。SMART是5个英文单词首字母的缩写，具体含义是：

（1）目标必须是具体的（Specific）。

（2）目标必须是可以衡量的（Measurable）。

（3）目标必须是可以达到的（Attainable）。

（4）目标必须和其他目标具有相关性（Relevant）。

（5）目标必须具有明确的截止期限（Time-based）。

目标管理理论强调，企业无论制定何种目标都务必符合上述原则，五个原则缺一不可。

（二）对营销环境与条件进行分析

1. 营销环境分析

企业的生存发展与营销环境密切相关。达尔文进化论的“适者生存”理论同样适合企业。环境分析可以从以下几个方面展开：

（1）宏观环境分析。宏观环境因素包括政治、法律、经济、自然环境、科学技术、社会文化等。政治环境因素要求企业充分了解国家方针政策，研究政治时局对企业的影响；法律环境因素要求企业了解相关法律对企业的影响，利用法律武器保护企业权益；经济环境决定了行业景气度、顾客购买力等；自然环境因素要求企业关注生态环境和可持续发展；科学技术环境因素要求企业顺应技术的发展趋势；社会文化环境因素要求企业重视产品销售区域的风土人情等。

（2）微观环境分析。微观环境因素主要包括资源供应者、营销中介、顾客、竞争对手、市场状况、相关团体、社会公众等。其中，顾客和竞争对手是分析重点。企业应深入分析和了解顾客的分布区域、需求特征、购买动机和购买方式等，还应通过分析明确谁是竞争者，他们的实力如何、战略战术是什么、优势劣势怎样。分析资源供应者、营销中介、相关团体和社会公众，目的是与他们建立良好的营销关系。

（3）行业结构分析。战略管理专家迈克尔·波特认为，在一个行业当中，存在五种基本竞争力量，即潜在加入者、替代品制造者、购买者、供应者、现有竞争者。因此，企业就应分析这五种力量带来的威胁，把握行业的现状及动向，以采取有效的应对策略。

通过环境分析，企业应明确的是：有关环境因素会发生什么变化，变化的概率是多少，该因素变化对本企业来说是机会还是威胁，具体影响有多大，企业应如何应对等。

2. 企业内部条件分析

分析环境因素的目的是避开威胁、发现机会，但利用机会须具备条件。所谓条件分析，就是将企业现有的内部条件与利用机会的外部环境进行比较，找出差距，并制定弥补差距或提高能力的措施。所需条件可以从资金、技术、管理、人才、场地、设备、规模等方面加以考虑。

（三）制定市场发展战略

1. 整合现有营销资源

企业应根据市场状况，整合公司现有的营销资源，规划公司各战略业务单位的发展战略和业务组合策略。规划公司业务组合首先要识别和区分公司的战略业务单位，并对所有战略业务单位的盈利潜力进行评价。战略业务单位的评价方法，比较著名的是波士顿咨询公司的成长－份额矩阵。波士顿矩阵模型如图 7-3 所示。

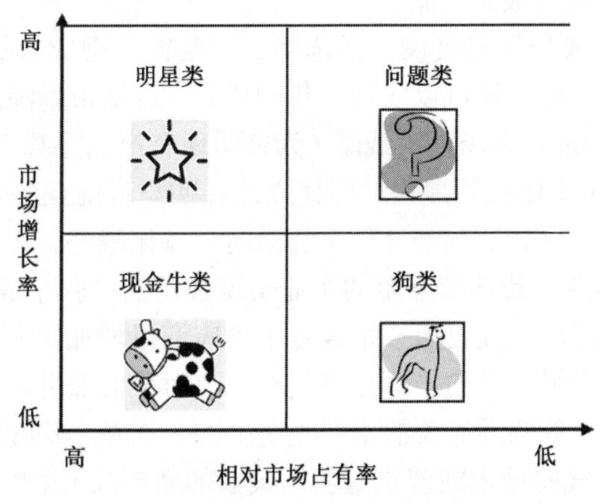

图 7-3　波士顿矩阵模型

“波士顿矩阵”的具体分析步骤包括：

第一步，界定企业的关键业务，即战略业务单位。战略业务单位（Strategic Business Unit，SBU）是指具有单独的任务和目标，并可以单独制订计划而不与其他业务发生牵连的企业的一个相对独立的业务单位。一个战略业务单位可以是企业的一个部门或一个部门内的一个产品系列，有时也可以是一种产品或品牌。

第二步，评估企业各个战略业务单位的经营效果，以便做出资源配置决策。波士顿咨询公司认为，一个企业的所有经营单位都可列入任一象限中，并依它所处的地位（相对市场占有率以及市场增长率）采取不同的战略。

从图 7-3 可以看出，波士顿矩阵模型中的四个象限，从右上按逆时针方向旋转排序，分别表示如下含义：

第一象限：问题类业务。它们是那些相对市场占有率较低而市场增长率较高的业务单位，一般是新业务。这类业务发展好了可以成长为明星类业务，发展不好也可能“夭折”，所以要打个问号。

第二象限：明星类业务。它们的市场增长率和相对市场占有率都较高，因而所需要的和所产生的现金数量都很大。

第三象限：现金牛类业务。它们有较低的市场增长率和较高的相对市场占有率。较高的相对市场占有率带来高额利润和现金，而较低的市场增长率只需要少量的现金投入。因此，现金牛类业务通常能产生大量的现金余额。这样，现金牛类业务就可提供现金去满足整个公司的需要，从而支持其他需要现金的经营单位。

第四象限：狗类业务。它们的相对市场占有率和市场增长率都较低。较低的相对市场占有率一般意味着少量的利润。此外，由于市场增长率低，用追加投资来扩大市场占有率的办法往往是不可取的。

在对现有业务组合分析之后，企业要决定哪些业务单位需要发展、扩大，哪些应当收缩、放弃，从图 7-3 就可以明确看出该如何取舍。

2. 规划市场成长战略

企业不但要考虑现有产品或业务如何发展的问题，还要考虑新的产品或业务如何发展的问题，即规划企业未来市场的成长战略。

通常情况下，有三种成长战略可供公司选择。一是密集型成长战略，即在公司现有的业务领域寻找发展机会。有三种途径可以实现密集型成长，包括市场渗透战略（设法在现有市场上增加现有产品的市场份额），市场开发战略（为公司现有产品寻找新市场），以及产品开发战略（开发新产品）。二是一体化成长战略，即建立或并购与目前业务有关的业务，包括纵向一体化（又可以分为前向一体化和后向一体化）及横向一体化战略。其中，前向一体化就是通过兼并和收购若干个处于生产经营环节下游的企业实现公司的扩张和成长，如制造企业收购批发商和零售商。后向一体化则是通过收购一个或若干供应商以增加盈利或加强控制，如汽车公司对零部件制造商的兼并与收购。横向一体化就是对竞争对手的兼并与收购。三是多角化成长战略，即在寻找与公司目前业务范围无关的富有吸引力的新业务。多角化成长战略包括同心多角化（开发与公司现有产品线的技术或营销有协同关系的新产品），水平多角化（研究开发能满足现有顾客需要的新产品），以及集团多角化（开发与公司现有技术、产品和市场都毫无关系的新业务）。

具体采用何种战略，企业要从必要性及可行性两方面进行分析与评价，避免发生战略失误。消费者是一个庞大而复杂的群体，不同的消费者由于其消费心理、收入水平、文化背景、资源条件等方面存在差别，对同类产品的需求也存在着很大的差异性。为此，企业需要通过市场调研，将市场划分为若干个需求不同的消费者群体，结合企业自身的资源条件，将某些消费者群体作为企业的目标市场，并针对目标市场制定相应的营销战略。

（四）确定目标市场及定位战略

目标市场是指企业希望占领的市场或企业欲为之服务的目标顾客群体。欲合理确定企业的目标市场，必先进行市场细分，即把企业所处的行业整体市场（全体顾客或客户）按照需求的差异性进行划分，然后对每一个细分市场的价值（容量、成长性、盈利水平等）进行分析和判断，再结合企业自身的资源条件来确定企业准备进入的目标市场。

确定目标市场以后，还要进行科学的市场定位。也就是在目标市场上，本企业的产品或服务如何在目标顾客心目中树立独特的形象并获得独立的市场地位。市场定位的核心是特色、个性、与众不同，即差异化。打造差异化应充分考虑企业的竞争优势和核心能力。

（五）设计营销组合策略

企业在确定目标市场后，还要进一步确定合理的产品价格、选择适当的分销渠道、采用有效的促销方式，最终达到扩大产品销售、树立服务形象、取得竞争优势、增加企业利润的目的。

市场营销组合策略是营销规划的核心内容，其基本的组成即 4Ps。从市场导向的理念来看，设计营销组合必须深刻把握顾客的购买需要和购买决策行为规律，并符合市场定位战略的要求。

【知识链接】

SWOT 分析法

兵法云：“知己知彼，百战不殆。”企业制定市场营销战略，需要对市场环境和竞争对手进行深刻研究，既要了解市场机会所在，也要充分认识到风险和威胁；既要清楚自身的优势和劣势，也要与竞争对手比较分析。对于这个问题，目前营销理论界最认可的分析方法是 SWOT 分析法。SWOT 分析法是营销环境分析的常用工具，其作用是让企业在进入激烈的市场竞争中之前首先了解自己。

一、SWOT 分析法简介

SWOT 分析法，又叫作自我诊断方法，是一种能够较客观而准确地分析和研究一个单位现实情况的方法。SWOT 四个英文字母代表 Strength、Weakness、Opportunity、Threat，意思分别为：S，强项、优势；W，弱项、劣势；O，机会、机遇；T，威胁、风险。从整体上看，SWOT 可以分为两部分：第一部分为 SW，主要用来分析企业内部能力；第二部分为 OT，主要用来分析外部环境条件。

利用这种方法可以从中找出对自己有利的、值得发扬的因素，以及对自己不利的、应当避开的因素，发现存在的问题，找出解决办法，并明确以后的发展方向。在进行营销战略的制定和实施前，进行企业的自我诊断，明确自身的优势和劣势，明确外在环境中存在的机会和威胁是非常必要的。

二、SWOT 分析的主要内容

1. 优势和劣势（SW）分析

企业的优势是指在执行策略、完成计划以及达到确立的目标时可以利用的能力、资源及技能。企业的劣势则是指能力和资源方面的缺少或者缺陷。

在为将来做计划时，确定企业的能力和资源代表的是可利用的优势还是劣势，这一点是很重要的。具体分析企业的优劣势时，可以从人才、资金、技术、资源、企业规模、生产能力、营销能力及外部关系等方面，参照主要竞争对手进行比较分析，得出是优势还是劣势的结论，并写入 SWOT 分析表中。

2. 环境机会和威胁（OT）分析

环境机会和威胁（OT）分析的重点，是企业所处的外部环境中（包括宏观与微观），已经存在或将要出现的对本企业主要业务的开展有利或不利的因素和条件，其中有利的因素和条件就是机会，反之，就是威胁。分析的目的是发现和利用环境（市场）机会，规避和防范环境（市场）风险。具体分的结果，也写入 SWOT 分析表中。

三、SWOT 分析法的实施

在了解到应该进行分析的内容之后，应把所有的内部因素（包括企业的优势和劣势）都集中在一起，然后用外部的力量来对这些因素进行评估。这些外部力量包括机会和威胁，它们是由竞争力量或企业环境中的趋势所造成的，这些因素的平衡决定了公司应做什么以及什么时候去做。SWOT 分析表用来表明公司内部的优势和劣势与外部机会和威胁的平衡，其格式如图 7-4 所示。

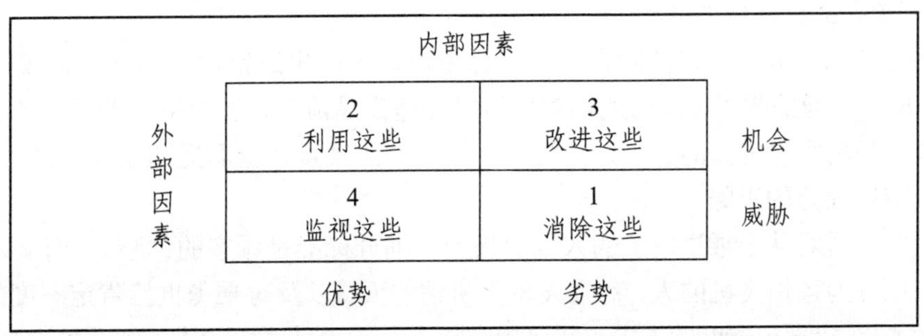

图 7-4　SWOT 分析表格式

通常情况下，在做 SWOT 分析时，一定要把以下部分写出来：

1 部分：在某些领域内，你可能面临来自竞争者的威胁；或者在变化的环境中，有一种不利的趋势在这些领域或趋势中，公司会有些劣势，那么要把这些劣势消除掉。

2 部分：利用这些机会，这是公司真正的优势。

3 部分：某些领域中可能有潜在的机会，把这些领域中的劣势加以改进。

4 部分：对目前有优势的领域进行监控，以便在潜在的威胁可能出现的时候不感到吃惊。

第三节　目标营销战略

目标营销战略（STP）由三个核心环节构成：市场细分、目标市场选择、产品定位。不论企业采用何种战略，都必须经过这三个环节，否则企业的任何战略都不可能真正取得成功。

一、市场细分

市场细分（Market Segmentation）是指营销者通过市场调研，依据消费者的需要和欲望、购买行为和购买习惯等方面的差异，把某一产品的市场整体划分为若干消费者群的市场分类过程。每一个消费者群就是一个细分市场，每一个细分市场都是由具有类似需求倾向的消费者构成的群体。这是目标营销战略（STP）的第一步。

（一）市场细分的作用

1. 有利于选择目标市场和制定市场营销策略

市场细分后的子市场比较具体，比较容易了解消费者的需求，企业可以根据自己经营思想、方针及生产技术和营销力量，确定自己的服务对象，即目标市场。针对较小的目标市场，便于制定特殊的营销策略。

2. 有利于发掘市场机会，开拓新市场

通过市场细分，企业可以对每一个细分市场的购买潜力、满足程度、竞争情况等进行分析对比，探索出有利于本企业的市场机会，使企业及时做出营销战略计划，掌握产品更新换代的主动权，开拓新市场，以更好适应市场的需要。

3. 有利于集中人力、物力投入目标市场

任何一个企业的资源、人力、物力、资金都是有限的。通过细分市场，选择了适合自己的目标市场，企业可以集中人、财、物及资源，去争取局部市场上的优势，然后占领自己的目标市场。

4. 有利于企业提高经济效益

企业通过市场细分，可以面对自己的目标市场，生产出适销对路的产品，既能满足市场需要，又可增加企业的收入；产品适销对路可以加速商品流转，加大生产批量，降低企业的生产销售成本，提高生产工人的劳动熟练程度，提高产品质量，全面提高企业的经济效益。

（二）市场细分的步骤

一家航空公司对从未乘过飞机的人很感兴趣（细分标准是顾客的体验）。而从未乘过飞机的人又可以细分为害怕飞机的人，对乘飞机无所谓的人，以及对乘飞机持肯定态度的人（细分标准是态度）。在持肯定态度的人中，又包括高收入有能力乘飞机的人（细分标准是态度）。于是，这家航空公司就把力量集中在开拓那些对乘飞机持肯定态度，只是还没有乘过飞机的高收入群体。可见，为保证市场细分的合理性，应遵循以下步骤：

1. 选定产品市场范围

公司应明确自己在某行业中的产品市场范围，并以此为制定市场开拓战略的依据。

2. 列举潜在顾客的需求

可从地理、人口、心理等方面列出影响产品市场需求和顾客购买行为的各项变数。

3. 分析潜在顾客的不同需求

公司应对不同的潜在顾客进行抽样调查，并对所列出的需求变数进行评价，了解顾客的共同需求。

4. 制定相应的营销策略

调查、分析、评估各细分市场，最终确定可进入的细分市场，并制定相应的营销策略。

（三）市场细分的标准

1. 消费者市场的主要细分变量

消费者市场的主要细分变量可以概括为四部分：地理细分、人文细分、心理细分、行为细分。

（1）地理细分：KFC（肯德基）为了迎合日本人的口味，适时调整了产品及策略。每家分店都定位于时尚、高档，而不是普通的快餐店。土豆泥取代了炸薯条，蔬菜沙拉的含糖量降低，并增添了炸鱼和熏鸡等食品。

（2）人文细分：在人文细分中，市场按人文学变量细分，以年龄、性别、家庭人数、家庭生命周期、收入、职业、教育、宗教、种族、国籍等为基础，划分出不同的群体。

（3）心理细分：在心理细分中，根据购买者的社会阶层、生活方式或个性特点，将购买者划分成不同的群体。在同一人文群体的人可能表现出差异性极大的心理特性。

（4）行为细分：在行为细分中，根据购买者对同一件产品的了解程度、态度、使用情况或反应，将他们划分成不同的群体。许多营销人员坚信，行为变量（时机、利益、使用者状况、使用率、忠诚状况、购买者准备阶段和态度）是建立细分市场至关重要的出发点。

2. 生产者市场的主要细分变量

生产者市场细分的标准有：最终用户的要求、用户规模与购买力大小、用户的地理位置、用户的行业特点等。

【知识链接】

麦当劳根据心理要素细分市场

根据人们生活方式划分，快餐业通常有两个潜在的细分市场：方便型和休闲型。在这两个方面，麦当劳都做得很好。

例如，针对方便型市场，麦当劳提出“59 秒快速服务”，即从顾客开始点餐到拿着食品离开柜台标准时间为 59 秒，不得超过一分钟。

针对休闲型市场，麦当劳对餐厅店堂布置非常讲究，尽量做到让顾客觉得舒适自由。麦当劳努力使顾客把麦当劳作为一个具有独特文化的休闲好去处，以吸引休闲型市场的消费者群。

从深层次分析，麦当劳对地理、人口、心理要素的市场细分是相当成功的，不仅在这方面积累了丰富的经验，还注入了许多自己的创新，从而继续保持着餐饮霸主的地位。当然，在三要素上如果继续精耕细作，更可以在未来市场上保持自己的核心竞争力。

1. 在地理要素的市场细分上，要提高研究出来的市场策略应用到实际中的效率。麦当劳其实每年都有针对具体地理单位所做的市场研究，但应用效率却由于各种各样的原因不尽如人意。如麦当劳在中国市场的表现，竟然输给在全球市场远不如它的肯德基，这本身就是一个大问题。麦当劳其实是输给了本土化的肯德基。这应该在开拓市场之初便研究过，但麦当劳还是主推牛肉汉堡，根本就没有重视市场研究出来的细分报告，等到后来才被动改变策略，推出鸡肉产品，这是一种消极的对策，严重影响了自身的发展步伐。

所以，针对地理细分市场，一定要首先做好市场研究，并根据细分报告开拓市场，注意扬长避短。

2. 在人口要素细分市场上，麦当劳应该扩大划分标准，不应仅仅局限于年龄及生命周期阶段，可以加大对其他相关变量的研究，拓宽消费者群的"多元"构成，配合地理细分市场，进行更有效的经营。

例如，麦当劳可以针对家庭人口考虑举行家庭聚会，营造全家一起用餐的欢乐气氛。公司聚会等也是可以考虑的市场。

3. 对于心理细分市场，有一个突出的问题，便是健康型细分市场浮出水面。这对麦当劳是一个巨大的考验。如果固守已有的原料和配方，继续制作高热和高脂类食物，对于关注健康的消费者来说是不可容忍的。

首先应该仍是以方便型和休闲型市场为主，积极服务好这两种类型的消费者群。同时，针对健康型消费者，开发新的健康绿色食品。这个一定要快速准确。总之，不放过任何一类型的消费者群。

其次，在方便型、休闲型以及健康型消费者群外，还存在体验型消费者群。麦当劳可以服务为舞台，以商品为道具，环绕着消费者，创造出值得消费者回忆的活动感受。如在餐厅室内设计上注重感官体验、情感体验或者模拟体验等。深入挖掘体验型消费者群，这应该是未来的一个方向。

二、目标市场选择

（一）目标市场的内涵与作用

在市场营销活动中，任何企业都必须选定目标市场（Target Market）。因为对企业来说并非所有的环境机会都具有同等的吸引力，或者说，并不是每一个细分市场都是企业所愿意进入和能够进入的。同时，一个企业的人、财、物力的限制使之无法提供市场内所有买主所需要的商品或服务，因此，为了保持效率，企业的营销活动必然局限在一定范围内。一些企业看到其他企业经营某产品效果很好，不顾主客观条件盲目追随、效仿，尽管投入很多，结果却不理想，有的顾此失彼，有的新项目没有经营好、老产品又失去市场。其主要原因是没有看到有利可图的细分市场并不是谁都可以进入的。可见，企业所选目标市场的准确性是企业取得良好经济效益的前提。

具体地说，目标市场选择的作用在于：

（1）选择目标市场可以帮助企业寻找能充分发挥自己能力的市场，以达到大量销售自己产品、取得良好经济效益的目的。

（2）企业在选定目标市场的基础上，通过深入研究目标市场需求，增强企业的竞争力，从而有利于战胜竞争对手。

（3）工业企业在自己的目标市场范围内，可集中研究有效的营销策略，扩大市场占有率，取得更大成就。

（二）目标市场覆盖战略

在进行科学的市场细分之后，企业需要从细分出来的众多子市场中选择自己要进入的目标市场，而选择多少或哪些目标市场，则取决于企业的资源条件、外部环境机会及企业的发展和竞争战略。一般来说，有以下三种选择：

1. 无差异营销覆盖战略

无差异营销是指企业不考虑细分市场的差异性，对整个市场只提供一种产品。

无差异营销能够节约成本：狭窄的产品线能降低生产、库存和运输成本；无差异性广告则降低促销费用；由于不必做细分市场调研和规划，因此降低了市场调研和产品管理成本。

但是绝大多数现代营销人员对这一战略表示强烈怀疑。在开发使所有消费者都满意的产品或品牌时，会遇到许多困难。因此，无差异营销覆盖战略只有限适用于一些初级产品，如蔬菜、粮食、面包等。实行无差异营销覆盖战略的企业一般针对市场中的最大细分市场提供单一产品。当几家企业同时这么做时，在最大的细分市场中便会出现激烈竞争，并进而减少利润。

2. 差异性营销覆盖战略

差异性营销是指企业决定以几个细分市场为目标，为每个目标市场分别设计产品及营销方案。例如，耐克运动鞋有十几种，分别适合人们跑步、击剑、健美、骑自行车、打篮球时穿。企业希望在每个细分市场中通过不同的产品和营销战略来提高消费者对公司及其产品系列的整体认同。企业还有望获得更多的忠诚顾客，因为该企业的产品和营销方式能更好地满足每个细分市场的愿望。

越来越多的公司开始采用差异性营销覆盖战略。差异性营销往往能带来比无差异营销更大的总销售额。差异性营销也会增加贸易成本。改进一种产品以满足不同细分市场的需求通常会导致额外的调研、设计或特殊加工等费用。对不同的细分市场分别采用不同的市场计划需要额外的市场调研、预算、销售分析，促销策划和销售渠道管理。同时，为打入不同的细分市场而设计的不同的广告也会增加促销费用。因此，企业决定采用差异性营销覆盖战略时，必须先掂量一下销售量的增长和成本的增长孰轻孰重。

3. 集中性营销覆盖战略

集中性营销特别适合于企业资源有限的情况。根据这种战略，企业将放弃一个大市场中的小份额，而去争取一个或几个小市场中的大份额，比如左手鼠标、手工眼镜等。

通过集中营销，企业能够在它服务的细分市场（或专门市场）中取得很强的市场竞争优势，这是因为该企业更了解细分市场的需要，以及它在此细分市场中所赢得的特殊声誉。由于专业化生产、分销和促销，所以企业还可节约大量经营开支。如果细分市场选择得当，企业也能赢得较高的投资回报率。

目标市场覆盖战略示意图如图 7-5 所示。

三、产品定位

产品定位一般简称为定位（Positioning），是指根据竞争者现有产品在细分市场上所处的地位和顾客对产品某些属性的重视程度，塑造出本企业产品与众不同的鲜明个性或形象，并传递给目标顾客，使该产品在细分市场上占有强有力的竞争位置。

消费者面对过多的产品和服务信息，在做出一项购买决定时，根本无法详细并专业地评估产品。为了简化过程，消费者会在心目中为产品、服务和企业定位。消费者在对产品定位时，营销商的帮助是可要可不要的。但是营销商必须设计出在目标市场中能够给产品带来最大优势的产品定位，以及实现这一目标的市场营销组合。

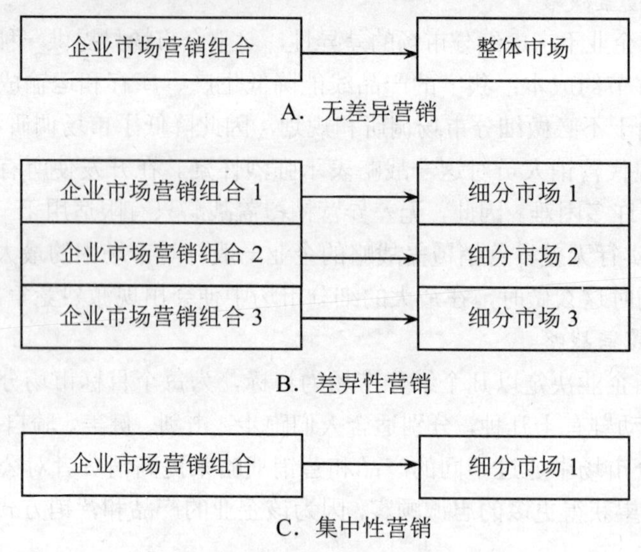

图 7-5 目标市场覆盖战略示意图

（一）产品定位的步骤

每个企业都想在产品定位上独树一帜，如允诺“高质量，更低的价格”，或“高质量，更多的技术服务”等。那么，怎样才能做到呢？理性来讲，应当遵循以下步骤：

1. 识别可能的竞争优势

消费者一般都选择那些给他们带来最大价值的产品和服务。因此，赢得和保持顾客的关键是比竞争对手更深入地理解顾客的需要和购买过程，以及向顾客提供更多的价值。通过提供比竞争对手较低的价格，或者是提供更多的价值以使较高的价格显得合理，企业可以把自己的市场定位确定为：向目标市场提供优越的价值，企业可赢得竞争优势。市场定位开始于使企业营销供给切实区别于竞争对手，从而给予消费者更多的利益。

并不是每家企业都能找到许多机会使自己的营销供给区别于其他企业，从而赢得竞争优势的。同时，许多较小的优势很容易被竞争对手复制，因此这些优势极易失去。对此，企业可采用的办法是继续识别新的潜在优势，并一个接一个地加以使用，使对手应接不暇。企业不应指望取得一个主要的永久优势而应该用许许多多较小的可利用的优势来赢得在一定期间内的市场份额。

2. 形成差异化竞争优势

差异化是指设计一系列有意义的差异，以使本企业的产品同竞争对手的产品区分开来的行动。企业在产品定位中要实现差异化，有四种基本的途径：

（1）产品差异化。企业可以使自己的产品区别于其他产品。尤其像汽车、服装、家具、商业建筑等产品，可以实现高度差异化。这种产品的差异，可以通过以下方式获得：增补产品的基本功能，提高产品的性能价格比，提高产品的设计特征和工作性能与预期标准的吻合程度，延长产品的预期使用寿命，提高产品的可靠性，以及改变产品的风格、设计方式等方面。

（2）服务差异化。区分服务水平差异的主要因素有订货、送货、安装、客户培训、客户咨询、维修和其他。例如，中国联合通信公司在手机业务中为了与中国移动竞争，推出“亲友优惠电话”服务，规定每个“如意通”用户可以设定 6 个本地电话号码，与这 6 个号码通话可以享受 20%的折扣。

（3）人员差异化。人员差异化主要在服务行业。服务行业企业要在激烈的市场竞争中获取优势，就必须聘用、培养比竞争者更优秀的人员，给目标顾客提供更优质的服务。例如，上海航空公司在 1994 年率先招聘“空嫂”，打破国内航空业界的常规，“空嫂”们以其优雅的形象、真诚的态度和良好的服务赢得了广泛赞誉。

（4）形象差异化。当前企业的竞争已经由单纯的产品、服务等方面的竞争上升为品牌形象的竞争，这也是企业在全方位、广角度、宽领域的时空范围内展开的高层次的体现企业综合实力的竞争。

以上四种差异化，其实质是使企业的产品或服务的价值高于竞争对手的产品或服务的价值，从而形成差异化优势。

3. 传播并送达选定的产品定位

一旦选择好产品定位，企业就必须采取切实步骤把理想的产品定位传达给目标消费者。企业所有的市场营销组合必须支持这一定位战略。如果企业确定的产品定位是更高的质量和服务，那么首先企业必须能做到这个承诺，其次要向目标顾客或潜在消费者送达这个承诺。

对外传播的路径和方式，需要借鉴整合营销传播（IMC）的理念，即企业应将可用的多种传播工具如广告、促销、公关、人员推销、数字传播等，按照一样的传播目的进行有效的整合，以发挥其各自不同的作用，取长补短，形成合力，实现完美的传播效果。

建立或改变产品定位通常需要很长时间，相反，花了许多年建立起来的定位却可能很快丢失。一旦企业建立起理想的市场地位，就必须通过持续优秀的表现和整合有效的传播小心地保持这种地位。企业必须实时地监督并适时修改产品定位，以紧随消费者需要和竞争对手战略的变化。

【知识链接】

重新定位成就了王老吉的强大

2002 年以前，从表面看，红色罐装王老吉（以下简称“红罐王老吉”）是一个很不错的品牌，在广东、浙南地区销量稳定，盈利状况良好，有比较固定的消费群，红罐王老吉饮料的销售业绩连续几年维持在 1 亿多元。发展到这个规模后，管理层发现，要把企业做大，要走向全国，就必须克服一连串的问题，甚至原本的一些优势也成为企业继续成长的障碍。在这样的情况下，红罐王老吉进行了品牌、区域、消费者、推广概念等的重新定位，解决了“凉茶”还是“饮料”，广东还是全国等一系列营销问题，并最终将“怕上火”定为核心诉求点进行传播，将这个中医概念与产品相连，有效地将自己的传播概念与国外饮料相区别，避免直接竞争。结果，红罐王老吉自 2003 年以来销量大幅上升。

每家企业由于资源的有限性，都必须找准自己的目标市场，这个案例充分说明了这一点。

第四节 企业的竞争战略

一、企业的战略地位

市场竞争战略的选择取决于各个公司的规模和它在行业中的地位。大公司有许多优势，它可以采取小公司负担不起的某些战略，但这并不意味着它能处处取胜。而小公司也经常可以采用一些在报酬率上能与大公司媲美或更胜一筹的战略，这是因为小公司更加灵活，自主性更强。其实，每个公司的资金、技术、设备、人员、经营管理特色等都存在较大差别，从而导致了各公司在市场上不同的形象。有的公司由于有成本领先优势、产品的高度细分或市场的集中，可能得到高收益率；而有的公司靠稳定产品质量、独特的性能和尽善尽美的服务，同样可在该行业中有较高的收益率。

因此，在同一行业中，各个公司可以推行不同的竞争战略，同时也享有不同的竞争地位，关键是要正确评价自身的地位和优势，要准确地分析竞争对手和外部环境，扬长避短，发挥优势。概而言之，市场研究专家把同一个行业各家公司的竞争地位分为以下四种：

（一）市场主导者

市场主导者是指在某一行业相关产品的市场占有率最高（一般超过 35%）的企业。通常情况下，大多数行业有一家企业被认为是市场主导者，它在新产品开发、价格制定和变动、渠道选择和控制以及促销力量等方面都处于领先甚至主宰的地位，为同行业其他企业所公认。比如，我国手机市场的华为、空调行业的格力等。

（二）市场挑战者

市场挑战者是指某一行业中市场占有率较高（一般高于 25%）且有能力和决心向市场主导者发起挑战的企业，如百事可乐、小米手机、美的空调等。市场挑战者虽然暂时处于行业第二梯队，或者是次要地位，但它们有扩张的野心，同时不断积蓄资源和能力，特别在新技术应用、新产品开发和分销渠道运作方面，不断提升自己的控制力，一旦出现有利的市场机会，它们就会向市场主导者发起进攻，力争取而代之。

（三）市场跟随者

市场跟随者是指某一行业中规模较小、能力较弱、市场占有率较低（一般不到 15%），在新产品开发、价格制定和变动、渠道控制等方面没有发言权而只能跟随和模仿的企业。

（四）市场补缺者

市场补缺者是指某一行业中的小企业，专注于行业某些微小的细分市场，躲避与大企业的直接竞争，通过自己的集中化和专业化运营来争取一定的市场利益，如牛奶行业的妙士，制作餐饮和夜场渠道的屋顶盒冷链酸奶，几十年来一直在小众市场发展。

二、企业竞争战略分析

根据上述关于企业竞争地位的分析，处于不同地位的企业应当采取不同的竞争战略和营销策略。

（一）市场主导者战略

大多数行业有一个被公认的市场主导者公司，它是竞争者的一个导向点，实力相当的公司可以向它发起挑战，也有公司模仿它，实力不及的公司尽力避免同它直接接触、直接竞争。

市场主导者所处的地位使它的经营生涯并不轻松，它必须时时警惕其他公司特别是试图利用它的弱点向它攻击的挑战者。市场主导者在前进路上会很容易地错过良机而下降为第二位或第三位公司。想要继续保持第一位的优势就需要在三个方面努力：首先，必须找到扩大总需求的方法；其次，通过好的防御和进攻行动来保护它的现有份额；再次，即使在市场规模不变的情况下，也可以进一步扩大市场份额。

1. 扩大总需求

对市场主导者来说，应不断寻找其产品的新用户，开发产品的新用途，让更多的用户使用。当公司产品总需求扩大时，市场占有率最高的公司自然得益最多。

每类产品总有吸引购买者的潜力，但因用户不清楚这类产品或者因为其价格不合理或缺少某些性能而市场不旺。公司应该及时调整产品性能，挖掘产品潜力，适当利用促销手段，从而达到增多新用户的目的。

2. 保护市场份额

在努力扩大总市场规模的同时，处于主导地位的公司还应时刻注意保护自己的主营业务不受对手侵犯。市场主导者为保护它的优势和地盘，就必须不断创新，成为本行业新产品构思、顾客服务、分销效益、低成本方面的先驱。处于主导者地位的公司即使不开展攻势，至少必须保持警惕，不放弃任何一个暴露的弱点，必须“堵住漏洞”以防进攻者侵入。根据目前研究，一般把这种防御战略分为阵地防御、侧翼防御、先发制人的防御、反击式防御、运动防御以及市场拓宽等。

3. 扩大市场份额

一般而言，市场份额越大，投资报酬率越高，盈利率也就越高。但也有例外，有许多高市场份额低盈利率的公司和许多低市场份额高盈利率的公司可以佐证。获取高市场份额的费用有时会大大超过它的盈利价值，在盲目追求市场份额增加之前公司必须考虑经济成本。在获得了一个大市场份额后进一步扩大市场份额，其费用就可能上升很快而降低了获利率。市场主导者公司往往宁可集中力量于扩大总市场规模而不愿意为进一步扩大市场份额去奋斗。

（二）市场挑战者战略

市场挑战者敢于积极向行业中的领先者（主导者）、其他屈居第二或较小的公司发动进攻来扩大其市场份额。它们可以采取的挑战或进攻战略主要有：

（1）价格折扣战略：用较低的价格向购买者提供可与市场主导者的产品相较量的产品。

（2）廉价品战略：用低得多的价格向市场提供一般质量或低质量产品。这种战略在有足够数量的只对价格感兴趣的购买者的细分市场上是可行的。

（3）威望商品战略：推出较高质量的产品和收取比主导者高的价格而得到利润。

（4）产品扩散战略：靠推出大量的产品品种给购买者以更多的选择来同市场主导者竞争。

（5）产品创新战略：研制新产品和发展产品新用途来攻击市场主导者的地位。

（6）改进服务战略：找到一些为顾客提供新的或更好的服务的方法。

（7）分销创新战略：发现或发展一个新的分销渠道。

（8）密集广告战略：依靠高频率、多媒体、持续不断的广告促销，占领消费者市场，向市场主导者发动进攻。

（三）市场跟随者战略

市场跟随者是安于现状的，但又会经常遇到市场挑战者的攻击，所以，市场跟随者只有保持它的低制造成本和高产品质量及服务，才能立于不败之地。市场跟随者战略可以分为以下三种：

（1）紧随其后战略：在尽可能多的细分市场和营销组合领域中模仿市场主导者，几乎是以一个市场挑战者面貌出现，但它尽量避免妨碍市场主导者，以免受到还击。

（2）保持一段距离的跟随战略：不紧跟，但又要在产品创新、价格变动和分销渠道上追随市场主导者。

（3）有选择地追随战略：这类公司在有些方面紧跟市场主导者，但有时又走自己的路。成绩佳者可能成为市场挑战者。

（四）市场补缺者战略

每一行业都有一些小公司为市场的某些部门提供专门的服务，它们避免同大公司的冲突，占据着市场的小角落，它们通过专业化为那些可能被大公司忽略或放弃的市场进行有效的服务。因此补缺者的战略关键是专门化，公司必须在市场、顾客、产品或营销上实行专门化、特色化。

三、中小型企业的竞争战略选择

在激烈的市场竞争中，中小型企业一方面有其参与市场竞争的优势，即中小企业具有较强的生产经营灵活性和适应性；另一方面又有其自身的弱点，即经营规模较小、市场影响力弱、技术力量不足。在市场竞争中，尤其是在同大企业对抗时，这些与生俱来的弱点或特性，往往使它们处于不利地位。因此，中小企业在市场竞争中怎样才能摆脱这些不利因素的影响，依据自身的优势，发挥自己的特点，进一步发展和壮大自己，就成为当前的一个研究重点。中小型企业要提高竞争力，从而在市场竞争中处于有利地位，主要有以下几方面的经营战略可供选择：

1.“空白领域”经营战略

大企业为了获得超额利润，追求规模经济效益，一般采用少品种、大批量的生产方式，这就自然为中小企业留下了很多大企业难以涉足的“狭缝地带”，即所谓的“空白领域”，给中小企业的发展提供了自然发展空间。一般来说，常见的“空白领域”具有如下特点：一是规模较小，对大企业来说，生产的价值不大；二是大企业认为信誉风险大；三是属于多品种、小批量生产方式；四是小批量、特殊、专用。中小企业在市场竞争中，应随时注意和寻找这样的空白领域，根据自身的特点有选择地进入。这样的空白领域便于中小企业的发展，可以发挥中小企业的优势，避开与大企业竞争的不利环境，填补市场需要的不足。很多中小企业就是选择这种战略发展起来的。中小企业在寻求“空白领域”时，要做到能及时分析市场的变化趋势，捕捉机会，果断做出决策，因为在市场竞争中，每一个中小企业都在寻求这一“空白领域”，谁先进入，谁就会在市场上占据优势。

2.“专门化”经营战略

许多中小企业的失败，往往是因为与较大企业站在了同一战略基点，在直接对抗中实力不敌，陷入困境。若是选择不大可能引起大企业兴趣的市场“角落”，为之提供专门化服务，中小企业不仅可以生存，同样能够得到发展。“专门化”经营战略具体可分为以下三个方面的内容：第一，产品类型专门化，即企业集中力量于一个产品系列、一种产品或某种产品特色的生产和经营上；第二，顾客类型专门化，即企业只为某种类型的顾客提供他们所需的一种或多系列产品与服务；第三，地理区域专门化，即企业将其产品销售范围集中在某一个地方、区域。中小企业在运用“专门化”经营战略时，应在市场调查研究和市场分析的基础上，进行市场细分，并找到有以下特点的市场：被较大的竞争者所忽视或放弃；有与中小企业实力相称的市场规模和购买力；中小企业拥有经营该分市场的条件，能够有效提供服务；能够依靠所建立的顾客信誉，保卫自身地位，对抗较大企业的攻击。

3. “生存互补”经营战略

大企业能够依赖大批量生产方式，凭借规模经济取得产品成本优势，这是中小企业所望尘莫及的。然而大批量的生产方式必然要引起社会分工协作的大发展，大企业为了获得“规模经济”必然要摆脱“大而全”的生产体制，求助于社会分工与协作，这实际上就为中小企业提供了生存领域，增加了对中小企业的依赖性，这就是所谓的“生存互补”经营战略。因此，中小企业的发展一定要考虑到大企业发展的趋势和要求，以便与大企业发展同步，以“生存互补”领域为起点，走专业化发展道路，逐步积蓄力量由小到大，由初级到高级成长起来。杭州万向节厂就是在这种“生存互补”领域中成长起来的企业。该厂开始是一个乡镇企业，乘国内汽车万向节生产之虚，利用自己的专长，狠抓产品质量，几年间就成为国内最大的专业生产万向节的生产厂家。

4. “专知生存”经营战略

中小企业在生产经营过程中，通过技术开发和工艺创新，可以取得具有新颖性、先进性、实用性的技术发明成果或设计出新结构、新式样的新产品。这些都可以作为中小企业开拓的细分市场，满足新的社会需求，降低生产成本，扩大产品差异性的手段，增强了中小企业的竞争优势。但是，大企业比中小企业具有更强的科研能力、商品化能力和市场控制能力，中小企业的“专知”一旦被模仿就会因知识价值的提前下降而被挤出市场。所以，中小企业应注重产权保护，通过法律手段，维护自己取得的专知产品的专有权或垄断权，以免受其他企业的驱逐或倾轧，赢得相对平稳的发展环境。

5. 满足潜在需求的开发战略

在现实生活中，常有一些只得到局部满足或者正在孕育的社会需求，这样的需求盲点所构成的潜在的市场区域，我们称为潜在需求。市场的潜在需求是靠企业去开发和创造的，它一方面取决于消费者对产品的需求性，另一方面又取决于企业能否生产出必要的产品去创造和引导需求。中小企业在对市场调查研究和分析后，一旦发现前景良好的潜在需求，就应着手做好开发、生产、销售和管理工作，并加固经营堡垒，提高后来者的进入障碍，提高垄断能力，延长自己垄断这一市场的时间，从而取得更大的经济效益。

6. “满足服务”经营战略

由于中小企业数量多，市场分布广，即使中小企业的产品没有特殊之处，它也可以通过特殊的服务来扩大自己的经营范围。建立服务网是需要大量人力物力的，即使是大企业也难以面面俱到，针对一些大企业产品销售后的服务不到位现象，中小企业完全可以开展全方位的配套服务。另外，中小企业也可以根据自身的特点，通过提供特殊的售前、售中、售后服务，在无差异市场上划出相对安全的经营领域。例如，中小企业可以实行包装、包送，在产品销售后负责产品的安装调试、故障排除、终身维修等，为自己营造一个“市场空间”，从而获得企业经营的成功。

四、形成竞争优势的基本工作

如今的企业面临两个主要问题：一个是企业环境的不确定性；一个是国际竞争的加剧。在这种情况下，企业必须考虑把各种资源集中放在那些具有竞争力的领域上，才能形成一定的竞争优势，免受因环境变化和国际竞争加剧所造成的损害，为企业不断赢利和取得良好的投资收益提供最好的机会。从这个意义上来说，鉴别、形成和保持某些领域中的竞争优势，才是真正带有普遍意义的竞争战略。企业在市场中的竞争优势，主要表现在两个方面：一是本企业与同行竞争者相比，具有优越的客观条件；二是本企业的内部条件与竞争对手相比，具有较强的实力和管理水平。优越的客观条件，一般是指企业所在地区的自然条件、资源状况、交通运输、信息交流、通信工具、经济基础和公共关系等。这种具有优势的客观条件，有的是自然形成的，而更多的是人们经过长期努力形成的。关于企业内部的实力和管理水平，一般是指企业在开拓市场、争取用户方面的能力和水平，如领导者的决策水平、技术力量、职工素质、产品功能、市场营销技巧、厂房设备、资金实力等。

企业在制定经营战略时，关键考虑怎样去认识和分析上述两方面的优势，以及怎样才能充分发挥它的作用。企业要在现实环境中，发现和形成竞争优势，最基本的做法有以下三种：

（一）正确地选择和确定企业的经营领域

企业建立战略优势的主要任务，就在于寻求市场机会，积极地去开拓市场和创造顾客，从而正确地选择和确定企业的经营领域。有利于建立竞争优势的经营领域，应是能够比其他企业更好地避免环境变化所造成损害的经营领域。要形成和保护企业的经营领域，还需要具备一些企业内部条件：可以经受住技术突然变革、具有技术稳定性的产品和工艺；有助于抵消币值变化影响的财务系统；能够抵消经济周期影响的经营结构；能够把利息率的影响降到最低的资金结构等。没有一定的企业实力，是无法建立企业不易直接受到环境主要变化损害的经营领域的。正确地选择和确定企业的经营领域，应及时抓住机会。机会往往具有较强的时间性，如果犹豫不决，或者是纸上谈兵，必然会失去这种不寻常的市场机会。

（二）争取有利的竞争地位

争取有利的竞争地位，最重要的是要使所选择的经营领域有可以建立明显有利的经营地位的机会。这种地位可以通过充分保护没有竞争的环境，或者虽然有竞争者但是竞争对手明显处于劣势的环境来取得，比如专利技术、贸易保护壁垒、抢先进入市场、产品创新、改善成本结构、改善资金构成等。

（三）正确使用建立战略优势的基本策略

正确使用建立战略优势的基本策略，其实际工作是非常复杂的。必须对各种竞争力量进行充分的研究和分析，同时又要对外部环境、内部条件和经营目标三方面进行动态的分析研究，充分认识自己在市场竞争中的有利因素和不利因素，从而扬长避短，积极正确地选择具有优势的基本战略。

第五节　市场营销新理念

市场营销理论自 20 世纪初萌芽，于 20 世纪 60 年代初形成系统的学说（以麦卡锡提出的 4Ps 理论为标志），至今已过去半个世纪多。由于市场范围的拓展、营销对象的增加、顾客行为的改变、市场竞争的加剧、政策法规的调整，以及新技术新媒体的创新和应用，特别是互联网以及移动数字媒体的普及，各种新的市场营销理念如雨后春笋般纷纷涌现，恰如“乱花渐欲迷人眼”。对此，营销人千万不能盲从、跟风，而是要理性对待，认真思考，分析各种新理念的本质，梳理归类，为我所用。以下是近年来比较流行，并且广为业界同行接受的一些营销新理念。

一、绿色营销

英国威尔斯大学肯·毕提教授在其所著的《绿色营销——化危机为商机的经营趋势》一书中指出：“绿色营销是一种能辨识、预期及符合消费的社会需求，并且可带来利润及永续经营的管理过程。”绿色营销观念认为，企业在营销活动中，要顺应时代可持续发展战略的要求，注重地球生态环境保护，促进经济与生态环境协调发展，以实现企业利益、消费者利益、社会利益及生态环境利益的协调统一。从这些界定中可知，绿色营销追求以满足消费者和经营者的共同利益为目的的社会绿色需求管理，是以保护生态环境为宗旨的绿色市场营销模式。

绿色营销是指企业以环境保护为经营指导思想，以绿色文化为价值观念，以消费者的绿色消费为中心和出发点的营销观念、营销方式和营销策略。它要求企业在经营中贯彻自身利益、消费者利益和环境利益相结合的原则。

目前，西方发达国家对于绿色产品的需求非常广泛，而发展中国家由于资金、消费导向和消费质量等原因，还无法真正实现对所有消费需求的绿化。例如，我国目前只能对部分食品、家电产品、通信产品等进行部分绿化；而发达国家已经通过各种途径和手段，包括立法等，来推行和实现全部产品的绿色消费，从而培养了极为广泛的市场需求基础，为绿色营销活动的开展打下了坚实的根基。以绿色食品为例，英国、德国绿色食品的需求完全不能自给，英国每年要进口该食品消费总量的 80%，德国则高达 98%。这表明，绿色产品的市场潜力非常巨大，市场需求非常广泛。

绿色营销只是适应 21 世纪的消费需求而产生的一种新型营销理念，也就是说，绿色营销还不可能脱离原有的营销理论基础。因此，绿色营销模式的制定和方案的选择及相关资源的整合还无法也不能脱离原有的营销理论基础，可以说绿色营销是在人们追求健康（Health）、安全（Safe）、环保（Environment）的意识形态下所发展起来的新营销方式和方法。

经济发达国家的绿色营销已经基本上形成了以绿色需求—绿色研发—绿色生产—绿色产品—绿色价格—绿色市场开发—绿色消费为主线的消费链条。

二、体验营销

体验营销（Experiential Marketing）是指企业通过采用让目标顾客观摩、聆听、尝试、试用等方式，使其亲身体验企业提供的产品或服务，让顾客实际感知产品或服务的品质或性能，从而促使顾客认识、喜好并购买的一种营销方式。这种方式以满足消费者的体验需求为目标，以服务产品为平台，以有形产品为载体，生产、经营高质量产品，拉近企业和消费者之间的距离。

（一）体验营销的体验形式

由于体验的复杂化和多样化，所以《体验式营销》一书的作者伯恩德·H. 施密特将不同的体验形式称为战略体验模块，并将其分为以下五种类型：

1. 知觉体验

知觉体验即感官体验，指将视觉、听觉、触觉、味觉与嗅觉等知觉器官应用在体验营销上。感官体验可分为公司与产品识别、引发消费者购买动机和增加产品的附加价值等。

2. 思维体验

思维体验即以创意的方式引起消费者的惊奇、兴趣，对问题进行集中或分散地思考，为消费者创造认知和解决问题的体验。

3. 行为体验

行为体验是指通过增加消费者的身体体验，指出他们做事的替代方法、替代的生活形态与互动，丰富消费者的生活，从而使消费者被激发或自发地改变生活形态。

4. 情感体验

情感体验即体现消费者内在的感情与情绪，使消费者在消费中感受到各种情感，如亲情、友情和爱情等。

5. 相关体验

相关体验即以通过实践自我改进的个人渴望，使别人对自己产生好感。它使消费者和一个较广泛的社会系统产生关联，从而建立对某种品牌的偏好。

（二）体验营销的操作步骤

1. 识别目标客户

识别目标客户就是要针对目标顾客提供购前体验，明确顾客范围，降低成本。同时还要对目标顾客进行细分，对不同类型的顾客提供不同方式、不同水平的体验。在运作方法上要注意信息由内向外传递的拓展性。

2. 认识目标顾客

认识目标顾客就要深入了解目标顾客的特点、需求，知道他们真正担心、顾虑什么。企业必须通过市场调查来获取有关信息，并对信息进行筛选、分析，真正了解顾客的需求与顾虑，以便有针对性地提供相应的体验手段，来满足他们的需求，打消他们的顾虑。

3. 从目标顾客的角度出发，为其提供体验

要清楚顾客的利益点和顾虑点在什么地方，根据其利益点和顾虑点决定在体验式销售过程中重点展示哪些部分。

4. 确定体验的具体参数

要确定产品的卖点在哪里。譬如理发，可以把后面的头发修得是否整齐，发型与脸型是否相符等作为体验的参数，这样在顾客体验后，就容易从这几个方面对产品（或服务）的好坏有所判断。

5. 让目标对象进行体验

在这个阶段，企业应该预先准备好让顾客体验的产品或设计好让顾客体验的服务，并确定便于达到目标对象的渠道，以便目标对象进行体验活动。

6. 进行评价与控制

企业在实行体验式营销后，还要对前期的运作进行评估，包括效果如何、顾客是否满意、意外事件处理是否得当等。通过这些方面的审查和判断，企业可以了解前期的执行情况，并重新修正运作的方式与流程，以便进入下一轮的运作。

（三）体验营销的执行要点

1. 设计好的体验

企业着力塑造的顾客体验应该是经过精心设计和规划的，即企业要提供的顾客体验对顾

客必须有价值并且与众不同。也就是说，体验必须具有稳定性和可预测性。此外，在设计顾客体验时，企业还必须关注每个细节，尽量避免疏漏。

2. 量身定制企业的产品和服务

当产品和服务被定制化以后，其价值就得到了提升，提供的产品与顾客的需求也最接近。大规模地定制可以将商品和服务模块化，从而更有效地满足顾客的特殊需求，为他们提供质优价廉、充满个性化的产品。

3. 在服务中融入更多的体验成分

科学技术的发展使得产品同质化越来越严重，而服务更容易被模仿，所以在服务中增加体验成分可以更好地突出个性化和差异化，更好地吸引消费者。

4. 突出以顾客为中心

以顾客为中心是企业实施体验营销时的基本指导思想。体验营销首先要考虑体验消费的环境，然后才考虑满足这种消费环境的产品和服务。这是一种全新的营销思路，充分体现了顾客至上的思想。

5. 注重顾客心理需求分析和产品心理属性的开发

当人们的物质生活水平达到一定程度以后，其心理方面的需求就会成为其购买行为、消费行为的主要影响因素。因此企业营销就应该重视顾客心理需求的分析和研究，挖掘出有价值的营销机会。为此，企业必须加强产品心理属性开发，重视产品的品位、形象、个性、感性等方面的塑造，营造出与目标顾客心理需求相一致的心理属性。

总之，体验营销是站在消费者的感官、情感、思考、行动和联想等五个方面，重新定义、设计营销的思考方式。这种思考方式突破传统上“理性消费者”的假设，认为消费者消费时是理性与感性兼具的，消费者在消费前、消费中和消费后的体验才是购买行为与品牌经营的关键。在施密特博士所提出的理论中，营销工作就是通过各种媒介，包括沟通（广告为其之一）、识别、产品、共同建立品牌、环境、网站和消费者，刺激消费者的感官和情感，引发消费者的思考、联想，促使其行动和体验，并通过消费体验，不断地传递品牌或产品的好处。

三、事件营销

事件营销（Event Marketing）是企业通过策划、组织和利用具有名人效应、新闻价值及社会影响的人物或事件，引起媒体、社会团体和消费者的兴趣与关注，以求提高企业或产品的知名度、美誉度，树立良好品牌形象，并最终促成产品或服务的销售目的的手段和方式。

简单地说，事件营销就是通过把握新闻的规律，制造具有新闻价值的事件，并通过具体的操作，让这一新闻事件得以传播，从而达到广告的效果。

事件营销是近年来国内外十分流行的一种公关传播与市场推广手段，集新闻效应、广告效应、公共关系、形象传播、客户关系于一体，并为新产品推介、品牌展示创造机会，建立品牌识别和品牌定位，形成一种快速提升品牌知名度与美誉度的营销手段。20 世纪 90 年代后期，互联网的飞速发展又给事件营销带来了机会和便利。通过网络，一个事件或者一个话题可以更轻松地进行传播和引起关注，成功的事件营销案例开始大量出现。事件营销与其他学科的关系如图 7-6 所示。

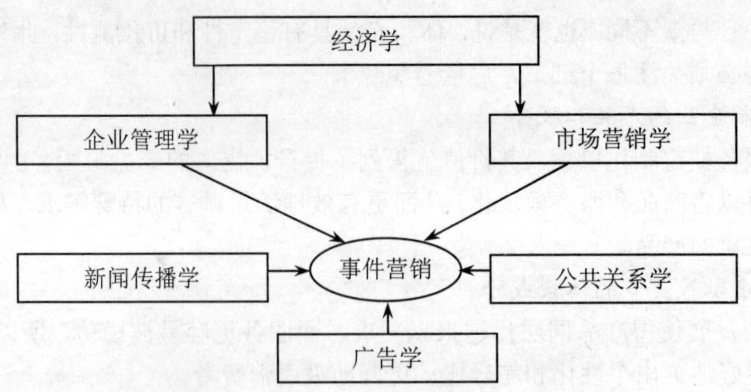

图 7-6 事件营销与其他学科的关系

（一）事件营销运作的两种模式

事件营销逐渐受到企业的青睐，企业运作事件营销无外乎两种模式：借力模式和主动模式。

1. 借力模式

所谓借力模式，就是组织将组织的议题向社会热点话题靠拢，从而实现公众对热点话题的关注向组织议题的关注转变。要实现好的效果，必须遵循以下原则：相关性、可控性和系统性。

相关性是指社会议题必须与组织的自身发展密切相关，也与组织的目标受众密切相关。最具代表性就是“爱国者”品牌赞助《大国崛起》启动的全国营销风暴。《大国崛起》将视线集中在各国“崛起”的历史阶段，追寻其成为世界大国的足迹，探究其“崛起”的主要原因，对于中国的崛起有着很深远的启示。而中央台播出的每集节目出现的“爱国者特约，大国崛起”的字幕，同时画外音道白“全球爱国者为中国经济助力、为国家崛起奋进！”震撼了每一个中华民族的拥护者，也极大地提升了“爱国者”的品牌形象。

运动鞋本土品牌××赞助“神舟六号”并没有成功，其关键原因就是相关性太低，人们不会相信宇航员好的身体素质源于××运动鞋。

可控性是指能够在组织的控制范围内。如果不能够在组织的控制范围内，有可能达不到期望的效果。

系统性是指组织借助外部热点话题必须策划和实施一系列与之配套的公共关系策略，整合多种手段，实现结合和转化：外部议题与组织议题相结合、公众对外部议题的关注向组织议题关注的转化。

2. 主动模式

主动模式是指组织主动设置一些结合自身发展需要的议题，通过传播，使之成为公众所关注的公共热点。企业主动运作事件营销必须遵循以下原则：创新性、公共性及互惠性。

创新性是指组织所设置的话题必须有亮点，只有这样才能获得公众的关注。

公共性是指避免自言自语，设置的话题必须是公众关注的。

互惠性是指要想获得人们持续的关注，必须要双赢。

（二）事件营销的切入点

我们将事件营销的切入点归结为三类，即公益、聚焦和危机。这三类事件都是消费者关心的，因而具备较高的新闻价值、传播价值和社会影响力。

1. *支持公益活动*

公益切入点是指企业通过对公益活动的支持引起人们的广泛注意，树立良好企业形象，增强消费者对企业品牌的认知度和美誉度。随着社会的进步，人们对公益事件越来越关注，因此对公益活动的支持也越来越体现出巨大的广告价值。

例如，在各种自然灾害发生时，不少相关企业各施所长，通过捐助、活动等形式展示自身的社会责任感，从而达到提高企业和产品的知名度及美誉度的目的。

2. *“搭车”聚焦事件*

这里的聚焦事件是指消费者广泛关注的热点事件。企业可以及时抓住聚焦事件，结合企业的传播或销售目的展开新闻“搭车”、广告投放和主题公关等一系列营销活动。随着硬性广告宣传推广公信力的不断下降，很多企业转向了公信力较强的新闻媒体，开发了包括新闻报道在内的多种形式的软性宣传推广手段。

在聚焦事件里，体育事件是企业进行营销活动的一个很重要的切入点。企业可以通过发布赞助信息、联合运动员举办公益活动、利用比赛结果的未知性举办竞猜活动等各种手段制造新闻事件。

公众由于对体育竞赛和运动员感兴趣，通常会关注参与其中的企业品牌。同时，公众对于自己支持的体育队和运动员很容易表现出比较一致的情感。企业一旦抓住这种情感，并且参与其中，就很容易争取到这部分公众的支持。

3. *危机公关*

企业处于变幻莫测的商业环境中，时刻面临着不可预知的风险。如果能够进行有效的危机公关，那么这些危机事件非但不会危害企业，反而会带来意想不到的广告效果。

一般说来，企业面临的危机主要来自两个方面：社会危机和企业自身的危机。社会危机指危害社会安全和人类生存的重大突发性事件，如自然灾害、疾病等。企业自身的危机是因管理不善、同业竞争或者外界特殊事件等因素给企业带来的生存危机。据此，我们将企业的危机公关分为两种：社会危机公关和自身危机公关。

当社会发生重大危机时，企业可以通过对公益的支持来树立良好的社会形象。社会危机会给某些特定的企业带来特定的广告宣传机会。生产家庭卫生用品的××在“非典”期间大力宣传良好卫生习惯的重要性，逐渐改变了人们不爱使用洗手液的消费观念，一举打开了洗手液市场。通信企业也不乏这样的案例。在数次自然灾害中，手机成为受害者向外界求助的重要工具。××企业利用这样的事件，打出了“打通一个电话，能挽回的最高价值是人的生命”的广告语，其高品质的网络更是深入人心。

管理不善、同业竞争或者外界特殊事件都有可能给企业带来生存危机。针对危机，企业必须及时采取一系列自救行动，以消除影响，恢复形象。企业在面对这类危机时，应采取诚实的态度面对媒体和公众，让公众知道真实的情况。这样才能挽回企业的信誉，将企业损失降至最低，甚至化被动为主动，借势造势进一步宣传和塑造企业形象。

四、关系营销

所谓关系营销，就是把营销活动看成一个企业与顾客、供应商、分销商、竞争者、政府机构及其他公众发生互动的过程，其核心是建立和发展与这些公众的良好关系。

1985年，巴巴拉·本德·杰克逊提出了关系营销的概念，使人们对市场营销理论的研究，又迈上了一个新的台阶。关系营销理论一经提出，迅速风靡全球，杰克逊也因此成了美国营销界备受瞩目的人物。营销大师菲利普·科特勒评价说："杰克逊的贡献在于，他使我们了解到，关系营销将使公司获得较之其在交易营销中所得到的更多。"

（一）关系营销的本质特征

关系营销的本质特征可以概括为以下几个方面：

（1）双向沟通。在关系营销中，沟通应该是双向而非单向的。只有广泛的信息交流和信息共享，才可能使企业赢得各个利益相关者的支持与合作。

（2）合作。一般而言，关系有两种基本状态，即对立和合作。只有通过合作才能实现协同，因此合作是"双赢"的基础。

（3）双赢。关系营销旨在通过合作增加关系各方的利益，而不是通过损害其中一方或多方的利益来增加其他各方的利益。

（4）亲密。关系能否得到稳定和发展，情感因素也起着重要作用。因此关系营销不只是要实现物质利益的互惠，还必须让参与各方能从关系中获得情感的需求满足。

（5）控制。关系营销要求建立专门的部门，用以跟踪顾客、分销商、供应商及营销系统中其他参与者的态度，由此了解关系的动态变化，及时采取措施，消除关系中的不稳定因素和不利于关系各方利益共同增长的因素。

此外，有效的信息反馈，也有利于企业及时改进产品和服务，更好地满足市场的需求。

（二）关系营销的基本模式

1. 关系营销的中心——顾客忠诚

在关系营销中，怎样才能获得顾客忠诚呢？发现正当需求、满足需求并保证顾客满意、营造顾客忠诚，构成了关系营销中的三部曲。

（1）分析顾客需求。顾客需求满足与否是衡量顾客满意程度的主要标准，满意的顾客会对企业带来有形的好处（如重复购买该企业产品）和无形的价值（如宣传企业形象），而准确地把握顾客的需求是实现这些目标的第一步。

（2）实现顾客满意。根据顾客满意理论，顾客的期望和欲望与感知绩效的差异程度是产生满意感的来源，所以，企业可采取下面的方法来赢得顾客的满意：提供满意的产品和服务；提供附加利益；提供信息通道。

（3）维系顾客。市场竞争的实质是争夺顾客资源。维系原有顾客，减少顾客的流失，要比争取新顾客更为有效。维系顾客不仅仅需要维持顾客的满意程度，还必须分析顾客满意的最终原因，从而有针对性地采取措施来维系顾客。

2. 关系营销的层次——梯度推进

企业建立和发展顾客关系一般要经过三个阶梯型推进的层次：

（1）一级关系营销（频繁市场营销或频率营销）：维持关系的重要手段是利用价格刺激

对目标公众增加财务利益。

（2）二级关系营销：在建立关系方面优于价格刺激，增加社会利益，同时也附加财务利益，主要形式是建立顾客组织，包括顾客档案，正式的、非正式的俱乐部以及顾客协会等。

（3）三级关系营销：增加结构纽带，同时附加财务利益和社会利益，与客户建立结构性关系。结构性关系要求对关系客户有价值，但不能通过其他来源得到，可以提高客户转向竞争者的机会成本，同时也将增加客户脱离竞争者而转向本企业的收益。

（三）关系营销的原则

关系营销的实质是在市场营销中与各关系方建立长期稳定的相互依存的营销关系，以求彼此协调发展，因而必须遵循以下原则：

1. 主动沟通原则

在关系营销中，各关系方都应主动与其他关系方接触和联系，相互沟通信息，了解情况，形成制度或以合同形式定期或不定期碰头，相互交流各关系方需求变化情况，主动为关系方服务或为关系方解决困难和问题，增强伙伴合作关系。

2. 承诺信任原则

在关系营销中各关系方相互之间都应作出一系列书面或口头承诺，并以自己的行为履行诺言，赢得关系方的信任。承诺是一种自信的表现，履行承诺就是将誓言变成行动，是维护和尊重关系方利益的体现，也是获得关系方信任的关键，是公司（企业）与关系方保持融洽伙伴关系的基础。

3. 互惠原则

在与关系方交往过程中必须做到相互满足关系方的经济利益，并通过在公平、公正、公开的条件下进行成熟、高质量的产品或价值交换，使关系方都得到实惠。

（四）关系营销的具体措施

1. 关系营销的组织设计

为了对内协调部门之间、员工之间的关系，对外向公众发布消息、处理意见等，通过有效的关系营销活动，使企业目标顺利实现，企业必须建立专门的企业关系管理机构。该机构除协调内外部关系外，还担负着收集信息资料、参与企业决策的责任。

2. 关系营销的资源配置

可用于关系营销的企业资源配置主要包括人力资源和信息资源。

人力资源配置主要是通过部门间的人员转化，内部提升和跨业务单元的论坛和会议等进行。信息资源共享方式主要是：利用电脑网络，制定政策或提供帮助以削减信息超载，建立“知识库”或“回复网络”，组建“虚拟小组”。

3. 关系营销的效率提升

与外部企业或渠道伙伴建立合作关系，必然会与之分享某些利益，增强对手的实力，此外，企业各部门之间也存在着不同利益，这两方面形成了关系协调的障碍。对此，企业在实施关系营销时，需要事先对各方利益的分配和己方的接受能力有清醒的认识，并尽可能在合作中提升己方的效率。

关系营销是在传统营销的基础上，融合多个社会学科的思想而发展起来的，吸收了系统论、协同学、传播学等思想。关系营销学认为，对于一个现代企业来说，除了要处理好企业内部关系，还要尽可能与其他企业结成联盟。企业营销过程的核心是建立并发展与消费者、供应商、分销商、竞争者、政府机构及其他公众的良好关系。无论在哪一个市场上，关系具有很重要作用，甚至成为企业市场营销活动成功的关键。所以，关系营销日益受到企业的关注和重视。

五、互联网营销

互联网营销是随着互联网进入商业应用而产生的，是基于互联网和社会关系网络连接企业、用户及公众，向用户与公众传递有价值的信息和服务，为实现顾客价值及企业营销目标所进行的规划、实施及运营管理活动。

简单地说，互联网营销就是以互联网为平台，以各种网络技术工具（大数据、社交媒体、移动终端等）为手段，为达到一定的营销目的而进行的各种营销活动。

互联网营销始于 20 世纪 90 年代。进入 21 世纪，随着互联网技术的快速发展和迭代，互联网营销工具日新月异，其营销方式和内容也不断进化和创新，形成“人人可参与、企业全覆盖、媒体多元化、效果日益增”的繁荣局面。

互联网营销不只是一种新的营销理念和方式，也不只是一种新的营销工具和手段，而是一种全新的营销思维，是所有企业和个人都可以在互联网平台上开展营销活动的一种场景。因此，对于互联网营销，我们应该先有清醒的认识，然后才能有序地推进，理性化运作，并最终收获胜利的果实。

（1）互联网营销关注和研究的是互联网思维、互联网工具和技术、互联网平台、互联网方法，再充分结合基础营销思维和方法，就能放大企业的影响力，放大品牌的曝光度，放大产品的市场边界。

（2）如果说传统市场营销关心“产品”和“人”的话，那么，互联网营销关注的就是“内容”和“人”。如果前者是以“ 产品”为中心，那后者就是以“价值”为中心，而价值的背后是流量，是人群。

（3）微信朋友圈、直播、视频号，社群，抖音，小红书，知乎，百家号，头条号，等等，都属于互联网工具。在朋友圈用营销思维去呈现目标客户想要看到的内容，与潜在客户建立信任，最终实现成交，这就变成了朋友圈营销；在直播间带货，在直播间卖课，在直播间引流（引流到线上和线下），在直播间引导粉丝打赏等，都是在营销。只要你用这些工具是为了品牌宣传，为了引流，为了变现，那就是互联网营销。

（4）做公众号写文章，做抖音、小红书、视频号拍短视频，核心都是在做内容。通过各个平台的推荐机制，把你的内容推荐给感兴趣的目标客户群体，然后有人会向你咨询，会购买你的产品和服务，这就是互联网营销。因此，最典型的互联网营销模式就是：前端做内容，获取流量；后端做产品、销售和成交。当然，也可以先做流量，有了流量和用户积累，再做产品和销售，实现流量价值变现。

（5）企业在各大门户网站（如新浪、腾讯、搜狐、网易等）、视频播放平台（如优酷、爱奇艺、腾讯视频等）以及各种移动终端 App 上投放产品和品牌广告，或者百度搜索的竞价排名、头条和抖音的信息流广告等，都是互联网平台上的付费广告行为，也是互联网营销的主要方式。

把互联网营销称为数字化营销，是有一定道理的，因为互联网营销背后其实是大数据，是大量的精准的用户数据。营销主可以通过用户的一些行为数据，进行精准的营销，让转化率更高。

互联网营销并不等同于网络营销。网络营销更多是采用主动进行品牌宣传和产品推广的营销方式，而互联网营销除此之外还可以采用被动式营销。比如，在视频号、抖音、小红书、公众号上专注聚焦做内容，就能源源不断吸引精准粉丝，推出的产品就能很轻松实现被动成交，甚至是裂变。所以互联网营销实际上包括了网络营销，但不能画等号。

互联网时代的到来，为市场营销开辟了巨大的空间和多样化的场景，提出了全新的营销理念和挑战，每个企业都不可避免地或主动或被动融入这场浪潮。企业尽快用新的头脑（互联网营销思维）和武器（互联网营销工具）武装自己，才能立于不败之地。

第八章　国际贸易基础

第一节　国际贸易概述

一、国际贸易的产生和分类

（一）什么是国际贸易

国际贸易（International Trade）泛指各个国家或地区之间商品和服务的交换活动，是国际分工的具体实现方式。它反映了各个国家或地区在经济上相互依存、相互需要的关系。由于国际贸易是一种世界性的商品和服务的交换活动，因而也可称为世界贸易。

对外贸易（Foreign Trade）是从一个国家或地区的立场来看待它与其他国家或地区的商品和服务的交换活动，它与国际贸易之间最大的区别是所处的角度不同。

一个国家的对外贸易由进口贸易（Import Trade）和出口贸易（Export Trade）两部分组成，故有时也称为进出口贸易。

（二）国际贸易的产生

国际贸易是在一定的历史条件下产生和发展起来的。形成国际贸易有两个基本条件：一是生产力的发展，二是社会分工的扩大和国家的形成。

生产力的发展产生了可供交换的剩余商品，这些剩余商品随着社会分工从一个国家扩大到国与国之间，就产生了国与国之间的商品交换，这就是国际贸易。

（三）国际贸易的分类

1. 按商品移动的方向来划分

（1）进口贸易（Import Trade）：将外国的商品或服务输入本国市场销售。

（2）出口贸易（Export Trade）：将本国的商品或服务输出到外国市场销售。

（3）过境贸易（Transit Trade）：甲国的商品经过丙国境内运至乙国市场销售，对丙国而言就是过境贸易。

2. 按交易内容来划分

（1）国际货物贸易。国际货物贸易（Goods Trade）是指有形商品的进出口，其在通过海关时必须向海关申报，并列入海关的贸易统计，是国际收支的重要项目。

2006年的联合国《国际贸易标准分类》（修订4）把国际货物贸易分为十大类，分别是：食品和活动物（0类）；饮料及烟草（1类）；非食用原料（不包括燃料）（2类）；矿物燃料、润滑油及有关原料（3类）；动植物油、脂及蜡（4类）；未另列明的化学品及有关产品（5类）；主要按原料分类的制成品（6类）；机械及运输设备（7类）；杂项制品（8类）；《国际贸易标准》未另分类的其他商品和交易（9类）。在国际贸易统计中，通常把0～4类商品称为初级产品，把5～9类商品称为工业制品。

（2）国际服务贸易。国际服务贸易（International Trade in Service）是指在国际贸易活动中发生的没有物质形态的交换活动，主要有旅游、运输、技术、劳务、金融与保险等。

国际服务贸易也是国际收支的重要组成部分，但不经过海关手续，故其贸易额并不反映在海关统计上。

3. 按是否有第三国参加来划分

（1）直接贸易（Direct Trade）。直接贸易指商品生产国与商品消费国不通过第三国进行买卖商品的行为。贸易的出口国方面称为直接出口，进口国方面称为直接进口。

（2）间接贸易（Indirect Trade）和转口贸易（Transit Trade）。间接贸易指商品生产国与商品消费国通过第三国进行买卖商品的行为。间接贸易中的生产国称为间接出口国，消费国称为间接进口国，而第三国则是转口贸易国，第三国所从事的就是转口贸易。

例如，A 国有一些商机，但是 A 国政局不稳定，风险很大。B 国有些企业在向 A 国出口商品时，大多是先把商品卖给 A 国的周边国家，再由 A 国的周边国家转口到 A 国。

二、国际贸易的作用

国际贸易是世界各国经济联系的桥梁和纽带，而且这种经济联系又不可避免地渗透到其他领域，因而对参与国际贸易的各国以及世界经济和其他领域的交流都有着巨大的作用。具体来说主要体现在以下三个方面：

（一）国际贸易促进了各国国内经济的发展

1. 提高国内生产技术水平，优化国内产业结构

在当今世界，各国普遍通过国际贸易引进先进的科学技术和设备，以提高国内的生产力水平，加快经济发展。同时，通过国际贸易，国内的产业结构逐步协调和完善，整个国民经济协调发展。

2. 增加财政收入，提高国民福利水平

国际贸易的发展，可为一国政府开辟财政收入的来源。政府可通过对过往关境的货物征收关税、对进出口货物征收国内税、为过境货物提供各种服务等措施获得大量财政收入。国际贸易通过进口国内短缺但迫切需要的商品，或者进口比国内商品价格更低廉、质量更好、式样更新颖、特色更突出的商品，来使国内消费者获得更多的福利。此外，国际贸易的扩大，特别是劳动密集型产品出口的增长，将为国内提供更多的就业机会，间接增进国民福利。

（二）国际贸易促进了世界经济的发展

1. 商品的国际交换调节了各国市场的供求关系

世界各国受生产水平、科学技术和生产要素分布状况等因素的影响，生产能力和市场供求状况存在着一定的差异。各国国内既存在产品供不应求的状况，又存在着各种形式的产品过剩状况。而国际贸易不仅可以增加国内短缺产品的市场供给量，满足消费者的需求，还为各国国内市场的过剩产品提供了新的出路，在一定程度上缓解了市场供求的矛盾，从而调节了各国的市场供求关系。

2. 国际贸易促进了生产要素在全球范围内的合理配置和充分利用

在当今世界上，劳动力、资本、土地、技术等生产要素在各个国家的分布往往是不平衡的，通过国际贸易，各个国家就可以采取国际劳务贸易、资本转移、土地租赁、技术贸易等方式，将国内富余的生产要素与其他国家交换国内短缺的生产要素，从而缓解或消除短缺生产要素的制约，充分利用富余生产要素，扩大生产规模，加速经济发展。

3. 发挥比较优势，提高了参与国总体的生产效率

各国参与国际贸易的重要基础是比较利益和比较优势，利用比较利益和比较优势进行国际分工和国际贸易，可以扩大优势商品生产，缩小劣势商品生产，把出口优势产品从国外换回本国居于劣势的商品，从而在社会生产力不变的前提下提高生产要素的效能，提高生产效率，获得更大的经济效益。

（三）国际贸易有助于国际经济和政治环境的改善

1. 国际贸易能增进国与国之间的友好往来

由于国际贸易的发生和发展有赖于国家之间互通有无的友好关系，如果没有各国之间的相互了解和信任，国际贸易是不可能发展的。同时，国际商品交换的发展又进一步密切和发展了各国之间的友好关系。

2. 国际贸易提高了发展中国家在国际事务领域的发言权

国际贸易是社会分工扩大到国际领域的必然结果，许多发展中国家虽然整体社会经济的发展程度远低于发达国家，但它们所拥有的差别优势是许多发达国家所不具备的。因此，在全世界各国广泛参与的国际贸易关系中，发展中国家依赖其差别优势不断提高了它们在国际事务领域的发言权。

三、国际贸易与对外贸易的统计分析指标

（一）贸易额和贸易量

贸易额就是用货币表示的贸易的金额，贸易量就是剔除了价格变动影响之后的贸易额，贸易量使不同时期的贸易规模可以进行比较。这里有三个概念需要掌握：

（1）对外贸易额（Value of Foreign Trade）：是一个国家在一定时期内的进口总额与出口总额之和。一般用本国货币表示，也可用国际上习惯使用的货币表示。

（2）国际贸易额（Value of International Trade）：是以货币表示的世界各国对外贸易值的总和，又称国际贸易值。它等于一定时期内世界各国出口贸易额之和。

（3）贸易量：是为了剔除价格变动影响，能准确反映国际贸易或一国对外贸易的实际数量，而确立的一个指标。在计算时，以固定年份为基期而确定的价格指数去除报告期的贸易额，得到的就相当于按不变价格计算（剔除价格变动的影响）的贸易额，该数值就叫报告期的贸易量。

贸易量可分为国际贸易量和对外贸易量，以及出口贸易量和进口贸易量。

（二）贸易差额

贸易差额（Balance of Trade）是指一个国家在一定时期内（通常为一年）出口总额与进口总额之间的差额。

（1）贸易顺差（Favorable Balance of Trade）：表示一定时期的出口额大于进口额。

（2）贸易逆差（Unfavorable Balance of Trade）：表示一定时期的出口额小于进口额。

（3）贸易平衡：就是一定时期的出口额等于进口额。

一般情况下，贸易顺差可以促进经济增长、增加就业，所以各国无不追求贸易顺差。但是，大量的顺差往往会导致贸易纠纷，例如日美汽车贸易大战等。

（三）对外贸易依存度

对外贸易依存度（Dependence on Foreign Trade）也叫对外贸易系数，是一国在一定时期内对

外贸易总额在该国同时期国内生产总值（GDP）中所占的比重。对外贸易依存度是反映一国经济对进出口贸易的依赖程度和衡量一国对外开放程度的一个重要指标，应当保持适宜的水平。

第二节　国际贸易措施

国际贸易措施是指参与国际贸易的国家为了本国的经济和政治利益，同时也为了推动经济全球化和建立良好的国际贸易环境，而采取的限制或鼓励进出口贸易的各种措施和手段，主要包括关税措施、非关税壁垒以及鼓励出口措施等。

一、关税措施

（一）关税综述

1. 关税的含义

关税（Customs Duties；Tariff）是指进出口商品经过一国关境时，由该国政府设置的海关向进出口商所征收的一种税。由于征收关税提高了进口商品的国内市场销售价格，从而降低了进口商品在国内市场的竞争力，减少了进口商品的数量，所以关税是一种贸易保护措施。

关税与其他税收一样，具有强制性、无偿性和固定性。强制性是指海关凭借国家权力依法征收，纳税人必须无条件服从；无偿性是指关税中海关代表国家单方面从纳税人方面征取，而国家不需要给予任何补偿；固定性是指关税由海关根据预先规定的法律与规章加以征收，海关与纳税人双方都不得随意变动。

现代关税制度的一个基本特点是一次关税制，即进出口货物统一在一国关境上一次性征收关税，而在同一关境内不再重征。一般情况下，一国的关境和国境是一致的，但有些国家在国境内设有自由港或自由贸易区等，这些地区不属于关境范围之内，这时关境小于国境；当几个国家结成经济联盟或贸易同盟，如欧盟，联盟内部取消一切贸易限制，对外建立统一的关税制度，这时关境大于国境。

2. 关税的作用

关税作为现代贸易制度的一个重要内容，对一国国民经济会产生重大影响，对进出口货物征收关税可以起到以下三方面作用：

（1）增加财政收入。关税是海关代表国家行使征税权，因此关税的收入是国家财政收入来源之一，这种以增加国家财政收入为主要目的而征收的关税称为财政关税。随着社会经济的发展，财政关税的意义已大为降低，由于其他税源的增加，关税收入在国家财政收入中的比重已经相对下降。此外，关税已被世界各国普遍作为限制外国商品进口、保护国内产业和国内市场的一种手段来加以使用。但对于经济比较落后的国家来说，财政关税仍是其财政收入的一个重要来源。

（2）保护国内产业与市场。关税限制了外国商品的进入，尤其是高关税可以大大减少有关商品的进口数量，减弱以至消除进口产品的不利竞争，从而达到保护国内同类产业或相关产业的生产与市场的目的。这种以保护本国的产业和市场为主要目的而征收的关税称为保护关税。目前各国设置的关税主要是保护关税，就总体而言，关税主要是为保护工业而设置的，同时也有一些保护农业的关税。

（3）调节进出口商品结构。一个国家可以通过调整关税结构来调整进出口商品结构，在海关税则中，可以通过调高某项产品的进口税率达到减少进口数量的目的，或是通过调低某项产品的进口税率达到扩大进口数量的目的。

（二）关税的种类

关税的种类很多，主要有以下几种：

1. 进口税

进口税（Import Duty）是一个国家的海关在外国商品进入本国关境时，或者从自由港、自由贸易区等进入本国市场时，对本国进口商征收的关税。

进口税是关税中最主要的一种，通常分为普通税和最惠国税两种。普通税适用于与该国没有签订最惠国待遇贸易协定的国家和地区所进口的商品，其税率较高。最惠国税则适用于与该国签订最惠国待遇贸易协定的国家和地区所进口的商品，其税率比普通税低。进口税是保护关税的主要手段，高额进口税的设置可减少货物的进口量，但进口国并不是对所有的进口商品一律征收高关税。一般来说，大多数国家对工业制成品的进口征收较高关税，对半制成品的进口税率次之，对原料的进口税率最低甚至免税。因此，进口税率往往随着商品加工程度的增加而增加。

2. 出口税

出口税（Export Duty）是出口国海关在本国商品输往国外时对出口商征收的关税。目前大多数国家对绝大部分出口商品不征收出口税，因为征收出口税会提高本国商品在国外市场上的销售价格，降低商品竞争能力，不利于扩大出口。目前征收出口税的主要是发展中国家，征税的目的主要是增加财政收入，或者保护国内生产，保障国内供应。

3. 过境税

过境税（Transit Duty）又称通过税，它是一国海关对于通过其关境再转运第三国的外国货物所征收的关税。由于过境货物对被通过国家的市场和生产并没有影响，所征税率也很低，财政意义不大，所以目前大多数国家相继废止了过境税，仅在外国货物通过时，征收少量的准行费、印花费、登记费和统计费等。

4. 进口附加税

进口附加税是进口国家对进口商品除了征收一般进口税外，出于某种特定的目的再额外征收的关税。进口附加税通常是限制进口的一种特定的临时性措施，其目的主要是调节贸易平衡与收入，对某些商品的进口作特别限制，对某个国家实行贸易歧视或报复等。

进口附加税主要是针对个别国家的个别商品征收，其中最常见的是反倾销税和反补贴税。

（1）反倾销税（Anti-Dumping Duty）。反倾销税是为了抵制外国商品倾销进口，保护国内相关产业而征收的一种进口附加税，即在倾销商品进口时除征收进口关税外，再征收反倾销税。

在国际贸易中，以低于本国消费市场同类产品的价格向国外进行倾销，其目的是转嫁危机、扩大市场和打击竞争对手。倾销的后果有：影响国际贸易正常发展，产生不公平竞争；受倾销国家国内工业遭受低价进口商品的冲击而受到损害；进口该种产品其他国家的供应商受倾销品的危害，会部分或暂时丧失市场。

（2）反补贴税（Anti-Subsidy Duty）。反补贴税又称抵消税或补偿税，是对在生产、制造、加工、买卖、运输过程中直接或间接接受出口国政府、同业公会或垄断组织的任何补贴、奖金的进口商品所征收的一种进口附加税。反补贴税的税额一般按奖金或补贴的数额征收，征收反补贴税的目的是增加进口商品的价格，抵销其所享受的补贴金额，削弱其竞争能力，使它不能在进口国国内市场上进行低价竞争。

国际贸易中，反补贴税的实施，实际上是通过国内法进行的。只要某项外国进口产品构成补贴，并且该补贴对进口国工业造成实质性损害，进口国就有权加征反补贴税。反补贴税是受害国可能采取的一种补偿手段，与反补贴密切相关的是补贴的计算和国内工业受损的确定。世界贸易组织《反补贴协议》中对此作了详细规定。

5. 差价税

差价税（Variable Duty）又称差额税，是当本国生产的某种产品的国内价格高于进口的同类商品的价格时，按国内价格与进口价格间的差额对进口商品征收的一种关税，其目的是削弱进口商品的竞争能力，保护国内生产和国内市场。差价税是随着商品的国内外价格差额的变动而变动的，因此它是一种滑动关税。对于征收差额税的商品，有的规定按价格差额征收；有的规定在征收正常关税以外另行征税，这种差额税实际上属于进口附加税。

6. 优惠关税

优惠关税是指对受惠国以低于普通关税税率的标准征收关税，以表示进口国对特定的出口国的贸易优待。优惠关税主要有以下三种：

（1）最惠国待遇关税。这是对签有最惠国待遇条款的贸易协定的国家实行的关税优待。最惠国待遇（Most-Favored-Nation Treatment，MFN）是指缔约国之间实行互惠，凡是缔约国一方现在和将来给予任何第三方的一切特权、优惠和豁免，也同样给予对方。最惠国待遇的主要内容是关税优惠，最惠国税率是互惠的，比普通关税低。

（2）特定优惠关税。特定优惠关税（Preferential Duty），简称特惠税，是对来自特定国家或地区的进口商给予特别优惠的低关税或免税待遇，其目的是增进与受惠国之间的友好贸易往来。特惠税既有互惠的，也有非互惠的。现在最有影响的是洛美协定国家享受的特惠税，它是1975年西欧共同市场向参加协定的非洲、加勒比和太平洋地区的发展中国家单方面提供的特惠关税。

（3）普遍优惠制关税。普遍优惠制（Generalized System of Preference，GSP）简称普惠制，是发达国家对于从发展中国家或地区进口的商品，尤其是制成品和半制成品（包括某些初级产品），普遍给予优惠关税待遇的一种制度。它是发展中国家在联合国贸易与发展会议上进行长期斗争，在1968年通过建立普惠制决议之后取得的。

普惠制有三个原则：普遍性，指发达国家应对所有发展中国家出口的制成品和半制成品给予普遍的优惠待遇；非歧视性，指应使所有发展中国家都不受歧视、无例外地享受普惠制待遇；非互惠性，指发达国家应单方面给予发展中国家关税优惠，而不要求发展中国家提供反向优惠。

普惠制的目标，是扩大发展中国家制成品和半制成品的出口，增加发展中国家的外汇收入，促进发展中国家的工业化，加速发展中国家的经济增长率。

普惠制对发展中国家的出口有一定促进作用，但实施结果有很大差距，因为实施普惠制的国家对受惠商品的范围、原产地及受惠商品的减税幅度等方面都规定有许多限制条款，对给惠国一般又都规定许多保护措施（免责条款、预定限额、竞争需要标准等），以保护给惠国某些产品的生产和销售。这些限制规定使普惠制的实施受到很大限制，但它给发展中国家所带来的好处也是不容忽视的。

（三）关税的征收方法

1. 从量税

从量税是以进口商品的重量、数量、容量、长度和面积等计量单位为标准计征的关税。其特点是手续简便，计算简单，但因征税额不能根据商品价格变动而调整，因而税赋不尽合理。

从量税额的计算公式是：从量税额=商品数量×每单位从量税。

2. 从价税

从价税是以进口商品的价格为标准计征一定比率的关税，其税率表现为货物价格的百分率。

从价税额的计算公式是：从价税额=商品总值×从价税率。

征收从价税的一个重要问题是确定进口商品的完税价格。完税价格是经海关审定的作为计征关税依据的货物价格，它是决定税额多少的重要因素。目前国际上较为通行的完税价格标准，大体上有三种：①将成本加运费、保险费价格（CIF）作为征税价格标准；②将装运港船上交货价格（FOB）作为征税价格标准；③将法定价格作为征税价格标准。

3. 混合税

混合税是在税则的同一税目中定有从量税和从价税两种税率，征收时混合使用。混合税又可分为复合税和选择税两种。其中复合税是对某种进口商品，同时采用从量税和从价税计征关税；选择税则是由海关选择从量税和从价税中的一种计征关税，通常是选择税额较高的一种。

（四）海关税则与通关手续

1. 海关税则（Customs Tariff）

一国海关对进出口商品计征关税的依据是海关税则。海关税则是一国对进出口商品计征关税的规章和对进出口的应税商品、免税商品以及禁止进出口商品加以系统分类，并列明应征税率或免税的一览表。

海关税则一般包括两个部分：第一部分是海关课征关税的规章条例及说明；第二部分是关税税率表，包括商品分类目录和税率两部分。

为了有利于开展国际贸易，减少各国海关在商品分类上的矛盾，有关国际贸易组织先后编制了若干版本的国际海关税则统一商品分类目录。1983 年，海关合作理事会协调制度委员会主持编制了同时能满足关税、统计和国际贸易其他方面要求的商品分类目录——《商品名称及编码协调制度》，简称《协调制度》。我国海关一直积极参与《协调制度》的编制工作，并自 1992 年 1 月 1 日正式实施以《协调制度》为基础的新关税税则。2001 年加入 WTO 以后，我国实行进出口合一的海关税则制度。为了完整、准确、全面贯彻新发展理念，支持构建新发展格局，积极推动高质量发展，我国海关自 2022 年 1 月 1 日起，对部分进出口商品的关税进行了调整，税目数共计 8930 个。

2. 通关手续

通关手续又称报关手续，是指进出口商的海关申报进出口货物，接受海关的监督检查，履行海关规定的手续。通关手续一般包括申报、验货、征税、放行等基本环节。

二、非关税壁垒

（一）非关税壁垒概述

非关税壁垒是指除关税以外的一切限制进口的措施。非关税壁垒可分为两大类：一类是直接的非关税壁垒措施，指进口国直接对进口商品的数量或金额加以限制，或迫使出口国直接限制商品出口，如进口配额制，“自动”出口限制等；另一类是间接的非关税壁垒措施，指进口国对进口商品制定严格的条例和标准，间接地限制商品进口，如进口押金制、苛刻的技术标准和卫生检验规定等。

同关税壁垒相比，非关税壁垒有其显著特点：

（1）灵活性和针对性。关税措施需要通过立法来确定，具有相对的稳定性。而制定和实施非关税壁垒，通常采用行政程序，手续简单，灵活性很大，每一类措施都能根据需要作必要的调整与变动，并且能针对不同的国别和商品采取相应的措施。正因如此，非关税壁垒已逐步取代关税壁垒，成为各国普遍采用的贸易保护手段。

（2）有效性。面对许多国家特别是跨国公司用大幅度压低出口价格来占领对方市场的做法，主要通过影响价格来限制进口的关税措施的保护作用已大为减弱。而非关税壁垒主要是依靠行政机制来限制进口，因而这种限制能更直接、更严厉也更有效地保护本国生产和本国市场。

（3）隐蔽性和歧视性。和明显地提高税率不同，非关税壁垒措施既能以正常的海关检验要求和进口国有关行政规定、法令条例的名义出现，又可以巧妙地隐藏在具体执行过程中而无须作出公开规定，使外国出口商往往难以对付和适应。同时，一些国家还经常针对某个国家采取相应的限制性非关税措施，使得非关税壁垒更具歧视性。

（二）非关税壁垒的种类

1. 进口配额制

进口配额（Import Quota）又称进口限额，是指一国政府在一定时期内（通常为一年），对某些商品的进口数量或金额加以直接限制，配额以内的货物可以进口，超过规定额度不准进口，或者征收高额关税或罚款。

进口配额制主要有两种：

（1）绝对配额（Absolute Quota），指对某种商品在一定时期内进口数量或金额规定一个最高限额，达到这个限额后就不准进口。绝对配额通常有两种实施方式：一是面对所有国家的配额，即全球配额；二是针对各个国家和地区的配额，即国别配额。

（2）关税配额（Tariff Quota），是将关税与配额结合起来的一种限制进口的措施，指对商品进口的绝对数额不加限制，而对在一定时期内规定配额以内的进口商品，给予低税、减税或免税待遇，对超过配额的进口商品则征收较高的关税，或征收附加税或罚款。与绝对配额一样，关税配额按商品来源的不同，也可分为全球关税配额和国别关税配额。

2. “自动”出口限制

“自动”出口限制又称“自动”出口配额制，简称“自限”制，是指出口国在进口国的要求或压力下，“自动”规定某一时期内（一般为3—5年）某些商品对该国的出口限额，在限定的配额内自行控制出口，超过配额即禁止出口。“自动”出口限制有两种形式：一种是非协定的“自动”出口配额，即由出口国单方面自行规定出口的限额，可以由政府规定配额或者本国厂商按照政策“自动”限制出口；另一种是协定的“自动”出口配额，即由出口国和进口国双方通过谈判签订“自动限制协定”，以规定某一时期某些商品的“自动”出口限额。

3. 进口许可证制

进口许可证制（Import License System）是指一国政府规定某些商品进口必须事先领取许可证，否则一律不准进口。进口许可证必须注明有效期、进口商品名称、来源、数量及金额等。

进口许可证根据其对来源国有无限制可分为两种形式：

（1）公开一般许可证，又称自动进口许可证，对进口国别或地区没有限制，凡属公开一般许可证项下的商品，进口商品填写此许可证即可获准进口。这类商品实际上是“自由进口”的商品，填写许可证只是为了履行报关手续，供海关统计和监督的需要。

（2）特种进口许可证，又称非自动进口许可证，即进口商必须向政府有关当局提出申请，获准后才能进口。这种许可证是一种实际的控制，而且多数指进口国别或地区。

4. 外汇管制

外汇管制（Foreign Exchange Control）是指一国政府通过法令对外汇的收支、结算、买卖和使用进行管制，以平衡国际收支和维持本国货币汇价的一种制度。按外汇管制要求，出口商必须把出口所得到的外汇收入按官方汇率卖给外汇管制机关，进口商也必须在外汇管制机关按官方汇价申请购买外汇。本国货币的携带出入国境也受到严格的限制。实行外汇管制的目的在于通过集中使用外汇和控制外汇供应数量的办法来控制商品进口的数量、种类和国别。

5. 进口押金制

进口押金制又称进口存款制。进口商在办理进口时，必须预先按进口金额的一定比例和规定的时间，在指定的银行无息存放一笔现金，然后才能进口。这实际上是政府从进口商那里得到一笔无息贷款，同时也增加了进口商的资金负担，从而限制了进口。

6. 海关估价制

海关估价制指进口国海关通过高估进口商品的完税价格，来增加进口商品的关税负担，从而阻碍商品的进口。

7. 歧视性政府采购政策

歧视性政府采购政策指国家通过立法形式，规定政府机构在采购时要优先购买本国产品的做法。这种做法使外国产品受到歧视，起到了限制进口的作用。

8. 进口和出口的国家垄断

进口和出口的国家垄断指在对外贸易中，对某些或全部商品的进出口规定由国家直接经营，或者把商品的进口或出口的垄断权给予某个垄断组织。这种国家垄断主要集中在烟酒、农产品和武器三类商品上面。

9. 征收各种国内税

征收各种国内税指国家利用国内课税制，对进口商品和国产货实行不同的征收方法和不同的税率，从而增加进口商品的纳税负担，削弱其竞争能力，达到抵制和限制进口的目的。这是一种比关税更灵活、更易于伪装的贸易政策手段。

10. 最低限价和禁止进口

最低限价是指一国政府规定某种进口商品的最低价格，凡进口货价低于规定的最低价格则征收进口附加税或禁止进口。

禁止进口是进口限制的极端措施。当一国政府认为采取一般的进口限制措施不足以应对国内市场所受的冲击时，便直接颁布法令禁止某些商品的进口。

11. 苛刻的技术、卫生、检验标准

进口商品进口时，必须由海关及专设的检验机构加以检验。检验范围广泛，其中包括品质检验、卫生检验、包装检验、商品残损检验、检疫等。有些国家往往打着维护生产安全和消费者健康的幌子，制定种种繁杂苛刻而又经常变化的规定，使外国产品难以适应，从而起到限制外国产品进口的作用。这是当前各国实行非关税壁垒的重要手段。

三、鼓励出口措施

各国为推行奖出限入政策，一方面构筑关税壁垒和非关税壁垒，限制外国商品的进口，另一方面又采取各种经济和行政措施奖励出口，其中主要奖励措施有以下几种：

（一）出口补贴

出口补贴（Export Subsidy）又称出口津贴，是一国政府为了使本国出口商品在价格方面具有较强的竞争能力，在出口某种商品时给予出口厂商的现金补贴或财政上的优惠待遇。出口补贴的形式主要有两种：

（1）直接补贴，即在出口某种商品时，政府直接付给出口厂商的现金补贴，该补贴资金主要来自财政拨款。一些西方国家对大多数农产品的出口采取这种补贴方式。

（2）间接补贴，即政府对某些出口商给予财政或税收等优惠，如减免国内税费，减收出口商品的国内运费等。

（二）出口信贷

出口信贷（Export Credit）是出口国政府为了鼓励商品出口，通过银行对本国出口商、外国进口商或进口方银行提供的优惠贷款。这是扩大商品出口，特别是金额较大、期限较长的项目（如成套设备、船舶等）出口的一种重要融资方式。

出口信贷主要包括两种形式：

（1）卖方信贷，是出口方银行直接向本国出口商（即卖方）提供的贷款。一般用于大型机械、成套设备等的出口，是银行直接资助出口厂商向外国进口厂商提供延期付款，促进商品出口的一种方式。

（2）买方信贷，是出口方银行向进口厂商（即买方）或进口方银行提供的贷款。这种贷款附有约束条件，即贷款只能用于购买债权国的商品，所以又称约束性贷款。这种措施的本质是通过借贷资本的输出带动商品的输出。

由于出口信贷能有力地促进和扩大出口，一些国家专门设立了特种业务银行来办理这项业务，在我国是由中国进出口银行办理此项业务。

（三）商品倾销

商品倾销（Dumping）是出口厂商以低于正常价值的价格在国外市场上出售商品，其目的是打开市场，战胜竞争对手，扩大销售或垄断市场。

商品倾销按照倾销的具体目的和时间的不同，可分为偶然性倾销、间歇性或掠夺性倾销、持续性倾销等形式。要使倾销发生作用，出口国应设法不使倾销的商品重复进口，回流到本国市场；要设法不受到进口国家的报复性措施的打击。

（四）外汇倾销

外汇倾销（Exchange Dumping）是指一国降低本国货币对外国货币的汇价，使本国货币贬值，从而扩大出口、限制进口的措施。当一国货币贬值后，出口商品以外国货币表示的价格降低，提高了该商品的竞争能力，从而扩大了出口；同时，货币贬值后，进入该国的外国商品价格上涨，从而削弱了进口商品的竞争能力，起到限制进口的作用。

（五）促进出口的组织和服务措施

第二次世界大战结束以来，各国为了促进出口贸易的扩大和发展，除了利用税收、金融、汇率等措施鼓励出口以外，还不断开发促进出口的组织和服务措施，主要有以下几种：

（1）成立专门组织，研究和制定出口战略，如美国 1992 年成立的国会“贸易促进协调委员会”、1994 年成立的“美国出口援助中心”等。

（2）建立商业情报网，搜集研究国外市场情报，帮助本国企业扩大出口。

（3）设立永久性贸易中心，定期或不定期组织贸易博览会，以推销本国产品。

（4）派出贸易代表团或接待他国企业来访，以推进本国出口业务。

（六）经济特区措施

经济特区是一个国家或地区，在其关境以外划出一定区域范围，建筑或扩建码头、仓库、厂房、道路等基本设施，实行减免关税等优惠待遇和特殊经济政策，以吸引外资和外国企业发展贸易活动，兴办各种出口加工工业，增加外汇收入，促进本地区经济与对外贸易的发展。

经济特区主要有以下几种形式：

（1）自由港或自由贸易区。自由港又称自由口岸。在自由港的港区内输出输入商品可以免征关税或只对少数商品征税。一般准予在港区内自由进行改装、加工、装卸、买卖、展览、销毁和长期储存等，但必须遵守港口所在国的法律规章。设立自由港的目的在于发展过境贸易，吸引外国船舶过境，从中收取各种费用，并连带发展相关经济活动。

自由贸易区是一个国家特别划定的准许外国商品自由进出的区域。进入自由贸易区的货物可以自由存储，重新分类、分级、加工、包装和装配、制造，然后免税再出口，但从自由贸易区运入所在国海关管辖区时，则须缴纳关税。

（2）出口加工区。出口加工区是一国或地区在其港口或邻近港口与国际机场等地方划出一定区域范围，提供基础设施以及免税等优惠待遇，吸引外国投资，引进先进技术与管理方法，发展出口加工工业的特殊区域。出口加工区既提供了自由贸易区的某些优惠待遇，又提供了发展工业生产所必需的基础设施，是自由贸易区与工业区的一种综合体，即兼有工业生产与出口贸易两种功能的“工业一贸易”型经济特区。

（3）保税区。保税区又称保税仓库区，是海关所设置的或经海关批准注册的特定地区和仓库。外国商品存入保税区内可以暂时不缴纳进口税，如再出口，也不缴纳出口税。运入区内的商品可以进行储存、改装、分类、混合、加工与制造等。因此，保税区起到了类似自由港和自由贸易区的作用。

（4）综合型经济特区。综合型经济特区是在上述经济特区的基础上形成和发展的，具有一般出口加工区和自由贸易区的功能。综合型经济特区的特点是：特区规模大，经营范围广，是一种多行业、多功能的特殊经济区域，在经营出口业务和对外贸易的同时，也经营旅游业、金融服务业、交通电信以及其他一些行业。

（5）自由边境区与过境区。自由边境区过去也称为自由贸易区，这种设置仅见于美洲少数国家。一般设在本国的一个或几个省的边境地区，对于在区内使用的生产设备、原材料和消费品可以免税或减税进口，如从区内转运到本国其他地区则须照章纳税。外国货物可在区内进行储存、展览、混合、包装、加工和制造等活动，其目的在于利用外国投资开发边区的经济。

过境区是沿海国家为了便利邻国的进出口货物，开辟某些海港、河港或国境作为货物过境区，可简化海关手续，免征关税或只征小额的过境费用。过境货物一般可在过境区作短期储存，重新包装，但不得加工。

第三节　出口业务流程及国际贸易术语

一、出口业务流程

国际贸易是国际商品和服务的交换活动，在实践中，国际商品和服务交易的开展需要按照一定的交易程序来进行。为便于理解，下面以出口交易为例，介绍其业务流程。出口交易流程如图 8-1 所示。

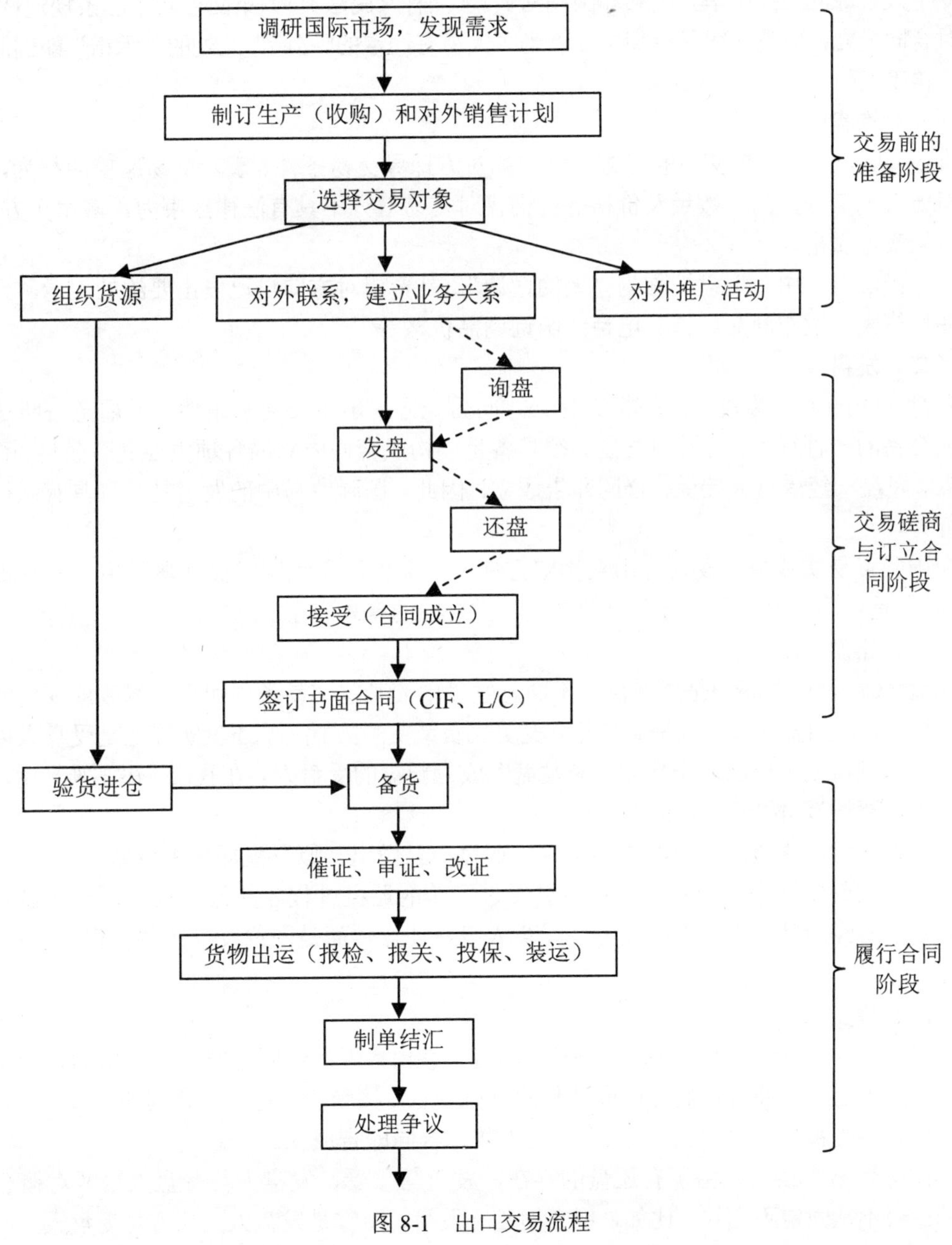

图 8-1　出口交易流程

二、交易磋商

国际贸易中的交易磋商，是指进出口双方就商品或服务的各项交易条件进行沟通和谈判，以期达成交易的过程。在长期的国际贸易实践中，各进口商逐渐形成了约定俗成的交易磋商程序，后经有关贸易组织的认可和规范，就成为交易各方必须遵守的程序。

交易磋商既可以口头进行，也可以以书面形式进行，其过程一般包括询盘、发盘、还盘和接受四个环节，其中发盘和接受是必不可少的，是达成交易、成立合同的必经步骤，具有法律约束力。《联合国国际货物销售合同公约》第二十三条规定："合同于按照本公约的规定对发盘的接受生效时成立。"《中华人民共和国民法典》（简称《民法典》）第四百八十三条规定："承诺生效时合同成立，但是法律另有规定或者当事人另有约定的除外。"此处的"承诺"即国际贸易中的"接受"。

（一）询盘

询盘（Inquiry）是指交易的一方向特定的对方探寻交易条件、表示交易愿望的行为，比如询问对方有无某种商品、数量及价格等。询盘对交易双方不具有法律约束力，多由买方做出，也可以由卖方做出。

在《民法典》中，询盘被称为"要约邀请"，是希望对方向自己发出要约的表示，比如寄送商品价格表、发布商品广告、电话或函询商品价格等。

（二）发盘

发盘（Offer）也称发价，是指交易一方向另一方提出主要交易条件，并愿意按照这些条件达成交易的一种行为。有效的发盘必须具备足以构成合同成立的各项主要交易条件，否则仍是询盘。发盘一经受盘人接受，合同即告成立，因此，国际贸易中的发盘是一种具有法律约束力的行为。

在国际贸易实践中，发盘可由买卖双方任一方提出，在我国《民法典》中，发盘被称作"要约"，是合同一方向另一方做出的希望订立合同的意思表示。

（三）还盘

还盘（Counter Offer）是指受盘人不同意发盘中的某些交易条件而提出修改或变更的意思表示的行为，比如要求降低或提高价格、变更交货或支付方式等。还盘实际上是受盘人以发盘人地位向原发盘人发出的一个新盘，原发盘人成为新盘的受盘人。在我国《民法典》中，还盘被称为"新要约"，性质与此相同。

另外，还盘的性质是对原发盘的拒绝，还盘一旦做出，原发盘即失去效力。

在国际贸易实践中，交易双方往往要经过多轮的还盘过程才能最后成交，但还盘并不是交易磋商的必经步骤，因为有时发盘后受盘人没有还盘，而是同意发盘条件，直接表示接受，合同即告成立。

（四）接受

接受（Acceptance）是指受盘人在发盘的有效期内，无条件同意发盘中提出的各项交易条件，愿意按照这些条件与发盘方达成交易的意思表示。接受一经做出，合同即告成立。在《民法典》中，接受被称为"承诺"，承诺一经生效，合同即告成立。

在国际贸易实践中，由于有还盘的存在，发盘与接受、发盘人与受盘人这两对概念都是相对的，而不是固定不变的。比如，甲方向乙方发盘，甲方是发盘人，乙方是受盘人，如果乙方不同意发盘的条件而向甲方进行了还盘，则乙方变成了新盘的发盘人，而甲方就成了受盘人。

接受做出以后，双方订立国际货物买卖合同，交易磋商步骤就完成了。在国际贸易交易磋商的过程中，双方沟通和谈判的关键内容常常是关于交货条件和商品价格的，在通信技术落后的时代，双方交换信息很不方便，因此，在长期的国际贸易实践中，交易各方约定俗成了一些关于交货条件和商品价格的缩略语，即国际贸易术语，简称为“价格术语”。

三、国际贸易术语

（一）国际贸易术语概述

1. 国际贸易术语的产生和含义

为了便于位于不同国家的进出口商进行交易磋商，在长期的国际贸易实践中形成了有关双方交易条件和责任的简略用语，后经有关国际贸易组织进行专门解释，固定为通行的国际贸易术语。

国际贸易术语是用来表示买卖双方各自承担义务的专门用语。每种贸易术语都有其特定的含义，采用某种专门的贸易术语，主要是为了确定交货条件，即说明买卖双方在交接货物方面彼此承担的责任、费用和风险的划分。

同时，贸易术语也可用来表示价格构成因素，特别是货价中所包含的从属费用。例如，按 FOB 价成交与按 CIF 价成交，由于其价格构成因素不同，所以成交价应有区别。

2. 国际贸易术语的作用

国际贸易术语在国际贸易中起着积极的作用，主要表现在以下几个方面：

（1）简化交易磋商的内容和手续，节约时间和交易费用，促进尽快达成交易。由于各种贸易术语都有其特定的含义，而且一些国际组织对各种贸易术语也作了统一的解释与规定，在国际上被广泛接受，成为惯常的做法或行为模式。因此，买卖双方只要商定按何种贸易术语成交，即可明确彼此在交接货物方面所承担的责任、费用和风险，这就简化了交易手续，缩短了洽商交易时间，从而有利于买卖双方迅速达成交易和签订合同。

（2）有利于买卖双方核算成本和比价。由于贸易术语表示价格构成因素，所以，买卖双方确定成交价格时，必须要考虑采用的贸易术语中包含哪些从属费用，如运费、保险费、装卸费、关税、增值税和其他费用，这就有利于买卖双方进行比价和加强成本核算。

（3）明确了交易双方的权利和义务，有利于解决履约当中的争议。买卖双方商订合同时，如对合同条款考虑欠周，使某些事项规定不明确或不完备，致使履约当中产生的争议不能依据合同的规定解决，在此情况下，可以援引有关贸易术语的一般解释来处理。因为，贸易术语的理解已成为国际惯例，并被国际贸易和法律界人士广泛接受，成为国际贸易中公认的一种类似行为规范的准则。

（二）有关贸易术语的国际贸易惯例

国际贸易惯例是长期国际贸易实践中形成的具有普遍意义的一些习惯做法和规定。这些国际惯例不是某国法律，也不是各国的共同立法，因此没有强制性，买卖双方完全可以在合同中作出与惯例不同的约定。但是如果在合同中明确表示采用某项惯例，该惯例即对买卖双方产生约束力，双方责任划分应按该惯例办理。如果合同中对某个问题未作明确规定，也未规定采用某项惯例，法庭或仲裁庭往往引用某些公认的或影响较大的惯例，作为判决或裁决在这个问题上争议案件的依据。

在国际贸易业务实践中，由于各国法律制度、贸易惯例和习惯做法不同，因此，国际上对各种贸易术语的解释与运用存在差异，从而容易引起贸易纠纷。为了避免各国在对贸易术语解释上出现分歧和引起争议，一些国际组织和商业团体便分别就某些贸易术语作出统一解释与规定，其中影响较大的主要有以下三种：

1. 《1932 年华沙—牛津规则》

此规则是国际法协会专门为解释 CIF 术语而制定的。在该规则产生之前，CIF 术语已经在国际贸易中被广泛使用，但由于各个国家和地区对这一术语下买卖双方应承担的责任缺乏统一的规定，而导致合同履行的不便和贸易纠纷的发生。基于此，国际法协会于 1928 年在华沙召开会议制定了 CIF 买卖合同的统一规则，称为《1928 年华沙规则》。在 1932 年牛津会议上对此规则又进行了修订，修订后的条文共 21 条，称为《1932 年华沙—牛津规则》。《1932 年华沙—牛津规则》对 CIF 合同的性质、特点及买卖双方的权利和义务都作了具体的规定和说明，为按 CIF 贸易术语成交的买卖双方提供了一套在 CIF 合同中易于使用的统一规则。

2. 《1941 年美国对外贸易定义修订本》

1919 年美国九大商业团体制定了《美国出口报价及其缩写条例》，其后，因贸易习惯发生了很多变化，在 1940 年举行的美国第 24 届全国对外贸易会议上对该定义作了修订，并于 1941 年 7 月 31 日经美国商会、美国进口商协会和美国全国对外贸易协会所组成的联合委员会通过，称为《1941 年美国对外贸易定义修订本》。

《1941 年美国对外贸易定义修订本》也是国际贸易中具有一定影响的国际惯例，它不仅在美国使用，而且也为加拿大和一些拉丁美洲国家所采用。

3. 《2020 国际贸易术语解释通则》

国际商会制定的《国际贸易术语解释通则》是目前最具广泛影响，得到最普遍采用的成文化的国际贸易惯例。

早在 1936 年国际商会在巴黎制定了《1936 年国际贸易术语解释通则》，对 9 种贸易术语进行了解释。此后，随着国际贸易的发展和形势的变化，该通则几经修改与完善。其中，《2000 国际贸易术语解释通则》于 2000 年 1 月 1 日生效。该通则对 13 种贸易术语进行了解释，并根据卖方承担义务的不同将 13 种贸易术语分 4 组。《2010 国际贸易术语解释通则》于 2010 年 1 月 1 日生效，将 13 种贸易术语减少为 11 种，分为两类，并将其使用范围扩大至国内贸易合同，同时赋予电子通信方式以同等法律效力。现今采用的《2020 国际贸易术语解释通则》（以下简称《2020 通则》）于 2020 年 1 月 1 日生效，《2020 通则》与 2010 版本变化不大，只用 DPU 术语代替了 DAT 术语，仍将 11 种贸易术语按照各术语适用的不同运输方式分成两组，分别是：第一组（适用于所有运输方式）7 个术语：EXW、FCA、CPT、CIP、DAP、DPU、DDP。第二组（只适用于水上运输方式）4 个术语：FAS、FOB、CFR、CIF。

（三）对主要贸易术语的解释

在我国对外贸易活动中，经常使用的贸易术语为 FOB、CFR 和 CIF 这 3 种。近年来，随着航空运输、集装箱运输和国际多式联运业务的发展和普及，FCA、CPT 和 CIP 这 3 个贸易术语的使用频率也日渐提高。因此，需要依据《2020 通则》对这 6 种主要贸易术语的解释和运用有所了解。

1. FOB

FOB 术语是 Free On Board（...named port of shipment）的缩写，即装运港船上交货（……指定装运港）。FOB 是指卖方在指定装运港于货物越过船舷时完成交付。这意味着买方应当自该交付点起，承担一切费用和货物灭失或损坏的一切风险。FOB 术语要求卖方办理货物出口清关。此术语只适用于海运或内河运输。

根据《2020 通则》对 FOB 的解释，买卖双方承担的主要责任、风险和费用等概括如下：

（1）卖方的基本责任和义务：

1）提供符合合同规定的货物和单证或相等效力的电子单证，以及合同要求的其他有关证件。

2）按照约定的时间、地点，依照港口惯例将货物装上买方指定的船只，并及时通知买方。

3）负担在装运港货物越过船舷以前的一切风险和费用。

4）负责办理出口报关手续，提供出口许可证及其他货物出口手续，并交纳出口税捐和费用。

（2）买方的基本责任和义务：

1）负责租船或订舱，支付运费，并将船名、船期、交货地点及时通知卖方。

2）负责办理保险，支付保险费，办理在目的港的收货和进口手续。

3）支付货款并接受卖方提供的交货凭证或相等的电子凭证。

4）承担在装运港货物越过船舷后的风险和费用，并交纳进口的各种税捐和费用。

2. CFR

CFR 术语是 Cost and Freight（...named port of destination）的缩写，即成本加运费（……指定目的港）。CFR 是指卖方在装运港于货物越过船舷时完成交付。卖方必须支付货物运至指定目的地的费用和运费，但是货物交付后丢失或损坏的风险，以及因货物交付后发生的事件所引起的任何额外费用，自交付起由卖方转移至买方。CFR 术语要求卖方办理货物出口清关手续。该术语只适用于海运和内河运输。

根据《2020 通则》对 CFR 的解释，买卖双方有各自承担的主要责任、风险和费用等。

（1）卖方的基本责任和义务：

1）提供合同规定的货物，负责租船订舱和支付运费，按时在装运港装船，并于装船后向买方发出已装船的充分通知。

2）办理出口结关手续，并承担货物在装运港越过船舷为止的一切风险，以及在装运港将货物交至船上的费用。

3）按合同规定提供有关单证或相等的电子信息。

（2）买方的基本责任和义务：

1）承担货物在装运港越过船舷后的货物丢失或损坏的风险，以及由于货物装船后发生事件所引起的额外费用。

2）在合同规定的目的港接收货物，并办理进口清关手续和交纳进口税。

3）接受卖方提供的各项单证，并按合同规定支付货款。

值得注意的是，按 CFR 条件成交时，由卖方安排运输，由买方办理货运保险，如卖方不及时发出装船通知，则买方就无法及时办理货运保险，甚至有可能出现漏保货运险的情况。因此，卖方装船后务必及时向买方发出装船通知，否则，卖方应承担货物在运输途中的风险损失。

3. CIF

CIF 术语是 Cost，Insurance and Freight（...named port of destination）的缩写，即成本、保险费加运费（……指定目的港）。CIF 是指卖方在装运港于货物越过船舷时完成交付。卖方必须支付货物运至指定目的港所需的费用和运费，应当订立保险合同并支付保险费，办理货物的出口清关手续。CIF 术语只适用于海运和内河运输。

根据《2020 通则》对 CIF 的解释，买卖双方有各自承担的主要责任、风险和费用等。

（1）卖方的基本责任和义务：

1）负责租船或订舱和支付运费，按合同规定将货物在装运港装船，并于装船后向买方发出已装船通知。

2）负担货物在装运港越过船舷为止的一切费用和风险。

3）负责办理货物运输保险并支付保险费。

4）负责办理出口报关手续，提供出口国政府或有关方面签发的证件。

5）提供符合合同规定的货物和单证或相等的电子单证，以及货运单据和保险单据。

（2）买方的基本责任和义务：

1）接受卖方提供的各项单证并按合同规定支付货款。

2）负担货物在装运港越过船舷后的一切费用和风险。

3）办理在目的港的接货和进口结关手续。

需要强调指出的是，按 CIF 术语成交，虽然由卖方负责货物运输和办理货运保险，但卖方并不承担保证把货送到约定目的港的义务，因为 CIF 是属于装运港交货的术语，而不是目的港交货的术语，也就是说，CIF 并不是真正意义上的"到岸价"。

4. FCA

FCA 是 Free Carrier（...named place）的缩写，即货交承运人（……指定地点）。FCA 是指卖方在指定地点将已经出口清关的货物交付给买方指定的承运人，即为完成交付。FCA 与 FOB 类似，只是适用范围不同。FCA 适用于包括多式联运在内的各种运输方式。其中，"承运人"是指在运输合同中，承担履行或办理履行铁路、公路、航空、海洋、内河运输或多式联运义务的人。

按 FCA 术语成交，买卖双方有各自的基本义务。

（1）卖方的基本责任和义务：

1）在指定地点按约定日期将货物交给买方指定的承运人，并给予买方货物已交付的充分通知。

2）负责办理出口清关手续，提供出口许可证和其他官方证件，并支付出口关税和相关费用。

3）承担货物交给承运人之前的一切费用和风险。

4）向买方提供约定的单据或相等的电子信息。

（2）买方的基本责任和义务：

1）自负费用订立自指定地点承运货物的合同，并将承运人名称及时通知卖方。

2）从卖方交付货物时起，承担货物丢失或损坏的一切风险。

3）按合同规定接受交货凭证并按合同规定支付货款。

《2020 通则》对 FCA 术语增加了一个附加选项，即买卖双方可以约定"买方有义务指示其承运人在货物装船后向卖方签发已装船提单"，卖方随后才有义务向买方（通过银行）提交已装船提单。这个附加选项可以确保卖方在货物装船后能顺利取得已装船提单，从而保护自己的权益。

5. CPT

CPT 术语是 Carriage Paid To（...named place of destination）的缩写，即运费付至（……指定目的地）。CPT 是指卖方将货物交付给由他指定的承运人，并支付将货物运至指定目的地所需的运费。买方则承担货物交付后所发生的一切风险和任何其他费用。如果需要使用后续承运人将货物运至指定目的地，风险于货物交付给第一承运人时转移。CPT 术语可适用于包括多式联运在内的各种运输方式。采用 CPT 术语成交，卖方不论在何处交货（出口国内陆、沿江或沿海港口），都要办理货物的出口清关手续。

按 CPT 术语成交，买卖双方有各自的基本义务。

（1）卖方的基本责任和义务：

1）办理出口清关手续，负责订立运输合同，将货物运至指定目的地的约定地点，并给予买方关于货物已交付的充分通知。

2）承担货物交给承运人以前的一切费用和货物丢失与损坏的一切风险，以及装货费和从装运地至目的地的通常运费。

3）向买方提供约定的单证或相等的电子信息。

（2）买方的基本责任和义务：

1）从卖方交付货物时起，承担货物丢失和损坏的一切风险。

2）支付除通常运费之外的有关货物在运输途中所产生的各种费用及卸货费。

3）在目的地从承运人那里接收货物，并按合同规定受领单据和支付货款。

CPT 术语与 CFR 类似，区别之处在于适用的运输方式不同。

6. CIP

CIP 术语是 Carriage and Insurance Paid to（...named place of destination）的缩写，即运费、保险费付至（……指定目的地）。CIP 是指卖方负责将货物交付给其指定的承运人，并支付货物运至指定目的地的运费，负责订立保险合同并支付保险费。买方必须承担货物交付后的一切风险和任何额外费用。

如果需使用后续承运人将货物运至约定目的地，风险自货物交付给第一承运人时转移。CIP 术语要求卖方办理货物出口清关手续。其适用范围包括多式联运在内的各种运输方式。

按 CIP 术语成交，买卖双方有各自的基本义务。

（1）卖方的基本责任和义务：

1）办理出口清关手续，自费订立运输合同和保险合同，按期将货物交给承运人，以运至目的地，并向买方发出货物已交付的充分通知。

2）承担货物交付承运人以前的一切费用和货物丢失与损坏的一切风险。

3）向买方提交约定的单证或相等的电子信息。

（2）买方的基本责任和义务：

1）从卖方交付货物时起，承担货物丢失和损坏的一切风险。

2）支付除通常运费之外的有关货物在运输途中所产生的各种费用和卸货费。

3）在目的地从承运人那里接收货物，并按合同规定受领单据和支付货款。

CIP 与 CIF 有许多相同之处，二者的不同之处，主要是适用范围不同，CIF 仅适用于水上运输方式，而 CIP 则适用于任何运输方式。

《2020通则》中解释的其他5种贸易术语并不常用，故略去介绍。

综上所述，贸易术语是国际贸易发展到一定阶段的历史产物，它是用来表示交货条件和价格构成因素的专门用语，各种贸易术语的相继出现和具体运用，有效地促进了国际贸易的发展。在国际贸易业务长期实践的基础上逐渐形成了有关贸易术语的各种国际贸易惯例，这些惯例对各种贸易术语都分别作了具体解释，掌握这些解释的内容并了解各种贸易术语的运用，有着重要的实践和法律意义。

第四节　国际货物买卖合同

一、合同的基本条款

合同条款是买卖双方在交接货物、收付货款和处理履约争议等方面达成的协议，主要包括品名、品质、数量、包装、价格、运输、保险、支付、检验、索赔、不可抗力和仲裁等交易条件。由于这些交易条件的内涵及其在法律上的地位和作用各不相同，因此，掌握这些条件的基本内容并订好合同条款，具有重要的法律和实践意义。

（一）品名条款

国际货物买卖合同中的品名条款并无统一的格式，通常是在“商品名称”或“品名”的标题下，列明交易双方成交商品的名称，也可不加标题，只在合同的开头部分，列明交易双方同意买卖某种商品的文句。

在规定品名条款时，应注意以下事项：

（1）内容必须明确、具体，避免空泛、笼统的规定。

（2）尽可能使用国际上通用的名称，如使用地方性用语，交易双方应事先就其含义达成共识，对于某些新商品的定义及其译名应力求准确、易懂，并符合国际上的习惯称呼。

（3）注意选用合适的品名，以利于减低关税、方便进出口和节省运费开支。

（二）品质条款

商品品质是商品的内在质量和外观形态的综合反映。内在质量指商品的化学成分、物理性能及生物特征等；外观形态指商品的大小、形状、款式、颜色、造型等。

在国际货物买卖中，由于商品的种类、特点、质量标准及交易习惯不同，表示商品品质的方法有很多，概括起来主要有两种：以实物来表示和凭文字说明来表示。以实物来表示就是以成交商品或样品来表示商品的品质，具体有看货成交（sale by quality）和凭样销售（sale by sample）两种。凭文字说明来表示商品品质的方法，主要有凭规格买卖、凭等级买卖、凭标准买卖、凭商标或牌名买卖、凭产地名称买卖等。

品质条款的内容及其繁简，应视商品特性而定。

（三）数量条款

数量条款是合同中不可缺少的重要条件之一，是买卖双方交接货物的重要依据，因此，买卖双方应对数量条款做出明确、合理的规定。

1. 计量单位与方法

在国际贸易中，不同的商品需要不同的计量单位。常用的计量单位有6种：重量（Weight）、数量（Number）、长度（Length）、面积（Area）、体积（Volume）和容积（Capacity）。由于各国的度量衡制度不完全相同，以致同一计量单位所表示的数量不一。目前国际市场上常用的有公制、英制、美制和国际单位制。我国自 1991 年 1 月 1 日起采用国际单位制，但在国际贸易中仍可根据各国的需要和习惯，选用英制、美制或其他度量衡制度。

2. 数量条款的规定

买卖合同中的数量条款，主要包括成交商品的数量和计量单位。按重量成交的商品，还需明确计算重量的方法。数量条款的内容及其繁简，应视商品的特性而定。

（四）包装条款

包装是商品生产的继续。在国际贸易业务中，只有少数商品因其本身特点不需要包装，这类商品叫散装货或裸装货。大多数商品是需要包装的。

1. 包装的种类

在国际贸易中包装分两类，即运输包装（又称外包装或大包装）和销售包装（又称内包装或小包装）。

近年来，越来越多的国家普遍在商品包装上使用"条形码"，这不仅可以提高国际贸易传讯的准确性，而且有利于贸易双方及时了解对方商品的有关资料以及自己商品在对方的销售情况。我国于 1991 年正式加入国际编码协会，该会分配给我国的条码代号为"690"，此后我国出口商品都要标上"690"条码。

2. 包装标志

国际贸易的包装标志是为了便于运输、保管与交接，而在包装外部刷印特定记号、图形、文字、数字等，是为了识别货物，便于有关部门进行工作。

按包装标志的用途，可将其分为运输标志、指示性标志和警告性标志三类。其中，警告性标志是在易燃品、易爆品、有毒品、腐蚀品、放射性等危险品的运输包装上制作的标志。

3. 包装条款的规定

包装条款一般包括包装材料、包装方式、包装规格、包装标志和包装费用的负担等内容。在订立包装条款时，需要考虑商品特点和不同运输方式的要求，明确具体地商定包装条款，明确包装由谁供应和包装费由谁负担。

（五）价格条款

在国际贸易中，商品成交价格是买卖双方最关心的一个重要问题，价格条件是买卖合同中的主要条款之一，因此，订好合同中的价格条款，关系到交易双方的切身利益。

1. 进出口商品的作价办法

在国际贸易中，作价的方法多种多样，常见的有以下几种：

（1）固定价格，即在双方协商一致的基础上，明确规定具体的成交价格。这是国际上常见的一种做法。

（2）非固定作价，又称"活价"，适用于某些国际市场价格变动频繁的商品；或由于汇率动荡，交易双方可协商采用非固定价格，包括暂不固定价格、暂定价等具体方法。

（3）价格调整条款。在国际贸易中，有的合同除规定具体价格外，还规定了各种不同的价格调整条款，其目的是把价格变动的风险控制在一定范围之内，以提高客户经营的信心。

2. 佣金与折扣

佣金（Commission）是中间商为买卖双方成交而收取的手续费，即代为买卖的报酬。折扣（Discount）是卖方给予买方的价格减让。

3. 价格条款的规定

合同中的价格条款，一般包括商品的单价和总值两项基本内容。规定价格条款时，应合理地确定商品的单价，防止偏高或偏低，根据船源、货源等实际情况，选择适当的贸易术语，并灵活运用各种不同的作价办法，尽可能避免承担价格变动风险。

（六）装运条款

合同中的装运条款，一般包括运输方式、交货时间、交货地点、分批装运和转运、装运通知、装卸时间、装卸率、滞期费和速遣费，以及运输单据等内容。

1. 运输方式

国际贸易运输方式很多，可以分成三大类：海洋运输；铁路、航空、邮包和管道运输；集装箱运输、大陆桥运输、国际多式联运等。其中，最广泛使用的是海洋运输方式，我国进出口货运量的 80%是通过海洋运输的。

2. 交货时间

交货时间是指卖方按约定的地点和方式向买方交付货物的期限。在实际业务中应认真考虑货源情况、市场需求情况、船期、商品特点和气候影响等情况，把交货时间订得明确合理和切实可行。

3. 交货地点

交货地点与所采用的贸易术语有密切关系，由于目前国际贸易合同大多采用 FOB、CFR、CIF 术语成交，通常在合同中明确装运港和目的港。

4. 分批装运和转运

分批装运是指一笔成交的货物分若干批次先后装运。在大宗商品交易中，买卖双方应根据交货数量、货源、运输条件和资金等因素，在合同中规定合理的分批装运条款。

转运是指货物在运输过程中，从一种运输工具卸下再装上另一种运输工具的行为。在我国出口业务中，如由对方派船接货，此条款则不需要注明；如由我方租船订舱，应采取“准许转船”条款。

5. 装运通知

装运通知是装运条款中不可缺少的一项重要内容，不论按哪种贸易术语成交，交易双方都要承担相互通知的义务。应特别强调的是，买卖双方按 CFR 术语成交时，装运通知具有特殊重要的意义，卖方应在货物装船后，及时向买方发出装运通知。

6. 装卸时间、装卸率、滞期费和速遣费

装卸时间是指装货和卸货的期限，其规定方法有很多，其中使用最普遍的是按连续 24 小时好天气工作日计算。

装卸率指每日装卸货物的数量，应根据货物品种和有关港口的正常装卸速度来确定。滞期费是船方对延误完成装卸任务一方的罚款；速遣费是船方对提前完成装卸任务一方的奖金。按一般惯例，速遣费通常为滞期费的一半。

7. 运输单据

运输单据是承运人或其代理人收到发货人、货主的货物后，签发给发货人的书面收货单据。按不同的运输方式，运输单据有海运提单、铁路运单、航空运单、邮政收据、多式联运单据等。其中，铁路运单、航空运单和邮政收据不是代表货物所有权的物权凭证，是不可转让的单据；而海运提单既是货物收据，又是货物所有权的物权凭证，还是订立运输合同的证明。

（七）保险条款

国际货物运输保险业务，按照运输方式的不同主要分为海上运输保险、陆上运输保险（公路和铁路）、航空运输保险和邮包运输保险，其中业务量最大、涉及面最广的是海上运输保险。

国际海运保险业务中的风险主要有两类：海上风险和外来风险。海上风险又称海险、海难，包括自然灾害和意外事故；外来风险包括一般外来原因和特殊外来原因引起的风险。在进出口业务中，买卖双方为保护各自的权益，应当就风险及海损、保险级别、保险金额及保险费、保险单据等事项商洽并订定明确的条款。

（八）支付条款

按约定的条件支付货款是买方必须履行的一项合同义务。支付条款就是对买方如何完成这项义务而做出的具体规定，包括支付金额、支付货币、支付票据、支付方式等。

在实际业务中，通常情况下，支付金额就是合同规定的总金额，支付货币可以是外币，即对方国家货币或第三国货币，也可以是本国货币。在交易中选用何种货币计价、结算和支付，关系到交易双方的经济利益，所以一种货币的使用，不但要根据国家的方针政策，而且要考虑金融外汇市场的变动，特别要考虑使用货币本身的可兑换性和稳定性。

国际贸易中一般采用票据支付，支付票据主要有汇票、本票和支票，其中以汇票为主。支付方式包括支付时间、支付地点和支付方法。在国际贸易中，常用的支付方式主要有汇付、托收、信用证、银行保证书，分期付款、延期付款等。其中最常用的付款方式是信用证。在国际贸易中使用的信用证，一般是跟单信用证（L/C），即凭跟单汇票和所附单据付款的信用证。

（九）商品检验条款

进出口商品检验工作，就是对商品的品质和数量等进行检验和鉴定，以确定交货的品质、数量、包装等是否符合合同的规定。商检条款的内容主要包括：检验时间与地点、检验机构、检验证书、检验标准与方法等。

（十）索赔条款

索赔是指在进出口交易中，因一方违反合同规定，直接或间接地给另一方造成损失，受损方向违约方提出赔偿要求，以弥补其所受损失。一方对另一方提出的索赔进行处理，则是理赔。

索赔事件通常多发生在交货期、交货品质、数量等问题上，一般来说，买方向卖方提出索赔的情况较多。当然，买方不按期接运货物或无理拒付货款的情况也时有发生，为了便于处理这类问题，买卖双方签订合同时，应就索赔条件做出明确具体的规定。

（十一）仲裁条款

在国际贸易中，交易双方如果发生了贸易纠纷，可以采取协商、调解、仲裁或诉讼等方法解决。同诉讼相比，采用仲裁方式解决纠纷，程序较简单，费用较低，仲裁裁决是终局性的，解决问题较快，有利于交易双方业务的发展。故在进出口合同中，一般都订有仲裁条款。

仲裁条款主要包括仲裁地点、仲裁机构、仲裁程序、仲裁裁决的效力和仲裁费的负担等内容。其中，仲裁地点与仲裁所适用的程序及有关法律有密切关系，是交易双方极为关注的重要问题。在我国进出口合同中，对仲裁地点的规定有三种办法：多数合同规定在我国仲裁；有时规定在被告所在国仲裁；规定在双方同意的第三国仲裁。

仲裁裁决是终局性的，对双方当事人均有约束力。任何一方当事人不得向法院起诉，也不得向其他任何机构提出变更裁决的请求，如败诉方不执行裁决，则胜诉方有权向法院起诉，请求法院强制执行。

二、合同的签订

（一）合同生效的条件

买卖双方经由交易磋商就各项交易条件达成协议后，并不意味着此项合同一定有效。根据各国合同法规定，一项合同，除买卖双方就交易条件通过发盘和接受达成协议外，还需具备下列有效条件，才是有法律约束力的：

1. 当事人必须具有签订合同的行为能力

签订买卖合同的当事人主要有自然人或法人。按各国法律的一般规定，自然人签订合同的行为能力，是指精神正常的成年人才能订立合同，未成年人或精神病人订立合同必须受到限制。根据我国法律规定，除对未成年人、精神病人签订合同的能力加以限制外，对某些合同的签约主体还作了一定的限定。

2. 合同必须有对价或约因

对价是指当事人为了取得合同利益所付出的代价，这是英美法的概念。约因是指当事人签订合同所追求的直接目的，这是法国法的概念。按照英美法和法国法的规定，合同只有在有对价或约因时，才是法律上有效的合同，无对价或无约因的合同，是得不到法律保障的。

3. 合同的内容必须合法

许多国家对合同内容必须合法，往往从广义上解释，其中包括不得违反法律、不得违反公共秩序或公共政策以及不得违反善良风俗或道德三个方面。

4. 合同必须符合法律规定的形式

世界大多数国家，只对少数合同才要求必须按法律规定的特定形式订立，而对大多数合同，一般不从法律上规定应当采取的形式。但我国不同，我国签订的涉外经济合同必须以书面方式订立，否则无效。我国在参加《联合国国际货物销售合同公约》时，对公约中关于销售合同可以采用任何形式订立的规定提出了保留条件，即我国对外订立、修改或终止合同，必须采取书面形式，其中包括电报、电传。

5. 合同当事人的意思表示必须真实

各国法律都认为，合同当事人的意思必须是真实的意思，才能成为一项有约束力的合同。否则，这种合同无效或可以撤销。

（二）书面合同的签订

根据我国法律规定和国际贸易的一般习惯做法，交易双方通过口头或来往函电达成协议后，还必须签订一定格式的正式书面合同作为合同成立、生效和履行的依据。

1. 书面合同的形式

书面合同的名称，并无统一规定，其格式也繁简不一。在我国进出口业务中，书面合同的形式包括合同、确认书和协议书等，其中以采用合同和确认书两种形式的居多。从法律效力来看，这两种形式的书面合同没有区别，所不同的只是格式和内容的繁简有所差异。

在我国对外贸易业务中，合同或确认书通常都制作一式两份，由双方合法代表分别签字后各执一份，作为合同订立的证据和履行合同的依据。

2. 书面合同的内容

我国企业与外商签订的买卖合同，不论采取哪种形式，其内容通常都包括约首、基本条款和约尾三个部分。

约首部分，一般包括合同名称、合同编号、缔约双方名称和地址、电报挂号、电传号码等项内容。

基本条款是合同的主体，它包括品名、品质、规格、数量（或重量）、包装、价格、交货条件、运输、保险、支付、检验、索赔、不可抗力和仲裁等项内容。商订合同，主要是指磋商如何规定这些基本条款。

约尾部分，一般包括订约日期、订约地点和双方当事人签字等项内容。

为了提高履约率，在规定合同内容时，应当考虑周全，力求合同中的条款明确、具体、严密和相互衔接，且与磋商的内容一致，以利合同的履行。

三、合同的履行

（一）出口合同的履行

出口合同的履行，即卖方按合同约定交付货物或商品，移交一切与货物有关的单据和货物的所有权，买方按合同规定支付货款和收取货物。

我国出口贸易中，大多数交易是按 CIF 条件和信用证支付方式成交的，履行这类合同的程序，一般包括备货与报验、催证、审证与改证、租船订舱、报关、投保、装船、制单、结汇、索赔和理赔等环节。在这些工作环节中，以货（备货）、证（催证、审证与改证）、船（租船订舱）、款（制单结汇）环节最重要。

1. 备货与报验

为了保证按时、按质、按量交付约定的货物，卖方必须及时落实货源，备妥应交的货物，并做好出口货物的报验工作。

2. 催证、审证和改证

在按信用证付款条件成交时，买方按约定时间开证是卖方履行合同的前提条件，因此，出口方应结合备货情况做好催证工作，及时提请对方按约定时间办理开证手续，以利合同的履行。

在审证过程中，若发现信用证内容与合同规定不符，应区别问题的性质，作出妥善的处理。一般地说，如发现我方不能接受的条款，应及时提请开证人修改，在同一信用证上如有多处需要修改，应当一次提出。

3. 租船订舱、报关、投保

按 CIF 或 CFR 条件成交时，卖方应及时办理租船订舱工作。如系大宗货物，需要办理租船手续；如系一般杂货，则需洽订舱位。

出口货物在装船出运之前，需向海关办理报关手续。海关查验有关单据后，即在装货单上盖章放行，凭以装船出口。

凡按 CIF 条件成交的出口合同，在货物装船前，卖方应及时向中国人民保险公司办理投保手续。

4. 制单结汇

按信用证付款方式成交时，在出口货物装船发运之后，出口企业应按照信用证规定，及时备妥缮制的各种单证，并在信用证规定的交单有效期内交银行办理议付和结汇手续。在制单工作中，必须高度认真和十分细致，切实做到“单证相符”和“单单一致”，以利及时、安全收汇。

（二）进口合同的履行

由于进口货物的交货条件、运输方式、货款收付方式和其他成交条件不同，故进口合同履行的程序和各环节的内容也不尽相同。一般地说，我国进口业务，大多数是按 FOB 条件采用信用证付款方式成交的，这类进口合同履行的一般程序包括：开立信用证、租船订舱和办理保险、接运货物、审单付款、报关提货、验收与拨交货物等环节。

1. 开立信用证

买方开立信用证是履行合同的前提条件。因此，签订合同后应按规定办理开证手续。

2. 租船订舱和办理保险

按 FOB 条件签订进口合同时，应由买方安排船舶，如买方自己没有船舶，则应负责租船订舱或委托租船代理办理租船订舱手续，并及时将船名及船期通知卖方，同时，办理国际货物运输保险。

3. 接运货物

买方备妥船舶后，应催促卖方做好装船准备工作，督促对方履约，以利接运工作的顺利进行。

4. 审单付款

货物装船后，卖方即凭提单等有关单据向当地银行议付货款。当议付行寄来单据后，经银行审核无误即通知买方付款赎单。如经银行配合审单发现单证不符或单单不符，应分情况进行处理。例如：拒付货款；相符部分付款，不符部分拒付；货到检验合格后再付款；凭卖方或议付行出具担保付款。在付款的同时提出保留索赔权。

5. 报关提货

买方付款赎单后，一旦货物运抵目的港，即应及时向海关办理申报手续。经海关查验有关单据、证件和货物，并在提单上签章放行后，即可凭单提货。

6. 验收和拨交货物

凡属进口的货物，都应认真验收，如发现品质、数量、包装有问题，应及时取得有效的检验证明，以便向有关责任方提出索赔或采取其他救济措施。

综上所述，交易双方通过一定的法律步骤所订立的买卖合同，是对双方当事人均有约束力的法律文件，交易双方都应严格履行约定的义务。根据《联合国国际货物销售合同公约》规定：卖方的基本义务是，按合同规定交付货物，移交一切与货物有关的单据并转移货物所有权；买方的基本义务是，按合同规定支付货款和收取货物。在履行进出口合同过程中，如一方当事人违反约定的义务，另一方即有权要求损害赔偿或采取其他救济措施。

第五节　WTO 及其基本规则

一、WTO 概述

（一）WTO 的产生与发展

WTO 是世界贸易组织（World Trade Organization，世界贸易组织有时也被简称为“世贸组织”）的简称，于 1995 年 1 月 1 日建立并运行，其前身是 1948 年正式生效的关税与贸易总协定（GATT，简称“关贸总协定”）。WTO 是一个独立于联合国的永久性国际组织，是当今世界唯一负责制定和管理国际贸易规则的国际组织，是以互惠互利的多边和诸边协定与协议为基础，消除贸易歧视，促进成员经济贸易发展的国际多边贸易体制的法律基础和组织基础。总部设在瑞士的日内瓦。截至 2020 年 5 月，WTO 共有 164 个成员，24 个观察员。

建立世贸组织的设想是在 1944 年 7 月举行的布雷顿森林会议上提出的，当时设想在成立世界银行和国际货币基金组织的同时，成立一个国际性贸易组织，从而使它们成为二次大战后左右世界经济的“货币—金融—贸易”三位一体的机构。1947 年联合国贸易及就业会议签署的《哈瓦那宪章》同意成立国际贸易组织，后来由于美国的反对，国际贸易组织未能成立。作为《哈瓦那宪章》谈判的组成部分，许多国家参与了章程谈判，并于 1947 年签订了关贸总协定，作为推行贸易自由化的临时契约。1986 年关贸总协定乌拉圭回合谈判启动后，欧共体和加拿大于 1990 年分别正式提出成立世贸组织的议案，1994 年 4 月在摩洛哥马拉喀什举行的关贸总协定部长级会议正式通过《建立世界贸易组织的协议》，标志着世界多边贸易体制由“GATT 时代”迈入“WTO 时代”。

WTO 作为正式的国际贸易组织在法律上与联合国等国际组织处于平等地位。它的职责范围除了为关贸总协定原有的组织实施多边贸易协议以及提供多边贸易谈判场所和作为一个论坛外，还负责定期审议其成员的贸易政策和统一处理成员之间产生的贸易争端，并负责加强同国际货币基金组织和世界银行的合作，以实现全球经济决策的一致性。

世贸组织的最高决策权力机构是部长会议，至少每两年召开一次会议。下设总理事会和秘书处，负责世贸组织日常会议和工作。总理事会设有货物贸易、服务贸易、与贸易有关的知识产权三个理事会和贸易与发展、预算财政等委员会。

我国于 1947 年签署了联合国贸易与就业大会的最后文件，该会议创建了“关税与贸易总协定（GATT）”。但随后由于政权更迭，直到 1982 年 11 月，才获得 GATT 的观察员地位，能够出席缔约方的年度会议。1986 年 7 月 10 日，中国正式照会 GATT 秘书长，要求恢复在 GATT 的成员国席位，从而开始了长达 15 年的“复关”和“入世”谈判。2001 年 11 月 11 日，在世界贸易组织多哈会议上，中国正式签订了加入世界贸易组织议定书，根据中国法律规定，经全国人大常委会批准，由中国政府代表向世贸组织秘书处递交国家主席签署的中国加入世贸组织批准书。2001 年 12 月 11 日，中国正式成为世贸组织第 143 个成员。

（二）WTO 的基本原则

1995 年 1 月 1 日正式生效的《建立世界贸易组织协议》及其若干附件是 WTO 各成员在

制定国际贸易领域中有关货物贸易、服务贸易和知识产权的政策和做法时所必须遵循的一整套规则。为保障和促进成员之间进行平等、公正、互惠的贸易，避免贸易歧视和贸易摩擦，实现世界贸易自由化，世界贸易组织制定了一系列的贸易原则和规则。其中最基本的原则是：

1. 最惠国待遇原则

协议规定了成员之间应相互给予最惠国待遇，即成员之间进行贸易时彼此不能歧视，大小成员一律平等。某一成员提供给其他成员的任何利益、优惠、特权或豁免，都应立即无条件地给予全体世贸组织成员。

2. 国民待遇原则

某一成员的商品或服务进入另一成员领土后，应该享受与该国的商品或服务相同的待遇。在服务贸易领域，对国民待遇采用具体承诺的方式，即成员间在平等基础上通过谈判方式达成协议，根据协议在不同行业中不同程度地履行国民待遇等。

3. 市场准入原则

要求成员逐步开放市场，降低关税和取消对进口的数量限制，允许外国商品进入本国市场与本国产品竞争。这些逐步开放的承诺具有约束性，并通过非歧视贸易原则加以实施。

4. 促进公平竞争与贸易原则

各成员对外贸易不应该采取不公正的贸易手段进行竞争，尤其是不能以倾销和补贴的方式销售本国的商品。某一成员以倾销或补贴方式出口本国产品给进口国造成实质性损害时，进口国可以遵循一定的程序征收反倾销、反补贴税，但反对滥用反倾销和反补贴来达到贸易保护的目的。

5. 关税减让原则

关税和非关税措施是国家管制进出口贸易的两种常用方式。在 WTO 中，关税是唯一合法的保护方式。不断地降低关税是 WTO 最重要的原则之一。目前，关税的总体水平，发达国家大约在 4%以下，发展中国家为 10%左右。

6. 取消数量限制原则

数量限制是非关税壁垒中最常用的方法，是政府惯用的手段，常被用来限制进出口数量。WTO 倡导贸易自由化，主张取消任何非关税壁垒。

7. 透明度原则

贸易自动化和稳定性是 WTO 的主要宗旨，而实现这一宗旨，有赖于增强贸易规章和政策措施的透明度。因此，WTO 为各缔约方的贸易法律、规章、政策、决策和裁决规定了必须公开的透明度原则，其目的在于防止缔约方之间进行不公平的贸易。

8. 发展中国家优惠待遇原则

为了鼓励发展中国家发展本国工业和促进经济改革，世贸组织规定：发展中国家特别是贫穷的“最不发达国家”仍被允许有一段过渡期，并呼吁加快实施对这些国家出口商品的市场准入承诺及技术援助。WTO 还呼吁发达国家在同发展中国家的贸易谈判中，不要求对方对其做出的关税减让给予互惠待遇。

（三）WTO 的运行机制

WTO 作为一个正式的国际机构，为处理和协调成员国的多边贸易关系提供了一个重要的框架机制。乌拉圭回合达成的《建立世贸组织的马拉喀什协议》由本身案文的16条和4个附件所组成，其范围包括从农业到纺织品与服装，从服务到政府采购，从原产地规则到知识产权和投资的各个内容。协议本身就WTO的结构、决策过程、成员资格、接受加入和生效等程序性问题作了原则规定。而有关规范和管理多边贸易关系的实质性原则以及规范多边贸易竞争规则的实质性规定，均体现在4个附件中。这4个附件包括13个多边货物贸易协议，服务贸易总协定和知识产权保护协议（这三项构成附件一）、争端解决规则与程序谅解（附件二）、贸易政策审议机制（附件三）以及4个诸边协议（附件四）。

WTO的基本原则规定了在世界经济大赛场上每一个成员都必须遵守的基本“游戏规则”，贸易政策审议机制判定各成员的贸易政策是否与“游戏规则”吻合，争端解决机制为违背“游戏规则”造成的纠纷和对抗提供了有效的解决程序，而决策机制则明确了所有的“游戏规则”中谁说了算的问题，由此形成了一套完备的、积极有效的运行机制。

二、WTO关于货物贸易的基本规则

（一）关税减让规则

WTO全力主张其成员将关税作为唯一的保护手段。允许将关税作为保护手段，并不意味着成员可以随心所欲地使用这一手段。相反，“通过互惠互利的安排，切实降低关税和其他贸易壁垒”是多边贸易体制所确定的基本原则之一。从GATT到WTO都一直致力于削减关税。在 GATT 的前五轮谈判中，关税减让是谈判的唯一议题，经过多边贸易体制下的八轮谈判，全球关税水平逐步得到较大幅度的降低，从第二次世界大战后初期平均45%左右降到了5%左右，大大提高了市场准入程度。

（二）非关税措施规范

乌拉圭回合重新修订和充实了GATT体制下的有关协议，并制定了一些新的规则。WTO各成员将根据这一系列的管理非关税措施的协议来规范各自的非关税措施的使用。

1.《技术性贸易壁垒协议》

乌拉圭回合达成了《技术性贸易壁垒协议》，寻求确保技术规章、标准以及检验和认证程序不至于对贸易产生不必要的障碍。为防止太多差异，协议鼓励各成员使用适当的国际标准，但并不要求它们为此而改变其保护水平。

2.《进口许可程序协议》

许可证制度是各国政府常用的管理贸易尤其是进口贸易的一种重要行政手段，具有简便、有效的特点。乌拉圭回合达成了真正多边的《进口许可证程序协议》。该协议强化了使用许可程序的纪律和透明度要求，规定进口许可程序应简单、透明和可预见。

3.《海关估价协议》

如果海关对产品完税价格做出不合格估价，那将削弱甚至抵消税率削减的成果。WTO《海关估价协议》的目标就是为产品的海关估价制定一个公平、统一和中性的体制，一个既符合商业现实又禁止使用随意和虚假的海关估价的体制。

4.《原产地规则协议》

原产地规则是用于确定产品在哪里制造的标准，乌拉圭回合所达成的《原产地规则协议》

是有史以来第一个关于原产地规则的多边协议。该协议要求WTO成员应保证其原产地规则明确和透明，不会对国际贸易产生限制、扭曲和干扰，并以统一、一贯、合理的方式施行和管理这些规则。

5.《动植物卫生检疫措施协议》

《动植物卫生检疫措施协议》涉及食品以及动植物的卫生规定，承认政府有权采取动植物卫生检疫措施，但所有的措施必须以科学为基础，应该仅在保护人类、动植物的生命或健康的限度内实施，不应该在情况和条件相同或相似的成员之间实行武断和不正当的歧视。

（三）倾销与反倾销措施

1. 倾销的定义

反倾销是当代国际贸易最重要的法律规范之一。反倾销规则不仅反对以倾销作为不正当的国际竞销手段，而且也限制滥用“反倾销”措施作为贸易保护主义的手段。倾销最有权威的定义是关贸总协定第六条关于构成倾销的三个条件：①一国产品以低于正常价值的价格进入另一国市场内，则该出口产品被视为倾销产品；②该倾销产品对进口国相似产品工业造成实质性损害或产生实质性威胁，或实质性地阻碍某一相似产品工业的建立；③倾销与损害有因果关系。如果一国进入另一国市场的产品符合以上三个条件，进口国为了抵消或阻止倾销，可以对倾销产品征收不超过该产品倾销幅度的反倾销税。

2. 反倾销措施

根据关贸总协定第六条，反倾销措施是指当一进口产品被判定构成倾销后，缔约国为了抵消或防止倾销，采取对倾销的产品征收数量不超过这一产品的倾销差额的反倾销税措施。倾销差额则指进口产品价格与国内正常价值相比较所产生的价格差额，如果比较下来这个差额为50%，则可以对该进口产品征收50%以下的反倾销税。

（四）补贴与反补贴措施

当一进口产品的原产国生产企业或出口商接受该国中央政府、地方政府或其他非政府机构直接或间接的补贴，这种行为即构成进口产品的补贴行为。

目前国际上采用的反补贴措施主要是征收反补贴税。WTO反补贴协议对因补贴而使他方蒙受损失的确定及补贴的计算方法、对反补贴行为等都作了专门规定。如补贴产品的零部件出口到进口国后再组装，只需总成本中有70%以上为补贴产品零部件，即视为补贴产品，要征收反补贴税。

三、WTO关于服务贸易的基本规则

在乌拉圭回合多边服务贸易谈判中，经各方广泛讨论，最终签订了《服务贸易总协定》（GATS），在该协议中把服务贸易定义为过境提供、境外消费、商业存在和人员移动四类。这些项目都是各谈判方提出频率较高的项目。

（一）《服务贸易总协定》的基本原则

1. 透明度原则

该协议第三条对透明度原则规定：“除非在紧急情况下，每一参加方必须将影响本协议实施的有关法律、法规、行政命令及所有的其他决定、规则以及习惯做法，无论是由中央或是地方政府作出的，还是由非政府有权制定规章的机构作出的，都应最迟在它们生效之前予以公布。”从以上规定看，服务贸易透明度的原则与货物贸易透明度原则的要求基本一致。

2. 区别于货物贸易的逐步自由化原则

服务贸易的逐步自由化原则与货物贸易的全面自由化要求显然有所不同，这是发展中国家争取的结果。一是应将服务贸易谈判与货物贸易谈判分开，形成了独立的服务贸易总协议；二是应明确给予发展中国家在承担服务贸易义务上的差别待遇，以促进发展中国家服务贸易的发展，这点经讨价还价最后也基本被接受；三是作为让步，发展中国家接受“服务贸易逐步自由化”的原则。

3. 最惠国待遇原则

GATS 第二条对最惠国待遇原则作了规定：“有关本协议的任何措施，每一缔约方给予任何其他缔约方的服务或服务提供者的待遇，应立即无条件地以不低于前述待遇给予其他任何缔约方相同的服务或服务提供者。”但是本条规定不适用国际司法援助或行政援助以及边境贸易中的服务输出人。

4. 发展中国家更多参与原则

GATS 在第四条中规定，发达国家缔约方可通过协商承担具体义务，以提高发展中国家国内服务业的效率和竞争力等。这一原则规定与货物贸易的发展中国家区别待遇原则相比较，发展中国家在服务贸易中应当享有更多的区别待遇，以尽快提高国际服务贸易的整体水平。

5. 服务贸易的限制和禁止原则

GATS 在第十条紧急保障措施、第十二条对保障国际收支平衡而实施的限制、第十四条一般例外和该条附则中的安全例外等条款中，对缔约方在服务策划方面做出限制或禁止时的依据作了原则规定。

（二）国际服务贸易的具体义务规范

1. 市场准入

第十六条要求缔约方对服务贸易市场准入承担具体义务，对于总协议第一条提到的四种服务方式的市场准入——缔约方应根据自己承担义务计划安排中所同意的条件给予其他缔约方的服务或服务提供者以相同待遇。

2. 国民待遇

国民待遇内容是该协议第十七条的规定：在承担义务的服务部门或分部门中——缔约方在任何条件、资格以及影响服务提供的所有措施方面给其他缔约方的待遇不低于给予本国国民的待遇。

3. 争端解决

《服务贸易总协定》在第二十二条、二十三条中分别规定：在服务贸易协议执行中，若缔约方之间发生争端，双方应进行磋商；或在一缔约方请求下，由“缔约方全体”参与协调解决。

四、WTO 关于知识产权保护的基本规则

（一）TRIPS 的主要内容和基本原则

TRIPS 指 1993 年乌拉圭回合结束时签署的、1995 年 1 月开始生效的《与贸易有关的知识产权协议》，为成员国之间的贸易，包括商品贸易和技术贸易，提供了知识产权保护方面的最低要求，其宗旨是加强对知识产权实行有效和充分的保护，利用多边机制处理侵权行为。

1. 协议的基本原则

（1）成员应履行巴黎公约、伯尔尼公约、罗马公约和《关于集成电路的知识产权条约》。

（2）国民待遇。在知识产权保护方面，每个成员给其他成员国民的待遇不应低于它给本国国民的待遇，除非巴黎公约、伯尔尼公约、罗马公约中已分别有的例外规定。

（3）最惠国待遇。在知识产权保护上，某一成员提供其他国国民的任何利益、优惠、特权或豁免，均应立即无条件地适用于全体其他成员国民。

2. 协议中关于知识产权的效力、范围及利用标准

（1）版权与临接权。协议要求成员必须遵守伯尔尼公约的规定，该公约规定了国民待遇原则、自动保护原则和版权独立性原则。版权保护期限为自作品经授权出版的日历年年底计算不少于 50 年。

（2）商标。协议规定：任何能够将一企业的商品或服务与其他企业的商品或服务区分开的标记或标记组合，均应能够构成商标。商标的获得必须经过法定的注册程序。商标首期注册及各次续展注册的保护期，均不得少于 7 年，可无限次续展。协议还规定了对地理标志的保护，如某商品的特定质量、信誉或其他特征主要与该地理来源相关联。

（3）专利。协议规定对具有新颖性、创造性和实用性的一切技术领域产品或方法的发明可以授予专利，专利保护期为自提交申请之日起 20 年以上。专利权包括：制止第三方未经许可制造使用、提供销售，或为上述目的进口该专利产品或由该专利方法所直接获得的产品。此外，协议还规定对独立创作的、具有新颖性或原创性的工业品外观设计予以保护，保护期不少于 10 年。

（4）对集成电路的布图设计的保护。布图设计保护期为首次付诸商业利用起至少 10 年，或自布图设计完成之日起 15 年。

（5）对未披露过的信息的保护。该信息属于商业秘密，未被公开过；因为保密才具有商业价值；合法控制该信息的人，已采取了合理措施保密。各成员在反不正当竞争中，对此提供有效保护。

（6）对限制性竞争行为的控制。协议指出与知识产权有关的某些妨碍竞争的许可证贸易活动或条件，可能对贸易产生消极影响，并可能阻碍技术的转让与传播。成员方可采取适当措施防止或控制对知识产权滥用的问题，诸如独占性返授条件或强迫性的一揽子许可证。

3. 过渡安排

所有缔约成员可暂缓一年执行协议。除国民待遇、最惠国待遇外，发展中国家可以推迟 4 年执行协议。

TRIPS 是到目前为止世界上对知识产权保护最严格的国际条约。从长远看，它是世界大

市场的一部重要的公平竞争法，对人类社会物质文明的进步和公共道德的进步有十分突出的意义。在科学技术日益发达的未来社会，所有的国家将会受益于对知识的尊重和对知识产权的保护。

（二）其他保护知识产权的国际公约

1.《保护工业产权巴黎公约》

《保护工业产权巴黎公约》简称《巴黎公约》，是当今国际上在工业产权保护方面最重要的公约，于 1883 年 3 月 20 日在巴黎缔结。该公约成员国组成“保护工业产权同盟”，简称“巴黎同盟”，其目的在于保护各国国民在国外的工业产权。公约曾经过 6 次修改。公约的调整对象包括发明、商标、设计、厂商名称、产地标记、原产地名称以及制止不正当竞争等。主要内容有：

（1）关于国民待遇的规定，即缔约国必须给予其他缔约国家国民以与本国国民同等待遇。

（2）关于优先权的规定，申请人一旦提出专利申请或商标注册申请，便享有自申请之日起一定时期的优先权。

（3）专利权、商标权独立原则，一国有权根据本国的专利法或商标法作出判断和决定，不受其他成员国的影响。

（4）专利权的强制许可和撤销，如专利权无正当理由在一定时期内未付诸实施，或未能充分实施，公约的各成员国有权采取非独占性的强制许可措施。

（5）展览产品的临时保护。

（6）驰名商标的保护，各成员国应禁止他人使用相同或类似于驰名商标的商标。

截至 2022 年 7 月，该公约缔约方总数已经达到 179 个国家（或地区），我国于 1985 年 3 月 19 日成为成员国，并同时生效。

2.《保护文学艺术作品伯尔尼公约》

1886 年 9 月 9 日于伯尔尼签订，1887 年 12 月 15 日生效。《保护文学艺术作品伯尔尼公约》（简称《伯尼尔公约》）缔结后经过 7 次修改，现行有效的是 1971 年 7 月 24 日于巴黎修订的文本，共 38 条。其主要内容是：

（1）文学艺术作品，不论其表现形式如何均享受保护。

（2）确立三项基本原则：一是国民待遇原则，即不论是成员国还是非成员国作者的作品，首次在某成员国出版均享受成员国给予本国国民的作品相同的保护；任何成员国国民未出版的作品，在其他成员国享有同该国给予其国民未出版作品的同等保护；二是自动保护原则，即一成员国国民的作品不需办理任何手续即可在其他成员国受到保护；三是独立保护原则，即一成员国国民的作品，在另一成员国依该国法律受到保护，不受作品在原所属国保护条件的约束。

（3）作品的保护期限为作者有生之年加死后 50 年。此外，公约对文学艺术作品的各类作品所享有的专有权利作了比较详尽的规定。

截至 2021 年 3 月，共有 179 个国家和地区参加了该公约。我国于 1992 年 7 月 10 日正式加入该公约。

3.《世界版权公约》

1952 年 9 月在日内瓦召开的各国政府代表会议上通过，1955 年生效。该公约对版权保护对象、保护范围、取得保护的条件及解决争端、执行机构，以及关于翻译、复印他人作品等问题，作了具体规定。该公约与《伯尔尼公约》都承认双国籍国民待遇原则，并对版权所有人应享有的权利作了类似的规定。两者的主要区别是：

（1）前者规定受保护主体包括“作者和其他版权所有人”，而后者规定只能是作者本人。

（2）保护期限，前者规定为死后 25 年，后者为死后 50 年。

（3）作品保护内容和范围，前者只作原则性规定，后者具体规定了受保护作品的种类，并包括精神权利。

（4）取得保护的条件，前者规定必须在出版的作品上注明版权符号 C，后者实行自动产生版权原则。

（5）版权保护的追溯力，前者对此未加规定，后者规定对缔约国过去、现在和将来的版权均给予保护。

该公约由联合国教科文组织管理。1971 年 7 月在巴黎作补充修订。截至 2021 年 3 月，共有 85 个国家参加该公约。我国于 1992 年 7 月 30 日正式加入该公约。

五、中国加入世贸组织后经济及社会发展的变化

截至 2021 年年底，中国加入世贸组织已整整 20 年，中国的改革开放进入了新的历史时期。中国的 GDP 从 2001 年的约 1.3 万亿美元增长到 2021 年的 17.73 万亿美元，进出口总值从 2001 年的 4400 多亿美元增至 2021 年的约 6 万亿美元。这说明中国自加入世贸组织以后，更全面、更深刻地融入到经济全球化和世界贸易体系，综合国力不断增强，在世界经济贸易体系中的影响力也不断提升。具体来说，中国加入世贸组织后经济、社会发生的变化主要体现在以下几个方面：

（一）中国的对外贸易数量和质量都有了大幅提高，极大地促进了国内经济的增长和居民生活质量的提高

截至 2021 年年底，中国经济规模稳居世界第二。良好的经济环境使得中国连续 30 年吸收外资总额居发展中国家之首。对外贸易的发展也给城乡居民的生活带来了实惠，切实提升了国内民众的消费水平和生活质量。同时，国内逐步对外开放的产业不但没有被国际资本摧垮，反而在更大的竞争舞台上获得了更好的发展，如中国的汽车工业。

（二）资本市场的开放取得了突破性成效

资本市场的开放为中国经济发展提供了充足的资金来源，证券市场、保险市场以及银行业的对外开放，资本运营制度的逐步成熟，这都表明中国正在从资本大国走向资本强国。

（三）知识产权保护上升到国家战略的高度

加入世贸组织以来，为履行成员义务，中国不断加大知识产权的保护力度，并于 2008 年公布了《国家知识产权战略纲要》，2021 年发布了《知识产权强国建设纲要（2021—2035 年）》，把知识产权保护上升到国家战略的高度。此外，中国近 20 年来一直积极履行相关国际公约的义务，切实加大知识产权保护领域的执法力度，严厉打击和震慑了侵犯知识产权的违法犯罪行为。

（四）法制建设取得重大成就

加入世贸组织以后，中国的法制建设本着“自由贸易”和“和谐贸易”的导向进行了制

度改革和体系完善，一个能使中国本土企业与其外国竞争对手平起平坐的贸易救济法制环境初具规模，透明度和司法审查等先进的法治理念不仅落实到外贸法律制度中，而且深入中国其他的立法和执法实践中，从而在保障司法权力和制约行政权力方面发挥了独特的作用，推动了中国全方位的社会进步和制度文明。

（五）促进了中国经济的整体改革

入世后，为与世贸组织的规制接轨，中国进行了经济领域全方位的体制改革和制度创新，中国经济与世界经济的接轨越来越广泛和深入，外部经济力量进一步推动了国内经济体制的改革和体系的完善。世贸组织为中国经济的传统增长方式注入了新的活力，缓解了长期以来存在的结构性矛盾。中国加入世贸组织还在良性竞争、就业和引进技术等方面发挥了积极的作用。

（六）提升了中国在世界经济舞台上的地位和影响力

入世以后，中国积极履行各项承诺，广泛参与多边和双边的国际经济合作，利用 WTO 的规则发展与各成员的经贸关系，在不断推进本国经济社会发展的同时，也对建立世界经济一体化格局做出了积极的贡献，中国在世界经济和政治舞台上的地位和影响力也得到了显著提升。

第九章 商务沟通

第一节 商务沟通概述

沟通是一个人生存与发展所必需的基本能力，是与他人建立良好人际关系的重要手段，良好的沟通可以营造与人和谐相处的氛围。在社会生活中，沟通的实质也是一个自我完善、自我提高、自我监督、自我学习的过程。

一、什么是商务沟通

当今社会早已经脱离“两耳不闻窗外事，一心只读圣贤书”的自我封闭时代，人与人之间的接触更加频繁，人际关系也更加微妙和重要。在这种情况下，沟通就显得非常重要了。关于什么是沟通，《大英百科全书》给了我们一个非常正式的答案：沟通是用任何方法，彼此交换信息，即指一个人与另一个人之间以视觉、符号、电话、电报、收音机、电视或其他工具为媒介，从事交换信息的方法。我们也可以这么理解，沟通其实就是人与人之间使用语言、文字或其他方式交流信息和思想、表达情感以达成交际活动的双向互动过程。

商务沟通就是在商务活动中与客户、合作伙伴、管理者及竞争对手等的互动交流。人人都需要沟通，到公司需要和同事沟通，到商场需要和售货员沟通，在日常业务中需要与合作伙伴沟通。因此，可以肯定地说，沟通已经不再是一种简单的行为方式，而是一种生存方式。在商务活动中，不会沟通的人是举步维艰的。

二、为什么要进行商务沟通

沟通无处不在，无时不在。大到一个国家的管理，小到一个家庭的生活，无时无刻不需要沟通，在商务活动中更需要及时有效地沟通。商务沟通到底有多重要？举个例子来说，比如最简单的吃饭问题，去饭店点餐，只有和服务员进行沟通之后，对方才能知道你要吃什么。所以说，沟通是现代人生存的最基本技能之一。

除了在日常生活中常见的需要沟通的情形以外，在职场，我们经常要沟通的对象是领导、同事乃至陌生人，很多时候如果我们不能进行有效地沟通，就不能够了解对方，也无法建立起牢固、长久的人际关系，进而失去许多机会，导致自己无法与别人顺利地合作。

就商务沟通方式而言，无论采用语言沟通、文字沟通抑或是媒体沟通，它们都存在着一个共同点，那就是信息交换。只有通过沟通知道自己需要什么，了解对方需要什么，才可能决定自己应该做什么以及怎么做，才能让自己的利益最大化。比如，在一家企业中，如果不加强各部门之间的沟通，而是让“个人只扫门前雪，休管他人瓦上霜”的企业文化充斥整个公司，相信该企业在市场经济体系中也无法存活很久。

我们都不是生活在与世隔绝的孤岛上，保持良好的沟通协作关系，有助于在商务活动中获得成功。现实中大部分的成功者擅长和重视沟通，这是他们在工作中左右逢源的重要因素。

当然，因为疏于沟通惨败的例子也应该给我们以启示。

德国国家发展银行被人称为德国“最愚蠢的银行”，沦为全球财经人士的笑柄，被视为沟通失败的经典案例：

结算部经理德尔布吕克：今天是协议规定的交易日子，我没有接到停止交易的指令，那就按照原计划转账吧。

结算部自动付款系统操作员曼斯坦因：德尔布吕克让我执行转账操作，我什么也没问就做了。

信贷部经理莫德尔：我在走廊里碰到施特鲁克，他告诉我雷曼兄弟破产的消息。但是，我相信希特霍芬和其他职员的专业素养，一定不会犯低级错误，因此也没有必要提醒他们。

公关部经理贝克：雷曼兄弟公司破产是板上钉钉的事。我本想跟乌尔里奇·施罗德谈谈这件事，但上午要会见几个克罗地亚客人，觉得等下午再找他也不迟，反正不差这几个小时。

这就是缺乏有效沟通的结果，不良沟通不仅会招致个人失败，更导致了企业的重大损失。这家银行从领导到员工都想当然地预判了事情的发展趋势，没有人多些耐心去沟通确认，使得彼此掌握的信息不对称，造成无法挽回的结局。2008 年 9 月 15 日 10 时，具有 158 年历史的美国第四大投资银行——雷曼兄弟公司，向法院申请破产保护，消息瞬间通过电视、网络传遍地球的各个角落。令人匪夷所思的是，10 时 10 分，德国国家发展银行居然按照外汇掉期协议，通过计算机自动付款系统，向雷曼兄弟公司的银行账户转入 3 亿欧元，折合人民币 30 亿元。毫无疑问，这笔钱将是肉包子打狗有去无回。

转账风波曝光后，德国社会各界一片震惊。德国财政部长佩尔·施泰因布吕克发誓一定要查个水落石出，并严惩相关责任人。受财政部委托的一家法律事务所，很快进驻银行进行调查。调查报告很简单，只不过是一一记载了被询问人员在这 10 分钟内忙了些什么。其具体情况是：

首席执行官乌尔里奇·施罗德：“我知道今天要按照协议预先的约定转账，至于是否撤销这笔巨额交易，应该让董事会开会讨论决定。”

董事长保卢斯：“我们还没有得到风险评估报告，无法及时做出正确的决策。”

董事会秘书史里芬：我打电话给国际业务部催要风险评估报告，可是那里总是占线。我想，还是隔一会再打吧。

国际业务部经理克鲁克：星期五晚上准备带全家人去听音乐会，我得提前打电话预订门票。

国际业务部副经理伊梅尔曼：忙于其他事情，没有时间去关心雷曼兄弟公司的消息。

负责处理与雷曼兄弟公司业务的高级经理希特霍芬：我让文员上网浏览新闻，一旦有雷曼兄弟公司的消息就立即报告，现在我要去休息室喝杯咖啡。

文员施特鲁：10 时 3 分，我在网上看到雷曼兄弟公司向法院申请破产保护的新闻，马上跑到希特霍芬的办公室。当时，他不在办公室，我就写了张便条放在办公桌上，他回来后会看到的。

员工主动找其他人去进行有效沟通，事情一定不会发展到如此糟糕的地步。

三、自信是良好沟通的基础

沟通不是一个人就能完成的事情，它是需要一个人和另一个人或一些人互相配合、共同达成的交流活动，而决定沟通是否顺畅的重要条件就是你是否拥有敢于沟通的自信。

自信是在正确认识自己的基础上，了解自己的优点和不足并能够愉快地接纳自己的心理状态。相信自己的能力和才干，是一种积极健康的心理品质，自信在很大程度上能够左右一个人做事情的结局。缺乏自信是一种自我贬低，对自己不信任的消极心态，因此在沟通中不能够真诚、自在地表达自己的感受，这对于沟通效果是有很大影响的。

沟通的开始就在于“敢与不敢”。敢于沟通便会为以后的行动打下一个好的基础，只有敢于去做、坚信自己能够做好，才有把事情做好的动力和希望。

在和别人进行沟通的时候，我们往往会有这样的体会：如果你缺乏信心，就会在说话的时候因为自我怀疑而底气不足，说出的话唯唯诺诺，这样对方就会觉得你没有足够的能力，于是就会在沟通的时候处于被动地位，和自己想要的满意结果也渐行渐远；相反，如果有着强烈的自信，坚信“我能行”，那么就会在沟通的过程中显得底气十足，让对方感觉到你有做好这一件事情的能力，这样就会在沟通中处于有利地位，就能离自己的目标越来越近。

我们要知道：一个人即使有着非凡的天赋和能力，如果没有勇气来表现，那就会如同夜里的太阳一样，虽然真实存在，但却没有人能够感受到。所以有没有自信去沟通，对于人际交往至关重要，这往往会左右一个人的人生轨迹。

自信的人果断、勇敢，总能恰当地把握机遇和别人进行有效沟通，从容自如地表达自己的想法，建立和谐的人际关系。在通往成功的道路之上，会有很多艰难险阻和绊脚石，有没有搬开绊脚石的能力固然重要，而是否敢于尝试去搬开更加具有决定性的意义。所以，不要让胆怯成为与他人沟通的最大桎梏，搬开这块“顽石”，你就会成为“交际家”。在沟通中树立自信比较好的做法有很多，比如勇敢地说出和实施自己的想法和主张，尊重自己的话语权，然后尽一切可能去影响上司、同事、下属或客户，用自己的言行说服他们，形成一种互动的、集体的自信心。

著名企业家李开复在刚入微软时也并不是很自信，见到比尔·盖茨也会紧张，担心自己说错话。如何建立自信，他也苦恼过，然而善于把握机遇的他，最终很好地解决了这个难题。

有一次，比尔·盖茨召集十多个人开会，要求每个人轮流就公司进行改组一事发言。对于改组这个问题，李开复的看法和比尔·盖茨不同，轮到李开复发言时，他大胆地说：“在我们这个公司里，员工智商比谁都高，但是我们的效率比谁都差，因为我们整天改组，而不顾及员工的感受和想法……”

李开复说完之后，大家鸦雀无声。会后，很多同事给他发电子邮件表达了对他的自信和大胆的佩服。后来，比尔·盖茨不但接受了李开复的建议，改变了公司此次的改组方案，并在与公司副总裁开会时引用了他的话，劝大家开始改变公司的文化，不要总是陷在改组中，造成公司的智商相减。

从此，李开复再也不惧怕在任何人面前发言了，他在任何人面前都拥有了同样高度的自信。

我们都生活在同样的世界，不同的只是对待这个世界的心态和看法。在这个瞬息万变的越来越强调人际交往和互动的现代社会里，凭着默默做事就想脱颖而出获得成功，似乎越来越不可能了。只有自己昂首挺胸保持坚定的自信心，才有机会获得职场的成功和人生的幸福。

自信和有效沟通往往是相辅相成的。每个人都喜欢和自信的人交往，因为自信的人身上有一种感染力和号召力，与自信的人交往能在不知不觉中受到感染。所以，自信是达到良好沟通目的最重要因素。自信的人更容易和别人更好地沟通，而良好的沟通也更能提升人的自信心。这样的相互影响往往就会形成一种良性循环，使人在社会交往中无往而不利。

【知识链接】

实现有效沟通的基本步骤

1. 事先准备。最重要的是要有一个目标。只有双方有共同的目标，沟通才更易成功。
2. 确认需求。通过倾听，确定对方的需求。
3. 阐述观点。不要直接表达观点，可以先说明其带来的好处，最后引出你的观点。
4. 处理异议。若遇到异议，可利用对方观点中对自己有利的部分，说服对方。
5. 达成协议。双方终于达成一致，是沟通成功的标志。

第二节 商务沟通的途径及方法

为了使商务沟通活动更有效，让信息可以更顺畅地传递和交流，必须采取一定的形式和方法来表达和承载这些信息。因此，提升商务沟通的效果，应从选择恰当的沟通方式开始。

一、商务沟通的三种方式及注意事项

信息技术的发展、网络的普及带来了沟通的便利，让众多信息化的新沟通方式出现，包括短信、彩信、电子邮件、即时通信、视频会议等。这些方式打破了时间和空间的限制，被越来越多的企业所应用。沟通的方式归纳起来主要是以下三种：语言沟通、书面沟通、非语言沟通。

（一）语言沟通

语言沟通，即日常所说的交谈，是一种直接和简单的沟通方式，它是指信息发出者通过说话的方式将信息传递出去，而信息接收者通过听觉来接收信息后做出反馈的过程。

语言沟通一般比较方便、直接，所以比较常用，但语言沟通也受语言种类、沟通双方自身条件不同等一些因素的影响。在语言沟通的过程中，要掌握好听、说、问三个环节的技巧。

1. 听

（1）注意倾听对方的谈话，不要干别的事情。

（2）听人说话过程中，尽量不要打断对方。

（3）倾听时，可以在对方停顿时偶然加入自己的话回应，以示专注。例如“是这样吗？”“好极了！”等。

（4）可以适当地重复对方说过的话，以示重视或赞同。

2. 说

（1）恰当地称赞对方，可使对方乐于继续交谈。

（2）语言沟通是有来有往的双边或多边对话，不要只顾自己喋喋不休。

（3）说话要生动、具体、活泼、明了，不要含糊不清。

（4）交谈的中心不要只围绕自己或自己感兴趣的事情，可以说一些共同的体验，以便架起沟通的桥梁。

（5）说自己的缺点，可以增加对方对你的信任。听到对方的称赞不要喜形于色，更不可骄傲自夸。

3. 问

（1）提出的问题要能吸引对方，要具体，不要太抽象。

（2）提问要引起对方的注意和兴趣。

（3）对自己没有把握或拿不准的问题，可以以提问的方式引导对方说出结论。恰当的反问可以使交谈更加深入。

（二）书面沟通

书面沟通是指信息发出者通过书面形式将自己所要表达的信息呈现给信息接收者，信息

接收者接收信息后做出反馈的过程。书面沟通与语言沟通相比，既可以永久保存，又能够传递复杂的商务信息，且信息传播不受时间、地点等的限制。因此，书面沟通有时可以起到比语言沟通更好的效果，沟通者觉得面对面没有办法进行沟通，或者用语言沟通会产生障碍时，就可采用书面沟通的方式。在现代社会，书面沟通已成为一个组织内部或组织与组织之间沟通的主要形式之一。

书面沟通的形式包括信件、报告、备忘录、经济运行分析报告、市场调查报告、公告及其他传递书面文字或符号的手段。能够正确而有效地使用书面沟通方式，对树立一个人或一个组织的良好社会形象起到积极的作用。

（三）非语言沟通

非语言沟通，是信息发出者通过身体动作、体态、语气、语调、空间距离等方式传递信息给信息接收者，信息接收者通过视觉、听觉、嗅觉、触觉等接收信息并做出反馈的过程。与前两种方式相比，采用这种沟通方式，信息发出者很可能是在无意识状态下发出信息的。

1. 头部语言

头部语言是运用头部动作、姿态来交流信息的非语言符号。点头和摇头是最基本的头部动作。点头表示同意、肯定或赞许，摇头表示反对、否定或批评。

2. 面部表情

面部表情基本上可以分为惊讶、害怕、生气、厌恶、伤心等。沟通时，应尽可能正确地判断对方面部表情所代表的情绪。微笑作为世界通用的语言，表示友善，愿意与人交往，是最富有吸引力、最有价值的面部表情。

3. 眼神接触

眼睛是心灵的窗户，眼神交流是沟通的重要内容。眼神接触能有力地表示出个人的态度，如服从、胆怯、愤怒。眼神接触要自然，不要过度频繁接触或逃避对方眼神。

4. 身体姿势

身体姿势在沟通中也非常重要。双手交叉或双腿并拢，都是封闭式的姿势，表明心情紧张或没有兴趣和别人交往；双手不交叉，双腿微微张开，都是开放式的姿态，表明心情放松，而且愿意和对方保持交往；面向对方并向前微倾是非常重要的姿势，以示敬意和投入。

5. 手势

说话时配合适当的手势，可以增强感染力。但要注意手势运用宜自然，不要太夸张，过多的手势语和幅度过大的手势，往往会给人造作之感，而且也容易被对方曲解。

6. 声线

声线包括语调、声量、清晰程度及流畅程度。语调要恰当，并且高低抑扬，给人以亲近感。声量要适中，不要过大或过小，大声令人产生凶恶的感觉，而声音太小会让人听不清楚。说话尽量要清晰、流畅，不要过于简略或含糊。

7. 形象语言

形象语言，指通过相貌、穿着等来传递信息、表达情感的非语言符号。作为一种非语言符号，形象语言具有交际功能，能够表明主体的身份、地位和职业，而且可以表现情感和价值观念。衣着得体是形象语言的基本要求。

【知识链接】

书面沟通文书撰写注意事项

1. 信息全面，格式规范，正确使用标点符号。
2. 用词准确，表达清晰，行文语气得当。
3. 内容简短，尽量使用短句，避免使用太过冗长的句子。
4. 段落分明，将最重要的段落或句子写在最显眼的位置。

二、商务沟通的技巧

（一）否定对方有技巧

要想否定对方，首先应肯定对方，在沟通时要让对方先走下台阶。

在商务沟通中，如果不同意对方的观点，提出反对意见时，应首先肯定对方观点中的正确部分，再指出对方观点所带来的消极影响，因为每个人都是有自尊心的，一味地否定对方，只能使对方产生逆反心理，不利于沟通的有效进行。

（二）引起沟通对象的兴趣

在商务沟通时，应关注对方感兴趣的话题，不要触及对方不感兴趣甚至是想回避的问题。只有寻找对方感兴趣的话题，才能与对方进行顺畅的沟通，才能达到自己的目的。这才是沟通的最高境界。有这样一个故事：

某电器公司的约瑟夫・韦伯在宾夕法尼亚州一个富饶的荷兰移民地区进行了一次考察。

“为什么这些人不使用电器呢？”经过一家管理良好的农庄时，他问该区的代表。

“他们一毛不拔，你无法卖给他们任何东西。”那位代表回答，“此外，他们对公司火气很大。我试过了，一点儿希望也没有。”

也许真是一点希望也没有，但韦伯决定无论如何也要尝试一下，因此他敲开了那家农舍的门。门打开了一条小缝，屈根堡太太探出头来。

一看到那位公司的代表，她立即就把门砰的一声关起来。韦伯又敲门，而这次，她把对公司的不满一股脑儿地说了出来。

“屈根堡太太，”韦伯说，“很抱歉打扰了您，但我们来这里不是向您推销电器的，只是要买一些鸡蛋。”

她把门开大了一点儿，怀疑地看着韦伯他们。

“我注意到了您那些可爱的多明尼克鸡，我想买一打鲜鸡蛋。”

门又开大了一点儿。“你怎么知道我的鸡是多明尼克鸡？”她好奇地问。

“我自己也养鸡，说实话，我从来没见过这么棒的多明尼克鸡。”

“那你为什么不吃自己的鸡蛋呢？”她仍然有点儿怀疑。

“因为我的鸡下的是白壳蛋。当然，你知道，做蛋糕的时候，白壳蛋是比不上红壳蛋的，而我妻子以她做的蛋糕而自豪。”

到这时候，屈根堡太太的戒备心理小多了，也温和多了。韦伯乘机四处打量了一下，发现农舍里有一间很好看的奶牛棚。

韦伯找到了话题，“事实上，屈根堡太太，我敢打赌，你养鸡所赚的钱，比你丈夫养乳牛所赚的钱要多。”

这下她可高兴了！她兴奋地告诉韦伯，她真的比她的丈夫赚钱多，但她无法使那位顽固的丈夫承认这一点。

她邀请韦伯一行参观她的鸡棚。参观时，韦伯注意到她安装了一些各式各样的小机械，于是他积极地称赞这些做法，还介绍了一些掌控温度的方法，并向她请教了几件事。他们高兴地交流了一些经验。

不一会儿，屈根堡太太告诉韦伯，附近一些邻居在鸡棚里装设了电器，据说效果很好。她征求韦伯的意见，想知道是否真的值得那么做。

两个星期之后，屈根堡太太的那些多明尼克鸡就在电灯的照耀下了。

韦伯推销了电器设备，屈根堡太太得到了更多的鸡蛋，两者皆大欢喜。

韦伯能够成功地说服这位倔强的老人，所用的技巧就是在沟通时利用对方感兴趣的话题——养鸡，然后采取一步步诱导的方法，而每次诱导都让这位老人感到他充满了诚意，以至于到最后能够成功地完成任务。

从这个案例中我们可以得出这样的结论：首先，我们不妨把说服他人看作是一个总体的大目标，可以把这个大目标分割成一个一个的小步骤，最终的结果就是要达到说服他人的目的。其次，要想打开顾客的心扉，需要采用巧妙的沟通方式，在沟通时，应关注对方感兴趣的话题，围绕话题向着自己的目的进发。

（三）逐层递进，比单刀直入效果更好

沟通最常见的技巧就是诱导。这样的沟通往往会比开门见山、单刀直入的效果要好得多。所谓诱导，就是有次序、有耐心地引领着对方的思路，让对方逐步明白和理解。说服别人最重要的就是要让对方心里接受。如果想要使自己的说服对象在心里赞成自己所说的，诱导就是一个不可缺少的环节。

我们在说服别人的过程中一定不能有盛气凌人的态度，不要把自己摆在一个非常高的位置上，如果用这样的态度来说服别人，想达到目的非常难。我们不妨从一个对方也认可的话题开始，逐步地引入正题，每一个步骤都要分清楚。但是一定要知道，诱导一定要带着诚意，如果没有诚意，对方会很快就发觉，那么诱导就失去了应有的功用。

（四）幽默的人更容易沟通

得体的幽默是一种有利于人际交往的艺术，它会使你显得更加随和，不会让人产生距离感；善于运用幽默的语言艺术也可以让你的气质显得更加与众不同，同时也会让别人觉得和你交往是一件很快乐的事情，在沟通过程中也更容易赢得别人的理解。关于幽默艺术有一个经典的案例：

启功先生是我国著名的书法家，早在20世纪70年代末向他求学、求教的人就已经很多了，以至于先生住的小巷终日不断脚步声和敲门声。有一次，先生患了重感冒起不了床，又怕有人敲门，就在一张白纸上写了四句："启功冬眠，谢绝参观，敲门推户，罚一元钱。"来客看了会心一笑，便不再打扰他老人家休息。

先生虽然身体不适，但仍不失幽默。此事被著名漫画家华君武先生知道后，华老专门画了一幅漫画，并题云："启功先生，书法大家。人称国宝，都来找他。请出索画，累得躺下。大门外面，棉帜高挂。上写四字，熊猫病了。"（据考证另有一字条"熊猫病了，谢绝参观"，作者另有其人。）

这件事后来又被启功先生的挚友黄苗子知道了，为了保护自己的老朋友，遂以"黄公忘"的笔名写了《保护稀有活人歌》，刊登在《人民日报》上，歌的末段是："大熊猫，白鳍豚，稀有动物严护珍。但愿稀有活人亦如此，不动之物不活之人从何保护起，作此长歌献君子。"呼吁人们应该真正关爱老年知识分子的健康。

启功先生因为身体原因实在支撑不住，但访客不断，如果直接拒绝又不符合自己为人处世的原则，才采用了幽默的方式委婉地表达自己暂时谢绝访客的本意，让人很容易理解并接受。因此，在人际交往过程中，不同的沟通方式给人的感受是不同的，艺术、幽默、优雅地处理更能得到别人的理解。

人们常说“商场如战场”，听起来商场是十分紧张残酷的。但是我们能否同样以轻松的心态从事商务活动？当然可以！因为幽默代表了一个人乐观的处世态度，幽默的人心胸会更加宽阔，而善于制造幽默气氛的人往往能反映出自己开朗、自信和智慧的个性，也就能在与别人的交往时更加得心应手。英国幽默作家伍德豪斯说过：“可以使人开怀大笑的，就是幽默！”幽默是一种人际关系的润滑剂，它能减少人与人之间的摩擦，拉近人和人之间的距离，幽默能使人际关系变得更加简单，也能让人更容易地获得更多的朋友，在商务活动中赢得更多的机遇和成功。

（五）通情达理，引起对方的共鸣

在商务活动中需要说服的对象有可能是顾客，也有可能是合作伙伴，或其他的对象。而在说服的过程中随时会发生意外，这时就需要一定的技巧，否则就难以达到理想的说服效果。

我们知道，人是感情动物，在表达自己的意见时，有时光有理性的力量还不够，往往很多说服方式起不到良好的效果，这时候，用感情来感化对方未尝不是一个可行的方式，真挚的情感更容易打动人，说服人。如果能引起对方的共鸣，相信说服对方就应该不是什么难事，因为在对方的心里已经和你的观点一致了。

（六）沟通需要良好的品德作保障

沟通并不是仅仅停留在表面的。每个人在沟通时也在用心观察对方，所以沟通也是一种心灵的交往。既然沟通是心与心的交流，就要以良好的品德素质为基础，这样才能进行正面的、积极的沟通。

一个在品德上有问题的人，常常不懂得如何正确进行沟通与合作，也不知道成功的沟通与合作所带来的巨大成果，在他的心里永远把自己的利益放在最前面，往往不会知道“小不忍则乱大谋”的道理，总是在重复着贪小失大的结局。

如果在商务沟通中能够坚守一定的道德底线，就能够在保障双方利益的条件下最大限度地满足各自的利益，也就能把双方良好的沟通和合作继续保持下去。所以，真正聪明的人永远不会做竭泽而渔、杀鸡取卵的事。

一个真正懂得沟通与合作的人，不会计较个人小利，并能够准确地判断对方的利益所在，尽可能维护对方的利益，而不会为了一己私利而置对方的利益于不顾。只有这样，才能保持长久而稳定的合作关系，自己也才能得到更大的利益。

沟通就是为了双赢，双赢就是在沟通中要考虑到自己和对方的利益，让双方都能各取所需。我们已经知道，沟通原本的意义是要达到自己所要追求的目的，但是，在沟通中如果只想着自己的利益和目的，往往不会取得好的结果，甚至连自己应该得到的利益也会失去。

（七）运用同理心，感同身受，了解沟通对象

想要与人沟通，最不能忽视的一个环节就是投其所好，以心换心。每个沟通对象都有一定的理由来拒绝你，但是如果我们能站在对方的立场上分析问题的话，就能让对方觉得你是为他着想了的。而想要做到这一点，就要多了解对方的性格、想法等，正所谓“知己知彼，百战不殆”，唯先知彼，方能从对方立场上考虑问题，才能取得说服对方的预期效果。

当你要说服别人时，必须先了解他人，充分站在对方的角度，感同身受，体会了解，并产生、运用同理心。在这之前，你需要了解以下情况：他人的意见和想法；他人的需求；他人接受你的意见、方案，响应你的主张的能力；他人的性格特征；他人接受你意见的方式等。

同理心是站在对方立场思考问题的一种方式，是一个人人格成熟和社会化的标志，是满足人的社会性生活方式的需要。同理心饱含温暖与关爱。拥有了同理心，也就拥有了感受他人、理解他人行为和处事方式的能力。在说服别人的时候，只有建立了同理心的思考模式，说服才会有良好的效果。有了同理心，你不仅可以知道对方明确表达的内容，还能够更深入地理解并把握对方隐含的感觉与想法。因此，同理心可以成为你与他人顺畅沟通的心理桥梁。

【知识链接】

提高同理心的 10 条建议

1. 重视他人的感情、欲求、愿望。
2. 学会耐心听完他人的意见，即使你不赞同；听对方说完，问清楚不懂的地方再下定论。
3. 在路上、餐厅、公共汽车上观察人的表情、动作，推测其心理状态。
4. 不是光凭外表来看一个人，更重要的是知道那个人的基本精神状态，这可由交谈得知。
5. 看电视、电影时关掉声音，想象剧中人物说什么。注意他们的情绪和口形。
6. 和别人讨论事情遇到对方意见与自己的完全不同时，要想想个中原因。
7. 弄清楚为什么自己在某些状况下会有特定的反应，了解自己的行为背景，有助于理解别人。
8. 如果你讨厌一个人，找出充足而合理的理由。
9. 判断一个人，多收集对方的个人资料。明白他（她）为人处世的道理，才能做出正确的判断。
10. 不要忘记：所有人都会有情绪失控的时候，也会受到心情的影响，尽量不受干扰地判断一个人。

（八）态度鲜明，恰当的沟通才有说服力

在与别人沟通的时候，态度是非常重要的，无论是善意地劝阻还是说服对方改变初衷，对方对你的态度都会持一定的警惕心。因此，决定能否顺利地说服对方的关键点就在于劝说者在劝说时的态度。

表明自己的态度，会让对方知道双方之间的问题关键所在。对于一些不能退步的问题，要尽量表明自己的态度和立场。只有在表明了自己的立场和态度的时候，才能更加有说服力。有这样一个故事：

有一位名叫罗斯恰尔斯的犹太人，在耶路撒冷开了一家名为“芬克斯”的酒吧。酒吧的面积不大，三十多平方米，但它却声名远播。

有一天，他接到了一个电话，那人用十分委婉的口气和他商量说：“我有十个随从，他们将和我一起前往你的酒吧。为了方便，你能谢绝其他顾客吗？”

罗斯恰尔斯毫不犹豫地说：“我欢迎你们来，但要谢绝其他顾客，不可能。”

打电话的不是别人，是美国前国务卿基辛格博士。他是在访问中东的议程即将结束时，在别人的推荐下，才打算到“芬克斯”酒吧的。

基辛格后来坦言告诉他：“我是出访中东的美国国务卿，我希望你能考虑一下我的要求。”罗斯恰尔斯礼貌地对他说：“先生，您愿意光临本店我深感荣幸，但是，因您的缘故而将其他人拒于门外，我无论如何办不到。”

基辛格博士听后，摔掉了手上的电话。

第二天傍晚，罗斯恰尔斯又接到了基辛格博士的电话。首先他对昨天的失礼表示歉意，并说明天打算带三个人来，只订一桌，并且不必谢绝其他客人。

罗斯恰尔斯说：“非常感谢您，但是我还是无法满足您的要求。”

基辛格很意外，问："为什么？"

"对不起，先生，明天是星期六，本店休息。"

"可是，后天我就要回美国了，您能否破例一次呢？"

罗斯恰尔斯很诚恳地说："不行，我是犹太人，您该明白，礼拜六是个神圣的日子，如果经营，那是对神的玷污。"

这个小酒吧连续多年被美国《新闻周刊》列入世界最佳酒吧前15名。罗斯恰尔斯的这种做法是很正确的，他的态度从来就没有因为对方的身份而改变过。他始终用自己一贯的态度来说服基辛格，而这也的确取得了良好的效果。

可见，说服别人的重点就在于自己的态度。在商务沟通中，自己的态度一定要鲜明，但强硬中却不失和善，据理力争而又不太过分。在说服别人的过程中即便占尽了道理也不咄咄逼人，是避免把事情搞僵化的必要手段。如果能够给对方留下一个真诚而充满善意的态度，那么进行下一步的沟通也就不会是什么难题了。

（九）商务沟通中的拒绝也是一门艺术

在商务活动中，很多时候拒绝他人是在所难免的，而怎样来拒绝他人又能让对方接受是一个非常棘手的问题。拒绝别人也是一门艺术，只有掌握了恰当的方法，才能既达到预期目的，同时也不至于让对方感到没有面子。下面就对商务沟通中的拒绝艺术进行一些分析。

1. 直言不讳，给人真诚的感受

直言不讳指跟对方直接说明真实的情况。在拒绝对方时闪烁其词，往往会引起对方的反感和误会，倒不如直接和对方说明自己的处境，这样还能保持和对方的良好关系。有时，直言不讳会让对方感觉到非常没有面子，但是有时却会让对方有"你很真诚"的感受，如何掌握这个分寸是至关重要的。有这样一则案例：

2008年，在上海的一家大型制造企业的会议室中，正在紧锣密鼓地进行着一场关乎公司前途和命运的会议。由于在中国的各个省份中的资金已经被套牢，公司总裁临时决定从美国友公司借贷一笔巨额款项来进行自己新产品的研发，这种新产品的主要销路恰恰是美国。总裁的意思是，可以用这种新产品的销售权来换取贷款。公司的主要中层领导都参加了会议，虽然大多数人支持这种观点，但是仍然有不少人对经济形势表示担忧，并且反对这样的一种冒险计划，而主管财务的副总经理李长福就是其中最坚定的代表。

眼看领导即将犯大错误，李长福决定把自己的统计表给领导看看。总裁仔细看过统计表后问："我们的生产能力只有这些？"李长福答："只有这些。""为什么不多造一些呢？""没有原料，也没有资金。""可以向美国买一点原料。""但是，我们的资金有问题，这您是知道的，而且如果现在就向美国借贷的话，等贷款下来了，我们的最佳时机已经过了。况且，如果我们不能做出一个好的样品和成绩，美国方面也不会爽快地答应贷款给我们。还有一点就是，虽然这个项目是非常好的，但是如果我们经营不善的话，受到的风险和损失会更大。"

公司总裁碰了一个又一个不冷不热的软钉子，迫使他不得不开始重视这些事实，只好自己搭梯下台："这个……这个问题，你们先回去研究一下，明天把研究结果告诉我。"

这个问题拖了很长时间，第二次见面的时候，公司总裁请李长福坐了下来，拍着李长福的肩头说："多亏了你敢于直言！如果我们向美国借款的话，麻烦就大了。就在昨天，美国的华尔街股市崩盘，他们已经自顾不暇了！我上次的决策让咱们公司在泥坑边上走了一圈，是你又把公司从那个是非之地拉了回来，避免了我们一不小心掉到泥坑里去！"

拒绝本身其实是一件再正常不过的事情，只要处理得当，就不会伤害相互之间的关系。

正如以上案例里的这位副总经理，面对上司的不当决策，不卑不亢、直言不讳地据理反驳而不盲从，并且针对公司的情况对于不切合实际的决策与上司进行了坦诚的沟通，才使公司避免了一次重大损失。这么做不但达到了拒绝的目的，而且体现了自己的一片赤诚，而上司也没有因为下属拒绝了自己而感到不高兴，反倒对如此有责任心的下属另眼相看。

所以，直言不讳的意义就在于直接和对方说明白自己的处境和难处，而不是干脆地拒绝而不给对方一个合理的解释和理由。除了直言不讳以外，给予对方的理由一定要充分，最好是对方没有办法辩驳的原因，这样才能让对方知难而退。

2. 巧妙拒绝，不要让对方难堪

当一个人受到别人的拒绝的时候，第一感觉往往会非常难堪，由此经常会气急败坏，甚至于怀恨在心，形成人际交往中的最大障碍。因此，我们要切记，在不得不说“抱歉”拒绝对方的时候，要尽量给足对方面子，用委婉温和的语气说明原因，真诚地表达你的抱歉和遗憾，让对方感觉你确有难处而非在找借口，这一点是很重要的。因为当别人对你有事相求的时候，往往不会考虑到你的处境和难处。为了不引起对方的误会，只能想方设法让对方明白自己所处的境地。只有让对方设身处地地理解自己的难处才不至于让双方都陷入难堪，这样的拒绝方式往往是最成功的。

与此同时，说话的语气也是很重要的。当一个人满怀希望地来找你帮忙的时候，一定是希望能够得到你肯定的回答，但是如果你的确是因为某种原因而不能帮助他，也不要用十分决绝和冰冷的口气来一口回绝，以免伤害求助者的自尊心，对你们之间的关系产生一定的影响。此时应该着重注意缓解求助者的情绪，让对方有一个冷静的时间、恢复理智，避免负面情绪爆发而发生直接的冲突。

有些请求必须拒绝，原因比较复杂，但无论如何，你肯定不想和求助者结怨。因此，在适当的时候真诚地感谢对方对自己的信任，并且在拒绝之后寻找合适的机会向对方示好。这样对方会更加确信你不是“看人下菜碟”，而只是受条件所限无法帮到他。

3. 坚持原则，莫做墙头草两头倒

做一个坚持原则的人是很有必要的，即使是在拒绝别人的时候。每一个人都有自己的原则，当别人的所作所为触犯到了你的原则底线的时候，就应该态度明确地告诉对方，坚决地拒绝。否则，碍于一时的情面点了头，而没有一个明确的态度，经常拿捏不定的话，很可能会留下隐患和带来不必要的不愉快。尤其社会经验不足的职场新人，任何时候都没有必要以放弃原则为代价去迎合别人。以下就是一个很好的例子：

乔歌（化名）是一位名牌大学日语系的毕业生。她毕业以后，和其他毕业生一样，整天忙着投简历、等电话、面试。这天，她收到了一家外资公司的面试通知，她精心准备了一番之后，满怀信心地去参加面试了。

乔歌长得非常漂亮，这也在无形中增加了她应聘的信心。对方的要求很高，但是乔歌基本上都能达到，而且日语口语方面既流利又清晰。招聘方也深感满意，乔歌本人对于工资待遇水平也没有异议。

谈到最后的时候，一位负责面试的主管说：“在这里我要提醒你一个问题。作为本公司的员工，首先就要以本公司的利益为重，领导的命令要绝对服从。而且有损于本公司形象的事情一定不要去做，你能做到吗？”乔歌回答道：“当然能。”这时候对方突然问道：“你会跳舞吗？”“会！”“好啊！”说完，这位主管居然站起来做了一个邀请的姿势。乔歌有点不知所措，以为这是个面试的环节呢，于是就没有拒绝。但是，这位主管有些得寸进尺，这下可把乔歌气坏了，她一把推开了主管，转身就走，这时候主管说：“我说过你要绝对服从领导的命令！”乔歌笑了笑说：“你也说过有损本公司形象的事情绝对不要去做。”

这时候，从旁边的房间里走出来一个人，说：“很好，小姐，你被录取了！”乔歌很惊讶，这时候主管说话了：“对不起，小姐，这是面试的一个环节，这位是我们的经理。”

这时候，经理说：“只有这样的人，才是我们需要的人。”

乔歌说：“对不起。我想这里不适合我。”

经理和主管都愣住了，异口同声地问道：“为什么？”

“很简单。这样的面试对于每一个人的尊严都是极大的践踏，我很难相信你们的道德素质，再见。”

以上案例中，即使是在决定自己的前途命运的面试场合，乔歌依然十分坚定地拒绝了对方这种触犯自己原则的要求。因为在她看来，这种面试方式本身对于自己就是一种侮辱。试想一下，当经理说明了情况并告诉她被录取的时候，如果她答应了经理的话，在今后的工作中很可能会再次遇到类似的情况。所以，人贵在自爱。自己的原则和底线就是爱护自己的最后屏障，当对方提出无理的要求时，一定要态度鲜明地给予拒绝。案例中的乔歌能够坚持自己的原则，没有因为别人的劝说而改变，这是十分难能可贵的。

4. 理由恰当，不让人感到虚伪

从心理状态上来讲，每个人在请求别人帮助的时候总是希望能够得到真心相待。即使已经做好了被拒绝的准备，但是依然无法接受对方寻找托词。这是每个人都存在的心理现象，也是很正常的，但是在具体情况之下，怎样来避免对方的误解就很重要了。首先要解决的问题就是怎样找一个合适的理由。

我们要拒绝别人，就要找一个恰当的理由。因为拒绝别人总是要有原因的，哪怕是不方便告诉对方的真正原因，也应该找到一个合适的借口。如果拒绝的理由过于牵强，那就必然会引起对方的不快，甚至认为你非常虚伪。

能找到一个合理、恰当的借口，就有可能推掉你不想做的事。虽然这个借口往往带有欺骗的成分，但只要不会伤害到对方，也是一个可取的办法：

有一家私营企业，借着改革的东风迅速壮大了起来，并且有了和外国人做生意的机会。

这家公司的老板是一名古董爱好者，他收藏了很多绝世精品，其中有一套明代的御用茶具。这套茶具周身都纹着形态各异的龙，当滚烫的茶水注入其中时，杯子和茶壶身上的龙似乎都在腾空翱翔一样，栩栩如生，这套茶具被老板视为自己的性命。在一次商业谈判中，老板为了显示自己的诚意，在家里招待美国客人吃饭，而且用这套茶具来沏茶。

这位美国客人是位中国通，他知道中国古董的价值。他看了这套茶具，爱不释手。于是，他就对老板说道：“先生，您的这套茶具真的是绝世无双。我想用一种地球上没有的物质来换取一个杯子，不知道您愿意吗？”

这位老板听了之后，想了想问道：“地球上没有的东西，是什么？”

“月土，就是我国宇宙飞船从月球上带回的泥土，这应算是地球上没有的东西吧？”

这位老板认为，这是美国人在炫耀他们国家的富强，也是在嘲笑自己国家的落后，如果翻了脸怕对自己的生意不好，于是哈哈一笑：“我说是什么，原来是我们祖宗脚下的东西。”

美国人很吃惊，问道：“你们中国人也到过月球吗？”

老总指着筷子上雕刻的嫦娥说道：“早在5000多年前，我们就有一位嫦娥飞上了月亮，在月亮上建起广寒宫住下了，这些我国妇孺皆知的事情，你这个中国通还不知道？”说完，两个人哈哈大笑。

这是一则非常巧妙又不失尊严的拒绝案例，也给了我们一些启示。

首先，拒绝别人，要知道对方能够接受的限度，然后再根据对方的心理寻找他可能接受的理由。如果在情急之下随便找一个不合适的理由，或者这个理由恰好是对方十分反感的，必定会引起对方的误会。所以，拒绝别人尽量不要轻易地给对方一个借口，抓住对方的心理才是最重要的。

其次，要尽量寻找一件双方都可能知道的事情。每个人都会有这样的心理：假如你所说过的事情不是自己的亲眼所见，即使相信了也会存在怀疑的成分，尤其是在被拒绝的时候。所以，拒绝别人的理由最好是对方也知道的理由，你可以和他说“你也知道……”，那么对方就不会强人所难了。

最后，无论借口恰当与否，都要尽量用缓和的口气来说明。这样缓和的口气能增加理由的说服力，也能让对方更深入地感受到你的诚意，降低对方因为被拒绝而产生的不愉快之感。

5. 陈明利害，让对方主动放弃

要拒绝别人的要求，有的时候给对方摆明利害关系也能取得良好的效果。因为对方有的时候未顾及你的感受，这时，陈明利害的做法就能收到好的效果。

陈明利害就是让对方明白这样做是行不通的，让对方明白你的处境，但是这么做应该掌握一定的方式和技巧，把握好一定的时机，这也是直言利害关系的一种技巧。

另外，尽量在对对方做出了最大的让步而无效的时候才向对方直言利害关系。因为有时直言利害关系会带来很多的误解和不便，而给足了对方面子反而能使对方主动退让。有时，我们也可以站在对方的角度上来劝说对方，例如“这么办对你来说是不好的”等，或者直接向对方分析其所要求的事情的利害关系。

6. 另指他路，让对方感激

当我们对于别人的一些要求实在是无能为力，但是又不能坐视不管，或者不想和对方的关系因此而僵化时应该怎么办呢？最好是在拒绝对方的同时给予对方一个建议或者其他的门路，这样的做法往往能取得更好的效果。

在现实中，很多人在请求别人的帮助而遭到拒绝之后会产生不愉快的情绪，如果这时能告诉他更好的解决办法的话，对方不悦的情绪就会大大地降低，甚至还会对你有所感激。

我们可以这样做：在拒绝对方的时候，不给对方一个确切的答案，告诉他“你不如这样……”也可以这样做：我们可以站在对方的角度上来思考问题，帮助对方全面地分析什么方法是对他最有利的，这样就在无形中拒绝了对方，也不至于被对方怪罪。拒绝对方的同时给对方指出一条更好的出路，不仅可以保全自己，也不至于让对方心有芥蒂，这就是拒绝的艺术。

7. 巧妙暗示，让对方知难而退

对于一些不方便答应的请求，我们可以采用暗示的方法来回绝对方。这种情况也是非常普遍的。在我们大多数人的心里，是与人为善的想法占上风的，和别人撕破脸皮，从此不相往来的毕竟还是少数。因此，在这种情况下怎样寻找到一个好的方式来拒绝对方就是迫切需要解决的问题了。所以，在不好意思直接回绝的情况下，暗示不失为一个好的拒绝手段。

暗示的目的，就是让对方明白自己的难处，或者让对方明白自己是帮不上什么忙的，或者让对方明白他的唐突。总之，暗示是一种既不伤和气又可以达到拒绝目的的方法。暗示，一般人都能听出来，如果听不出来一定是在装糊涂，而对于这种人也就不能再采取暗示的办法了，该强硬地说“不”的时候就一定要强硬。

8. 假人之口，能避免针锋相对

巧借他人之口加以拒绝，就是充分地运用说话的技巧而把责任推给别人，这样就能最大限度地减少对方的不愉快，同时也能让对方知道你的处境而不加以为难。在生活中我们经常会遇到难以拒绝的情况，巧借他人之口不能不说是一种高明的拒绝方式。我们来看看这个故事：

张翼（化名）今年26岁，在一家电器商场担任销售工作，这家电器商场的管理措施非常严格。有一天，张翼的一位好朋友要来买一台影碟机，他带着这位朋友看遍了自己店里陈列的所有样品，但是仍然没找到让朋友满意的那种。最后，这位朋友要求张翼带他到商场的仓库去看一看，是否有自己中意的样式。

张翼一下子就为难了，面对朋友，他不好直接拒绝，但是带他去仓库是绝对不可以的，这可是违反公司规定的。无奈之下，他只好笑着对朋友说：“不好意思。前几天我们经理刚宣布过，不允许任何顾客进仓库。”尽管张翼的朋友心中有些不高兴，但总也比直接听到“不行”的回答要好得多。

【知识链接】

拒绝的语言艺术

1. 谢绝法：对不起，这样做可能不合适。
2. 婉拒法：是这样，可是我还没有想好，请容我考虑一下再说吧。
3. 不卑不亢法：哦，我明白了，可是你最好找对这件事更感兴趣/更合适的人吧，好吗？
4. 幽默法：啊！对不起，我还有事，只好当逃兵了。
5. 无言法：用摆手、摇头、耸肩、皱眉、转身等身体语言和否定表情表达自己的拒绝态度。
6. 缓冲法：哦，我再和朋友商量一下，你也再想想，过几天再决定好吗？
7. 回避法：今天咱先不谈这个，还是说你关心的另一件事吧……
8. 严词拒绝法：这可不行，我已经想好了，你不用再费口舌了！
9. 补偿法：真对不起，这件事我实在爱莫能助了，不过，我可帮你做另一件事！
10. 借力法：你问问他，他可以作证，我干不了这种事！
11. 自护法：你为我想想，我怎么能去做没把握的事？你让我出洋相啊。

第三节 倾听与反馈的能力和技巧

会说话是一种能力，善倾听更是一种修养。倾听是一种谦虚谨慎、与人为善的姿态，是对沟通对象的理解、尊重与接纳。反馈是倾听的补充和深入，是沟通的一部分，也是确保沟通效果的重要一环，同样不可或缺。只有通过反馈，才能将双方的沟通引向深入；也只有反馈，才能最大限度地达到双方沟通的目的。

一、倾听

倾听是接收口头及非语言信息，并确定其含义和对此做出反应的过程。缺乏经验的人，可以通过倾听来弥补自己的不足；富有经验的人，可以通过倾听使工作更加出色。懂得倾听的人会获得别人的信任，懂得倾听的人更容易成功。通往别人的内心世界，第一步就是认真倾听。所谓知己知彼，百战不殆。只有认真倾听才能真正了解对方的想法，只有善于倾听各方意见，才能做出正确的决策。

在商务沟通中，不仅需要发问、说服，还要善于倾听。倾听是有效沟通重要的组成部分，是有效反馈的前提，良好的倾听是高效沟通的开始。

【知识链接】

倾听心理学

人在内心深处，都渴望得到别人的尊重。人们喜欢善听者甚于善说者。实际上，人们都非常喜欢发表自己的意见，如果你愿意让他们尽情地说出自己想说的话，他们会从内心深处产生一种愉悦感与满足感。他们会把这种心理上的满足感归因于与你的谈话，从而对你产生好感。

二、有效倾听的技巧

真正的沟通高手不是因为自己具有雄辩的天才，而是因为具有聆听他人谈话的耐心和技巧。沟通时能够认真聆听，对对方的话题表示出浓厚的兴趣，实际上是对对方最大的尊重。

（一）影响倾听效率的三大因素

要做到真正有效倾听，就需要了解哪些因素会干扰倾听，进而找出解决办法。比如，在倾听的过程中，如果不能集中自己的注意力，真实地接收信息，主动地进行理解，就会产生倾听障碍。具体来讲，影响倾听效率的障碍主要有以下几个方面：

1. 环境的干扰

环境对人的听觉与心理活动有重要影响，会影响人的注意力与感知。布局杂乱、声音嘈杂的环境将会导致信息接收的缺损。

2. 信息质量低下

讲述者发出无效信息，有时会有一些过激的言辞和过度的抱怨，或者其不善于表达和缺乏表达的愿望，这些因素都会影响倾听效率。

3. 倾听者主观障碍

在沟通中，造成沟通效率低下的主要原因在于倾听者本身。研究表明，信息的失真主要是在理解和传播阶段，归根到底是在于倾听者的主观因素。倾听者的主观障碍主要表现为倾听者以自我为中心，在理解和感知时对某些信息先入为主，夹杂了个人偏见。

（二）提高倾听效率的六个技巧

1. 创造有利于倾听的环境

尽量选择安静、平和的环境，使传递者处于身心放松的状态。

2. 站在对方的角度想问题

站在对方的立场仔细地倾听，不要用自己的价值观去指责或评判对方的想法。

3. 排除主观障碍

在沟通中要把注意力集中在对方身上，倾听对方的信息。同时注意不要存有个人偏见，并能够容忍对方的偏见。

4. 积极回应

若在倾听的过程中，没有听清楚、没有理解、想确认或者想获得更多的信息，应在适当的时候回应对方。

5. 不要臆测

准确理解，不要臆测。臆测会引导倾听者远离真正目标。

6. 给予鼓励

倾听者可以用眼神、点头、微笑等身体语言鼓励信息传递者传递更多的信息。

【知识链接】

11个良好的倾听习惯

1. 倾听是一个主动过程。
2. 鼓励对方先开口。
3. 切勿喋喋不休。
4. 切勿耀武扬威或咬文嚼字。
5. 表示兴趣，保持视线接触。
6. 专心聆听，表示赞同。
7. 让人把话说完，切勿武断下结论。
8. 鼓励别人多说。
9. 让别人知道你在认真听。
10. 接受并作出回应。
11. 暗中回顾，整理出重点并提出自己的结论。

三、通过倾听了解客户的愿望和需求

（一）通过倾听了解客户的深层需求

与客户进行有效沟通，必须要善于倾听客户的谈话。沟通过程是一个相互的过程，在倾听的过程中，应学会从客户的谈话中了解客户的立场、愿望、需求及感受等。有这样一个经典案例：

某楼盘销售中心，一客户欲购置房屋一套，该中心的销售人员热情地接待了他。根据客户的要求，销售人员向其推荐了合适的户型，双方的交流很融洽。但当工作人员为这位客户办理相关手续时，客户却犹豫了，最后，这笔销售任务也没能完成。

接待这位客户的销售人员对此次的销售活动进行了认真反思，但问题到底出在哪儿呢？销售人员想了很久也没有得出答案，最后，他给那位客户打电话，想知道其中的缘由。

“非常抱歉再次打扰您，我检讨了一上午，实在想不出自己错在哪里了，因此特地打电话向您请教。”

“真的吗？”

“肺腑之言。”

“很好！你用心在听我说话吗？”

“是的，非常用心。”

“可是今天上午你根本没有用心听我说话。就在办理相关手续之前，我还提到我儿子即将进入一所重点大学，我还提到他的学习成绩、综合能力及他将来的抱负，我以他为荣，但是你毫无反应。”

这名销售人员对这番话的内容感觉很模糊。他认为已经谈妥那笔生意了，因此没有用心地倾听客户的谈话，同时对客户的谈话也没有给予积极的反馈。

其实，那位客户除了买房，更需要得到他人对于自己优秀的儿子的称赞。

倾听是一种态度，倾听是一种尊重。有时候客户抱怨只是想找一个倾听者，这时，表示同情并认真倾听是最好的沟通态度。

（二）认真倾听客户的意见

在处理客户的抱怨或投诉过程中，要学会并善于倾听客户的谈话，以寻求合适的方法来解决客户提出的问题。有这样一个案例：

纽约电话公司碰到了一个对接线员大发脾气的用户，他说要他付的那些费用是敲竹杠。这个人怒火满腔，扬言要把电话线连根拔掉，并且到处申诉、告状。最后，电话公司派了一位最干练的“调解员”去见那位用户。这位“调解员”静静地听着，让那个暴怒的用户尽情发泄，不时说“是的”并对他的不满表示同情。

“他滔滔不绝地说着，而我洗耳恭听，整整听了3个小时。”这位“调解员”后来对别人说道：“我先后见过他四次，每次都对他发表的论点表示同情。第四次会面时，他说他要成立一个‘电话用户保障协会’，我立刻赞成，并说我一定会成为这个协会的会员。他从未见到过一个电话公司的人用这样的态度和方式讲话，渐渐地变得友善起来。前三次见面时，我甚至连与他见面的原因都没有提过，但在第四次见面的时候，我把这件事完全解决了。他所要付的费用都照付了，同时还撤销了向有关方面的申诉。”

可见，善意的倾听不但能平息顾客的抱怨，还能改善与顾客的关系，妥善解决实际遇到的问题。

四、反馈及反馈技巧

（一）反馈的类型

一个完整的沟通过程既包括信息发出者的“表达”和信息接收者的倾听，同时也包括信息接收者的反馈。反馈是指在沟通过程中，信息的接收者向信息的发送者做出回应和确认的行为。积极地进行反馈，不仅体现了你善于倾听别人的意见，也体现出你对他人的想法给予了足够的关注，进而更容易获得对方的好感和信任。

从反馈本身的过程来看，它可以分为反馈和接受反馈两个过程。这是沟通得以顺畅进行的重要环节。从反馈的特点来看，反馈可分为以下四类：

1. 积极型反馈

例如：“星期五上午我收到了你的报告，其中月度销售数据报告的所有格式都非常清楚，是我至今为止所见最清楚的。我刚从管理层那里听说他们准备在全公司范围内使用这个格式。”

2. 改进型反馈

例如：“上周五，我没能在五点前收到报表，这已是四周内第三次延误了，因而我无法在周一前向管理层递交报告。”

3. 消极型反馈

例如：“我告诉过你不要那样做。”“今天你又迟到了。”这种反馈仅仅告诉人们不该做什么，令人感觉不舒服，它失去了自我控制，也破坏了人们之间的感情。

4. 不反馈

无论你做什么，无论做得好坏，都不反馈。它所传递的信息是“无论你做什么都不重要”。如果人们认为他们所做的事情不重要，他们将失去兴趣，不再尝试把工作做得更好，工作表现也越来越差。

从以上分类中可以看出，积极型反馈的特征是语义具体、真实、正面，应尽量理解对方目的，设身处地为对方着想。

（二）反馈的意义

反馈是倾听的结果，是沟通过程中非常重要的一部分。信息接收者只有通过反馈才能把自己的想法、意见告诉对方，使对方了解自己的想法，最后使问题得以解决。

在商务沟通过程中，若只是倾听了对方的讲话，而没有把重要的信息恰当地反馈给对方，等于是对别人漠视，特别是当反馈的内容关系到组织利益、客户看法的时候，更会严重影响沟通的效果。

美国南北战争时，林肯要求各司令官发到白宫来的报告务求翔实。麦克利兰将军是一个急性子，接到这道命令着实有些受不住，于是马上发电报到白宫，电报称：“林肯大总统钧鉴：顷俘获母牛 6 头，请示处理办法。麦克利兰。”

林肯接到麦克利兰将军的电报后，马上给他回了一封电报。

“麦克利兰将军勋鉴：电悉。所俘获母牛 6 头，挤其牛乳可也。林肯。”

林肯从电报中读出了麦克利兰的情绪，给他一个什么样的反馈才能平息他的不满呢？林肯很聪明，用他那惯有的幽默巧妙地化解了对方的怨气。

（三）不给予反馈的后果

不给予反馈是沟通中常见的问题。许多人误认为沟通就是“我说他听”或“他说我听”，常常忽视沟通中的反馈环节。不反馈往往会直接导致两种后果：

（1）信息发送方（表达者）不了解信息接收方（倾听方）是否准确地接收到了信息。

（2）信息接收方无法澄清和确认是否准确地接收了信息。

（四）给予反馈的技巧

1. 针对对方的需求

反馈要站在对方的立场和角度上，针对对方最为需要的方面。

2. 反馈要具体、明确

针对对方的问题，反馈者要给出明确的意见。

3. 反馈要正面、具有建设性

全盘否定的批评不仅是向对方泼冷水，而且容易被遗忘，下属很可能对批评的意见不屑一顾，理由是同严厉的上级无法进行有效的沟通。

赞扬下属工作中积极的一面，并对需要改进的地方提出建设性的建议，更容易让下属接受。对于大多数人来讲，赞扬和肯定比批评更有力量。

4. 反馈要对事不对人

反馈是就事实本身提出的，不针对个人。针对对方所做的事、所说的话进行反馈，使对方清楚你的看法，有助于使对方的行为有所改变或者加强。

5. 将反馈的焦点集中在对方可以改变的地方

把反馈的焦点集中在对方可以改进的地方，不会给对方造成更大的压力，使他感到在自己的能力范围内能够改进。

（五）接受反馈的技巧

（1）注意倾听，不打断对方。

（2）避免自卫。

（3）提出问题，澄清事实。

（4）总结接收到的反馈信息。

（5）理解对方的目的。

（6）向对方表明自己的态度和行动。

第四节　商务活动内部沟通技巧

一、与上级沟通的技巧

每个人未必都能成为领导，但是几乎每个人都会成为下属。在商务活动中，与上级有效沟通，建立并保持良好的上下级关系，对一个人在一个组织中的职业发展具有重要意义。无论是汇报工作、请示事项还是说服领导批准自己的请求，下属与领导沟通时既要有胆，又要有心；既要敢于多说多问，也要讲究方式方法。

（一）与上级有效沟通的六个因素

1. 适当的时机

建议与上级沟通最好选择在上午 10 点左右进行，此时领导可能刚刚处理完上午的工作，下属适时提出问题和建议，比较容易引起领导的关注。另外，无论什么时间，如果上司心情不太好，下属最好不要去打扰他。

2. 适合的地点

上级的办公室是最好的谈工作的地点。如果上司经过你的座位，要就某个问题与你探讨，或者你们刚好同乘电梯，而他又表现出对你的工作感兴趣，这些地方也不失为沟通的好场所。

3. 灵活运用事实数据

提出建议或者推广一项新的提案等，一定要有足够的说服力，用事实和数据说话，切忌夸夸其谈，言之无物。只有说服力强，才易被领导接受和认可。

4. 预测质疑，准备答案

对于下属提出的建议和设想，上司可能会提出种种质疑，如果下属毫无准备，则成功的概率会大大降低，同时还会给上司留下逻辑性差、思维不够缜密的印象。最好事前对上司可能提出的疑虑，进行充分的思考准备，真正做到胸有成竹。

5. 突出重点，简明扼要

先弄清上司最关心的问题，再想清楚自己最想解决的问题，在与上级沟通时，一定要先说重点，简明扼要。因为上司的时间难以把握，很可能下一分钟就有一个电话打进来或者有一件重要的事情而打断你们的谈话。

6. 尊重领导的决定

无论自己的建议多么完美，也只是站在自己的角度考虑的。因此，阐述完自己的建议后应该给领导留一段思考的时间，即使他否定了自己的建议，也应该感谢领导倾听了自己的意见和建议。

（二）有效沟通的四种态度

1. 尊重而不吹捧

古语有云："事上敬谨，待下宽仁。"作为下属，一定要充分尊重领导，在各方面维护领导的权威，支持领导的工作，为领导排忧解难。当然，尊重不能等于盲从，不是无条件、无原则地执行领导的命令，更不是一味地迎合和吹捧领导。

2. 请示而不依赖

作为下属，在自己职权范围内应主动开展工作、勇于创新，但是在部署工作之前一定要先请示领导，得到领导的首肯。这也是尊重领导的一种表现。当然，也不可事无巨细一概请示，这样容易给领导留下遇事没有主见，“办事不力、能力一般”的印象。

3. 主动而不越权

工作要积极主动，敢于直言和提出自己的意见。不能唯唯诺诺，领导让怎么做就怎么做，自己不承担责任，更不能对领导的工作思路不研究，不落实，甚至阳奉阴违。当然，下属的积极主动、大胆负责应以有利于维护领导的权威、维护团队内部团结为前提，并在某些工作上不能越权或越级，做到“出力而不越位，建功而不表功”。

4. 自信而不自负

在与领导沟通时，一个人的语言和肢体语言所传达的信息各占约 50%。作为下属，若是对自己的计划和建议充满信心，那么无论面对谁，都应表情自然、大方自信。尤其在领导面前，应学会用自信去感染领导。但是也要掌握分寸，以免适得其反，给领导留下不知天高地厚、过于自负的印象。

（三）与不同类型的上级沟通

由于个人的素质和经历不同，不同的领导就会有不同的风格。仔细分析每一位领导的个性与工作作风，在与他们沟通的过程中，针对不同的类型运用不同的沟通技巧，会获得更好的沟通效果。

在这里，我们将领导风格划分为 3 种，具体的性格特征、沟通技巧见表 9-1。

表 9-1 领导风格与沟通技巧

领导风格	性格特征	与其沟通技巧
控制型领导	①态度强硬 ②竞争意识强 ③要求下属立即服从 ④讲究实际，果断 ⑤对琐事不感兴趣	①可开门见山地与其沟通，不拐弯抹角 ②尊重其权威，认真对待其指令，多称赞他们的成就，而不是他们的个性或人品
互动型领导	①善于交际，喜欢与他人互动交流 ②喜欢他人的赞美 ③凡事喜欢参与	①要公开赞美，而且一定要诚心诚意，言之有物 ②开诚布公地与其谈问题 不要私下议论或发泄不满情绪
实事求是型领导	①讲究逻辑而不感情用事 ②为人处世有自己的一套标准 ③喜欢弄清楚事情的来龙去脉 ④能理性思考，但缺乏想象力 ⑤是方法论的最佳实践者	①与其交谈时要言之有物，而且要务实 ②对其提出的问题应直接回答 ③在进行工作汇报时，对关键性的细节应详细说明

一般来说，接触上级领导时，从其言谈举止就可以对其进行准确判断。无论是碰上哪种风格的领导，必须学会调整好心态去适应，这样才能有针对性地做好与领导的沟通工作。比如下面这则案例：

有一家公司新近招聘了几位员工。在员工会上，老板亲自介绍这几位新员工，老板说：“当我叫到谁的名字，就请他站起来和大家认识一下。”当念到第三个名字“周华”时，没有人站起来。“周华来了没有？”老板又问了一声，这时一位新员工怯生生地站了起来。“您是不是在叫我，我叫周烨，是中华的华加一个火字旁。”人们发出一阵阵低低的笑声。老板脸上有些不自然，也流露出一丝不悦。这时秘书小王站起来说：“报告领导，是我工作粗心大意，打字时把烨字的火字旁丢了，打成了周华。”“太马虎了，以后可要仔细点。”老板挥挥手，接着往下念，尴尬局面就此化解。没过多久小王就得到了升迁。

这个案例中，在领导身边工作的秘书小王显然非常了解领导的个性风格。领导在这样公开的场合被新来的员工指出错误而心生不满，如果大家都“装聋作哑”会让领导非常难堪，而秘书小王能够及时地给领导提供台阶，得到升迁也不足为奇。

二、与同事沟通的技巧

一个人想要获得事业的成功，仅凭一己之力是不可能的，必须要依靠集体的力量，需要他人的理解与配合。企业战略的实施和团队目标的实现，更需要同事之间不断地沟通与交流。在与同事的沟通过程中，应该意识到沟通的目的是达成共识，而不是抬杠和争吵。然而同事之间因个人性格、职位性质、工作侧重点的差别，日常发生一些小矛盾在所难免。那么，在工作中怎样才能使沟通变得更加顺畅有效呢？

（一）改善关系用赞美

人类本质中最殷切的需求就是渴望被肯定，因此要想建立良好的人际关系，学会恰当地赞美他人是必不可少的。赞美也是拉近同事之间心灵距离的绝佳方式，同事的进步要适时关注，适当赞美，同事的微小变化也要善于发现。莎士比亚说“赞美是照在人心灵上的阳光。没有阳光，我们就不能生长。”对待同事的缺点或错误，有时候反向的赞美比正面的批评更有效果。任何一个人都会因为获得赞美而更加愉快、更加通情达理、更加乐于协作。

戴尔·卡耐基小时候是一个公认的坏孩子，甚至被认为无可救药。在他 9 岁的时候，父亲把继母娶进家门。当时他们还是居住在乡下的贫苦人家，而继母则来自富有的家庭。

当父亲第一次向继母介绍卡耐基时，他说：“亲爱的，希望你注意这个全郡最坏的男孩，他已经让我无可奈何。说不定明天早晨以前，他就会拿石头扔向你，或者做出你完全想不到的坏事。”

当时卡耐基十分伤心，更想表现得坏一些来气气父亲。但出乎意料的是，继母没有露出厌恶的表情，反而微笑着走到他面前，托起他的头认真地看着他。接着她回头对丈夫说：“你错了，他不是全郡最坏的男孩，而是全郡最聪明最有创造力的男孩。只不过，他还没有找到发泄激情的地方。”

继母的话说得卡耐基心里热乎乎的，眼泪几乎滚落下来。在继母到来之前，没有一个人称赞过他聪明。他的父亲和邻居认定他就是坏孩子。但是继母只说了一句话，便改变了他一生的命运。就是凭着这一句话，他和继母开始建立友谊。也就是这一句话，成为激励他一生的动力，使他日后创造了成功的 28 项黄金法则，帮助千千万万的普通人走上成功和致富的道路。

卡耐基 14 岁时，继母给他买了一部二手打字机，并且对他说，相信你会成为一名作家。卡耐基接受了继母的礼物和期望，并开始向当地的一家报纸投稿。

卡耐基了解继母的热忱，也很欣赏她的那股热忱。他亲眼看到她用自己的热忱，改变了他们的家庭。所以，他不愿意辜负她。最终，在这样的信念下，凭着继母当时一句赞美的言语，他成了众所周知的公众沟通与演讲大师。

赞美的力量是无穷的，它能改变一个人的自我评价，让人重拾信心和希望，产生进取的力量，乃至改变人的一生。赞美是一种激励，可以使人信心十足，表现得比以前更好。不要吝啬你的赞美，每个人身上都有风光点，去发现并赞美别人的同时，你会发现你也变得快乐，你的生活也在改变。

（二）表达观点要灵活

同事之间的沟通要注意方式方法，注意考虑对方的情绪。在工作过程中，如果与同事的观点相左或发现同事有明显的错误，只要不违背原则，无伤大雅，就不需要斤斤计较或当面指出。即便确实有指出的必要，也要考虑时机以及对方的接受程度委婉地沟通。俗话说“良言一句三冬暖，恶语伤人六月寒”，沟通应以不伤害他人为原则，如果过于直率，即使你说的是对的，也不受人欢迎。所以，沟通前应该认真思考对方能够接受什么样的语言，能鼓励尽量不斥责，能幽默化解尽量不直接点破。有这样一个案例：

在某企业任职的刘小姐工作多年，遇到过很多事情，但是她依然经常得罪人，原因是她的心里搁不住事情，有什么就说什么，从不会隐瞒自己的观点。

有的同事把茶水倒在纸篓里，弄得满地都是水，她会叫他不要这样做；有的同事在办公室里抽烟，她很反感，会请他出去抽；有的人爱没完没了地打电话，她就告诉她不要随便浪费公司的资源……她这样做是好心，因为上述情况如果让经理看见了，免不了会受到批评。可是，好心没好报，她这样做的结果就是把同事们都得罪了，每个人都对她有一大堆意见，甚至大伙一起去郊外游玩也故意不叫上她。

有一次她实在很生气，就向经理反映，没想到经理也没有对她表示认同，弄得她在公司里更加被动。她很想不通：明明我是实话实说，为什么结果会这样呢？难道做人就一定要虚伪吗？

案例中的刘小姐很委屈，她把委婉的表达理解为虚伪显然是不对的。实话实说本身并没有错，心胸坦荡、为人正直是许多人赞赏的美德，但实话实说也要考虑时间、地点、对象以及他人的接受能力，否则不但无法达到善意的初衷，还会给自己带来麻烦。

【知识链接】

职场沟通的 8 个黄金句型

1. 最委婉地传递坏消息的句型：我们似乎碰到一些状况。
2. 上司传唤时责无旁贷的句型：我马上处理。
3. 表现出团队精神的句型：××的主意真不错！
4. 说服同事帮忙的句型：这个方案没有你不行！
5. 巧妙闪避你不知道的事的句型：让我再认真地想一想，×点以前给您答复好吗？
6. 恰如其分讨好的句型：我很想听听您对××方案的看法。
7. 承认疏失但不引起不满的句型：是我一时失察，不过幸好……。
8. 面对批评表现冷静的句型：谢谢你告诉我，我会仔细考虑你的建议。

三、与下属沟通的技巧

在管理实践中，管理者和下属之间的地位实际上是不平等的。不少管理者因为掌控下属的职业前途、工作业绩，而较少注意同下属沟通的方式和技巧。然而，专业化和网络化的发展弱化了管理者与下属的层级关系，所以，管理者应该培养沟通意识，提高同下属沟通的能力，只有这样上下级关系才能和谐融洽。

（一）沟通观念要转变

“没有难以沟通的员工，只有不善于沟通的领导。”管理者很难依靠一己之力管理好公司和部门，必须依靠下属的支持和合作才能完成工作任务。

管理者管理工作的成功与否，很大程度上取决于同下属的沟通能力。想要真正管理好企业，首先必须摒弃自己的管理者心态，耐下心来积极地去同下属沟通。沟通多一分钟、多一种渠道，结果也许就会不同，员工绩效也许会大大提升。

英特尔采取开放的沟通模式，既有自上而下的，也有自下而上的。管理层通过网络，向全球员工介绍公司最新的业务发展，同时也会通过网上聊天，与员工进行互动沟通，回答员工提出的各种问题。每季度，公司都会定期出版员工简报，让员工及时了解公司最新情况。此外，公司还有一个“一对一面谈”制度，即公司与员工之间就工作期望与要求进行沟通。面谈通常通过员工会议的形式进行，要求员工来制定会议议程，由员工决定会议议题。这种沟通方式有助于员工增强参与感，大大提高了员工的工作主动性、积极性。

（二）与下级沟通的几种情形及注意事项

1. 传达命令

（1）态度和善，语言礼貌。上级对下属传达命令时，管理者应保持理解和和善的态度，因为在现代化企业管理实践中，上下级关系已经很难依靠上级的个人权威来维持，上级的态度和语言能够直接影响下属对领导的看法，进而影响命令的执行。

（2）给下属提出疑问的机会。聪明的管理者向下属传达完命令时，应主动询问下属的意见，以确保下属能全面和准确领会。

（3）引导下属认识到命令的重要性。管理者对命令进行的重复和强调并不能代表下属也这样认为，因此，管理者要通过介绍命令的背景、要求、意义等信息让下属认识到命令的重要性。

2. 批评下属

（1）尊重客观事实。发现下属工作业绩下滑时，管理者决不可进行盲目批评，盲目批评只会增加下属同管理者之间的隔阂。对待业绩下滑的下属，首先要同下属就业绩不佳的原因进行沟通，在了解下属全部的想法后再进行相应的处理。

管理者批评下属一定要从客观事实出发，坚持就事论事。如果在批评时不尊重客观事实，就会让下属更加反感，从而增加上下级之间的隔阂。

（2）选择恰当的场合。在批评下属时，要选择合适的场合，考虑到下属的自尊心。

（3）恰当地运用赞美。管理者在批评下属的时候，应适当地对下属进行肯定和赞美，让下属在意识到自己价值的同时能够虚心接受领导的批评。

3. 赞扬下属

（1）以诚相见，由衷赞美。赞美是一种艺术，且只有当赞美建立在诚挚的感情基础上时，才会让下属真正受到鼓舞和激励。

（2）及时赞扬下属。在工作中创造了价值的下属，都渴望获得管理者的肯定和承认，管理者应当创造机会及时对下属的工作给予肯定。

（3）不因小事而放弃赞扬。俗话说“于细微处见精神”。因此，作为管理者要善于发现下属所做的有意义的事情，且不论事情的大小都能给予真诚的赞扬。

一位电子产品公司 CEO 说：“我花了很多时间巡视公司在国内外的工作场所，从基层开始检查运营情况，听取面对面的报告，表扬他们取得的进展。这使我有机会随心所欲地与直接参与者讨论事务，从高级管理层到较低级别的职员我都能接触到。尽管许多人认为，数字技术的发展为打理全球企业业务提供了便利，但我仍认为没有任何革新能够取代通过直接讨论得到的信息真实。”

4. 提高日常沟通能力的两个技巧

（1）换位思考。管理者和下属对企业发展使命、发展战略、管理特征、管理规范等方面的认识存在很大的差异，所以，管理者要想同下属进行良好的沟通，应从下属的立场出发，进行换位思考。

（2）细节沟通。管理者在同下属进行沟通时要关注细节，因为下属在同管理者沟通时往往十分注意管理者的细节动作，如一个姿势、一个眼神、一个不经意的动作等。如果管理者对细节处理得不好，有可能会影响沟通的效果，甚至传递负面的信息，导致上下级之间产生误解。

此外，管理者在与下属沟通时，应尽量避免对下属说“不”，减少使用“你不行”“你不会”“你不知道”等用语。只有这样，才可以最大限度地减少对下属积极性的打击。提高下属的自信，是管理者与下属沟通的重要目的。管理者应学会通过友善的询问和关切的聆听给下属以信心。著名企业家李开复曾说：“用感性的方式沟通，会比直接争辩对错更容易换取对方同理心，更容易达到沟通的目的。”

有一位主管，发现一位员工最近工作表现大不如前。他虽然对这位员工的业绩不满意，但并不打算急于责备他。他把员工请到办公室，问：“你一向对工作都很认真，不是一个马虎的人。但最近你好像很不开心，难道是家里出了什么事情吗？”员工脸变红了，几分钟后，他才点头。“我能帮忙吗？”主管又问。“谢谢，不用。”接下来，员工开始滔滔不绝地谈他的苦恼。因为他太太得了肝癌，而且是晚期。对这件事，谁也无能为力。主管只能默默听他述说。他们聊了一个多小时。谈话结束后，这位员工的情绪看起来好多了，后来他的工作也有了很大的改进。

管理者对表现欠佳的下属应体贴关心，多与其沟通，切忌主观臆断，随意下结论。有沟通才有理解，沟通是管理者改善与下属关系的有效途径。

第五节 与客户沟通的能力与技巧

有人说：“与客户沟通 30 秒就能决定推销的成败。”但成功的营销人员不会把注意力简单地放在短期的成败上。获取客户的好感，建立长期而牢固的合作关系，才是其真正的目的。

一、如何与客户沟通

（一）加深客户对自己的印象

人的外表会给他人暗示的效果，因此，应尽量使自己的外表给初次会面的客户留下一个好印象。每个人的面部特征都会给人以深刻的印象，衣着打扮也是影响第一印象的主要因素，面带微笑、衣着得体，不仅会为自己的形象加分，还能在沟通之前让客户产生好感，加深客户对自己的印象。

（二）记住客户的名字

每个人都希望别人重视自己，记住客户的名字会让客户有被重视的感觉，增加客户对自己的好感。

（三）积极地认可和赞美

让人产生优越感和愉快心情的最有效方法是，认可和赞美其引以为豪的地方。对他人表示认可和赞美往往会受到别人的欢迎。当认可、赞美、羡慕均发自内心时，别人就会受到正面肯定的影响，消除设定的心理警戒，拉近彼此之间的距离。

（四）绝不与客户争辩

人总是喜欢和与自己看法一致的人打交道，与客户沟通也是一样。绝不与客户争辩，甚至当客户明显犯错时，也不要直接指出。其实不管客户说什么，只要点头、微笑并适当做出反馈就可以了。

（五）利用小礼品赢得好感

许多公司有小礼品，如台历、茶杯、笔记本、签字笔等。初次拜访客户或碰到客户的孩子时，价值不大的小礼品会发挥很大的作用。

乔·吉拉德是世界上最有名的营销专家，被吉尼斯世界纪录誉为“世界上最伟大的推销员”。在商业推销史上，他独创了一个巧妙的促销方法，被世人广为传诵。

吉拉德创造的是一种有节奏、有频率的“放长线钓大鱼”的促销方法。他每年要给客户寄上最少12封广告信函，每次均以不同的色彩和形式投递，并在信封上尽量避免使用与他的行业相关的名称。

1月，他的信函是一幅精美的喜庆气氛图案，同时配以大字“恭贺新年”，下面是一个简单的署名：“雪佛兰轿车，乔·吉拉德上。”此外再无多余的话，即使在大拍卖期间，也绝口不提买卖。

2月，信函上写：“请你享受快乐的情人节。”下面仍是简短的签名。

3月，信中写的是：“祝巴特利库节快乐！”巴特利库节是爱尔兰人的节日。也许你是波兰人，或是捷克人，但这无关紧要，关键的是他不忘向你表示祝愿。

然后是4月，5月，6月……

不要小看这几张印刷品，它们所起的作用并不小。不少顾客一到节日，往往会问夫人：“过节有没有人来信？”

“乔·吉拉德又寄来一张卡片！”

这样一来，乔·吉拉德的名字就有12次机会，来到每个家庭。

乔·吉拉德没说一句：“请你们买我的汽车吧！”但这种“不说之语”，不讲推销的推销，反而给人们留下了最深刻、最美好的印象，等到人们打算买汽车的时候，往往第一个想到的就是乔·吉拉德。

一封亲笔信能够充分表现销售人员的诚意。在现代社会，人们往往习惯了电话、短信、E-mail等通信方式，在尽力追求快速高效的同时，人与人之间的情感也逐渐出现了缺失，写信这种方式越来越少使用，对有些人来说，写一封信已经变得很辛苦，正因为这样，顾客对于销售人员的亲笔信会更加觉得珍贵，对于销售人员的付出，顾客也会有不同的感受。一旦有需求的时候，顾客很容易就会想到走进他们心灵的销售人员。

二、与客户的沟通能力技巧举要

（一）用微笑让客户接受你

微笑是十分有感染力的无声语言，与客户交往首先要面带微笑，这样能让客户对你有一个好印象。如果漫不经心地对待客户，那么无论是谁都不可能合作到底的。

著名作家毛志成说过一句话：“爱是世界上一切美好事物的源泉，而笑是这源泉扩展成渠水后最闪光的涟漪。”这就说明了微笑对一个人的重要性。

微笑面对每一个人，那么每一个人都会微笑面对自己。这样的人，一定会成为一个非常受欢迎的人，于是，客户就会纷至沓来，视野就会不断开阔，人气就会越来越旺。

在面对客户的时候，微笑就是自己的招牌，就是吸引客户的一个最好的闪光点，这样也就有了继续交易的可能性。当客户来到你面前的时候，看见的是一副板着脸孔的冰山模样，那么客户的第一反应就是“你不欢迎我”，于是在他们的内心里就会排斥和你进行交易，这样的结果是非常糟糕的。

无论客户是做什么的，都不希望别人用一张冷冷的脸来对待自己，而当客户发现你的冷淡的时候，就是你们之间的交易该结束了的时候，或者说根本就没有开始的可能。微笑会让一个人感到舒心和亲切，会不自觉地拉近与客户之间的关系。

（二）抓住客户的内心而不至于冷落你

在进行商务活动时，很多人有这样一种感觉：潜在客户对自己始终有一种排斥感。其实这种感觉是非常正常的，也是不可避免的，我们不应该为这样的感觉所左右。当自己想要完成工作的时候，怎样抓住客户的内心，从而把他的排斥感降到最低，才是需要重点考虑的问题。

潜在客户有可能变成真正客户的最重要一点就是，他认可这笔交易，也就是说他在内心里不排斥和你交易。换句话说，就是怎样在你和客户接触的初期让客户快速地对你产生信任，从而对你的产品产生兴趣。只有做到了这一点，才称得上是开启成功之门的第一步。

怎样抓住客户的内心是一门艺术。首先要做到出其不意，让你的客户感到你的推销技巧出乎意料。我们来看这样一个故事：

有一个宠物店的老板非常苛刻，有一次，他招聘了一个推销员，但是在薪水方面没有达成一致，后来这位老板想了想说：“如果你能把这只鹦鹉卖出去，我就同意你的要求。”这位员工看了看，是一只非常老又非常丑的鹦鹉，但是他并没有说什么，答应了老板。

两天以后，有一个人来买鹦鹉，他看到一只鹦鹉前的标牌上写着“此鹦鹉会两门语言，售价 200 元”。另一只鹦鹉前的标牌则标示“此鹦鹉会四门语言，售价 400 元”。两只都毛色光鲜，非常可爱，到底该买哪只呢？这人拿不定主意。这时，他突然发现一旁还有一只老掉了牙的鹦鹉，毛色暗淡散乱，标价 800 元！这人赶紧对旁边的伙计说：“这只鹦鹉是不是会说八门语言呢？”伙计说：“不。”这人就觉得奇怪了：“那为什么这只鹦鹉又老又丑，又没有能力，会值这个数呢？”伙计回答：“因为另外两只鹦鹉都叫这只鹦鹉老板。”

这个客人一听，非常想知道是怎么一回事，于是他买下了这三只鹦鹉，回家慢慢研究去了。

人往往就是这样，对于未知的事物总是充满了探索的欲望。而这位推销员很好地利用了人类的这种心理，成功地将看似不可能推销掉的东西推销出去了，这就是抓住客户内心所起的作用。

（三）站在客户的角度来替他们考虑

我们首先来做一个假设：如果你是客户的话，你希望如何被对待？这是一个将心比心的问题。你作为一名销售人员的时候，尽可能地站在对方的角度来考虑问题，往往能取得很好的效果。

人与人之间的距离是非常微妙的，它既是世界上最远的距离，也是世界上最近的距离。凡事站在对方的角度，多替对方考虑，巧妙地与对方沟通，可赢得对方的心，拉近彼此之间的距离。我们来看这个推销员的案例：

曹原（化名）是某保健品公司的销售人员，有一天，她进入一个住宅小区推销时，看到小区的绿地长椅上坐着一位孕妇和一位老妇人，她走到小区保安那里假装不经意地问：“那好像是一对母女吧？她们长得可真像！”小区保安回答：“就是一对母女，女儿马上就要生了，母亲从老家来照顾她，父亲一个人在家里……”

曹原也来到了绿地旁，然后亲切地提醒孕妇：“不要在椅子上坐得太久了，外面有点儿凉，你可能现在没什么感觉，等到以后你就会感觉不舒服的，等生下小孩以后就更要注意了。”然后她又转向那位老妇人：“现在的年轻人不太讲究这些，有了您的提醒和照顾就好多了。还有，您这么大年纪的人也要多注意，这把椅子是石头做的，凉气太重，这对您的身体是没有好处的，站起来多运动运动会对你有很大的帮助。”

当她们把话题从怀孕和生产后的注意事项讲到生产后身体的恢复，再讲到老年人要增加营养时，她已经和那对母女谈得十分开心了。接下来，那对母女已经开始看曹原手中的产品资料和样品了……

看来，这个推销员与客户的沟通是成功的，她能够利用对客户的嘘寒问暖来达到推销自己产品的目的。在这里她总共做了三步：

（1）旁敲侧击地打听到自己潜在客户的资料，这就叫作“不打无准备之仗”，了解客户的资料，有利于自己开展行动；

（2）对自己的潜在客户“投其所好”，嘘寒问暖会让客户感受到来自她的关心，因为她懂得孕妇和老年人的各种注意事项，从而拉近和她们之间的距离；

（3）把话题很自然地引到自己的产品之上，利用前两步打下的基础来实现自己的推销。

有时，为对方着想的同时也会让自己达成目的，人们也更容易接纳善意的、温暖的人际关系。

（四）引起客户的共鸣

引起客户的共鸣是一项非常讲究技巧的艺术，最基本的就是在刚开始和客户沟通时不让客户产生排斥感，这就要在把握客户的心理方面下功夫，也就是我们平时所说的“投其所好”或者叫作寻找双方的“共同语言”。我们来看看这位推销员的案例：

林刚（化名）是一个保险推销员，他通过朋友的介绍来到一家大公司推销保险。当他进入董事长室刚坐下不久，女秘书便从门口探头对董事长说：“不好意思，今天我没有邮票给你。”林刚很奇怪。“实在不好意思，我那12岁的儿子正在收集邮票，所以……”董事长向林刚解释着。

林刚直截了当地向董事长说明了来意，可是董事长却闪烁其词，一直不愿步入正题。林刚见此情景，只好知趣地匆匆离开。回家以后，林刚想起那位女秘书向董事长说的话——“邮票和12岁的儿子”，同时也联想起他服务的保险公司，每天都有来自世界各地的信件，自然也就拥有各国的邮票，于是心中便有了主意。

第二天下午，林刚又去找那位董事长，说自己是专程给其儿子送邮票来的，董事长热情地接待了他。董事长接过邮票后马上面露喜色，就像得到宝贝似的自言自语：“我儿子一定会欣喜若狂，真是太棒了！”

董事长和林刚谈了四十多分钟有关集邮的知识，又让林刚看他们全家的合影。后来，没等林刚开口，他就主动提出了保险的事，最后他不但给全公司的员工买了保险，还打电话把林刚推荐给他的业内朋友。区区几张邮票让林刚获得了自己从事推销以来最好的业绩。

一张小小的邮票就能促成一笔乃至几笔大生意，这就是抓住客户内心喜好产生的效果。很多时候，这样的做法能成为出奇制胜的法宝，所取得的效益也是意想不到的。

客户的内心喜好并不是很容易被抓住的，这就需要非常细心地了解和观察客户的行为习惯和爱好。在很多时候，客户的所需和所想，是很难被琢磨透和抓准的，如果客户的喜好正好是你的喜好的话，那么你大可以利用这一点来拉近彼此之间的关系。如果你对客户的爱好不是很了解，那么就需要仔细观察，必要的时候甚至可以学习客户的爱好。

（五）学会倾听客户的意见

在与客户的沟通中，有一个环节是十分重要的，那就是要倾听客户的意见，满足客户的要求。很多情况下，营销者要根据顾客的意见和喜好来进行交易，这是促成交易的最基本的一点。所以，征求客户的意见也就成了交易中必不可少的一个环节。

做生意不仅仅是一种利益交换，还是一种心理需求的满足。做生意的人都是有心理驱动作用的，而他们的个人喜好会影响这种驱动力的强弱。也就是说，一个人达到了自己满足的状态之后才觉得生意做得值，花再多的钱也心甘情愿，因此他们会对营销方提出各种各样的意见，一旦这些意见不能得到满足，就会影响到他们做生意的心情和诚意。

有一个瓷器制造工厂，这个工厂的老板立足于国际市场来制定工厂的发展战略。于是，他派出了很多推销员到各个外国餐馆中推销他们的瓷器，但是大多数人空手而回，这让老板很头疼。

有一个叫马科的小伙子，自告奋勇地要求去一家外国人开的大型瓷器经销公司推销，临走之前，他要求老板让自己全权负责这件事情，老板同意了。

他带了一车的货物来到了这个经销公司的门前，在门口见到了正要上班的经理。这位经理根本没打算和他做生意，胡乱地敷衍了几句就想走，马科对经理说："先看看我们的货，您有什么不满意的就说出来，我们再按照您的要求做。"

经理抵挡不住马科的死缠烂打，只好同意看看货。经理本来就不想做成这笔生意，随便拿起一个盘子说："这个盘子花纹太旧了，花纹也不清晰。"经理刚说完，只听"啪"的一声，马科把这只盘子摔碎了。经理有点不自然，但是马科依然笑着说："客户不满意的就是我们应该淘汰的。"然后又问："那您还有什么意见呢？"说完拿出了一个小本子记了起来。

经理又拿起了一只杯子："外形不够美观。"马科二话没说，马上把这只杯子也摔得粉碎。经理想："我看你能摔到什么时候。"于是，经理继续挑毛病，马科继续摔。

过了不久，大街边上就多了一堆摔碎的瓷器，而马科还在不厌其烦地记着经理的要求。过了几天，马科又在这里找到了这位经理，对经理说："我们已经按照您的意见做了修改，您能不能再看看有什么要改正的？"经理看了看货说："小伙子，你们还真有心，好吧!到我的办公室来谈。"原来，这位经理那天给出的意见完全是随口乱说的，而这个瓷器厂居然完全按照自己所说的规格做了出来，这种精神让他非常感动，结果马科也顺利地和这位厂长签下了一笔大订单。

在与客户沟通时，牢牢记住客户的意见，认真考虑他们提出的意见和建议，往往能在无形中提高对方的荣誉感，让他们感到受尊重，这样能在不知不觉中感染客户，使他们做出有利于合作的判断。

【知识链接】

接待客户"九避免"

1. 避免说"我不知道"，应该说"我想想看"。
2. 避免说"不行"，应该说"我考虑的是……"
3. 避免说"那不是我的工作"，应该说"这件事可以由我的同事××来帮助你"。
4. 避免说"我无能为力"，应该说"我理解您的苦衷"。
5. 避免说"那不是我的错"，应该说"让我看看该怎么做"。
6. 避免说"这件事情你应该找我们领导说"，应该说"我请示一下领导，看这件事该怎么办"。
7. 避免说"你这要求太过分了"，应该说"我会尽力的"。
8. 避免说"你冷静点"，应该说"我很抱歉"。
9. 避免说"你再给我打电话吧"，应该说"我会再给您打电话"。

第十章　常用商务法规

第一节　商务法规概述

一、商务活动与商务法规

在依法治国的时代背景下，商务活动规范合法与否，将直接或间接影响到商务活动主体目标的实现。什么是商务法规、它涉及哪些领域、如何正确理解并灵活运用商务法规以规范商务活动，都是我们不可回避的问题。

所谓商务法规，就是指国家权力机关制定或认可的、调整商务活动中所产生的各种社会关系、明确商务主体权利义务的法律规范的总称。结合商务活动实践可知，商务法规是一个十分庞杂又有内在联系的法律规范体系。它涉及民商法、经济法、行政法和刑法的内容，既有程序性规范，又有实体性规范。为此，我们有必要对其进行细分，以正确理解和掌握商务活动中常用的商务法规，如现行的民法典、企业法、公司法、知识产权法、反不正当竞争法、产品质量法、消费者权益保护法、广告法以及新兴的电子商务法等。

二、法律基础知识

（一）法的概念与特征

法是体现统治阶级意志的，由国家制定或认可的并由国家强制保证其实施，规范和确认自然人、法人和非法人组织权利和义务的行为规范的总称。它具有规范性、强制性、权利义务性和普遍约束力。

（二）法的作用

法作为特殊的行为规范，具有规范作用和社会作用。其规范作用表现为指引、评价、预测、强制和教育作用。其社会作用表现为阶级统治和维护公共事务的作用。

（三）法的效力

法的效力，即法律的约束力，即法律对什么人、什么事、在什么地点和什么时间有约束力。根据《中华人民共和国立法法》（简称《立法法》）的有关规定，上位法的效力高于下位法，在同一位阶的法律之间，特别法优于一般法，新法优于旧法。

法律效力可以分为对人的效力、空间效力、时间效力。对人的效力，是指法律对谁有效力，适用于哪些人。我国采用的是以属地主义为主，属人主义、保护主义相结合的效力原则。空间效力，指法律在哪些地域有效力，适用于哪些地域。一般来说，一国法律适用于该国主权范围所及的全部领域，包括领土、领水及其底土和领空，以及作为领土延伸的本国驻外使馆、在外船舶及飞行器。时间效力，指法律何时生效、何时终止效力以及法律对其生效以前的事件和行为有无溯及力。法的溯及力，即法律溯及既往的效力，是指法律对其生效以前的事件和行为是否适用。关于法律的溯及力问题，我国目前一般采用“法不溯及既往”的原则。

（四）法律关系

1. 法律关系的概念和特征

法律关系是法律规范在调整人们行为过程中形成的权利义务关系。法律关系由法律关系主体、法律关系内容（权利义务）和法律关系客体三要素构成。法律关系是根据法律规范建立的一种社会关系，具有合法性；法律关系是体现意志性的特种社会关系；法律关系是特定法律关系主体之间的权利和义务关系。

2. 法律关系的构成要素

法律关系由法律关系主体、法律关系内容、法律关系客体三大要素构成。

（1）法律关系主体。法律关系主体是法律关系的参加者，即在法律关系中，一定权利的享有者和一定义务的承担者。一方是权利的享有者，即权利人；另一方是义务的承担者，即义务人。在中国，能够参与法律关系的主体包括自然人、法人和非法人组织、国家。

（2）法律关系内容。法律关系的内容就是法律关系主体之间的权利和义务。它是法律规范的指示内容在实际社会生活中的具体落实，是法律规范在社会关系中实现的一种状态。

（3）法律关系客体。法律关系客体是指法律关系主体之间的权利和义务共同指向的对象。法律关系客体是一个历史概念，随着社会的不断发展，其范围、形式和类型也在不断地变化着。总体来看，法律关系客体的范围和种类有不断扩大和增多的趋势，有物、行为、精神产品等。

3. 法律关系的运行

法律关系始终处在不断生成、变更和消灭的运动过程之中。它的形成、变更和消灭，需要具备两大条件：一是法律规范；二是法律事实。法律规范是法律关系形成、变更和消灭的法律依据，没有一定的法律规范就不会有相应的法律关系。但法律规范的规定只是主体权利和义务关系的一般模式，还不是现实的法律关系本身。法律关系的产生、变更和消灭还必须具备直接的前提条件，这就是法律事实。法律事实是法律规范与法律关系联系的中介。

所谓法律事实，就是法律规范所规定的，能够引起法律关系产生、变更和消灭的客观情况。法律事实分为两类，即法律事件和法律行为。法律事件是指依法可以引起法律关系产生、变更或消灭的，不以当事人的意志为转移的客观事实。法律事件又分为社会事件和自然事件两种。法律行为是指能产生法律效力的有意识行为。它是在社会生活中引起法律关系产生、变更和消灭的最经常的事实。

（五）法律责任

法律责任是指因违反了法定义务或约定义务，或不当行使法律权利、权力所产生的，由行为人承担的不利后果。根据违法行为所违反的法律的性质，一般可以把法律责任分为民事责任、行政责任、刑事责任。根据主观过错在法律责任中的地位，可以把法律责任分为过错责任、无过错责任和公平责任。

法律责任的构成要件包括主体、过错、违法行为、损害事实和因果关系五个方面。

三、民法基础知识

（一）民法的概念与基本原则

民法是调整平等民事主体的自然人、法人及其他非法人组织之间人身关系和财产关系的法律规范的总称。民法是法律体系中的一个独立的法律部门，其调整对象是平等主体之间的财产关系和人身关系。

民法的基本原则，反映民事活动的根本属性，尤其是市民社会的一般条件、趋势和要求。《中华人民共和国民法典》（以下简称《民法典》）第三～九条明确了我国民法的基本原则：民事权益受法律保护原则、平等原则、自愿原则、公平原则、诚实信用原则、合法原则与公序良俗原则、绿色原则。

1. 民事权益受法律保护原则

《民法典》第三条规定："民事主体的人身权利、财产权利以及其他合法权益受法律保护，任何组织或者个人不得侵犯。"该原则即为民事权益受法律保护原则的具体内容。

2. 平等原则

平等原则是指民事主体在法律地位上是平等的，其合法权益应当受到法律平等的保护。《民法典》第四条规定："民事主体在民事活动中的法律地位一律平等。"任何自然人、法人和非法人组织在民事法律关系中平等地享有权利，其权利也平等地受到保护，这集中反映了民法所调整的社会关系的本质特征。

3. 自愿原则

《民法典》第五条规定："民事主体从事民事活动，应当遵循自愿原则，按照自己的意思设立、变更、终止民事法律关系。"自愿原则的实质就是，在民事活动中当事人的意思自治，即当事人可以根据自己的判断去从事民事活动，国家一般不干预当事人的自由意志，充分尊重当事人的选择。自愿原则贯穿于整个民法之中，是民法最基本精神的体现。

4. 公平原则

《民法典》第六条规定："民事主体从事民事活动，应当遵循公平原则，合理确定各方的权利和义务。"公平原则是指在民事活动中以利益均衡为价值判断标准，在民事主体之间发生利益关系摩擦时，以权利和义务是否均衡来平衡双方的利益。因此，公平原则是一条法律适用的原则，即当民事法律规范没有规定或规定不明确时，可以根据公平原则来变动当事人之间的权利义务；公平原则又是一条司法原则，即法官的司法判决要做到公平合理，当法律缺乏规定时，应根据公平原则作出合理的判决。

5. 诚实信用原则

诚实信用原则，简称诚信原则。《民法典》第七条规定："民事主体从事民事活动，应当遵循诚信原则，秉持诚实，恪守承诺。"

6. 合法原则与公序良俗原则

合法原则，是指民事主体所从事的所有民事行为不得违反法律的强制性规定。从广泛的合法性而言，合法包含了民事法律行为不得违反公序良俗。《民法典》第八条规定："民事主体从事民事活动，不得违反法律，不得违背公序良俗。"

7. 绿色原则

绿色原则，是民事活动中应当遵循节约资源、保护生态环境的原则。《民法典》第九条规定："民事主体从事民事活动，应当有利于节约资源、保护生态环境。"这是从法律基本原则的高度对节约资源和环境保护提出了要求。

（二）民事法律行为

1. 民事法律行为的概念与特征

民事法律行为是指自然人、法人或其他非法人组织设立、变更、终止民事权利和民事义务的合法行为。

民事法律行为的特征表现为：是民事主体实施的以发生民事法律后果为目的的行为；是以意思表示为构成要素的行为；是合法行为。

2. 民事法律行为的有效要件和形式

（1）民事法律行为的有效要件。主体合格，行为人必须具有相应的民事行为能力；意思表示真实，即行为人的意思表示与其内心的意思相一致，行为人在欺诈、胁迫、乘人之危等情形之下所作的意思表示，是无效的或是可撤销的；行为合法，行为不违反法律或者社会公共利益。

（2）民事法律行为的形式。在我国，民事法律行为可采用的形式主要有口头形式、书面形式、推定形式、沉默行为。口头形式是行为人通过言语表达其内心意思而成立的民事法律行为，如当面交谈、电话联系等。其优点是快捷、迅速，其缺点是缺乏客观记载，在发生纠纷时难以取证。所以，口头形式大多用于即时清结的小额交易行为，而金额较大的、非即时清结的民事法律行为，不宜采用口头形式。书面形式是行为人用文字符号表达内心意思而成立的民事法律行为。其优点是通过文字符号将行为人所实施民事法律行为的内容客观地记载于一定的载体上，成为确定当事人权利和义务的依据，有利于防止民事活动中的异议和便于民事纠纷的处理。推定形式是行为人并不直接用书面或口头形式进行意思表示，而是通过实施某种行为来进行意思表示，例如顾客在商场交付货币的行为即可推定为顾客购买商品的行为。沉默行为是指行为人既不用语言表示，又不用行为表示，而是以消极的不作为方式进行意思表示，即行为人的沉默具有某种意思。不作为的默示只有在法律有规定的或行为人双方有约定的情况下，才可以视为意思表示。

3. 无效的民事行为和可撤销的民事行为

（1）无效民事行为。下列行为属于无效民事行为，从行为开始起就没有法律约束力：第一，无民事行为能力人实施的纯获利益以外的民事行为；第二，限制民事行为能力人实施的与其年龄、智力、精神健康状况不相适应的行为，其法定代理人未在法定期限内予以追认的；第三，一方以欺诈、胁迫的手段实施的损害国家利益的合同行为；第四，恶意串通，损害国家、集体或者第三人利益的行为；第五，违反法律或者社会公共利益的行为；第六，以合法形式掩盖非法目的的行为。

（2）可变更、可撤销民事行为。下列行为属于可撤销民事行为，一方有权请求人民法院或者仲裁机构予以变更或者撤销：第一，行为人对行为内容有重大误解的；第二，显失公平的；第三，一方以欺诈、胁迫的手段或者乘人之危使对方在违背真实意思的情况下实施的合同行为。

（三）代理

1. 代理的概念和特征

代理是指代理人在代理权限内以被代理人的名义与第三人实施的、其法律后果由被代理人承担的民事法律行为。凡依法律规定或法律行为的性质或当事人的约定，必须由本人亲自进行的行为，不得代理，如婚姻登记、设立遗嘱、具有人身性质的债务履行等。

代理具有下列基本特征：代理行为必须是具有法律意义的行为；代理人在代理权限内独

立为意思表示；代理人以被代理人的名义实施民事法律行为；被代理人对代理人的代理行为承担民事责任。

2. 代理的分类

依代理产生的根据不同，代理可分为委托代理、法定代理和指定代理。委托代理，又称意定代理，即代理人依照被代理人授权进行的代理。法定代理，即根据法律直接规定而产生代理权的代理，如父母对未成年子女的代理。指定代理，即代理人依照有关机关的指定而进行的代理。

依代理人的人数，代理可分为一人代理或数人共同代理。除法律另有规定或被代理人另有意思表示外，数人共同代理时应当共同负责。

依授权人的不同，又可分为代理及复代理。复代理指代理人在必要时将其代理事项的一部分或全部转托他人代理，又称再代理。复代理人不是代理人的代理人，而是被代理人的代理人，他是以被代理人的名义实施法律行为，其所为行为的法律后果直接由被代理人承受。复代理人的代理权限不能超过原代理人的权限。

代理人进行代理必须有代理权。代理证书是证明代理人有代理权的文件。在委托代理中，授权委托书是代理证书。授权委托书应载明代理人姓名、代理的事项和权限、有效期限和委托日期，并由被代理人签名或盖章。法律规定授权委托书需要公证或认证的，必须经过公证机关公证或有关机关证明。在法定代理中，代理人的身份证明文件就是代理证书。在指定代理中，有关机关的指定书（如法院指定诉讼代理人的裁定书）也就是代理证书。

3. 无权代理

无代理权而以他人的名义为法律行为称为无权代理。无权代理包括未经授权而为、超越代理权限的范围中超越部分的代理、原代理权已消灭后的代理等。

无权代理如经被代理人追认时有追溯力，代理即自始有效，无权代理即成为有效代理；如未经被代理人追认，则无权代理人应自己承担法律后果。未经追认的无权代理行为所造成的损害，由无权代理人承担赔偿责任。

4. 代理权的滥用

代理权的滥用是指代理人利用代理权损害被代理人的利益的行为，包括自己代理、双方代理、代理人和第三人恶意串通的代理。

5. 代理关系的终止

代理关系终止的原因有：代理人或被代理人的自然人死亡或法人消灭；代理人丧失行为能力；设定法定代理的前提消失；在委托代理和指定代理中，代理期限届满或代理任务完成；被代理人或指定代理机关撤销委托或指定；代理人辞去代理职务等。

（四）财产所有权

财产所有权是指所有人依法对自己的财产享有占有、使用、收益和处分的权利。这是民事主体的一项基础性权利，是民事主体开展民事活动的前提。关于财产所有权制度的基本内容参见本章第三节物权法律制度。

（五）债权

1. 债的概念和特征

法律上的债，是指特定当事人之间的请求为特定行为的法律关系。《民法典》第一百一十八条第二款规定：“债权是因合同、侵权行为、无因管理、不当得利以及法律的其他规定，权利人请求特定义务人为或者不为一定行为的权利。”债权人有权请求债务人按照合同的约定或法律的规定履行其义务；债务人有义务按照合同的约定或者法律的规定为特定行为以满足债权人的请求。

债的法律特征如下：

（1）债实质上反映的是财产流转关系。财产关系依其形态分为财产的归属利用关系和财产流转关系。前者为静态的财产关系，后者为动态的财产关系。物权关系、知识产权关系反映财产的归属和利用关系，其目的是保护财产的静态的安全；而债的关系反映的是财产利益从一个主体转移给另一主体的财产流转关系，其目的是保护财产的动态的安全。

（2）债的主体双方只能是特定的。债是特定当事人之间的民事法律关系，债的主体不论是权利主体还是义务主体都只能是特定的，也就是说，债权人只能向特定的债务人主张权利。而物权关系、知识产权关系以及继承权关系中只有权利主体是特定的，义务主体则为不特定的人，也就是说权利主体得向一切人主张权利。

（3）债以债务人应为的特定行为为客体。债的客体是给付，亦即债务人应为的特定行为，而给付又是与物、智力成果以及劳务等相联系的。也就是说，物、智力成果、劳务等是给付的标的或客体。债的客体的这一特征与物权关系、知识产权关系相区分。因为物权的客体原则上为物，知识产权的客体则为智力成果。

（4）债须通过债务人的特定行为才能实现其目的。债是当事人实现其特定利益的法律手段，债的目的是一方从另一方取得某种财产利益，而这一目的的实现，只能通过债务人的给付才能达到，没有债务人为其应为的特定行为也就不能实现债权人的权利。而物权关系、知识产权关系的权利人可以通过自己的行为实现其权利，以达其目的，而无须借助于义务人的行为来实现法律关系的目的。

2. 债权的分类

债根据不同的标准可以划分为不同种类。按照债的设定及其内容是否允许当事人以自由意思决定，债可以分为意定之债与法定之债；根据债的标的物的不同属性，债可划分为特定之债和种类之债；根据债的主体双方是单一的还是多数的，债可分为单一之债和多数人之债；根据多数一方当事人之间权利义务关系的不同状态，可分为按份之债和连带之债；根据债的标的有无选择性，债可分为简单之债和选择之债；在存在从属关系的两个债中，根据其不同地位，可分为主债和从债；根据债务人所负给付义务的不同内容，债可分为财物之债和劳务之债；根据债发生的根据不同，债可分为合同之债、侵权行为之债、无因管理之债和不当得利之债。

（六）诉讼时效

1. 诉讼时效的概念及类型

诉讼时效是指权利人在法定的时效期间内不行使权利，依照法律规定其胜诉权归于消灭的时效制度。时效具有法定性、强制性，任何单位或个人对时效的延长、缩短、放弃等约定都是无效的。

诉讼时效依据时间的长短和适用范围分为一般诉讼时效和特殊诉讼时效。

（1）一般诉讼时效，指在一般情况下普遍适用的时效。例如，《民法典》第一百八十八条规定的："向人民法院请求保护民事权利的诉讼时效期间为三年。法律另有规定的，依照其规定。"这表明，我国民事诉讼的一般诉讼时效为三年。

（2）特别诉讼时效，指针对某些特定的民事法律关系制定的诉讼时效。特殊诉讼时效优于一般诉讼时效。特殊诉讼时效可分为短期诉讼时效、长期诉讼时效和最长诉讼时效三种。短期诉讼时效指诉讼时效不满三年的时效。长期诉讼时效是指诉讼时效在三年以上二十年以下的诉讼时效。《民法典》第五百九十四条“因国际货物买卖合同和技术进出口合同争议提起诉讼或者申请仲裁的时效期间为四年。”最长诉讼时效为二十年。《民法典》第188条规定：“自权利受到损害之日起超过二十年的，人民法院不予保护，有特殊情况的，人民法院可以根据权利人的申请决定延长。”

2. 诉讼时效的开始、中止、中断和延长

诉讼时效的开始是指诉讼时效期间从何时算起。《民法典》规定，诉讼时效期间自权利人知道或者应当知道权利受到损害以及义务人之日起计算。

诉讼时效中止，是指在诉讼时效进行中，因一定的法定事由产生而使权利人无法行使请求权，暂停计算诉讼时效期间。《民法典》第一百九十四条规定：“在诉讼时效期间的最后六个月内，因下列障碍，不能行使请求权的，诉讼时效中止：（一）不可抗力；（二）无民事行为能力人或者限制民事行为能力人没有法定代理人，或者法定代理人死亡、丧失民事行为能力、丧失代理权；（三）继承开始后未确定继承人或者遗产管理人；（四）权利人被义务人或者其他人控制；（五）其他导致权利人不能行使请求权的障碍。自中止时效的原因消除之日起满六个月，诉讼时效期间届满。”

诉讼时效的中断是指在诉讼时效期间进行中，因发生一定的法定事由，致使已经经过的时效期间统归无效，待时效中断的事由消除后，诉讼时效期间重新起算。

诉讼时效的延长是指因特殊情况，权利人不可能在诉讼时效期间内行使权利的，人民法院可以适当延长诉讼时效期间，以保护其合法权利。

第二节 商务主体法律制度

商务主体主要是指各类企业。目前，无论是在中国，还是在世界范围内，企业最主要、最普遍的存在形式是公司。

一、公司与公司法

（一）公司的概念和特征

公司是一种企业组织形态，是依照法定的条件与程序设立的、以营利为目的的商事组织。根据我国公司法的规定，公司包括有限责任公司和股份有限公司两种类型。一般而言，公司具有以下基本法律特征：

1. 公司具有法人资格

《公司法》第三条规定“公司是企业法人。”法人是与自然人并列的一类民商事主体，具有独立的主体性资格，具有法律主体所要求的权利能力与行为能力，能够以自己的名义从事民商事活动并以自己的财产独立承担民事责任。公司是最典型的法人类型，体现了法人的最本质特征。公司法人资格的取得需符合以下条件：公司必须依法设立；公司必须具备必要的财产；公司必须具有完备的组织机构；公司要有自己的经营场所；公司必须能够以自己的名义从事民商事活动并独立承担民事责任。

2. 公司是社团组织，具有社团性

依法人内部组织基础的不同，可将法人分为社团法人和财团法人。公司属于社团法人，其社团性表现为它通常由两个或两个以上的股东出资组成。股份有限公司具有完全的社团性，其股东为两人以上。有限责任公司同样体现了公司的社团性，只是法律允许存在例外情形。我国公司法关于有限责任公司社团性的例外情形包括两种情况，一是一人有限责任公司，二是国有独资公司，在这两种公司中，都只有一个股东。但是社团性除了含有社员因素外，还含有团体组织性，即不同于单个的个人的特性，而是一个组织体，就此特性而言，一人有限责任公司和国有独资公司均体现了公司的社团性。

3. 公司以营利为目的，具有营利性

公司以营利为目的，是指设立公司的目的及公司的运作，都是为了谋求经济利益。为此，公司必须连续不断地从事某种经济活动，如商品生产、交换或提供某种服务。公司的营利性特征已为世界上许多国家和地区的公司立法所确认，从而成为公司的基本特征。

公司的营利性是公司区别于非营利性法人组织的重要特征，公司的营利性是股东设立公司的根本目的之所在。

4. 公司的法定性

公司的法定性是指公司必须依法设立、运营和终止。

（二）公司的分类

依据不同的标准，可对公司进行不同的分类，而每一种分类均有其法律上的意义。

1. 以公司股东的责任范围为标准分类

以公司股东的责任范围为标准，亦即以公司股东是否对公司债务承担责任为标准，可将公司分为无限责任公司、两合公司、股份两合公司、股份有限公司和有限责任公司。这是最主要的公司分类。

无限责任公司是指由两个以上股东组成、全体股东对公司债务负连带无限责任的公司。两合公司是指部分无限责任股东和部分有限责任股东共同组成，前者对公司债务负连带无限责任，后者仅以出资额为限承担责任的公司。股份两合公司是指由部分对公司债务负连带无限责任的股东和部分仅以所持股份对公司债务承担有限责任的股东共同组建的公司。

2. 以公司股份转让方式为标准分类

以公司股份转让方式为标准，亦即以公司股份是否可以自由转让和流通为标准，可将公司分为封闭式公司与开放式公司。封闭式公司，是指公司股本全部由设立公司的股东拥有，且其股份不能在证券市场上自由转让的公司。开放式公司是指可以按法定程序公开招股，股东人数通常无法定限制、公司的股份可以在证券市场公开自由转让的公司。我国公司法中的公司，有限责任公司属于封闭性公司，股份有限公司属于开放性公司，但股份有限公司中的非上市公司仍然具有封闭性，只有股份有限公司中的上市公司才是真正意义上的开放式公司。

3. 以公司的信用基础为标准分类

以公司的信用基础为标准，亦即以公司的交易信用来源和责任承担依据为标准，可将公司分为人合公司、资合公司及人合兼资合公司。人合公司是指公司的经营活动以股东个人信用而非公司资本的多寡为基础的公司。无限责任公司是典型的人合公司。资合公司是指公司的经营活动以公司的资本规模而非股东个人信用为基础的公司。股份有限公司是典型的资合公司。人合兼资合公司，是指兼具人合和资合特点的公司。有限责任公司一般为该种公司，股东具有人合性，公司对外承担责任时具有资合性。

4. 以公司之间的关系为标准分类

以公司相互之间的法律上的关系为标准，亦即以公司之间在财产、人事、责任承担上的相互关系为标准，可将公司分为总公司与分公司、母公司与子公司。

总公司是指依法设立共管辖公司全部组织的具有企业法人资格的总机构。总公司通常先于分公司而设立，在公司内部管辖系统中，处于领导、支配地位。分公司是指在业务、资金、人事等方面受本公司管辖而不具有法人资格的分支机构。分公司不具有法律上和经济上的独立地位，但其设立程序简单。《公司法》第十四条规定："公司可以设立分公司。设立分公司，应当向公司登记机关申请登记，领取营业执照。分公司不具有企业法人资格，其民事责任由公司承担。"

母公司是指拥有其他公司一定数额的股份或根据协议，能够控制、支配其他公司的人事、财务、业务等事项的公司。母公司最基本的特征，不在于是否持有子公司的股份，而在于是否参与子公司业务经营。子公司是指一定数额的股份被另一公司控制或依照协议被另一公司实际控制、支配的公司。子公司具有独立法人资格，对外独立开展业务和承担责任。但涉及公司利益的重大决策或重大人事安排，仍要由母公司决定。《公司法》第十四条第二款规定："公司可以设立子公司，子公司具有法人资格，依法独立承担民事责任。"

5. 以公司的国籍为标准分类

以公司的国籍为标准，亦即以公司在哪一国登记注册并取得主体资格、受该国法律管辖为标准，可将公司分为本国公司、外国公司和跨国公司。依照我国公司法的规定，允许外国公司在中国境内设立分支机构，从事生产经营活动，但外国公司属于外国法人，其在中国境内设立的分支机构不具有中国法人资格，该分支机构在中国境内进行经营活动而产生的民事责任，由其所属外国公司承担。

（三）公司法的概念和调整对象

1. 公司法的概念

广义上的公司法，是指规定各种公司的设立、组织、活动、解散及公司对内对外关系的法律规范的总称，包括涉及公司的所有法律、法规，如《公司法》《中华人民共和国市场主体登记管理条例》等。狭义上的公司法，专指公司法典，在我国即指《中华人民共和国公司法》。因此，公司法的概念可表述为：规定公司的设立、组织、运营、变更、解散、股东权利与义务，以及其他公司内部、外部关系的法律规范的总称。

我国《公司法》制定于 1993 年 12 月，1999 年、2004 年、2013 年、2018 年先后四次进行修正。

2. 公司法的调整对象

公司法的调整对象主要是指在公司设立、组织、运营、终止过程中所发生的社会关系，具体有：

（1）公司内部财产关系，如公司发起人之间、发起人与其他股东之间、股东相互之间、股东与公司之间在设立、变更、破产、解散和清算过程中所形成的带有经济内容的社会关系。

（2）公司外部财产关系，主要指公司从事与公司组织特征密切相关的营利性活动，与其他公司、企业或个人之间发生的财产关系，如发行公司债券或公司股票。

（3）公司内部组织管理与协作关系，主要指公司内部组织机构，如股东会或股东大会、董事会、监事会相互之间，公司同公司职员之间发生的管理或合同关系。

（4）公司外部组织管理关系，主要指公司在设立、变更、经营活动和解散过程中与有关国家经济管理机关之间形成的纵向经济管理关系。

3. 公司法的性质

（1）公司法是私法。公司法是商事法律的重要内容之一，与民法一样同属于私法的范畴，是关于私的权利和利益的法律。所以，公司法的主旨在于维护股东的意思自治和权利自由。私法自治和权利保障的理念是公司法的最高理念。但是，在现代经济条件下，为确保社会交易安全和公众利益，带有公法色彩的强制性规定越来越多地渗透到公司法领域。因此，尽管公司法是私法，但是其中包含有较多的强行性规范，从而使公司法具有一定的公法色彩。

（2）公司法是兼具程序法内容的实体法。我国公司法着重规定了有限责任公司和股份有限公司的权利、义务的实质内容和范围，这属于实体法规定。公司法中关于公司内部组织机构的设置，法定代表人的产生，股东、董事、高级管理人员的权利、义务与责任，监事的权利、义务与责任等方面的规定，确定了公司中各方当事人在实施公司行为时的实体权利和义务。同时，公司法为确保这些实体权利的实现和义务的履行，还规定了取得、行使实体权利，履行实体义务必须遵守的法定程序，如股东会或股东大会的召开程序，董事会的议事规则等。当然，公司法以实体法内容规定为主，程序法的内容是第二位的。

（3）公司法是含有商事行为法的商事组织法。一般而言，公司法首先是一种商事组织法，它通过对公司的法律地位、公司设立的条件和程序、公司意思机关和代表机关的确立、公司股东的权利和义务、公司合并、分立、解散的条件和程序等的规定，完善了公司的法人组织，使其具有了独立于公司股东的人格，以便自主地进行经营活动。同时，公司法也规定了与公司组织具有直接关系的公司行为，如公司设立行为、募集资本行为、股份转让行为、对外交易行为等。所以，公司法又具有行为法的特征，是组织法与行为法的结合。

二、有限责任公司

（一）有限责任公司的概念和特征

有限责任公司，是指由法律规定的一定人数的股东所组成，股东以其出资额为限对公司债务承担责任，公司以其全部资产对其债务承担责任的企业法人。有限责任公司具有以下特征：

（1）股东人数有最高数额限制。有限责任公司由五十个以下股东共同出资设立。

（2）股东以出资额为限对公司承担责任。股东以出资额为限对公司承担责任，这是有限责任公司区别于无限责任公司、两合公司的本质特征，也是有限责任公司兼有资合性的表现。有限责任是仅对股东而言的，不是指公司对外承担有限责任而言，公司是以其全部财产对公司债务承担责任的。

（3）设立手续和公司机关简易化。有限责任公司的设立手续与股份有限公司的设立手续相比，较为简单。

（4）股东对外转让出资受到严格限制。由于有限责任公司是人合兼资合性质的公司，股东之间的相互信任关系非常重要，因此法律对股东转让出资往往作出较严格的限制。有限责任公司股东向股东以外的人转让出资时，必须经全体股东过半数同意；不同意转让的股东应当购买该股东转让的出资，如果不购买该转让的出资，则视为同意转让；经股东同意转让的出资，在同等条件下，其他股东对该出资有优先购买权。

（5）公司的封闭性。有限责任公司一般属于中小规模的公司，与股份有限公司相比，其在组织与经营上具有封闭性或非公开性。其一，设立程序不公开；其二，公司的经营状况不向社会公开。

（二）有限责任公司的设立

1. 有限责任公司的设立条件

《公司法》第二十三条规定："设立有限责任公司，应当具备下列条件：（一）股东符合法定人数；（二）有符合公司章程规定的全体股东认缴的出资额；（三）股东共同制定公司章程；（四）有公司名称，建立符合有限责任公司要求的组织机构；（五）有公司住所。"依照本条规定，设立有限责任公司，应当具备以下几个方面的条件：

（1）主体方面条件：股东必须符合法定资格及人数要件。无论是有限责任公司还是股份公司，其股东都必须符合法定条件，具备法定资格，如法律禁止设立公司的自然人和法人不得成为公司的股东。

各国公司法都对有限责任公司的股东人数做出限制，股东人数的限制便于公司股东彼此了解建立相互信任的关系。有限责任公司信用的基础除了资本以外，还有股东个人条件。公司对外进行经济活动时，主要依据的不是公司本身的资本或资产状况，而是股东个人的信用状况，公司的经营事项和财务账目无须对外公开，资本只能由全体股东自己认缴，不得向社会公开募集，股东的出资证明书不得自由流通转让，股东的出资转让也受到严格的限制，必须经其他股东同意，其他股东具有有限购买权等。这些都是有限责任公司"人合性"的具体要求，故《公司法》第二十四条："有限责任公司由五十个以下股东出资设立。"

（2）财产方面条件：《公司法》取消了法定最低注册资本制，由公司章程规定公司的注册资本。《公司法》第二十六条规定："有限责任公司的注册资本为在公司登记机关登记的全体股东认缴的出资额。法律、行政法规以及国务院决定对有限责任公司注册资本实缴、注册资本最低限额另有规定的，从其规定。"

（3）章程方面条件：股东共同制定公司章程是设立有限责任公司的章程条件。

有限责任公司的章程是记载有关公司组织和行为基本规则的文件，是对公司的存在与发展有着不可替代的重要意义的纲领性文件。《公司法》第二十五条规定："有限责任公司章程应当载明下列事项：（一）公司名称和住所；（二）公司经营范围；（三）公司注册资本；（四）股东的姓名或者名称；（五）股东的出资方式、出资额和出资时间；（六）公司的机构及其产生办法、职权、议事规则；（七）公司法定代表人；（八）股东会会议认为需要规定的其他事项。股东应当在公司章程上签名、盖章。"该条一方面强调章程应当由有限责任公司的全体股东来共同制定，以使章程反映全体投资者的意志；另一方面强调公司章程的内容。其中前七个事项都属于绝对必要记载事项，必须记载，不记载或者记载违法者，章程无效。

（4）组织方面条件：有公司名称，建立符合有限责任公司要求的组织机构，是设立有限责任公司的组织条件。

公司名称是本公司与其他公司、企业相互区别的文字符号。设立有限责任公司必须有公司名称，并应当在其名称中标明有限责任公司或有限公司字样，然后在公司登记机关作相应的登记。有限责任公司的组织机构是公司开展活动的依托，设立有限责任公司必须建立相应的符合有限责任公司要求的组织机构。

（5）住所方面条件：有公司住所是设立有限责任公司的住所条件。

《公司法》修改之后，取消了原来关于设立有限责任公司必须具备"固定的生产经营场所和必要的生产经营条件"的限制，而只要求具备有公司住所即可，这实际上降低了公司设立的标准，也有利于一人公司制度的顺利执行。

2. 有限责任公司的设立程序

有限责任公司是一种封闭性的法人，其设立方式只能以发起设立为限，相对于股份公司的设立而言，有限责任公司的设立程序比较简单。具体程序如下：

（1）订立公司章程。公司章程是公司设立的基本文件。

（2）申请公司名称预先核准。

（3）法律、行政法规规定需经有关部门审批的要进行报批，获得批准文件。一般来说，有限责任公司的设立只要不涉及法律、法规的特别要求，直接注册登记即可成立。但《公司法》第六条第二款的 “但书”规定：“法律、行政法规规定设立公司必须报经批准的，应当在公司登记前依法办理批准手续。”

（4）股东缴纳出资并经法定的验资机构验资后出具证明。有限责任公司除具有人合因素外，还具有一定的资合性，股东必须按照章程的规定，缴纳所认缴的出资。股东的出资还应当按照法律的规定，采取法定的出资形式。

（5）向公司登记机关申请设立登记。为了获得行政主管部门对其法律人格的认可，公司设立程序中一个必不可少的步骤，是向公司登记机关申请设立登记。

（6）登记发照。对于设立申请，登记机关应当依法进行审查。对于不符合公司法规定条件的，不予登记；对于符合公司法规定条件的，依法核准登记，发给营业执照。营业执照的签发日期为有限责任公司的成立日期。

（三）有限责任公司的组织机构

1．股东会

（1）法律地位。股东会是有限责任公司的权力机关。股东会由全体股东组成，依照公司法和章程的规定行使职权。

（2）股东会的职权。《公司法》第三十七条规定：“股东会行使下列职权：（一）决定公司的经营方针和投资计划；（二）选举和更换非由职工代表担任的董事、监事，决定有关董事、监事的报酬事项；（三）审议批准董事会的报告；（四）审议批准监事会或者监事的报告；（五）审议批准公司的年度财务预算方案、决算方案；（六）审议批准公司的利润分配方案和弥补亏损方案；（七）对公司增加或者减少注册资本作出决议；（八）对发行公司债券作出决议；（九）对公司合并、分立、解散、清算或者变更公司形式作出决议；（十）修改公司章程；（十一）公司章程规定的其他职权。对前款所列事项股东以书面形式一致表示同意的，可以不召开股东会会议，直接作出决定，并由全体股东在决定文件上签名、盖章。”

（3）股东会会议。股东会会议是有限责任公司股东会行使权利的主要方式，分为定期会议和临时会议。

定期会议应当依照公司章程的规定按时召开。代表十分之一以上表决权的股东，三分之一以上的董事,监事会或者不设监事会的公司的监事提议召开临时会议的,应当召开临时会议。

有限责任公司设立董事会的，股东会会议由董事会召集，董事长主持；董事长不能履行职务或者不履行职务的，由副董事长主持；副董事长不能履行职务或者不履行职务的，由半数以上董事共同推举一名董事主持。有限责任公司不设董事会的，股东会会议由执行董事召集和主持。董事会或者执行董事不能履行或者不履行召集股东会会议职责的，由监事会或者不设监事会的公司的监事召集和主持；监事会或者监事不召集和主持的，代表十分之一以上表决权的股东可以自行召集和主持。

召开股东会会议，应当于会议召开十五日前通知全体股东。但是，公司章程另有规定或者全体股东另有约定的除外。股东会应当对所议事项的决定作成会议记录，出席会议的股东应当在会议记录上签名。

股东会会议由股东按照出资比例行使表决权；但是，公司章程另有规定的除外。股东会会议作出修改公司章程、增加或者减少注册资本的决议，以及公司合并、分立、解散或者变更公司形式的决议，必须经代表三分之二以上表决权的股东通过。

2. 董事会

董事会是股东会的执行机构，是公司常设的业务执行和经营意思决定机关。

董事会由三名至十三名董事组成。董事的任期由公司章程规定，但每届任期不超过三年，可以连选连任。

董事会设董事长一人，可以设副董事长。董事长、副董事长的产生办法由公司章程规定。

董事会对股东会负责，行使下列职权：召集股东会会议，并向股东会报告工作；执行股东会的决议；决定公司的经营计划和投资方案；制订公司的年度财务预算方案、决算方案；制订公司的利润分配方案和弥补亏损方案；制订公司增加或者减少注册资本以及发行公司债券的方案；制订公司合并、分立、解散或者变更公司形式的方案；决定公司内部管理机构的设置；决定聘任或者解聘公司经理及其报酬事项，并根据经理的提名决定聘任或者解聘公司副经理、财务负责人及其报酬事项；制定公司的基本管理制度；公司章程规定的其他职权。

董事会会议由董事长召集和主持；董事长不能履行职务或者不履行职务的，由副董事长召集和主持；副董事长不能履行职务或者不履行职务的，由半数以上董事共同推举一名董事召集和主持。

董事会的议事方式和表决程序，除《公司法》有规定的外，由公司章程规定。董事会应当对所议事项的决定作成会议记录，出席会议的董事应当在会议记录上签名。董事会决议的表决，实行一人一票。

有限责任公司可以设经理，由董事会决定聘任或者解聘。经理对董事会负责，行使下列职权：主持公司的生产经营管理工作，组织实施董事会决议；组织实施公司年度经营计划和投资方案；拟订公司内部管理机构设置方案；拟订公司的基本管理制度；制定公司的具体规章；提请聘任或者解聘公司副经理、财务负责人；决定聘任或者解聘除应由董事会决定聘任或者解聘以外的负责管理人员；董事会授予的其他职权。公司章程对经理职权另有规定的，从其规定。经理列席董事会会议。

股东人数较少或者规模较小的有限责任公司，可以设一名执行董事，不设董事会。执行董事可以兼任公司经理。执行董事的职权由公司章程规定。

3. 监事会

有限责任公司设监事会，其成员不得少于三人。股东人数较少或者规模较小的有限责任公司，可以设一至二名监事，不设监事会。

监事会应当包括股东代表和适当比例的公司职工代表，其中职工代表的比例不得低于三分之一，具体比例由公司章程规定。监事会中的职工代表由公司职工通过职工代表大会、职工大会或者其他形式民主选举产生。

监事会设主席一人，由全体监事过半数选举产生。监事会主席召集和主持监事会会议；

监事会主席不能履行职务或者不履行职务的，由半数以上监事共同推举一名监事召集和主持监事会会议。

董事、高级管理人员不得兼任监事。

监事的任期每届为三年。监事任期届满，连选可以连任。监事任期届满未及时改选，或者监事在任期内辞职导致监事会成员低于法定人数的，在改选出的监事就任前，原监事仍应当依照法律、行政法规和公司章程的规定，履行监事职务。

监事会、不设监事会的公司的监事行使下列职权：检查公司财务；对董事、高级管理人员执行公司职务的行为进行监督，对违反法律、行政法规、公司章程或者股东会决议的董事、高级管理人员提出罢免的建议；当董事、高级管理人员的行为损害公司的利益时，要求董事、高级管理人员予以纠正；提议召开临时股东会会议，在董事会不履行《公司法》规定的召集和主持股东会会议职责时召集和主持股东会会议；向股东会会议提出提案；依照《公司法》第一百五十一条的规定，对董事、高级管理人员提起诉讼；公司章程规定的其他职权。

监事可以列席董事会会议，并对董事会决议事项提出质询或者建议。

监事会、不设监事会的公司的监事发现公司经营情况异常，可以进行调查；必要时，可以聘请会计师事务所等协助其工作，费用由公司承担。

监事会每年度至少召开一次会议，监事可以提议召开临时监事会会议。监事会的议事方式和表决程序，除《公司法》有规定的外，由公司章程规定。监事会决议应当经半数以上监事通过。监事会应当对所议事项的决定作成会议记录，出席会议的监事应当在会议记录上签名。

监事会、不设监事会的公司的监事行使职权所必需的费用，由公司承担。

（四）一人有限责任公司

一人有限责任公司，是指只有一个自然人股东或者一个法人股东的有限责任公司。

一个自然人只能投资设立一个一人有限责任公司。该一人有限责任公司不能投资设立新的一人有限责任公司。一人有限责任公司应当在公司登记中注明自然人独资或者法人独资，并在公司营业执照中载明。一人有限责任公司章程由股东制定。

一人有限责任公司应当在每一会计年度终了时编制财务会计报告，并经会计师事务所审计。一人有限责任公司的股东不能证明公司财产独立于股东自己的财产的，应当对公司债务承担连带责任。

（五）国有独资公司

国有独资公司，是指国家单独出资、由国务院或者地方人民政府授权本级人民政府国有资产监督管理机构履行出资人职责的有限责任公司。

国有独资公司章程由国有资产监督管理机构制定，或者由董事会制订报国有资产监督管理机构批准。

国有独资公司不设股东会，由国有资产监督管理机构行使股东会职权。国有资产监督管理机构可以授权公司董事会行使股东会的部分职权，决定公司的重大事项，但公司的合并、分立、解散、增加或者减少注册资本和发行公司债券，必须由国有资产监督管理机构决定；其中，重要的国有独资公司合并、分立、解散、申请破产的，应当由国有资产监督管理机构审核后，报本级人民政府批准。

国有独资公司设董事会，依照《公司法》第四十六条、第六十六条的规定行使职权。董事每届任期不得超过三年。董事会成员中应当有公司职工代表。董事会成员由国有资产监督管理机构委派；但是，董事会成员中的职工代表由公司职工代表大会选举产生。董事会设董事长一人，可以设副董事长。董事长、副董事长由国有资产监督管理机构从董事会成员中指定。

国有独资公司设经理，由董事会聘任或者解聘。经理依照《公司法》第四十九条规定行使职权。经国有资产监督管理机构同意，董事会成员可以兼任经理。

国有独资公司的董事长、副董事长、董事、高级管理人员，未经国有资产监督管理机构同意，不得在其他有限责任公司、股份有限公司或者其他经济组织兼职。

国有独资公司监事会成员不得少于五人，其中职工代表的比例不得低于三分之一，具体比例由公司章程规定。监事会成员由国有资产监督管理机构委派；但是，监事会成员中的职工代表由公司职工代表大会选举产生。监事会主席由国有资产监督管理机构从监事会成员中指定。监事会行使《公司法》第五十三条第（一）项至第（三）项规定的职权和国务院规定的其他职权。

（六）有限责任公司的股权转让

1. 股东之间的管权转让

有限责任公司股东之间的股权转让一般不会形成与公司的人合性因素的基本要求相冲突的状况，因此《公司法》第七十一条第一款规定："有限责任公司的股东之间可以相互转让其全部或者部分股权。"

2. 股东向非股东的股权转让

股东向股东以外的人转让股权，应当经其他股东过半数同意。股东应就其股权转让事项书面通知其他股东征求同意，其他股东自接到书面通知之日起满三十日未答复的，视为同意转让。其他股东半数以上不同意转让的，不同意的股东应当购买该转让的股权；不购买的，视为同意转让。

经股东同意转让的股权，在同等条件下，其他股东有优先购买权。两个以上股东主张行使优先购买权的，协商确定各自的购买比例；协商不成的，按照转让时各自的出资比例行使优先购买权。

人民法院依照法律规定的强制执行程序转让股东的股权时，应当通知公司及全体股东，其他股东在同等条件下有优先购买权。其他股东自人民法院通知之日起满二十日不行使优先购买权的，视为放弃优先购买权。

自然人股东死亡后，其合法继承人可以继承股东资格；但是，公司章程另有规定的除外。

三、股份有限公司

（一）股份有限公司的概念和特征

股份有限公司是指其全部资本分为等额股份，股东以其所持有股份为限对公司承担责任，公司以其全部资产对公司债务承担责任的企业法人。股份有限公司通常是大型企业采用的一种经济组织形式，有以下特点：全部资本分为等额股份，股份采取股票形式；股东以其所持有股份为限对公司承担责任；股东人数只有下限没有上限；设立程序比较复杂；股份转让一般不受限制。

（二）股份有限公司的设立

1. 设立条件

设立股份有限公司，应当具备下列条件：发起人符合法定人数；有符合公司章程规定的全体发起人认购的股本总额或者募集的实收股本总额；股份发行、筹办事项符合法律规定；发起人制订公司章程，采用募集方式设立的经创立大会通过；有公司名称，建立符合股份有限公司要求的组织机构；有公司住所。

2. 设立方式

股份有限公司的设立，可以采取发起设立或者募集设立的方式。

发起设立，是指由发起人认购公司应发行的全部股份而设立公司。设立股份有限公司，应当有二人以上二百人以下为发起人，其中须有半数以上的发起人在中国境内有住所。股份有限公司发起人承担公司筹办事务。发起人应当签订发起人协议，明确各自在公司设立过程中的权利和义务。股份有限公司采取发起设立方式设立的，注册资本为在公司登记机关登记的全体发起人认购的股本总额。

募集设立，是指由发起人认购公司应发行股份的一部分，其余股份向社会公开募集或者向特定对象募集而设立公司。股份有限公司采取募集方式设立的，注册资本为在公司登记机关登记的实收股本总额。

3. 设立程序

股份有限公司的设立程序因设立方式不同而不同。

（1）发起设立程序。

1）发起人之间以书面形式订立发起人协议。发起人协议是公司设立程序的第一步，它是发起人之间以书面形式表达的有关公司的组建方案、发起人之间的职责分工等的共同意思。

2）发起人订立公司章程。

3）发起人订立书面协议以后就应该按照协议的规定缴纳出资认购股份。发起人缴纳出资的方式主要有以现金缴纳或者用实物、工业产权、非专利技术、土地使用权来抵充股款。以现金之外的其他财产或财产权利出资的需要由有关的中介机构进行评估，并且要依法办理有关的财产权利的转移手续。

4）发起人成立公司组织机构。交付全部出资以后，应当选举董事会和监事会，并由董事会向公司登记机关报送设立公司所必需的批准文件、公司章程、验资证明等文件，申请设立登记。

5）办理公司登记手续。

（2）募集设立的程序。

1）发起人订立发起协议。

2）发起人拟定公司章程。

3）发起人认购股份。全体发起人认购数额应不少于公司股份总数的百分之三十五，但法律法规另有规定的，从其规定。

4）募集股份。发起人向社会公开募集股份，必须公告招股说明书，并制作认股书。认股书应当载明《公司法》第八十六条所列事项，由认股人填写认购股数、金额、住所，并签名、盖章。认股人按照所认购股数缴纳股款。

5）召开公司创立大会。发行股份的股款缴足后，必须经依法设立的验资机构验资并出具证明。发起人应当自股款缴足之日起三十日内主持召开公司创立大会。创立大会由发起人、认股人组成。发行的股份超过招股说明书规定的截止期限尚未募足的，或者发行股份的股款缴足后，发起人在三十日内未召开创立大会的，认股人可以按照所缴股款并加算银行同期存款利息，要求发起人返还。

发起人应当在创立大会召开十五日前将会议日期通知各认股人或者予以公告。创立大会应有代表股份总数过半数的发起人、认股人出席，方可举行。

创立大会行使下列职权：审议发起人关于公司筹办情况的报告；通过公司章程；选举董事会成员；选举监事会成员；对公司的设立费用进行审核；对发起人用于抵作股款的财产的作价进行审核；发生不可抗力或者经营条件发生重大变化直接影响公司设立的，可以作出不设立公司的决议。创立大会对上述事项作出决议，必须经出席会议的认股人所持表决权过半数通过。

6）办理登记手续。董事会应于创立大会结束后三十日内，向公司登记机关报送下列文件，申请设立登记：公司登记申请书；创立大会的会议记录；公司章程；验资证明；法定代表人、董事、监事的任职文件及其身份证明；发起人的法人资格证明或者自然人身份证明；公司住所证明。以募集方式设立股份有限公司公开发行股票的，还应当向公司登记机关报送国务院证券监督管理机构的核准文件。

4. 股份有限公司的发起人及其责任

发起人是指在公司章程中签字或盖章或记载于公司章程，认购公司股份，执行公司设立事务的人。发起人是公司设立阶段各种法律关系的核心。

《公司法》第七十八条规定："设立股份有限公司，应当有二人以上二百人以下为发起人，其中须有半数以上的发起人在中国境内有住所。"第七十九条规定："股份有限公司发起人承担公司筹办事务。发起人应当签订发起人协议，明确各自在公司设立过程中的权利和义务。"

（三）股份有限公司的资本和股份

1. 股份有限公司的资本

股份有限公司的资本，也称股本，是指股份有限公司的股份数额总额。股份有限公司的资本划分为等额股份，每一股的金额相等。

2. 股份有限公司的股份

股份有限公司的股份是指均分公司全部资本的、表示股东权利义务的最基本的计算单位。

股份有限公司的资本划分为股份，每一股的金额相等。公司的股份采取股票的形式。股票是公司签发的证明股东所持股份的凭证。

股份有限公司签发的证明股东所持股份的凭证是股票。股份是股票的实质内容，股票是股份的证券形式，股份在形式上表现为股票，是一种要式证券。

股份可划分为普通股和优先股、额面股和无额面股、记名股和不记名股等。

3. 股份有限公司股份的发行

股份的发行是指股份有限公司通过法定方式向社会发行公司股份的行为。股份的发行，实行公平、公正的原则，同种类的每一股份应当具有同等权利。同次发行的同种类股票，每股的发行条件和价格应当相同；任何单位或者个人所认购的股份，每股应当支付相同价额。

股票发行价格可以按票面金额，也可以超过票面金额，但不得低于票面金额。

股票采用纸面形式或者国务院证券监督管理机构规定的其他形式。股票应当载明下列主要事项：公司名称，公司成立日期，股票种类、票面金额及代表的股份数，股票的编号。股票由法定代表人签名，公司盖章。发起人的股票，应当标明发起人股票字样。

公司发行的股票，可以为记名股票，也可以为无记名股票。公司向发起人、法人发行的股票，应当为记名股票，并应当记载该发起人、法人的名称或者姓名，不得另立户名或者以代表人姓名记名。

4. 股份有限公司股份的转让

股份的转让是指股份所有人按照一定程序将股份出让给受让人，受让人取得股份并成为股东的行为。

股东持有的股份可以依法转让。股东转让其股份，应当在依法设立的证券交易场所进行或者按照国务院规定的其他方式进行。记名股票，由股东以背书方式或者法律、行政法规规定的其他方式转让；转让后由公司将受让人的姓名或者名称及住所记载于股东名册。无记名股票的转让，由股东将该股票交付给受让人后即发生转让的效力。

发起人持有的本公司股份，自公司成立之日起一年内不得转让。公司公开发行股份前已发行的股份，自公司股票在证券交易所上市交易之日起一年内不得转让。公司董事、监事、高级管理人员应当向公司申报所持有的本公司的股份及其变动情况，在任职期间每年转让的股份不得超过其所持有本公司股份总数的百分之二十五；所持本公司股份自公司股票上市交易之日起一年内不得转让。上述人员离职后半年内，不得转让其所持有的本公司股份。公司章程可以对公司董事、监事、高级管理人员转让其所持有的本公司股份作出其他限制性规定。

（四）股份有限公司的组织机构

1. 股东大会

股份有限公司股东大会由全体股东组成，是公司的权力机构。

股东大会应当每年召开一次年会。有下列情形之一的，应当在两个月内召开临时股东大会：董事人数不足《公司法》规定人数或者公司章程所定人数的三分之二时；公司未弥补的亏损达实收股本总额三分之一时；单独或者合计持有公司百分之十以上股份的股东请求时；董事会认为必要时；监事会提议召开时；公司章程规定的其他情形。

股东大会会议由董事会召集，董事长主持；董事长不能履行职务或者不履行职务的，由副董事长主持；副董事长不能履行职务或者不履行职务的，由半数以上董事共同推举一名董事主持。董事会不能履行或者不履行召集股东大会会议职责的，监事会应当及时召集和主持；监事会不召集和主持的，连续九十日以上单独或者合计持有公司百分之十以上股份的股东可以自行召集和主持。

召开股东大会会议，应当将会议召开的时间、地点和审议的事项于会议召开二十日前通知各股东；临时股东大会应当于会议召开十五日前通知各股东；发行无记名股票的，应当于会议召开三十日前公告会议召开的时间、地点和审议事项。单独或者合计持有公司百分之三以上股份的股东，可以在股东大会召开十日前提出临时提案并书面提交董事会；董事会应当在收到提案后二日内通知其他股东，并将该临时提案提交股东大会审议。临时提案的内容应当属于股东大会职权范围，并有明确议题和具体决议事项。股东大会不得对前两款通知中未列明的事项作出决议。无记名股票持有人出席股东大会会议的，应当于会议召开五日前至股东大会闭会时将股票交存于公司。

股东出席股东大会会议，所持每一股份有一表决权。但是，公司持有的本公司股份没有表决权。股东大会选举董事、监事，可以依照公司章程的规定或者股东大会的决议，实行累积投票制。股东可以委托代理人出席股东大会会议，代理人应当向公司提交股东授权委托书，并在授权范围内行使表决权。

股东大会作出决议，必须经出席会议的股东所持表决权过半数通过。但是，股东大会作出修改公司章程、增加或者减少注册资本的决议，以及公司合并、分立、解散或者变更公司形式的决议，必须经出席会议的股东所持表决权的三分之二以上通过。《公司法》和公司章程规定公司转让、受让重大资产或者对外提供担保等事项必须经股东大会作出决议的，董事会应当及时召集股东大会会议，由股东大会就上述事项进行表决。上市公司在一年内购买、出售重大资产或者担保金额超过公司资产总额百分之三十的，应当由股东大会作出决议，并经出席会议的股东所持表决权的三分之二以上通过。

股东大会应当对所议事项的决定作成会议记录，主持人、出席会议的董事应当在会议记录上签名。会议记录应当与出席股东的签名册及代理出席的委托书一并保存。

2. 董事会和经理

股份有限公司设董事会，其成员为五人至十九人。董事会成员中可以有公司职工代表。董事会中的职工代表由公司职工通过职工代表大会、职工大会或者其他形式民主选举产生。《公司法》第四十五条、第四十六条关于有限责任公司董事任期、董事会职权的规定，适用于股份有限公司董事、董事会。

董事会设董事长一人，可以设副董事长。董事长和副董事长由董事会以全体董事的过半数选举产生。董事长召集和主持董事会会议，检查董事会决议的实施情况。副董事长协助董事长工作，董事长不能履行职务或者不履行职务的，由副董事长履行职务；副董事长不能履行职务或者不履行职务的，由半数以上董事共同推举一名董事履行职务。

董事会每年度至少召开两次会议，每次会议应当于会议召开十日前通知全体董事和监事。代表十分之一以上表决权的股东、三分之一以上董事或者监事会，可以提议召开董事会临时会议。董事长应当自接到提议后十日内，召集和主持董事会会议。董事会召开临时会议，可以另定召集董事会的通知方式和通知时限。董事会会议应有过半数的董事出席方可举行。董事会作出决议，必须经全体董事的过半数通过。董事会决议的表决，实行一人一票。董事会会议，应由董事本人出席；董事因故不能出席，可以书面委托其他董事代为出席，委托书中应载明授权范围。董事会应当对会议所议事项的决定作成会议记录，出席会议的董事应当在会议记录上签名。董事应当对董事会的决议承担责任。董事会的决议违反法律、行政法规或者公司章程、股东大会决议，致使公司遭受严重损失的，参与决议的董事对公司负赔偿责任。但经证明在表决时曾表明异议并记载于会议记录的，该董事可以免除责任。

股份有限公司设经理，由董事会决定聘任或者解聘。《公司法》第四十九条关于有限责任公司经理职权的规定，适用于股份有限公司经理。公司董事会可以决定由董事会成员兼任经理。

公司不得直接或者通过子公司向董事、监事、高级管理人员提供借款。公司应当定期向股东披露董事、监事、高级管理人员从公司获得报酬的情况。

上市公司设立独立董事；上市公司设董事会秘书，负责公司股东大会和董事会会议的筹备、文件保管以及公司股东资料的管理，办理信息披露事务等事宜；上市公司董事与董事会会议决议事项所涉及的企业有关联关系的，不得对该项决议行使表决权，也不得代理其他董事行使表决权。该董事会会议由过半数的无关联关系董事出席即可举行，董事会会议所作决议须经无关联关系董事过半数通过。出席董事会的无关联关系董事人数不足三人的，应将该事项提交上市公司股东大会审议。

3. 监事会

股份有限公司设监事会，其成员不得少于三人。监事会应当包括股东代表和适当比例的公司职工代表，其中职工代表的比例不得低于三分之一，具体比例由公司章程规定。监事会中的职工代表由公司职工通过职工代表大会、职工大会或者其他形式民主选举产生。

监事会设主席一人，可以设副主席。监事会主席和副主席由全体监事过半数选举产生。监事会主席召集和主持监事会会议；监事会主席不能履行职务或者不履行职务的，由监事会副主席召集和主持监事会会议；监事会副主席不能履行职务或者不履行职务的，由半数以上监事共同推举一名监事召集和主持监事会会议。董事、高级管理人员不得兼任监事。

《公司法》第五十三条、第五十四条关于有限责任公司监事会职权的规定，适用于股份有限公司监事会。监事会行使职权所必需的费用，由公司承担。

监事会每六个月至少召开一次会议。监事可以提议召开临时监事会会议。监事会的议事方式和表决程序，除公司法有规定的外，由公司章程规定。监事会决议应当经半数以上监事通过。监事会应当对所议事项的决定作成会议记录，出席会议的监事应当在会议记录上签名。

四、公司董事、监事、高级管理人员的资格和义务

董事、监事、高级管理人员，对公司经营的成败得失起着至关重要的作用，他们因职位关系，可以接触很多公司经营的秘密，对公司的经营条件、财务状况等比其他人更了解，从而拥有相对较大的选择权和决策权，因此法律对其规定了特别的注意义务和忠实义务。高级管理人员，根据《公司法》的规定，具体是指公司的经理、副经理、财务负责人，上市公司董事会秘书和公司章程规定的其他人员。

1. 董事、监事、高级管理人员的任职资格

根据《公司法》第一百四十六条的规定，有下列情形之一的，不得担任公司的董事、监事、高级管理人员：无民事行为能力或者限制民事行为能力；因贪污、贿赂、侵占财产、挪用财产或者破坏社会主义市场经济秩序，被判处刑罚，执行期满未逾五年，或者因犯罪被剥夺政治权利，执行期满未逾五年；担任破产清算的公司、企业的董事或者厂长、经理，对该公司、企业的破产负有个人责任的，自该公司、企业破产清算完结之日起未逾三年；担任因违法被吊销营业执照、责令关闭的公司、企业的法定代表人，并负有个人责任的，自该公司、企业被吊销营业执照之日起未逾三年；个人所负数额较大的债务到期未清偿；国家公务员不得兼任公司的董事、监事、高级管理人员。

2. 董事、监事、高级管理人员的义务

（1）董事、监事、高级管理人员的勤勉义务。勤勉义务是指高级管理人员在履行职责时，应当为公司的最佳利益，具有一个善良管理人的细心，尽一个普通谨慎之人的合理注意义务。在判断董事是否履行勤勉义务时，通常应以普通谨慎的董事在同类公司、同类职务、同类场合所应有的注意、知识和经验程度作为衡量标准。

董事、监事、高级管理人员的忠实和勤勉义务是对公司承担的法定义务，而不是对单个或部分股东所承担的义务。董事、监事、高级管理人员作为公司财产的监督管理者，应当为公司的利益，而不是为单个或部分股东的利益，经营管理公司财产，监督公司财产的运营，保证公司财产的安全，实现公司的经济利益。

（2）董事、监事、高级管理人员的忠实义务。《公司法》第一百四十八条具体列举了忠实义务的八项内容，即禁止公司董事、高级管理人员的下列行为：挪用公司资金；将公司资金以其个人名义或者以其他个人名义开立账户存储；违反公司章程的规定，未经股东会、股东大会或者董事会同意，将公司资金借贷给他人或者以公司财产为他人提供担保；违反公司章

程的规定或者未经股东会、股东大会同意，与本公司订立合同或者进行交易；经股东会或者股东大会同意，利用职务便利为自己或者他人谋取属于公司的商业机会，自营或者为他人经营与所任职公司同类的业务；接受他人与公司交易的佣金归为己有；擅自披露公司秘密；违反对公司忠实义务的其他行为。董事、高级管理人员违反上述规定所得的收入应当归公司所有。

（3）董事、监事、高级管理人员限制转让股份的义务。《公司法》第一百四十一条规定了董事、监事、高级管理人员限制转让股份的义务："公司董事、监事、高级管理人员应当向公司申报所持有的本公司的股份及其变动情况，在任职期间每年转让的股份不得超过其所持有本公司股份总数的百分之二十五；所持本公司股份自公司股票上市交易之日起一年内不得转让。上述人员离职后半年内，不得转让其所持有的本公司股份。公司章程可以对公司董事、监事、高级管理人员转让其所持有的本公司股份作出其他限制性规定。"

（4）董事、监事、高级管理人员接受股东质询及提供资料的义务。《公司法》第一百五十条规定："股东会或者股东大会要求董事、监事、高级管理人员列席会议的，董事、监事、高级管理人员应当列席并接受股东的质询。董事、高级管理人员应当如实向监事会或者不设监事会的有限责任公司的监事提供有关情况和资料，不得妨碍监事会或者监事行使职权。"为了使股东能够在充分了解情况的基础上正确行使表决权，更好地保障公司利益和股东利益，应当赋予股东在股东会议上质询的权利。同样，为了确保监事会和不设监事会的有限责任公司的监事了解董事、高级管理人员执行公司职务的有关情况，正确有效地行使监督职能，从法律上规定董事、高级管理人员对监事会和不设监事会的有限责任公司的监事的说明义务也是十分必要的。

3. 董事、监事、高级管理人员的责任

《公司法》第一百四十九条规定："董事、监事、高级管理人员执行公司职务时违反法律、行政法规或者公司章程的规定，给公司造成损失的，应当承担赔偿责任。"董事、监事、高级管理人员承担赔偿责任应当具备下列条件：一是必须有公司受到损害的事实存在；二是损害行为必须是行为人违反法律、行政法规或者公司章程执行公司职务的行为；三是违法行为与损害事实之间必须具有因果关系；四是行为人必须有过错，即必须有过失或故意。

4. 对董事、监事、高级管理人员责任的追究

为保护股东利益，遏制损害股东和公司利益的行为，加强对董事、监事、高级管理人员的监管，《公司法》建构了比较完善的股东诉讼机制，包括股东代表诉讼和股东直接诉讼制度。

（1）股东代表诉讼。股东代表诉讼是指公司的董事、监事和高级管理人员在执行职务时违反法律、行政法规或者公司章程的规定，给公司造成损失，而公司又怠于行使起诉权时，符合条件的股东可以以自己的名义向法院提起损害赔偿的诉讼。

股东代表诉讼有利于保护股东的利益，但同时也可能面临有人"滥诉"或者借此恶意伤害公司的情况，因此需要作一些限制性规定，例如原告资格、前置程序等。《公司法》第一百五十一条规定："董事、高级管理人员有本法第一百四十九条规定的情形的，有限责任公司的股东、股份有限公司连续一百八十日以上单独或者合计持有公司百分之一以上股份的股东，可以书面请求监事会或者不设监事会的有限责任公司的监事向人民法院提起诉讼；监事有本法第一百四十九条规定的情形的，前述股东可以书面请求董事会或者不设董事会的有限责任公司的执行董事向人民法院提起诉讼。监事会、不设监事会的有限责任公司的监事，或者董事会、执行董事收到前款规定的股东书面请求后拒绝提起诉讼，或者自收到请求之日起三十日内未提起诉讼，或者情况紧急、不立即提起诉讼将会使公司利益受到难以弥补的损害的，前款规定的

股东有权为了公司的利益以自己的名义直接向人民法院提起诉讼。他人侵犯公司合法权益，给公司造成损失的，本条第一款规定的股东可以依照前两款的规定向人民法院提起诉讼。”

（2）股东直接诉讼。公司法还直接规定了股东的诉讼权。股东是公司的投资人，有权维护自己在公司的合法权益。公司董事、高级管理人员违反法律、行政法规或者公司章程的规定，损害股东利益的，股东有权为维护自己的利益向人民法院提起诉讼。

五、公司的合并、分立、解散和清算

（一）公司合并

1. 公司合并的概念

公司的合并，是指两个以上的公司，通过订立合同，依法定程序合并为一个公司。公司合并的决议是由公司的股东会做出的，并且必须经代表三分之二以上表决权的股东或者通过出席会议的股东所持表决权的三分之二以上通过。

2. 公司合并的形式

《公司法》第一百七十二条规定：“公司合并可以采取吸收合并或者新设合并。一个公司吸收其他公司为吸收合并，被吸收的公司解散。两个以上公司合并设立一个新的公司为新设合并，合并各方解散。”

3. 公司合并的法律后果

（1）公司的消灭、变更和新设。在新设合并时，参与合并的公司均消灭，在此基础上产生一个新的公司。新设公司应重新制定公司章程，召开创立会，并办理设立登记。在吸收合并时，只有一个公司继续存在，其余公司消灭，但存续公司的资本、股东等发生了变化，存续公司应修改公司章程，并办理变更登记。

（2）权利义务的概括移转。因合并而消灭的公司，其权利义务一并移转给合并后存续的公司或新设的公司承受。存续的公司或新设的公司承受的权利义务不仅包括实体上的权利义务，而且还包括程序法上的权利义务。

（3）股东资格的当然承继。合并前公司的股东继续成为合并后存续公司或新设公司的股东。原来股东的股份按照合并协议的规定转换为合并后公司的股份。

4. 公司合并的程序

（1）公司董事会拟定公司合并方案，订立合并协议。为了防止合并过于烦琐和费时，应首先由公司董事会拟定公司合并方案，并同时草拟合并协议的主要条款。合并方案主要涉及合并的原因和目的、现有公司债务的清偿、合并后公司的股权结构，以及向各合并公司股东发行股份的价格。

（2）公司股东会做出决议。公司合并属于公司的重大变更事项，对股东利益影响甚大。因此，公司合并必须经由股东会同意后方可实施，并且股东会会议应当采用特别会议方式进行。

（3）编制资产负债表及财产清单。《公司法》第一百七十三条规定，公司合并，应当由合并各方签订合并协议，并编制资产负债表和财产清单。资产负债表是反映公司资产及负债状况、股东权益的公司主要的会计报表。合并各方应当真实、准确地编制此表，以反映公司的财产状况。

（4）对债权人的通知或者公告。《公司法》第一百七十三条规定：“公司应当自做出合并决议之日起十日内通知债权人，并于三十日内在报纸上公告。债权人自接到通知书之日起三十日内，未接到通知书的自公告之日起四十五日内，可以要求公司清偿债务或者提供相应的担保。”《公司法》第二百零四条规定：“公司在合并、分立、减少注册资本或者进行清算时，不依照本法规定通知或者公告债权人的，由公司登记机关责令改正，对公司处以一万元以上十万元以下的罚款。”新公司法关于公司合并程序的规定，不再具体规定公告次数，缩短了债权人请求权的时限，取消了债权人的否决权，体现了鼓励合并的立法理念，促进了资本的管理重组和流动。

（5）办理合并登记手续。公司合并完成后，应当办理相应的注销、变更或设立登记。根据《中华人民共和国市场主体登记管理条例》的规定，因合并而存续的公司，其登记事项发生变化的，应当申请变更登记；因合并而解散的公司，应当申请注销登记；因合并而新设立的公司，应当申请设立登记。只有经过变更或设立登记，签发新的营业执照后，公司合并才算最终完成。另外应当指出的是，考虑到行政审批容易导致行政权力的滥用，滋生腐败，损害公司股东利益，并且公司合并应遵循市场竞争的要求，《公司法》不应附加不适当的限制，因此《公司法》2018 年第四次修正时取消了股份有限公司合并时的行政审批程序。

（二）公司分立

公司的分立，是指一个公司依法定程序分为两个或两个以上公司的法律行为。

公司分立的形式有两种，即新设分立和派生分立。新设分立是指一个公司将其全部资产分割设立两个或两个以上的公司的行为。派生分立是指一个公司以其部分资产设立另一个公司的法律行为。

公司分立按下列程序进行：做出决定与决议；签署分立协议；编制资产负债表和财产清单，进行财产分割；通知或公告债权人，履行债权人保护程序；变更登记。

（三）公司的解散与清算

1. 公司解散的原因

《公司法》第一百八十条规定：“公司因下列原因解散：（一）公司章程规定的营业期限届满或者公司章程规定的其他解散事由出现；（二）股东会或者股东大会决议解散；（三）因公司合并或者分立需要解散；（四）依法被吊销营业执照、责令关闭或者被撤销；（五）人民法院依照本法第一百八十二条的规定予以解散。”《公司法》第一百八十二条规定：“公司经营管理发生严重困难，继续存续会使股东利益受到重大损失，通过其他途径不能解决的，持有公司全部股东表决权百分之十以上的股东，可以请求人民法院解散公司。”

2. 清算

公司因《公司法》第一百八十条第（一）项、第（二）项、第（四）项、第（五）项规定而解散的，应当在解散事由出现之日起十五日内成立清算组，开始清算。有限责任公司的清算组由股东组成，股份有限公司的清算组由董事或者股东大会确定的人员组成。逾期不成立清算组进行清算的，债权人可以申请人民法院指定有关人员组成清算组进行清算。人民法院应当受理该申请，并及时组织清算组进行清算。

清算组在清算期间行使下列职权：清理公司财产，分别编制资产负债表和财产清单；通知、公告债权人；处理与清算有关的公司未了结的业务；清缴所欠税款以及清算过程中产生的税款；清理债权、债务；处理公司清偿债务后的剩余财产；代表公司参与民事诉讼活动。

清算组应当自成立之日起十日内通知债权人，并于六十日内在报纸上公告。债权人应当自接到通知书之日起三十日内，未接到通知书的自公告之日起四十五日内，向清算组申报其债权。债权人申报债权，应当说明债权的有关事项，并提供证明材料。清算组应当对债权进行登记。在申报债权期间，清算组不得对债权人进行清偿。

清算组在清理公司财产、编制资产负债表和财产清单后，应当制定清算方案，并报股东会、股东大会或者人民法院确认。公司财产再分别支付清算费用、职工的工资、社会保险费用和法定补偿金，缴纳所欠税款，清偿公司债务后的剩余财产，有限责任公司按照股东的出资比例分配，股份有限公司按照股东持有的股份比例分配。清算期间，公司存续，但不得开展与清算无关的经营活动。公司财产在未依照上述规定清偿前，不得分配给股东。清算组在清理公司财产、编制资产负债表和财产清单后，发现公司财产不足清偿债务的，应当依法向人民法院申请宣告破产。公司经人民法院裁定宣告破产后，清算组应当将清算事务移交给人民法院。公司被依法宣告破产的，依照有关企业破产的法律实施破产清算。

公司清算结束后，清算组应当制作清算报告，报股东会、股东大会或者人民法院确认，并报送公司登记机关，申请注销公司登记，公告公司终止。

清算组成员应当忠于职守，依法履行清算义务。清算组成员不得利用职权收受贿赂或者其他非法收入，不得侵占公司财产。清算组成员因故意或者重大过失给公司或者债权人造成损失的，应当承担赔偿责任。

第三节 物权法律制度

一、物权法概述

（一）物权法的概念和性质

物权法是专门规范民事主体（法人、非法人组织、自然人）对财产的占有、收益、使用、处分权利的法律规范的总称。物权法包括所有权、用益物权、担保物权等内容，是对人们财产权保护的一种法律。物权法具有私法性、强行性、固有法性和公共性。

（二）物权法的基本原则

一物一权、物权法定、公示公信，在大陆法系民法理论中被称为物权法的基本原则，构成物权法的基本原理，物权法的具体制度内容和理论架构均在此基本原则之下展开。在我国，《民法典物权编》规定："国家坚持和完善公有制为主体、多种所有制经济共同发展，按劳分配为主体、多种分配方式并存，社会主义市场经济体制等社会主义基本经济制度。国家巩固和发展公有制经济，鼓励、支持和引导非公有制经济的发展。国家实行社会主义市场经济，保障一切市场主体的平等法律地位和发展权利。""国家、集体、私人的物权和其他权利人的物权受法律平等保护，任何组织和个人不得侵犯。""不动产物权的设立、变更、转让和消灭，应当依照法律规定登记。动产物权的设立和转让，应当依照法律规定交付。"

二、物权概述

（一）物权的概念和特征

1. 物权的概念

物权是指权利人依法对特定的物享有直接支配和排他的权利，包括所有权、用益物权和担保物权。不动产指土地以及建筑物等土地附着物；动产指不动产以外的物。

2. 物权的特征

（1）物权是支配权。物权是权利人直接支配的权利，即物权人可以依自己的意志就标的物直接行使权利，无须他人的意思或义务人的行为的介入。

（2）物权是绝对权。物权的权利人是特定的，义务人是不特定的，且义务内容是不作为，即只要不侵犯物权人行使权利就履行义务，所以物权是一种绝对权。

（3）物权是财产权。物权是一种具有物质内容的、直接体现为财产利益的权利，财产利益包括对物的利用、物的归属和就物的价值设立的担保。

（4）物权的客体是物。

（5）物权具有排他性。首先，物权的权利人可以对抗一切不特定的人，所以物权是一种对世权；其次，同一物上不许有内容不相容的物权并存，即“一物一权”。

（6）物权作为一种绝对权，必须具有公开性。因此物权必须要公示。

（二）物权的客体

《民法典》第115条规定：“物包括不动产和动产。法律规定权利作为物权客体的，依照其规定。”可见物权法立法上认为物权的客体指不动产、动产和法律规定的权利。

（三）物权的效力

1. 物权的优先效力

物权的优先效力，亦称物权的优先权，是指同一标的物上有数个相互矛盾、冲突的权利并存时，具有较强效力的权利排斥具有较弱效力的权利的实现。具体表现在：

（1）物权相互间的优先效力。关于物权相互之间的优先效力，一般的原则是根据不同种类的物权的排他性，并依物权成立时间的先后确定其优先顺序。

（2）物权对于债权的优先效力。在同一标的物上物权与债权并存时，物权有优先于债权的效力，这主要表现在两个方面：在同一标的物上，既有物权又有债权时，物权有优先于债权的效力，但存在“买卖不破除租赁”例外；在债权人依破产程序或强制执行程序行使其债权时，取回权和别除权作为物权具有优先权。

2. 物上请求权

物上请求权是指物权人在其权利的实现上遇有某种妨害时，有权请求造成妨害事由发生的人排除此等妨害的权利。物上请求权是基于物权的绝对权、对世权，可以对抗任何第三人的性质而发生的法律效力。它赋予物权人各种请求权，以排除对物权的享有与行使造成的各种妨害，从而恢复物权人对其标的物的原有的支配状态。

物上请求权的行使，不必一定依诉讼的方式进行，也可以依意思表示的方式为之。物权受到妨害后，物权人可以直接请求侵害人为一定的行为或不为一定的行为，包括请求侵害人停止侵害、排除妨碍、消除危险、返还财产等。物权人在其权利受到妨害时也可以直接向法院提出诉讼，请求确认其物权的存在或采取其他的保护措施。

（四）物权的分类

根据物权的性质和内容，并根据不同的划分标准，可将物权作以下分类：以权利人对标的物的支配范围为标准，可将物权分为所有权和定限物权。根据对标的物进行支配的内容的不同，还可以将定限物权分为用益物权和担保物权。根据物权有无从属性，可以将物权分为主物权和从物权。根据标的物种类的不同，可以将物权分为动产物权、不动产物权和权利物权。根据物权发生内容的不同，可将物权分为法定物权和意定物权。根据物权之存续有无期限，可以将物权分为有期限物权和无期限物权。根据物权之变动是否经登记，可将物权分为应经登记的物权和不经登记的物权。

三、物权变动

（一）物权变动概述

1. 物权变动的含义

物权变动是指物权的取得、变更和消灭。其本质是物权主体之间对权利客体的支配和归属关系的变动。

（1）物权的取得。物权的取得是指物权与特定的权利主体结合，分为原始取得与继受取得。

（2）物权的变更。广义的物权变更包括主体的变更，涉及物权的消灭。狭义的物权变更特指物权内容和客体的变更，在不改变物权整体内容的情况下发生有关物权内容部分的变化，或物权标的物发生的变化，如价值的增减。

（3）物权的消灭。物权的消灭是指特定主体的物权基于一定法律事实的发生而不复存在，可分为绝对消灭和相对消灭。

2. 物权变动的原因

物权变动的原因是指物权取得、变更、消灭的法律事实，包括：

（1）法律行为：当事人设立、变更、终止物权的法律行为，是物权变动最普遍、最主要的原因，包括单方、双方、多方法律行为。

（2）法律行为以外的其他法律事实：如国家通过国有化、征收征用取得的物权等。

（二）物权变动的公示

1. 物权变动公示的概念

物权变动的公示是指物权的各种变动必须以公开的、能够取信于社会公众的表现方式公之于众。其对维护占有秩序和保护交易安全有重要的意义。

2. 公示方法

（1）不动产——登记。根据《民法典》的规定，不动产物权的设立、变更、转让和消灭，经依法登记，产生效力；未经登记，不发生效力，但是法律另有规定的除外。依法属于国家所有的自然资源，所有权可以不登记。不动产物权的设立、变更、转让和消灭，依照法律规定应当登记的，自记载于不动产登记簿时产生效力。

当事人之间订立有关设立、变更、转让和消灭不动产物权的合同，除法律另有规定或者合同另有约定外，自合同成立时生效；未办理物权登记的，不影响合同效力。

不动产登记簿是物权归属和内容的根据。不动产权属证书是权利人享有该不动产物权的证明。不动产权属证书记载的事项，应当与不动产登记簿一致；记载不一致的，除有证据证明不动产登记簿确有错误外，以不动产登记簿为准。不动产的行政管理机关依当事人的申请或职权将不动产的变动事项记载在专门的册子上。

（2）动产——交付。《民法典》规定，动产物权的设立和转让，自交付时产生效力，但法律另有规定的除外。船舶、航空器和机动车等物权的设立、变更、转让和消灭，未经登记，不得对抗善意第三人。

动产物权设立和转让前，权利人已经依法占有该动产的，物权自法律行为生效时产生效力（简易交付）；动产物权设立和转让前，第三人依法占有该动产的，负有交付义务的人可以通过转让请求第三人返还原物的权利代替交付（指示交付）；动产物权转让时，双方又约定由出让人继续占有该动产的，物权自该约定生效时产生效力（占有改定）。

3. 物权公示的效力

《民法典》规定，不动产物权的设立、变更、转让和消灭，经依法登记，发生效力；未经登记，不产生效力，但法律另有规定的除外。动产物权的设立和转让，自交付时产生效力，但法律另有规定的除外。

4. 公示的公信力

物权一旦经过登记，对于信赖登记的第三人产生效力。表现在物权经过登记后，对第三人推定的确认以登记为准，有权利但不登记视为无权利。

公信力制度的优点：有利于经济活动安全，降低交易成本，实现交易便捷，加速财产流程。缺点：不利于对静态财产安全的保护，真正权利人的利益会受到伤害。

四、财产所有权

（一）财产所有权概述

1. 财产所有权的概念和特征

财产所有权是指所有权人对自己的不动产或者动产，依法享有占有、使用、收益和处分的权利。《民法典》第二百四十条规定："所有权人对自己的不动产或者动产，依法享有占有、使用、收益和处分的权利。"第二百四十一条规定："所有权人有权在自己的不动产或者动产上设立用益物权和担保物权。用益物权人、担保物权人行使权利，不得损害所有权人的权益。"

财产所有权是物权制度的基本形态，是其他各种物权的基础，它具有以下特征：

（1）所有权具有完全性。所有权是典型的支配权，所有人对所有物的支配不仅包括占有使用、收益，还包括对物的最终处分的权利。

（2）所有权具有原始物权性。所有权不是从其他财产权派生的，而是法律直接确认财产归属关系的结果。

（3）所有权的内容可以自由伸缩。所有人既可以在其所有的物上行使占有使用收益和处分的权利，也可以在其所有物上设定他物权。

（4）所有权具有永久存续性。所有权的存在不能预定其存续期间，也不因时间推移而消灭。所有权除标的物灭失、转让、抛弃等法律事实外，无限期存在。

2. 财产所有权的权能

所有权的权能指所有人为实现其对所有物的独占利益，而于法律规定的界限内可以采取的各种措施和手段，包括占有、使用、收益、处分。

3. 所有权的限制

所有权既保护个人的自由，又维护社会的公共目标。对所有权的限制，要求所有权人容忍一定限度的侵害，为一定或不为一定行为。其类型有：容忍他人的干涉甚至是侵害的义务，如相邻权；负有不作为的义务；负有一定作为的义务。

限制源于与所有权有关的法律法规，如民法上的限制（诚实信用、禁止权利滥用等原则性条款；民法上关于相邻关系的限制；自卫行为限制；自助行为）、特别法上的规定（房地产一些管理规定），又如公法上的限制（土地规划法、文物保护法）。对利益相关人造成损害的应当予以补偿。

4. 所有权的取得

（1）所有权的取得方式。所有权的取得方式是指根据何种法律事实或何种方式合法取得所有权。取得方式有原始取得和继受取得。

原始取得即所有权的第一次取得，或不依靠原所有人的权利而取得所有权，包括生产、孳息（包括天然孳息和法定孳息两种）、没收、遗失物、无主财产、添附等。

继受取得即通过某种法律行为或基于一定法律事件从原所有权人处取得所有权，又称传来取得、派生取得。根据法律的规定，所有权继受取得的原因主要包括：因一定的法律行为而取得所有权，如买卖合同、赠与、互易等；因法律行为以外的事实而取得所有权，如继承遗产，接受他人遗赠等。因其他合法原因取得所有权，如合作经济组织的成员通过合股集资的方式形成新的所有权形式。

（2）所有权取得时间。所有权取得时间主要针对所有权的继受取得而言，指所有权从原所有权人手中转移到新所有权人手中的时间。取得时间可以明确所有权的归属、明确标的物意外风险责任的承担、确认所有权取得时间。

动产所有权取得时间：财产所有权从财产交付时转移，以交付时间为准，法律另有规定和合同另有约定的除外。

不动产所有权取得时间：到不动产管理机关办理转移登记，登记后开始发生不动产所有权的转移。

5. 所有权的类型

按经济所有制将所有权分为国家所有权、集体所有权、个人所有权。

（二）建筑物区分所有权

1. 建筑物区分所有权的概念和特征

建筑物区分所有权，《民法典》称之为业主的建筑物区分所有权，是指业主对建筑物内的住宅、经营性用房等专有部分享有所有权，对共有部分享有共有权和共同管理权的复合所有权。建筑物区分所有权具有以下特征：

（1）主体身份的多重性。体现为专有权人、共有权人、成员三重成分。

（2）权利性质的一体性。构成建筑物区分所有权的三项权利是不可分离的，不能分别处分。

（3）权利客体的多样性。包括建筑物的专有部分与共有部分，成员权的客体为管理、决定事务和取得收益的行为。

（4）权利内容的复杂性。三种权利义务关系中，最重要的是专有权，其他权利随专有权的转移而转移。

2. 建筑物区分所有权的内容

《民法典》第二百七十一条规定：“业主对建筑物内的住宅、经营性用房等专有部分享有所有权，对专有部分以外的共有部分享有共有和共同管理的权利。”据此，建筑物区分所有权包括专有权、共有权和成员权。

（1）专有权。专有权是指建筑物区分所有人对专有部分予以占有、使用、收益及处分的权利。与之相应，专有权人负有按专有部分本来的用途使用、保证安全、适当改良、相互容忍的义务。

（2）共有权。共有权是指建筑物区分所有人对共有部分的占有、使用、收益的权利（不含处分），但同时负有按规约、按本来用途使用、承担有关费用的义务。

（3）成员权。成员权是指建筑物区分所有人基于一栋建筑物的构造、权利归属和使用上的密切关系而形成的作为建筑物管理团队的一名成员所享有的权利和承担的义务。成员权是一种永续性权利，只要建筑物存在，区分所有人之间的团体关系就会存续，原则上不会解散。

（三）相邻关系

1. 相邻关系概述

相邻关系是指两个或两个以上相互毗邻不动产的所有人或使用人，在行使占有、使用、收益、处分权时发生的权利义务关系。也就是，所有人或使用人在占有、使用、收益、处分权利时发生矛盾的，应当运用法律调节彼此间的矛盾，使他们有权从邻方得到必要的便益，并防止来自邻方的危险和危害。

2. 特征

（1）产生：基于不动产自然相邻的事实而产生。

（2）主体：相邻或邻近的不动产的所有人或使用人。

（3）客体：非指所有权的客体本身，而是由行使所有权而引起的与邻人有关的经济利益或其他利益。

（4）内容：既可是相邻人一方有权要求另一方不实施某种行为（通常），也可是一方要求另一方实施某种行为，从而使对方的所有权或使用权受到一定限制，这是其相邻义务（不履行义务，即构成权力滥用）。相邻人在行使相邻权的时候也应尊重对方的利益，若造成损害应承担赔偿责任。

3. 相邻权的价值

相邻权是物权，是所有权和其他物权派生出的，不因时效而消灭。相邻权的存在有利于物权的实现。

4. 相邻关系的种类

（1）邻地的使用关系：因土地而发生的相邻关系（最基础的），如邻地的通行关系、相邻管线的埋设关系、施工时临时占有邻地。

（2）建筑物的相邻关系：通道、通风、采光；界墙属于双方共有，都有权利使用，都有责任维修。

（3）用水、排水：河流上、下游（旱灾，上游不能将水截住；涝灾，下游不能堵）某一权利人在排水时不能影响其他人的生活。

（4）疆界关系：土地所有人对邻人超越邻地建筑房屋应及时提出异议。

（5）相邻的妨害关系：环境污染；在邻人土地旁堆放垃圾；修厕所。

（四）共有

1. 共有概述

共有是一种法律关系，指两个或两个以上之权利主体共同享有一个财产所有权。共有具有以下特征：

（1）主体是两个或两个以上。所有权的主体不是单一的，是复合型主体。凡是形成共有，权利主体无论是自然人还是法人，无论是发生在家庭还是社会组织中，都必须有两个或两个以上。

（2）客体是同一项财产。各共有人的权利义务所指向的只能是同一项财产，包括有形财产、无形财产、智力成果、货币，只要有经济价值、使用价值，无论价值大小，均可。

（3）共有的内容包括双重的权利义务关系，即都发生对内和对外的权利义务关系。在共有关系内部，即各共有人对共同财产享有的权利，对内各共有人是独立的权利主体，都是共同财产的所有人（共同共有），或对自己的份额承担相应的权利义务（按份共有）。外部作为一个单一的权利主体（应承认合伙是共有关系），统一地发生各种财产关系。

（4）共有是基于公民或法人共同的生产经营目的或生活需要而形成的，不是独立的财产所有权形式，可能是国家所有权、集体所有权、个人所有权内部或之间的关系。

2. 按份共有

按份共有是指两个以上共有人对同一项财产按确定的各自的份额对共有财产分享权利分担义务的关系。按份共有发生于联营、合伙、共同购置生产资料、共同兴建工程等。

按份共有具有以下基本特征：共有人对共有财产存在一定的应有部分；共有的主体为两个或两个以上之人，但数人之间的联系是偶然的，不以团体之结合关系为前提；从内容上看，按份共有人对其应有部分享有相当于所有权的权利。

按份共有的行使体现的原则：

（1）协商一致原则。可事先制定协议，或通过协商取得一致意见。

（2）优先购买权。共有人在处分属于自己份额的那部分财产，其他共有人在同等条件下有优先购买的权利（必须在规定的期限内行使）。

（3）分割时必须保全共有财产的价值，分清可分物、不可分物。

3. 共同共有

共同共有是指两个以上所有人对共有的全部财产平等地享有占有、使用、处分、收益的权利，共同承担风险。共同共有具有以下特征：各共有人对共有财产无份额的区分；各共有人对全部共有财产均享平等的权利，承担平等的义务；共有关系附属于一定的社会组织形式或社会关系之上。

（五）善意取得

善意取得也称即时取得，指动产的占有人无权处分其占有的财产，但将该动产有偿地转让给第三人，或为他人设立他物权，此时善意的受让人自取得物的受让起取得物的所有权或他物权。

善意取得须符合以下成立要件：标的物须为动产；让与人须为动产的占有人；让与人须无移转动产所有权的权利；受让人须基于法律行为（买卖合同）而受让动产之占有；受让人须实际占有由让与人移转占有的动产；受让人须为善意。

善意取得可以使非财产所有人取得所有权。

五、用益物权

（一）用益物权的概念

用益物权是指非所有人基于法律、合同或其他合法根据在一定范围对他人所有的物进行使用收益的权利，是以对标的物的使用收益为主要内容的他物权，例如，土地承包经营权、宅基地使用权、自然资源使用权、地役权等。

（二）用益物权的特征

用益物权具有如下法律特征：第一，用益物权是一种他物权，是所有权派生出来的；第二，用益物权属于限制物权，是一种有限的支配权；第三，用益物权的内容是在一定期限内对物的占有使用收益，是一种有期限的物权；第四，用益物权具有排他的效力，不仅可以对抗第三人，而且可以对抗所有人；第五，用益物权主要以不动产为标的物。

（三）用益物权的类型

根据《民法典》的规定，用益物权主要包括土地承包经营权、建设用地使用权、宅基地使用权、居住权和地役权。

土地承包经营权是承包人（个人或单位）因从事种植业、林业、畜牧业、渔业生产或其他生产经营项目而承包使用、收益集体所有或国家所有的土地或森林、山岭、草原、荒地、滩涂、水面的权利。土地承包经营权特征在于：承包经营权是存在于集体所有或国家所有的土地或森林、山岭、草原、荒地、滩涂、水面的权利；承包经营权是承包使用、收益集体所有或国家所有的土地或森林、山岭、草原、荒地、滩涂、水面的权利；承包经营权是为种植业、林业、畜牧业、渔业生产或其他生产经营项目而承包使用收益集体所有或国家所有的土地等生产资料的权利；承包经营权是有一定期限的权利。

建设用地使用权是因建筑物或其他构筑物而使用国家所有的土地的权利。建设用地使用权具有以下的特征：建设用地使用权是存在于国家所有的土地之上的物权；建设用地使用权是以保存建筑物或其他工作物为目的的权利；建设用地使用权是使用国家所有的土地的权利。

宅基地使用权是农村集体经济组织的成员依法享有的在农民集体所有的土地上建造个人住宅的权利。根据《民法典》的规定，宅基地使用权人依法对集体所有的土地享有占有和使用的权利，有权利用该土地建造住宅及其附属设施。宅基地使用权的主体只能是农村集体经济组织的成员，其用途仅限于村民建造个人住宅；宅基地使用权实行严格的“一户一宅”制。

居住权是按照合同约定，为满足生活居住的需要，对他人所有的住宅享有占有、使用并排除房屋所有权人干涉的用益物权。居住权是《民法典》新增加的规定。

地役权是为使用自己不动产的便利或提高其效益而按照合同约定利用他人不动产的权利。地役权以存在两项不动产为前提；地役权具有很强的意定性；地役权具有从属性；地役权具有不可分性。

六、担保物权

（一）担保物权的概念和特征

担保物权，是与用益物权相对应的他物权，指的是为确保债权的实现而设定的，以直接取得或者支配特定财产的交换价值为内容的权利。担保物权具有以下特征：

（1）担保物权以确保债权的实现为目的。担保物权的设立，是为了保证主债债务的履行，使得债权人对于担保财产享有优先受偿权，所以它是对主债权效力的加强和补充。《民法典》规定，设立担保物权，应当依照《民法典》和其他法律的规定订立担保合同。担保合同是主债权债务合同的从合同。主债权债务合同无效，担保合同无效，但法律另有规定的除外。担保物权的担保范围包括主债权及其利息、违约金、损害赔偿金、保管担保财产和实现担保物权的费用。当事人另有约定的，按照约定。

（2）担保物权是在债务人或第三人的特定财产上设定的权利。担保物权的标的物，必须是特定物，可以为不动产、动产，质权、留置权的标的为动产，否则就无从由其价值中优先受清偿。

（3）担保物权以支配担保物的价值为内容。一般物权以对标的物实体的占有、使用、收益、处分为目的；而担保物权以标的物的价值确保债权的清偿为目的，以就标的物取得一定的价值为内容。担保期间，担保财产毁损、灭失或者被征收等，担保物权人可以就获得的保险金、赔偿金或者补偿金等优先受偿。被担保债权的履行期限未届满的，也可以提存该保险金、赔偿金或者补偿金等。

（4）担保物权具有从属性和不可分性。从属性是指担保物权以主债的成立为前提，随主债的转移而转移，并随主债的消灭而消灭。所谓担保物权的不可分性，是指担保物权人在其债权完全受偿之前，可就担保物之全部行使其权利，担保物的价值变化及债权的变化不影响担保物权的整体性。

（二）抵押权

1. 抵押权的概念

抵押权是债权人对债务人或者第三人不转移占有的担保财产，在债务人届期不履行债务或者发生当事人约定的实现抵押权的情形时，依法享有的就抵押财产的变价处分权和就变卖的价金优先受偿权的总称。《民法典》第三百九十四条规定："为担保债务的履行，债务人或者第三人不转移财产的占有，将该财产抵押给债权人的，债务人不履行到期债务或者发生当事人约定的实现抵押权的情形，债权人有权就该财产优先受偿。前款规定的债务人或者第三人为抵押人，债权人为抵押权人，提供担保的财产为抵押财产。"

2. 抵押权的特征

（1）抵押权是针对财产的交换价值而设定的一种物权，它本质上是价值权，其目的在于以担保财产的交换价值确保债权得以清偿。

（2）抵押权是在债务人或第三人的特定财产上设定的担保物权。《民法典》第三百九十五条规定："债务人或者第三人有权处分的下列财产可以抵押：（一）建筑物和其他土地附着物；（二）建设用地使用权；（三）海域使用权；（四）生产设备、原材料、半成品、产品；（五）正在建造的建筑物、船舶、航空器；（六）交通运输工具；（七）法律、行政法规未禁止抵押的其他财产。抵押人可以将前款所列财产一并抵押。"第三百九十九条又规定："下列财产不得抵押：（一）土地所有权；（二）宅基地、自留地、自留山等集体所有的土地使用权，但法律规定可以抵押的除外；（三）学校、幼儿园、医疗机构等为公益目的成立的非营利法人的教育设施、医疗卫生设施和其他公益设施；（四）所有权、使用权不明或者有争议的财产；（五）依法被查封、扣押、监管的财产；（六）法律、行政法规规定不得抵押的其他财产。"

（3）抵押权属约定担保物权而非法定担保物权。《民法典》第四百条规定："设立抵押权，当事人应当采用书面形式订立抵押合同。抵押合同一般包括下列条款：（一）被担保债权的种类和数额；（二）债务人履行债务的期限；（三）抵押财产的名称、数量等情况；（四）担保的范围。"第四百零二条规定："以本法第三百九十五条第一款第一项至第三项规定的财产或者第五项规定的正在建造的建筑物抵押的，应当办理抵押登记。抵押权自登记时设立。"

（4）抵押权是不转移标的物占有的物权，抵押权的公示主要是登记，抵押权的成立与存续，只需登记即可，不必转移标的物的占有。

（5）抵押权的内容是变价处分权和优先受偿权。抵押权的内容有两项：一是抵押财产的标价处分权；二是就抵押财产卖得价金的优先受偿权。《民法典》第四百一十条规定："债务人不履行到期债务或者发生当事人约定的实现抵押权的情形，抵押权人可以与抵押人协议以抵押财产折价或者以拍卖、变卖该抵押财产所得的价款优先受偿。协议损害其他债权人利益的，其他债权人可以请求人民法院撤销该协议。抵押权人与抵押人未就抵押权实现方式达成协议的，抵押权人可以请求人民法院拍卖、变卖抵押财产。抵押财产折价或者变卖的，应当参照市场价格。”

3. 抵押权的实现

依据我国法律规定，抵押权的实现必须具备以下四个条件：

（1）抵押权必须有效存在。

（2）必须是债务人履行期限届满。

（3）债权人未受清偿。

（4）债务未受清偿不是由债权人造成的。

（三）质权

1. 质权的概念

质权是指债权人与债务人或债务人提供的第三人以协商订立书面合同的方式，移转债务人或者债务人提供的第三人的动产或权利的占有，在债务人不履行债务时，债权人有权以该财产价款优先受偿。

质权分为动产质权和权利质权。动产质权指债务人或者第三人将其动产移交债权人占有，将该动产作为债权的担保，债务人未履行债务时，债权人依照法律规定的程序就该动产优先受偿的权利。债务人或者第三人为出质人，债权人为质权人，移交的动产为质押财产。出质人也可以将法律规定可以转让的股权、仓单、提单等财产权利出质，这时质权称为权利质权。

2. 质权的特征

作为担保物权的一种，质权也具有不可分性、物上代位性和物上请求权性质。质权独有的特征是：

（1）质权的标的物只能是动产和权利，而不能是不动产。

（2）质权是以债务人占有质物为要件的担保物权。质权以出质人移交质押的财产占有为成立要件，也以债权人占有质押财产为存续要件，质权人将质物返还于出质人后，以其质权对抗第三人，人民法院不予支持。

（3）质权为于债务人或第三人交付的财产上设定的担保物权。

（四）留置权

1. 留置权的概念

留置权，是指债权人按照合同的约定占有债务人的动产，债务人不按照合同约定的期限履行债务的，债权人有权依照法律规定留置财产，以该财产折价或者以拍卖、变卖该财产的价款优先受偿。

2. 留置权的主要特征

（1）留置权只能发生在特定的合同关系中，如保管合同、运输合同和加工承揽合同。

（2）留置权发生两次效力，即留置标的物和变价并优先受偿。

（3）留置权具有不可分性，即债权得到全部清偿之前，留置权人有权留置全部标的物。

（4）留置权实现时，留置权人必须确定债务人履行债务的宽限期。

3. 留置权的成立条件

《民法典》第四百四十七条规定：“债务人不履行到期债务，债权人可以留置已经合法占有的债务人的动产，并有权就该动产优先受偿。前款规定的债权人为留置权人，占有的动产为留置财产。”而且，债权人留置的动产，应当与债权属于同一法律关系，但企业之间留置的除外。同时，法律规定或者当事人约定不得留置的动产，不得留置。因此，留置权的成立条件包括：第一，债权人占有动产；第二，占有的动产必须与债权有牵连关系；第三，债务人未按期全部履行债务。

七、占有

（一）占有的概念

占有是指占有人对不动产或者动产的实际控制。自然人和法人皆可为占有人，占有适用于不动产和动产，占有系对标的物有事实上管领力。

（二）占有的法律效力

占有的法律效力主要表现在占有权利的推定、动产所有权的善意取得、占有物的使用收益、占有人与回复请求人的权利义务、占有的物权法上保护等五个方面。

（三）占有的种类

占有存在合法占有和不法占有、善意占有和恶意占有、公然占有与隐秘占有、和平占有与暴力占有之分。凡有法律依据，即依照法律规定、所有人的意志、行政命令或法院裁判以及其他合法原因而实行的占有，叫作合法占有；反之则为不法占有。在不法占有中，按照占有人是否知情，即是否已知或应知为不法占有，可分为善意占有和恶意占有两类。如占有人知情或应当知情，就是恶意占有；如占有人不知情或不应知情，就是善意占有。

第四节　工业产权法律制度

一、工业产权与工业产权法

（一）工业产权的概念和特征

工业产权是指权利人依法定程序对其创造发明、显著标记等智力成果享有的专有权。在国际上，根据《保护工业产权巴黎公约》（简称《公约》）的规定，工业产权主要包括发明、实用新型、外观设计、商标、服务标记、原产地名称等；在我国，工业产权主要是指专利权和商标权。

工业产权具有如下法律特征：

（1）法定性。权利人取得工业产权必须经过严格的法律程序。从我国的实际情况看，专利权、商标权的取得，都需要权利主张人依据专利法、商标法的规定，向国家的专设主管机构提出申请，经主管机构依照法定程序审查批准，并以法定形式确认后方能实现。

（2）专有性。专有性也称排他性，是指经由法定程序确认的无形产权专属于创造人或其所在单位，排除他人享有同样权利的可能性。专利权或商标权被授予其所有人后，其所有人对该项权利享有独占、使用、收益和处分的权利，任何他人未经专利权人或商标权人的许可，不得使用和收益，否则，即构成侵权行为。

（3）地域性。地域性是指工业产权只在一定范围内受到保护，其范围一般指主管机关的管辖范围。在一国批准、注册的工业产权，只在本国内有效。

（4）时间性。工业产权的时间性，是指法律对工业产权的保护在时间上是有限制的，而不是经批准、注册之后就永远被保护。《中华人民共和国专利法》（简称《专利法》）规定，发明专利的保护期是二十年，实用新型专利的保护期是十年，外观设计专利的保护期是十五年；《中华人民共和国商标法》（简称《商标法》）规定，商标注册后受保护的时间是十年，到期后可以通过续展注册继续得到保护。

（二）工业产权法

工业产权法是调整在确认、保护和使用工业产权的过程中所发生的社会关系的法律规范的总称。在我国，这方面的法律主要有《专利法》《专利法实施细则》《商标法》《商标法实施细则》等。

二、专利法律制度

（一）专利和专利法

在一般意义上，专利和专利权是通用的。专利或专利权是指国家专利主管机关，依据专利法授予发明人、设计人或其所属单位，在一定期限内对特定的发明创造享有的专有权。而专利法是指调整在确认、保护和使用专利权的过程中发生的社会关系的法律规范的总称。我国目前施行的专利法主要是全国人大1984年颁布，经过1992年、2000年、2008年、2020年四次修正的《中华人民共和国专利法》。

（二）我国专利法中专利权的主体和客体

1. 专利权的主体

（1）发明人、设计人的单位。企业、事业单位、社会团体、国家机关的工作人员执行本单位的任务或者主要利用本单位的物质条件所完成的发明创造，即职务发明创造，申请专利的权利属于该单位。该单位获得专利权后，应当给予发明人或设计人一定的奖励。

（2）发明人、设计人。发明人或设计人个人完成的非职务发明创造，申请专利的权利属于发明人或设计人。专利权被批准后，归发明人或设计人个人所有。

（3）共同发明人或设计人。由两个或两个以上的单位或个人共同完成的发明创造，称为共同发明创造。就该类发明创造申请专利的权利，视具体情况而定。按专利法的规定，共同发明创造有两种情况：一是协作共同发明，申请专利的权利归两个单位或个人共有；二是委托共同发明，申请专利的权利归委托方，委托协议另有约定的除外。

2. 专利权的客体

专利权的客体即专利法保护的对象。《专利法》第二条规定："本法所称的发明创造是指发明、实用新型和外观设计。发明，是指对产品、方法或者其改进所提出的新的技术方案。实用新型，是指对产品的形状、构造或者其结合所提出的适于实用的新的技术方案。外观设计，是指对产品的整体或者局部的形状、图案或者其结合以及色彩与形状、图案的结合所作出的富有美感并适于工业应用的新设计。"

（三）专利权人的权利和义务

1. 专利权人的权利

（1）独占权。专利权人有权自己制造和销售专利产品或者使用专利方法的权利。未经专利权人许可，其他任何人都不得实施该专利。

（2）转让权。专利权人有权将自己的专利权按照专利法规定的程序和方式转让给他人。特殊专利权人的转让行为须经过有关部门的审批，专利权转让时应签订书面合同。

（3）许可权。专利权人有权许可他人实施其专利并收取使用费。

（4）标记权。专利权人有权在其使用专利技术生产的产品或包装上标明专利标记和专利号。

（5）申诉权。专利权人在自己的专利权受到侵害时，有权请求专利管理机关进行处理，或者直接向人民法院起诉。

（6）放弃权。专利权人有权以书面形式声明放弃其专利。

2. 专利权人的义务

专利权人的义务主要表现在两个方面：一是按规定交纳年费，否则其专利权有可能被终止；二是在职务发明创造获得专利后，作为专利权人的单位有义务给予发明人或设计人适当的报酬、奖励。

（四）授予专利权的条件

1. 积极条件

根据《专利法》第二十二条的规定，授予专利权的发明和实用新型，应当具备新颖性、创造性和实用性。新颖性，是指该发明或者实用新型不属于现有技术；也没有任何单位或者个人就同样的发明或者实用新型在申请日以前向国务院专利行政部门提出过申请，并记载在申请日以后公布的专利申请文件或者公告的专利文件中。创造性，是指与现有技术相比，该发明具有突出的实质性特点和显著的进步，该实用新型具有实质性特点和进步。实用性，是指该发明或者实用新型能够制造或者使用，并且能够产生积极效果。

根据《专利法》第二十三条的规定，授予专利权的外观设计，应当不属于现有设计；也没有任何单位或者个人就同样的外观设计在申请日以前向国务院专利行政部门提出过申请，并记载在申请日以后公告的专利文件中。授予专利权的外观设计与现有设计或者现有设计特征的组合相比，应当具有明显区别。授予专利权的外观设计不得与他人在申请日以前已经取得的合法权利相冲突。

所谓现有设计，是指申请日以前在国内外为公众所知的设计。

2. 消极条件

《专利法》第二十五条规定，对下列各项，不授予专利权：科学发现；智力活动的规则和方法；疾病的诊断和治疗方法；动物和植物品种；原子核变换方法以及用原子核变换方法获得的物质；对平面印刷品的图案、色彩或者二者的结合作出的主要起标识作用的设计。

（五）专利权的获得程序

1. 申请

申请发明或者实用新型专利的，应当提交请求书、说明书及其摘要和权利要求书等文件。

依赖遗传资源完成的发明创造，申请人应当在专利申请文件中说明该遗传资源的直接来源和原始来源；申请人无法说明原始来源的，应当陈述理由。申请外观设计专利的，应当提交请求书、该外观设计的图片或者照片以及对该外观设计的简要说明等文件。申请人提交的有关图片或者照片应当清楚地显示要求专利保护的产品的外观设计。

国务院专利行政部门收到专利申请文件之日为申请日。如果申请文件是邮寄的，以寄出的邮戳日为申请日。

一件发明或者实用新型专利申请应当限于一项发明或者实用新型。属于一个总的发明构思的两项以上的发明或者实用新型，可以作为一件申请提出。一件外观设计专利申请应当限于一项外观设计。同一产品两项以上的相似外观设计，或者用于同一类别并且成套出售或者使用的产品的两项以上外观设计，可以作为一件申请提出。

申请人可以在被授予专利权之前随时撤回其专利申请。申请人可以对其专利申请文件进行修改，但是，对发明和实用新型专利申请文件的修改不得超出原说明书和权利要求书记载的范围，对外观设计专利申请文件的修改不得超出原图片或者照片表示的范围。

2. 审查

我国对发明专利申请采取早期公开、延迟审查制度。其审查程序包括三项内容：一是初步审查，即对专利申请文件格式的审查；二是早期公开，即对经初步审查合格的专利申请，自申请日起满十八个月，即予以公布；三是实质审查，即从技术角度审查发明创造是否具有新颖性、创造性和实用性。

对于实用新型和外观设计专利申请，专利局只进行初步审查即可决定是否批准。

3. 批准和公告

发明专利经实质审查未发现驳回理由的，专利局应当作出授予发明专利权的决定，发给专利证书，并予以登记和公告。

实用新型和外观设计专利申请经初步审查未发现驳回理由的，即授予专利权，发给专利证书，并予以登记和公告。

（六）专利权的期限、终止和无效

根据我国专利法的规定，发明专利的保护期限为二十年，实用新型专利的保护期限为十年，外观设计专利的保护期限为十五年，均自申请之日起计算。

专利权的终止有两种情况：一是期限届满时的正常终止，一是期限届满之前的提前终止。

专利权的无效是因专利权被撤销而引起的。《专利法》规定："自国务院专利行政部门公告授予专利权之日起，任何单位或者个人认为该专利权的授予不符合本法有关规定的，可以请求专利复审委员会宣告该专利权无效。""宣告专利权无效的决定，由国务院专利行政部门登记和公告。"宣告无效的专利权视为自始即不存在。宣告专利权无效的决定，对在宣告专利权无效前人民法院作出并已执行的专利侵权的判决、调解书，已经履行或者强制执行的专利侵权纠纷处理决定，以及已经履行的专利实施许可合同和专利权转让合同，不具有追溯力。但是因专利权人的恶意给他人造成的损失，应当给予赔偿。依照前款规定不返还专利侵权赔偿金、专利使用费、专利权转让费，明显违反公平原则的，应当全部或者部分返还。

（七）专利权的保护

专利权的保护是通过各级专利管理机关对专利侵权行为的制裁来实施的。

专利侵权是指在专利有效期内未经专利权人的许可而实施其专利的行为。根据《专利法》的规定，专利侵权行为有以下特征：一是未经专利权人许可；二是以生产经营为目的；三是实施了受法律保护的有效专利。

三、商标法律制度

（一）商标和商标法

商标是由文字、图形或其组合构成的，用来区别商品和服务的标志，这种标志一般标注在商品表面、商品包装或者服务场所、服务说明书上。

商标法是调整在授予、保护商标专用权和商标使用过程中发生的社会关系的法律规范的总和。我国现行的商标法主要是于 1982 年颁布，经 1993 年、2001 年、2013 年、2019 年四次修正的《中华人民共和国商标法》，以及 2014 年国务院在《中华人民共和国商标法实施细则》基础上制定的《中华人民共和国商标法实施条例》。

（二）商标注册

1. 商标注册概述

商标注册是指商标使用人将其使用的商标依照商标法规定的条件和程序，向国家商标局提出注册申请，经商标局依法核准后予以注册登记，并发给商标注册证的行为。《商标法》第 3 条规定："经商标局核准注册的商标为注册商标，包括商品商标、服务商标和集体商标、证明商标；商标注册人享有商标专用权，受法律保护。本法所称集体商标，是指以团体、协会或者其他组织名义注册，供该组织成员在商事活动中使用，以表明使用者在该组织中的成员资格的标志。本法所称证明商标，是指由对某种商品或者服务具有监督能力的组织所控制，而由该组织以外的单位或者个人使用于其商品或者服务，用以证明该商品或者服务的原产地、原料、制造方法、质量或者其他特定品质的标志。集体商标、证明商标注册和管理的特殊事项，由国务院工商行政管理部门规定。"

我国对商标注册实行自愿注册与强制注册相结合的制度。除极少数与人民生命健康关系密切的商品，主要是人用药品和烟草制品，必须使用注册商标外，一般商品的商标是否注册，取决于商标使用人的自愿。

商标经注册后成为注册商标，注册商标所有人对其享有占有、使用、收益和处分的权利，该权利受法律的保护。未注册商标允许使用，但不受法律保护。

2. 商标注册申请

《商标法》第四条规定："自然人、法人或者其他组织在生产经营活动中，对其商品或者服务需要取得商标专用权的，应当向商标局申请商标注册。不以使用为目的的恶意商标注册申请，应当予以驳回。本法有关商品商标的规定，适用于服务商标。"

申请注册的商标须具备显著性、不与他人的已注册商标相混同、不违反《商标法》规定的禁用条款等条件。

我国的商标注册申请采用"一份申请、一件商标"的原则。申请人可以自行或者委托商标代理人向国家商标局提出注册申请。申请注册时应按规定交送申请书一份、商标图样一份以及注册费用。

3. 商标注册申请的审查与核准

商标局受理申请人的商标注册申请后，先进行初步审查。初步审查合格后予以公告，公告期为三个月。

若申请商标经初审后被驳回，申请人可以在收到驳回通知之日起十五日内向商标评审委员会申请复审。

在商标公告期内，任何对该商标持反对意见的人都可以向商标局提出商标异议。若异议成立，则该商标不予注册；若异议不成立或者在公告期内无人提出异议，则该商标即被核准注册，商标局发给申请人商标注册证，并予以公告。

（三）注册商标的续展、转让和使用许可

1. 注册商标的续展

商标权具有时间性。我国商标法规定，注册商标有效期为十年，从商标核准注册之日起

计算。注册商标有效期届满时，其所有人需要继续使用该商标的，可在规定的时间内向商标局提出续展注册的申请，经核准后可继续享有十年的有效期。续展的次数不受限制。

2. 注册商标的转让

注册商标的所有人可以将其商标权按一定的条件和法定的程序转让给他人所有。我国商标法规定，转让注册商标的，转让人与受让人应共同向商标局提出申请，经商标局核准后，发给受让人相应的商标权利证书，并予以公告。

3. 注册商标的使用许可

注册商标的使用许可，是指注册商标的所有人通过签订合同，许可他人有偿使用其注册商标的行为。许可人与被许可人订立许可合同后，应报商标局备案，并由商标局予以公告。经许可使用他人的注册商标的，必须在其产品上标明自己的名称和商品的产地。

（四）商标使用管理

商标使用管理是由商标主管机关依法对注册商标和未注册商标的使用行为进行监督管理的活动。其内容包括以下几个方面：

1. 注册商标使用管理

检查监督注册商标的使用，报请撤销停止使用的商标，监督使用注册商标的商品的质量等。

2. 未注册商标使用管理

制止未注册商标冒充注册商标的行为，查处使用未注册商标、违反商标法禁用条款的行为，禁止使用未注册商标销售伪劣商品的行为等。

3. 商标印制管理

根据有关规定，商标印制工作由依法成立的、并经工商行政管理机关核定允许承揽商标印制业务的印刷企业承担。

（五）商标权的保护

1. 商标侵权行为的概念和种类

商标侵权行为是指侵犯他人注册商标专用权的行为。根据《商标法》第五十七条的规定，下列行为，均属侵犯注册商标专用权：未经商标注册人的许可，在同一种商品上使用与其注册商标相同的商标的；未经商标注册人的许可，在同一种商品上使用与其注册商标近似的商标，或者在类似商品上使用与其注册商标相同或者近似的商标，容易导致混淆的；销售侵犯注册商标专用权的商品的；伪造、擅自制造他人注册商标标识或者销售伪造、擅自制造的注册商标标识的；未经商标注册人同意，更换其注册商标并将该更换商标的商品又投入市场的；故意为侵犯他人商标专用权行为提供便利条件，帮助他人实施侵犯商标专用权行为的；给他人的注册商标专用权造成其他损害的。

2. 对商标侵权行为的法律制裁

发现上述商标侵权行为时，商标主管机关有权责令侵权人立即停止侵权行为，根据情况，责令并监督销毁侵权物品，责令赔偿被侵权人的损失，并可处以罚款。

对于假冒他人注册商标、擅自制造或销售他人的注册商标标识、销售明知是假冒注册商标的商品等构成犯罪的，除责令侵权人赔偿被侵权人的损失外，还应依法追究侵权人的刑事责任。

侵犯商标专用权的赔偿数额，为侵权人在侵权期间因侵权所获得的利益，或者被侵权人在被侵权期间因被侵权所受到的损失，包括被侵权人为制止侵权行为所支付的合理开支。

商标注册人或者利害关系人可以在起诉前向人民法院申请采取责令停止有关行为、财产保全和证据保全的措施。

第五节　合同法律制度

一、合同法概述

（一）合同的概念和特征

合同是指民事主体之间设立、变更、终止民事权利义务关系的协议。合同具有以下特征：第一，合同是双方或多方的民事行为；第二，合同的主体法律地位平等；第三，合同以设立、变更、终止民事权利和民事义务为目的；第四，合同是当事人协商一致的产物。

（二）合同的种类

根据合同法或者其他法律是否对合同规定有确定的名称与调整规则，可将合同分为有名合同与无名合同。根据合同当事人是否相互负有对价义务，可将合同分为单务合同与双务合同。根据合同当事人是否因给付取得对价，可将合同分为有偿合同与无偿合同。根据合同成立除当事人的意思表示以外，是否还要其他现实给付，可以将合同分为诺成合同与实践合同。根据合同的成立是否必须符合一定的形式，可将合同分为要式合同与不要式合同。根据两个或者多个合同相互间的主从关系，可将合同分为主合同与从合同。

二、合同的订立

（一）合同的订立

合同的订立是指当事人为缔结合同而实施的一系列活动和过程。

1. 订立合同的程序

《民法典》第四百七十一条明确规定，当事人订立合同，可以采取要约、承诺方式或者其他方式。

（1）要约。要约是指提出一定的交易条件，希望对方接受并订立合同的意思表示。要约须具备三个条件：一是有明确的订立合同的目的；二是有具体的、代表主要交易条件的内容；三是在要约有效期内送达受要约人。

要约送达受要约人时生效。要约一旦生效，对要约人即产生约束力，表现为要约人不得撤回要约，不得对要约的内容进行限制、变更或者扩大，不得擅自撤销。若要约人在发出要约后需要撤回要约，则撤回要约的通知须在要约到达受要约人之前或者与要约同时送达，方可有效。在要约生效之后、受要约人作出承诺通知之前，要约人可以撤销该要约。要约在以下三种情况下失效：一是被受要约人以明示的方式拒绝；二是要约人依法撤销要约；三是承诺期届满，受要约人未做出承诺。

（2）承诺。承诺是指受要约人同意要约条件的意思表示。承诺须具备三个条件：一是由受要约人作出；二是在要约有效期内作出并送达要约人；三是承诺的内容与要约的内容一致。

受要约人对要约内容作出实质性变更的，视为新要约。有关合同的标的、数量、价款或报酬、履行期限、地点和方式、违约责任以及解决争议的方式等内容的变更，是对要约内容的实质性变更。

承诺生效时合同即告成立。承诺生效的时间取决于承诺是否需要通知以及要约规定的方式。需要通知的，承诺于通知到达要约人时生效；不需要通知的，根据交易习惯或者要约规定作出承诺的行为时生效。

另外，承诺作出之后可以撤回，但撤回的通知应当在承诺通知到达要约人之前或者与承诺通知同时到达要约人，方可有效。由于承诺的生效即意味着合同的成立，因而承诺不得撤销。

2. 合同的内容

合同条款是合同内容的表现形式。为使当事人缔结合同的内容尽可能具体、明确，《民法典》第四百七十条专门就合同的条款作出了规定。这些条款包括：当事人的姓名或者名称和住所；标的；数量；质量；价款或者报酬；履行的期限、地点和方式；违约责任；解决争议的方法。其中，关于当事人、标的和数量条款是必备条款，缺少任何一项，合同就不能成立。除上述条款外，当事人还可以根据需要补充其他条款。

此外，当事人采用格式条款订立合同的，提供格式条款的一方应当遵循公平原则确定双方的权利和义务，并通过合理的方式提请对方注意审查格式条款对对方责任的规定，在征得对方对格式条款内容的同意后，合同始告成立。

3. 合同的形式

《民法典》第四百六十九条规定："当事人订立合同，可以采用书面形式、口头形式和其他形式。书面形式是合同书、信件、电报、电传、传真等可以有形地表现所载内容的形式。以电子数据交换、电子邮件等方式能够有形地表现所载内容，并可以随时调取查用的数据电文，视为书面形式。"这就是说，当事人在订立合同时，可以自由地选择合同的形式，但法律倡导书面形式。

4. 合同成立的时间与地点

承诺生效的时间即合同成立的时间；承诺生效的地点为合同成立的地点。

5. 缔约过失责任

缔约过失责任是指当事人在订立合同过程中，因过错违反诚实信用原则负有的先合同义务，导致合同不成立，或者合同虽然成立，但不符合法定的生效条件而被确认无效、被变更或被撤销，给对方造成损失时所应承担的民事责任。缔约过失责任是一种合同法上的责任，只产生于合同订立阶段，是一种过错责任，责任方式只能是赔偿损失。

《民法典》第五百条确立了缔约过失责任制度，该条规定："当事人在订立合同过程中有下列情形之一，造成对方造成损失的，应当承担赔偿责任：（一）假借订立合同，恶意进行磋商；（二）故意隐瞒与订立合同有关的重要事实或者提供虚假情况；（三）有其他违背诚实信用原则的行为。"可见缔约过失责任实质上是诚实信用原则在缔约过程中的体现。

（二）合同的效力

合同的效力是指已经订立的合同对当事人的法律约束力。合同效力制度包括合同有效的条件、无效合同、效力待定合同以及可变更可撤销合同的确认和处理等内容。

1. 合同有效条件和生效时间

合同的成立意味着合同订立过程的完成，当事人就合同的主要内容达成了一致。但是，已经成立的合同如果不符合法律规定的生效条件，仍不能产生法律约束力。根据《民法典》，具备下列条件的合同，自依法成立时起就具有法律约束力：

（1）合同的主体合格。合同的主体应当具有相应的民事权利能力和民事行为能力。

（2）当事人意思表示真实。合同所确定的权利和义务体现了当事人的真实意愿，而不是通过欺诈、胁迫等手段、违背诚实信用的原则达成。

（3）不违反法律和社会公共利益。合同成立的过程和履行的结果不违反法律、行政法规的强制性规定，也不与社会公共道德和善良风俗相抵触。

（4）合同的形式符合法律法规的规定。关于合同生效的时间，《民法典》第五百零二条规定："依法成立的合同，自成立时生效，但是法律另有规定或者当事人另有约定的除外。依照法律、行政法规的规定，合同应当办理批准等手续的，依照其规定。未办理批准等手续影响合同生效的，不影响合同中履行报批等义务条款以及相关条款的效力。应当办理申请批准等手续的当事人未履行义务的，对方可以请求其承担违反该义务的责任。依照法律、行政法规的规定，合同的变更、转让、解除等情形应当办理批准等手续的，适用前款规定。"实践中大致有三种情况：一是合同成立时即生效；二是在办理批准、登记手续后生效；三是附带生效条件或期限的合同在条件成立或者期限届满时生效。

2. 无效合同

无效合同是指已经成立但因为欠缺生效的法定条件而自始就不具有法律约束力的合同。合同的无效既可以是全部无效，也可以是部分无效。依《民法典》的规定，无效合同有以下几种类型：一方以欺诈、胁迫手段订立的损害国家利益的合同；恶意串通，损害国家、集体或者第三人利益的合同；以合法形式掩盖非法目的的合同；损害社会公共利益的合同；违反法律、行政法规的强制性规定的合同；无效的免责条款；无效的格式条款。

对无效合同的处理方法有返还财产，折价补偿，赔偿损失，收归国有或者返还集体、第三人。

《民法典》还规定，合同无效时，不影响合同中独立存在的有关解决争议的条款的效力。

3. 效力待定合同

效力待定合同是指合同虽然已经成立但因其不完全具备有效要件致使其效力尚未确定、须经有权人表示承认才能生效的合同。

《民法典》规定了以下三种效力待定合同：

（1）主体不合格的效力待定合同：主要是指限制行为能力的人订立的合同。经法定代理人追认后，合同有效。纯获利或与其年龄、智力、精神健康状况相适应的，不必追认。

（2）无权代理人订立的效力待定合同：行为人没有代理权、超越代理权或者代理权终止后以被代理人名义订立的合同，必须经过被代理人的追认才能对被代理人产生法律约束力，否则，后果由行为人承担。

（3）无处分权人处分他人财产权利而订立的合同，经权利人追认才有效：无处分权的人处分他人财产，经权利人追认或无处分权的人订立合同后取得处分权的，合同有效。

4. 可变更、可撤销合同

可变更、可撤销的合同是基于法定原因，当事人有权诉请法院或仲裁机构予以变更、撤销的合同。主要有：因重大误解订立的合同；订立合同时显失公平的合同；一方以欺诈、胁迫的手段或乘人之危，使对方在违背真实意思的情况下订立的合同。

对于可变更、可撤销的合同，当人有权诉请法院或仲裁机构予以变更、撤销，当事人请求变更的，人民法院或者仲裁机构不得撤销。

撤销权是撤销权人依其单方的意思表示使合同效力溯及既往的消灭的权利。撤销权的消灭原因：一是具有撤销权的当事人自知道或者应当知道撤销事由之日起一年内没有行使撤销权；二是具有撤销权的当事人知道撤销事由后明确表示或者以自己的行为放弃撤销权。

三、合同的履行

合同的履行就是合同的当事人按照合同的约定全面完成自己的合同义务的行为。

1. 合同履行的原则

《民法典》第五百零九条规定，当事人应当按照约定全面履行自己的义务。这一规定确定了全面履行的原则。根据这一原则，当事人应当按照约定的标的、数量、质量、履行期限、地点和方式全面履行自己的义务。另外，在合同履行过程中，当事人还要遵守诚实信用原则。

2. 合同履行中的抗辩权

抗辩权是指对抗请求权或者否认他人权利主张的权利。根据《民法典》的规定，合同履行中的抗辩权有三种：

一是同时履行抗辩权，即在当事人互负债务，没有先后履行顺序时，应当同时履行。一方在对方履行之前，或在对方履行不符合约定时，有权拒绝其要求己方履行的请求。

二是后履行抗辩权，即若当事人互负债务，有先后履行顺序的，先履行一方未履行或履行债务不符合约定的，后履行一方有权拒绝其履行要求。

三是不安抗辩权，即先履行债务的当事人，有确切的证据证明对方有经营状况严重恶化或转移财产、抽逃资金，以逃避债务或丧失商业信誉或有丧失或者可能丧失履行债务能力的其他情形之一的，出于保护自己合法权益的需要，有权中止合同的履行。这种权利称为不安抗辩权。

四、合同的变更、转让和终止

（一）合同的变更

合同的变更是指在合同依法成立之后、履行完毕之前，由合同当事人依据法律规定的条件和程序对合同内容的修改和补充。《民法典》规定，对于业已有效成立的合同，经双方当事人协商一致，可以变更。而非经协商一致，任何一方当事人均不得擅自变更合同内容，否则应承担违约责任。

（二）合同的转让

合同的转让是指合同主体的变更，即合同当事人将其依据合同所享有的权利或者所承担的义务，全部或部分转让给第三人的行为。

（三）合同的终止

合同的终止是指当事人双方终止合同关系，合同所确定的权利义务关系终止。

合同终止的原因有：债务已履行、合同解除、债务抵销、提存、免除、混同、法定或约定终止的其他情形。

合同终止后，当事人应当遵循诚实信用的原则，根据交易习惯履行通知、协助、保密等义务。

合同的解除是合同终止最常见的原因之一。合同的解除是指在合同尚未履行完毕之前，双方当事人经协商一致同意提前终止合同关系，或者因当事人一方基于法定事由行使解除权而提前终止合同关系的行为。法定合同解除的情形有：因不可抗力致使不能实现合同目的；在履行期限届满之前，当事人明确表示或以自己的行为表明不履行主要债务；当事人一方延迟履行主要债务，经催告后在合同期限内仍未履行；当事人一方延迟履行债务或者有其他违约行为致使不能实现合同目的；法律规定的其他情形。合同解除后，尚未履行的，终止履行；已经履行的，根据合同的性质和履行的情况，当事人可以要求恢复原状、采取其他补救措施，并有权要求赔偿损失。

五、合同的保全

合同保全，是指法律为防止因债务人财产的不当减少致使债权人债权的实现受到危害，而设置的保全债务人责任财产的法律制度，具体包括债权人代位权制度和债权人撤销权制度。

债权人代位权是指当债务人怠于行使其对第三人享有的权利，以致影响债权人债权的实现时，债权人为了保全自己的债权，可以自己的名义代位行使债务人对第三人的权利之权利。

债权人撤销权是指债权人对于债务人所为的有害债权的行为，可以请求法院予以撤销的权利。当债务人与第三人实施法律行为，使其作为债权担保的责任财产不当减少，害及债权人利益时，债权人可以请求法院撤销债务人与第三人的法律行为，恢复债务人的财产，保障债权的实现。

六、违约责任

（一）违约责任的概念与特征

违约责任是指合同当事人违反合同约定，不履行合同义务或者履行合同义务不符合约定，应当承担的不利的法律后果。违约责任具有以下特征：第一，违约责任是一种民事责任；第二，是当事人不履行或不完全履行合同义务的结果；第三，违约责任具有相对性；第四，当事人可以事先约定；第五，具有补偿性和惩罚性。

（二）违约责任的归责原则

根据《民法典》第五百七十七条的规定，当事人只要有违约行为，不论主观上是否有过错，都要承担违约责任，除非属于法定的或者约定的免责事由。可见，《民法典》规定了严格责任的归责原则。适用严格责任原则，有利于促使当事人认真履行合同义务，有利于保护受损方的合法权益，便于解决合同纠纷。当然，严格责任并不排除过错责任，有过错的一方总是要承担相应的责任，没有过错的一方如果有违约的事实也要承担相应的责任。

（三）承担违约责任的方式

根据《民法典》的规定，承担违约责任的方式有以下几种：

（1）继续履行。当事人一方不履行合同义务或者履行合同义务不符合约定时，对方可以要求违约方继续履行合同义务；违约方拒不履行的，对方还可以请求人民法院强制其实际履行。这种承担违约责任的方式就是继续履行。该方式有利于保证合同当事人缔约目的的实现。

（2）赔偿损失。当事人一方不履行合同义务或者履行合同义务不符合约定给对方造成损失的，违约方应当赔偿对方因此受到的损失。损失赔偿额应相当于因违约给对方实际造成的损失，包括合同履行后对方可以获得的利益。另外，根据《民法典》的规定，当事人一方违约后，对方应当采取适当措施防止损失的扩大，没有采取适当的措施致使损失扩大的，不得就扩大的损失要求赔偿。

（3）支付违约金。违约金是指当事人违约后向对方当事人支付的约定数额的货币。违约金的比例或数额需要当事人在合同中事先予以约定。当约定的违约金明显高于或低于损失时，当事人可以请求人民法院或者仲裁机构予以增加。

（4）定金责任。若当事人在合同中设定定金担保，债务人履行债务后，定金应当抵作价款或者收回。若给付定金的一方不履行约定的义务，无权收回定金；若收受定金的一方不履行合同约定的义务，应当双倍返还定金。这就是定金责任。当事人在合同中既约定违约金，又约定定金的，一方违约时，对方可以选择适用违约金或者定金条款。

（5）价格制裁。价格制裁只适用于执行政府定价或者指导价的合同。若一方当事人违约（包括逾期交付标的物、逾期提取标的物或逾期支付价款），则应执行对其不利的价格。

（6）采取补救措施。若当事人交付的标的物质量不符合约定，且合同中对违约责任没有约定或者约定不明确的，受损失的一方有权根据标的物的性质和受损失的大小，合理选择要求违约方承担维修、更换、重作、退货、减少价款或报酬等补救措施。

（四）违约责任的免除

违约责任的免除是指当事人虽然有违约行为，但因有法定或约定的情形应当减轻或免除违约责任。《民法典》第五百九十条规定："当事人一方因不可抗力不能履行合同的，根据不可抗力的影响，部分或者全部免除责任，但是法律另有规定的除外。因不可抗力不能履行合同的，应当及时通知对方，以减轻可能给对方造成的损失，并应当在合理期限内提供证明。当事人迟延履行后发生不可抗力的，不免除其违约责任。"

第六节　电子商务法律制度

一、电子商务法概述

（一）电子商务法的概念

电子商务法是指调整电子商务活动中所产生的社会关系的法律规范的总称。电子商务法还可细分为电子商务交易法和电子商务安全法等分支。前者是指规范平等主体的公民、法人之间通过因特网进行交易的商业行为的法律规范的总称，属于私法范畴；后者是指关于电子商务信息系统安全的法律规范的总称，属于公法范畴。

（二）电子商务法的调整对象与范围

1. 调整对象

电子商务法是调整以数据电文（Data Message）为交易手段而形成的商事关系的规范体系。从广义上来理解，电子资金传输、网络证券交易等，都属于电子商务关系，这些具体的商事交易关系，也由电子商务法来调整。

2. 电子商务法的基本法律制度

电子商务法律制度大致包括以下几方面：电子证据、电子合同、电子签名、电子认证、电子支付、电子商务物流、电子商务税收、电子商务安全、电子商务知识产权、电子商务隐私权和网络名誉权、电子商务消费者权益、电子商务市场秩序、电子商务刑事法律、电子商务司法管辖与仲裁等法律制度。目前比较成熟的主要有数据电文法律制度、电子商务认证法律制度、电子签名法律制度。

（三）电子商务法的性质和特征

1. 电子商务法的性质

电子商务的特征决定了电子商务法是私法和公法的结合，是制定法并具有国际性。

2. 电子商务法的特点

（1）国际性。电子商务是一种世界范围的商务活动，应该建立一种全球的电子商务法律框架。电子商务法最终要以适应全世界的要求为特征，国际性是电子商务法不可或缺的特征。因此，各国制定电子商务法时，必须注意与国际接轨。

（2）技术性。电子商务是现代高科技的产物，它需要通过因特网来进行，规范这种行为的电子商务法必然要适应这种特点。电子商务中许多法律规范都是直接或间接地由技术规范演变而成的。因此，技术性是电子商务法的重要特点之一。

（3）安全性。计算机网络的技术性和开放性也使它具有极大的脆弱性。计算机"黑客"和计算机病毒对计算机信息系统的侵入或攻击可能使商家的商业秘密被窃取，经营数据被破坏和丢失，甚至使计算机信息网络陷入瘫痪，这将给商家乃至整个社会造成极大的损失。电子商务法以解决电子商务的安全性为己任，通过对电子商务安全性问题进行规定，有效地预防和打击各种计算机犯罪，切实保证电子商务乃至整个计算机信息系统的安全运行。所以，安全性是电子商务法的又一特征。

（4）开放性。电子商务法是关于以数据电文进行意思表示的法律制度，而数据电文在形式上是多样化的，并且还在不断发展之中。因此，必须以开放的态度对待任何技术手段与信息媒介，设立开放型的规范，让所有有利于电子商务发展的制度，都能容纳进来。

（5）复合性。电子商务技术手段上的复杂性和依赖性，通常表现在当事人必须在第三方的协助下，完成交易活动。比如在合同订制中，需要由网络服务商提供接入服务，需要由认证机构提供数字证书等。实际上，每一笔电子商务交易的进行，都必须以多重法律关系的存在为前提，这是传统口头或纸面条件下所没有的。它要求多方位的法律调整，以及多学科知识的应用。

（6）程序性。电子商务法中有许多程序性规范，主要解决交易的形式问题，一般不直接涉及交易的具体内容。联合国国际贸易法委员会《电子商务示范法》和新加坡的《电子交易法》，也都是以规定电子商务条件下的交易形式为主的。美国《统一电子交易法》的程序性更突出。随着电子商务立法的发展，更多的实体法内容加入，电子商务法朝着程序法和实体法相结合的方向发展。

（四）电子商务法的基本原则

1. 意思自治原则

允许当事人以协议方式订立其间的交易规则，是民法的基本属性。在电子商务法的立法与司法过程中，都要以自治原则为指导，为当事人全面表明与实现自己的意愿，预留充分的空间，并提供确实的保障。

2. 证据平等原则

电子签名和文件应当与书面签名和书面文件具有同等的法律地位。电子商务的电子文件包括电子商务合同以及电子商务中流转的电子单据。这些电子文件应当是证据法中的电子证据。各国法律中逐渐加入有关电子证据的规定，运用各种法律和技术上的手段使电子证据取得与传统书面证据同样的法律地位。

3. 中立原则

建立公平的交易规则，是商法的交易安全原则在电子商务法上的必然反映。而要达到交易和参与各方利益的平衡，实现公平的目标，就有必要做到技术中立、媒介中立、实施中立、同等保护。

4. 安全性原则

电子商务的应用必须通过计算机信息系统进行，而现在社会上有关计算机信息系统的安全事故时有发生，计算机病毒、“黑客”攻击、自然灾害都会给电子商务的用户造成难以弥补的损失，因此维护电子商务活动的安全成为电子商务法的主要任务之一，电子商务法也应该以维护电子商务的安全为基本原则。

二、数据电文法律制度

（一）数据电文的概念

数据电文，是指以电子、光学、磁或者类似手段生成、发送、接收或者储存的信息。也有人称之为“数据信息”“数据信息”等。

（二）数据电文的形态和作用

数据电文的存在形态有动态和静态之分。动态的数据电文指的是传输过程中的电磁波；静态的数据电文是指存储于物理载体（硬盘、光盘等）上的电磁记录。无论是动态的，还是静态的，都需要不同的技术标准与法律制度规范。

数据电文在电子商务中的作用表现为两个方面：一是作为商务行为意思表示的载体，即在商务活动中以瞬间电文作为交易条件的表达手段；二是作为商务行为的标的或衍生物，即以数据电文表示交易内容。

（三）数据电文的功能等价标准规则

为确保数据电文等同于传统的书面形式，联合国《电子商务示范法》规定了数据电文功能等价标准规则，主要内容是：

1. 数据电文的书面功能标准

该规则强调，只要数据电文所含信息可以调取以备日后查用，即为满足该项要求。

2. 数据电文的签名功能等价标准

在法律上，一份具有法律意义的文件、合同必须有符合法律要求或商业惯例的签名。该规则强调，只要数据电文“使用了一种方法，鉴定了该人的身份，并且表明该人认可了数据电文内含的信息；从所有各种情况看来，包括根据任何相关协议，所用方法是可靠的，对生成或传递数据电文的目的来说也是适当的”，即满足该项要求。

3. 数据电文原件功能等价标准

对于书面文件而言，原件是指该文件直接来源于商务活动，其载体是原始的，其内容是自形成之后未曾改动的。而数据电文必须能够满足这种要求，确保信息的完整性、可靠性和可再现性。

4. 数据电文的效力规则

《电子商务示范法》关于数据电文的效力的规定，主要包括一般效力的确认、参见条款效力的确认、合同订立中效力的确认、当事人单方的确认以及证据效力的确认。当数据电文功能等价时，具有上述的效力。

5. 数据电文的归属规则

数据电文的归属规则是确定一项数据电文是否真正由谁发出的规则。关于这项规则，联合国《电子商务示范法》主要针对数据电文发件人、发件人的代理人、收件人的确认及推定作出了规定。

三、电子认证法律制度

（一）电子认证的概念

电子认证，是以特定的机构，对电子签名及其签署者的真实性进行验证的具有法律意义的服务。认证机构也叫作“证书管理机构”，其通过向电子商务各参与方发放数字证书，来确认各方的身份，保证在因特网上传送数据的安全及网上支付的安全性。

（二）电子认证的分类

从认证对象来看，电子认证包括站点认证、数据电文认证、电文源认证、身份认证四类。站点认证是确保数据电文能成功地在两个站点间进行传送的认证；数据电文认证是使每个通信者能够验证每份电文的来源、内容、时间性和目的地的真实性的认证；电文源认证是以收发双方共享的保密数据加密密钥和收发双方共享的保密的通行字为基础，确保电文安全、真实、有效的认证；身份认证是识别合法用户和非法用户、阻止非法用户访问系统的认证。

依照认证的主体不同，可将电子认证分为双方认证与第三方认证两类。

（三）电子认证机构

电子认证机构是独立于交易双方的第三方，是对电子商务活动中用户的电子签名颁发数字证书的机构。电子认证的认证机构是电子商务不可或缺的信用服务机构。电子认证机构应具备以下特征：第一必须是独立的法律实体；第二是具有中立性和可靠性；第三是被交易各方认可和接受；第四是其目的在于提供公正的交易环境。

认证机构的设立，必须获得政府主管部门的许可。

（四）认证机构与证书拥有人的义务

1. 认证机构的义务

认证机构应当使用可靠的系统，真实、及时披露自身及与证书有关的信息，依法按约颁发、更新、终止、撤销证书。除了操作性义务之外，认证机构还承担着“危险活动禁止”这一概括性义务。

2. 证书拥有人的义务

在认证关系中，证书拥有人是认证机构的客户，是接受认证服务的一方。它除了应履行一般的支付服务费用义务外，还应履行一些与认证服务关系的特性相适应的义务。这些义务主要包括两点，即真实陈述义务和私密钥控制义务。

（五）认证机构承担责任的原则

目前，各国立法都将过错责任原则作为认证机构对证书信赖人责任的归责原则，而排除了无过错责任原则的适用。但是过错责任原则不足以保护证书信赖人的合法权益，将来有望适用过错推定原则。

四、电子签名法律制度

（一）电子签名法的概念

电子签名，是指数据电文中以电子形式所含、所附用于识别签名人身份并表明签名人认可其中内容的数据。电子签名是商务安全的重要保障手段。

电子签名法是以规范作为电子商务信息载体的数据电文和当事人在数据电文上以电子数据形式签名为主要内容的法律制度。《中华人民共和国电子签名法》（简称《电子签名法》）由中华人民共和国第十届全国人民代表大会常务委员会第十一次会议于 2004 年 8 月 28 日通过，经 2015 年、2019 年两次修正。

（二）电子签名法的适用范围

关于电子签名法的适用范围，《电子签名法》第 3 条明确规定："民事活动中的合同或者其他文件、单证等文书，当事人可以约定使用或者不使用电子签名、数据电文。当事人约定使用电子签名、数据电文的文书，不得仅因为其采用电子签名、数据电文的形式而否定其法律效力。"但电子签名不适用于下列文书：涉及婚姻、收养、继承等人身关系的；涉及停止供水、供热、供气等公用事业服务的；法律、行政法规规定的不适用电子文书的其他情形。

（三）数据电文与电子签名的法律效力

1. 数据电文的法律效力

（1）关于数据电文书面形式的规定。《电子签名法》第四条规定："能够有形地表现所载内容，并可以随时调取查用的数据电文，视为符合法律、法规要求的书面形式。"

（2）关于数据电文原件形式的规定。《电子签名法》第五条明确规定："符合下列条件的数据电文，视为满足法律、法规规定的原件形式要求：（一）能够有效地表现所载内容并可供随时调取查用；（二）能够可靠地保证自最终形成时起，内容保持完整、未被更改。但是，在数据电文上增加背书以及数据交换、储存和显示过程中发生的形式变化不影响数据电文的完整性。"

（3）关于数据电文的保存要求。《电子签名法》第六条明确规定："符合下列条件的数据电文，视为满足法律、法规规定的文件保存要求：（一）能够有效地表现所载内容并可供随时调取查用；（二）数据电文的格式与其生成、发送或者接收时的格式相同，或者格式不相同但是能够准确表现原来生成、发送或者接收的内容；（三）能够识别数据电文的发件人、收件人以及发送、接收的时间。"

（4）关于数据电文证据效力的规定。《电子签名法》第七条明确规定："数据电文不得仅因为其是以电子、光学、磁或者类似手段生成、发送、接收或者储存的而被拒绝作为证据使用。"第八条规定："审查数据电文作为证据的真实性，应当考虑以下因素：（一）生成、储存或者传递数据电文方法的可靠性；（二）保持内容完整性方法的可靠性；（三）用以鉴别发件人方法的可靠性；（四）其他相关因素。"

2. 电子签名的法律效力

关于电子签名的法律效力，《电子签名法》第十四条明确规定："可靠的电子签名与手写签名或者盖章具有同等的法律效力。"《电子签名法》第十三条规定："电子签名同时符合下列条件的，视为可靠的电子签名：（一）电子签名制作数据用于电子签名时，属于电子签名人专有；（二）签署时电子签名制作数据仅由电子签名人控制；（三）签署后对电子签名的任何改动能够被发现；（四）签署后对数据电文内容和形式的任何改动能够被发现。当事人也可以选择使用符合其约定的可靠条件的电子签名。"

（四）电子认证机构管理

1. 电子认证机构的管理模式

基于电子认证的重要性，我国对电子认证机构采取了政府主导的管理模式，对电子认证服务设立了市场准入制度。

《电子签名法》第十七条明确规定："提供电子认证服务，应当具备下列条件：（一）取得企业法人资格；（二）具有与提供电子认证服务相适应的专业技术人员和管理人员；（三）具有与提供电子认证服务相适应的资金和经营场所；（四）具有符合国家安全标准的技术和设备；（五）具有国家密码管理机构同意使用密码的证明文件；（六）法律、行政法规规定的其他条件。”

《电子签名法》第十八条明确规定：“从事电子认证服务，应当向国务院信息产业主管部门提出申请，并提交符合本法第十七条规定条件的相关材料。国务院信息产业主管部门接到申请后经依法审查，征求国务院商务主管部门等有关部门的意见后，自接到申请之日起四十五日内作出许可或者不予许可的决定。予以许可的，颁发电子认证许可证书；不予许可的，应当书面通知申请人并告知理由。取得认证资格的电子认证服务提供者，应当按照国务院信息产业主管部门的规定在互联网上公布其名称、许可证号等信息。”

2. 电子认证机构的义务

（1）电子认证服务提供者应当制定、公布符合国家有关规定的电子认证业务规则，并向国务院信息产业主管部门备案。电子认证业务规则应当包括责任范围、作业操作规范、信息安全保障措施等事项。

（2）电子签名人向电子认证服务提供者申请电子签名认证证书，应当提供真实、完整和准确的信息。电子认证服务提供者收到电子签名认证证书申请后，应当对申请人的身份进行查验，并对有关材料进行审查。

（3）电子认证服务提供者签发的电子签名认证证书应当准确无误，并应当载明下列内容：电子认证服务提供者名称；证书持有人名称；证书序列号；证书有效期；证书持有人的电子签名验证数据；电子认证服务提供者的电子签名；国务院信息产业主管部门规定的其他内容。

（4）电子认证服务提供者应当保证电子签名认证证书内容在有效期内完整、准确，并保证电子签名依赖方能够证实或者了解电子签名认证证书所载内容及其他有关事项。

（5）电子认证服务提供者拟暂停或者终止电子认证服务的，应当在暂停或者终止服务九十日前，就业务承接及其他有关事项通知有关各方应当在暂停或者终止服务六十日前向国务院信息产业主管部门报告，并与其他电子认证服务提供者就业务承接进行协商，作出妥善安排。电子认证服务提供者未能就业务承接事项与其他电子认证服务提供者达成协议的，应当申请国务院信息产业主管部门安排其他电子认证服务提供者承接其业务。电子认证服务提供者被依法吊销电子认证许可证书的，其业务承接事项的处理按照国务院信息产业主管部门的规定执行。

（6）电子认证服务提供者应当妥善保存与认证相关的信息，信息保存期限至少为电子签名认证证书失效后五年。

（五）违反电子签名法的法律责任

1. 民事责任

我国的《电子签名法》分别规定了电子签名人、电子签名服务提供者，以及其他主体的民事责任。《电子签名法》第二十七条规定：“电子签名人知悉电子签名制作数据已经失密或者可能已经失密未及时告知有关各方、并终止使用电子签名制作数据，未向电子认证服务提供者提供真实、完整和准确的信息，或者有其他过错，给电子签名依赖方、电子认证服务提供者造成损失的，承担赔偿责任。”第二十八条规定：“电子签名人或者电子签名依赖方因依据电子认证服务提供者提供的电子签名认证服务从事民事活动遭受损失，电子认证服务提供者不能证明自己无过错的，承担赔偿责任。”第三十二条规定：“伪造、冒用、盗用他人的电子签名，构成犯罪的，依法追究刑事责任；给他人造成损失的，依法承担民事责任。”

2. 行政责任

按照《电子签名法》的规定，未经许可提供电子认证服务的，由国务院信息产业主管部门责令停止违法行为；有违法所得的，没收违法所得；违法所得三十万元以上的，处违法所得一倍以上三倍以下的罚款；没有违法所得或者违法所得不足三十万元的，处十万元以上三十万元以下的罚款。电子认证服务提供者暂停或者终止电子认证服务，未在暂停或者终止服务六十日前向国务院信息产业主管部门报告的，由国务院信息产业主管部门对其直接负责的主管人员处一万元以上五万元以下的罚款。电子认证服务提供者不遵守认证业务规则、未妥善保存与认证相关的信息，或者有其他违法行为的，由国务院信息产业主管部门责令限期改正；逾期未改正的，吊销电子认证许可证书，其直接负责的主管人员和其他直接责任人员十年内不得从事电子认证服务。吊销电子认证许可证书的，应当予以公告并通知工商行政管理部门。

依照《电子签名法》负责电子认证服务业监督管理工作的部门的工作人员，不依法履行行政许可、监督管理职责的，依法给予行政处分。

3. 刑事责任

《电子签名法》规定，伪造、冒用、盗用他人的电子签名，构成犯罪的，依法追究刑事责任。依照《电子签名法》负责电子认证服务业监督管理工作的部门的工作人员，不依法履行行政许可、监督管理职责的，依法给予行政处分；构成犯罪的，依法追究刑事责任。

附录1 商务秘书考试培训大纲

章节内容		层次要求		
		初级商务秘书	中级商务秘书	高级商务秘书
第一章 商务秘书概述	商务秘书与商务秘书工作	●	●	●
	商务秘书的职能环境	△	△	△
	商务秘书工作方法	△△	△△	△△
	商务秘书的职业素养	●	●	●
第二章 商务秘书工作实务	商务秘书与信息工作	△	△△	△△
	商务秘书与会务工作	△△	△△	△△
	商务秘书与会展服务	△	△	△△
	商务秘书与公文处理	△△	△△	△△
	商务秘书事务工作	●	●	●
第三章 商务文书	商务文书概述	●	●	●
	计划	●	●	△
	总结	●	●	△
	简报	●	△△	△
	规章制度	△	△△	△
	市场调查报告	△	△△	△△
	合同文书	△	△	△△
	诉讼文书	△	△	△△
第四章 档案管理	档案管理概述	●	●	●
	文件的分类	●	●	●
	企业文件材料整理	△	△△	△△
	项目文件整理与归档范围	△	△△	△△
	企业文件归档	△	△△	△△
第五章 商务礼仪	礼仪概述	●	●	●
	商务秘书个人礼仪	●	●	●
	商务秘书社交礼仪	△	△	△△
	商务秘书公务礼仪	△△	△△	△△
第六章 企业管理基础	企业管理概述	●	●	●
	企业管理职能	●	●	△△
	企业管理的内容	△△	△△	△△
	企业管理新理念	△	△	△△

续表

章节内容		层次要求		
		初级商务秘书	中级商务秘书	高级商务秘书
第七章 市场营销战略	市场营销概述	●	●	●
	战略与营销战略	●	●	●
	目标营销战略	△	△△	△△
	企业的竞争战略	●	△△	△△
	市场营销新理念	△	△	△
第八章 国际贸易基础	国际贸易概述	●	●	●
	国际贸易措施	△	△△	△△
	出口业务流程及国际贸易术语	△△	△△	△△
	国际货物买卖合同	△	△△	△△
	WTO 及其基本规则	△	△	△
第九章 商务沟通	商务沟通概述	●	●	●
	商务沟通的途径及方法	△	△△	△△
	倾听与反馈的能力和技巧	●	●	△△
	商务活动内部沟通技巧	△	△△	△△
	与客户沟通的能力与技巧	△	△△	△△
第十章 常用商务法规	商务法规概述	●	●	●
	商务主体法律制度	△	△△	△△
	物权法律制度	△	△	△△
	工业产权法律制度	△	△△	△△
	合同法律制度	△	△△	△△
	电子商务法律制度	△	△	△△

备注：带●号的为通识内容；带△号的为理解内容；带△△号的为重点掌握内容。本培训大纲供初级商务秘书、中级商务秘书、高级商务秘书使用。